学ぶ人は、変えてゆく人だ。

目の前にある問題はもちろん、

人生の問いや、

社会の課題を自ら見つけ、

挑み続けるために、人は学ぶ。

「学び」で、

少しずつ世界は変えてゆける。

いつでも、どこでも、誰でも、

学ぶことができる世の中へ。

旺文社

JN046916

大学入試

一問一答 日本史

三訂版

ターゲット 4000

河合塾講師 **石川晶康**

旺文社

本書の特長と使い方

本書の特長

本書は，日本史の大学入試対策として必要十分な，
4,000 問を収録した一問一答形式の問題集です。
基本・標準・応用の 3 レベルに分かれた構成となっているため，
自分のレベル・目標に応じて，集中的・効率的に学習できます。

難関大で差をつけたい
から難関大レベルまで
やるぞ！

難関大で差がつく
難関大レベル　応用の 920 問
目標の目安とする大学：慶應義塾大学・
上智大学・早稲田大学

共通テストのみの受験
だから入試基礎レベル
をがんばろう。

難関大で必ず覚える
私大上位レベル　標準の 1,640 問
目標の目安とする大学：青山学院大学・学習院大学・中央大学・
法政大学・明治大学・立教大学・南山大学・同志社大学・
立命館大学・関西大学・関西学院大学など

共通テスト・私大上位で必ず覚える
入試基礎レベル　基本の 1,440 問
目標の目安とする大学：共通テスト・駒澤大学・専修大学・東洋大学・
日本大学・京都産業大学・龍谷大学・近畿大学・甲南大学など

※ここであげた大学は，あくまで目標の目安です。
実際に受験する大学の過去問には必ず目を通し，傾向をつかむようにしましょう。

本書の基本的な使い方

① まずは p.4 からの「『一問一答』の最強の使い方」を確認しましょう。
　 一問一答を使用して，効率的に用語を覚えるための学習法を提示しています。

② 本文は，ページの左側に問題文，右側に空欄の解答を掲載しています。
　 解答は付属の赤シートで隠して確認することができます。

③ 解けなかった問題（または解けた問題）は，問題文の左端に設けたチェック
　 ボックスにチェックを入れて，復習するようにしましょう。

その他の特長

『全国大学入試問題正解』を過去 15 年分以上分析！

各問題には，旺文社の『全国大学入試問題正解』を過去 15 年分以上分析した
出題大学データに基づく，類題を出題している大学名（基本的には近年の問題，

選択肢なども含む)を，原則として掲載しています。また，出題データに基づき，よく出ている問題には，「頻出」マークを入れています。

黒太字は重要用語＆ヒント！

問題文中の黒い太字は，空欄以外にも設問の対象となりうる重要用語や，解答を導くためのヒントです。これらの用語も意識して覚えておくように心がけましょう。

問題文も意識して読もう！

問題文の文章は，大学の入試問題で実際に出題された文章ではなく，出されやすい文章，用語を覚えやすい文章としています。また，基本問題の問題文中の用語が標準問題の解答になっていたり，標準問題の問題文中の用語が応用問題の解答になっていたりします。常に問題文を意識して読んでおくことで，次のレベルの学習につながります。

地図・図版・史料問題・テーマ史も掲載！

地図・図版などの問題も挿入しています。標準・応用の問題には，日本史では必須の史料文を用いた問題を掲載しています。標準問題の最後には，テーマ史の一問一答を掲載しています。

巻末索引も充実！

巻末索引で，どの用語がどのレベルで出題されているかがすぐにわかります。

 問題文の空欄を補充した文章を音声合成で読み上げた動画を，公式 YouTube チャンネルにて視聴することができます。音声を聞いて耳からも学習することが可能です。

 掲載している問題を，時代問わず，特定のレベルの大学での出題回数データ順に並び替えた，「難関大最終チェック PDF」があります。この本をやり終えたら，ぜひチャレンジしてください。

特典サイト **https://www.obunsha.co.jp/service/syakaitarget/**
※公式 YouTube チャンネル，特典サイトは予告なく終了することがあります。

（諸注意）
※ 解答欄の〔　〕は別解，（　）は省略可を表しています。

※ 問題の解答には，主に，教科書や入試問題でよく扱われる，代表的な人物・事件・作品などの名称及び表記を掲載しています。

※ 史料の引用文は適宜読みやすく書き改めた場合があります。また，史料の穴埋め問題の解答は，原則，引用文に即した表記を掲載しています。

『一問一答』の最強の使い方

　『一問一答』は，用語を覚えているかどうか，確認するための参考書です。使い方も簡単で，左段の問題文の空欄にあてはまる用語を答えられるか，確認していくだけです。

　一方，実際の受験問題は多種多様で，単純に用語を暗記しただけでは，太刀打ちできないものが多いのも事実です。

　『一問一答』を用いて，用語をより確実に覚え，実際の試験で使える知識にするため，以下の3点を心がけるようにしましょう。

> ① 教科書や参考書を併用する
> ② スケジュールを立てる
> ③ 復習の時間を設ける

❶ 教科書や参考書を併用する

　もし，まったく学習していない内容があれば，まずは教科書や参考書などで該当する単元の内容を，確認するようにしましょう。公式 YouTube チャンネルの動画・音声を利用してもかまいません。

　『一問一答』を学習していく中で，間違えた内容，理解があやふやな内容は，教科書や参考書で，再確認しましょう。その時に自分なりに気付いたり，記憶の助けとなるポイントをこの本に追加で書き込んだりしてみてもよいでしょう。一通り覚えたらもう一度，教科書を読んでみるのもオススメです。

❷ スケジュールを立てる

　『一問一答』に限らず，参考書はやりきることが重要です。いつまでに終えるか，そのために毎日どれぐらい進めるかを，決めることが大切です。

　本書は，三段階のレベルに分かれているため，最初は「入試基礎レベル」，168ページ分だけを終える，などの使い方が可能です。「入試基礎レベルを1ヶ月で終える」ことを目標にする場合，まず，終了まで31日間と設定します。その際，「日曜は一週間分の復習の日にする」など，知識の定着のための，復習の日を設けましょう。日曜が31日の中に4日あるとして，残りは27日となります。入試基礎レベル168ページを27日で割ると，約6ページを一日に進めればよいことになります。

❸ 復習の時間を設ける

　知識は，アウトプット（ここでは，解答を導き出すこと）を繰り返すことでより深く定着し，すぐに思い出せるようになります。

　以下のような流れで，1日，そして1週間の学習の中で，復習の時間を繰り返し設けることを心がけましょう。

1　まずは，学習する範囲を教科書・音声などで復習する

2　『一問一答』で確認し，解けなかった問題にチェックを入れる

3　解けなかった問題の内容を，改めて教科書などで確認する

4　その日のうちに，解けなかった問題にもう一度取り組む

5　1週間に一度，復習の日を決め，週の学習内容全体をもう一度確認する

これは NG！「だめな使い方」

× 「『一問一答』だけで勉強する」

本書は入試に出た問題を分析し，そのうえで問題文を作成しています。ですが，大学入試では様々な形式の問題が出題されます。単純な用語の暗記だけに陥らないよう，前述の通り，教科書や参考書の併用を心掛けましょう。

× 「年代・特定の単語と解答だけを覚える」

年代や特定の用語と解答だけをセットで覚えてしまうと，同じパターンの穴埋め問題だけにしか対応できません。入試では，用語の内容を理解していないと解けない正誤判定問題なども多く出題されます。このような問題に対応できるようになるには，問題文の時代や，問題文そのものの内容を意識することが大事です。

解答の用語から，問題文が導き出せるようになったら，記述問題にも対応できる実力が養えたことになります。

問題文を意識した学習をするために，公式 YouTube チャンネルの動画・音声を活用することでさらなる効果が得られます。

× 「解ける問題ばかり学習する」

間違えた問題，苦手な問題はつい後回しにしがちです。ですが，間違えた問題，解けなかった問題を，次に似たようなかたちで出題された時には絶対に間違えないようにすることが，実力を伸ばす重要なポイントです。そのためには，チェックボックスを用いて，間違えた問題を記録しておきましょう。復習の時，間違えた問題だけを重点的に学習することで，効率的な学習が可能です。

もくじ

	入試 基礎レベル **基本の** **1,440問**	私大 上位レベル **標準の** **1,640問**	難関大 レベル **応用の** **920問**
3章　近世			
ヨーロッパ人の来航	66	220	362
織田信長	67	221	362
豊臣秀吉	67	222	363
桃山文化	69	224	364
幕藩体制の成立	70	225	364
江戸初期の外交	75	228	366
寛永期の文化	77	230	367
文治政治	78	230	367
江戸時代の経済	79	232	368
元禄文化	86	235	370
享保の改革・田沼時代	88	237	371
宝暦・天明期の文化	90	239	372
百姓一揆・寛政の改革	93	242	373
列強の接近	96	244	374
天保の改革	97	245	375
化政文化	100	246	376
4章　近代①			
開国と江戸幕府の滅亡	103	249	378
明治維新	107	253	379
文明開化	111	257	381
自由民権運動	111	258	381
大日本帝国の成立	113	260	382
日清戦争	116	264	383
日露戦争	120	267	384
資本主義の発展と社会運動の展開	123	270	385
明治時代の文化	125	273	386

編集協力： 内橋智子，余島編集事務所（小西一也，黒川努）
装丁デザイン： 有限会社アチワデザイン室　前田由美子
本文デザイン： 牧野剛士
本文図版： 株式会社明昌堂，株式会社さくら工芸社
データベース作成等協力： 有限会社トライアングル，株式会社友人社
校閲： 井藤淳史，向崎真，杉山詩織，株式会社ぷれす
企画協力： 中森泰樹

共通テスト・私大上位で必ず覚える
入試基礎レベル

基本の**1,440**問

1章 古代

旧石器文化・縄文文化

旧石器文化

☑01 **頻出** **旧石器文化**は地質学上の　a　に属する。**寒冷**な時期で，　b　**時代**とも呼ばれ，**日本列島**はまだ形成されていない。　　（西南学院大）

a 更新世
b 氷河時代

☑02 人類の進化は　a　・**原人・旧人**・　b　と進んだ。　　（同志社大）

a 猿人
b 新人

☑03 **頻出** 第二次世界大戦後の　a　県の　b　**遺跡**の発見によって，**旧石器文化**の日本での存在が確認された。　　（明治大）

a 群馬県
b 岩宿遺跡

☑04 旧石器文化は　　　　**石器**を道具として使用したが，**土器の使用**はまだ始まっていない。　　（法政大）

打製石器

☑05 旧石器時代の狩猟の対象は発見者の名前を冠した　　　　**ゾウ**やトウヨウゾウなどの**大型動物**であった。　　（関西学院大）

ナウマンゾウ

縄文文化

☑06 気候が**温暖化**し，地質学上の　　　　になると，海面が上昇し**日本列島**が形成され，**縄文文化**がさかえた。（南山大）

完新世

☑07 **頻出** 縄文文化の研究は，**東京都**の　　　　**貝塚**を**アメリカ人モース**が発見したことに始まる。　　（西南学院大）

大森貝塚

☑08 縄文時代は，**狩猟・漁労**や，植物性食料の**採取**などによって成り立っていた。大型動物が死滅したので，**中・小型動物**を得るための　　　　が発達した。　　（上智大）

弓矢

☑09 縄文時代には，**煮炊き**や**貯蔵**のための　　　　が出現した。「縄文」の名は，その縄目文様からきている。（日本大）

土器

☑10 縄文時代には，打製石器に加えて，　　　　**石器**が登場した。　　（千葉大）

磨製石器

☐11 縄文時代の**漁労**に関わる道具では，**釣針**や**銛**などが注目される。これらはその材料から_____と総称される。

(千葉大)

骨角器
×格

☐12 【頻出】縄文時代に広い範囲で**交易**が行われていたことは，全国各地から出土する_____a_____の存在や，**新潟県姫川流域**から採取される_____b_____の広域的な分布からわかる。

(駒澤大)

a 黒曜石
b ひすい〔硬玉〕

☐13 住居では，**半地下式**で**中央**に**炉**を持つ_____**住居**が発達した。

(中央大)

竪穴住居
×堅

☐14 【頻出】人々のゴミ捨て場にあたるのは_____である。

(南山大)

貝塚

☐15 信仰では，_____（精霊崇拝）が存在したことが推定されている。

(成城大)

アニミズム

☐16 【頻出】_____は**女性**を象ったものとされ，人々が豊穣を祈るなど，祭祀に関わるものと考えられている。(駒澤大)

土偶
×隅・隈

☐17 また，**男性**を象徴する_____もある。

(駒澤大)

石棒

☐18 **成人式**にあたる**通過儀礼**としては，_____が行われたと考えられている。

(福岡大)

抜歯

☐19 埋葬の際には，**身体を折り曲げて葬る**_____がさかんに行われた。

(立命館大)

屈葬

☐20 縄文時代の巨大集落遺跡では，**青森県**の_____**遺跡**が代表的なものである。

(西南学院大)

三内丸山遺跡

弥生文化と小国の分立

弥生文化

☐01 **弥生文化**の特色は，石器に加えて_____の使用が始まったことと，**生産経済**である**水稲農耕**が開始されたことである。

(立命館大)

金属器

☐02 【頻出】**北海道**では独自の_____a_____**文化**が，**沖縄**を含む南西諸島では_____b_____**文化**が発達した。

(愛知教育大)

a 続縄文文化
b 貝塚〔南島〕文化

地図・図版問題にチャレンジ！ 旧石器・縄文時代の遺跡

圓 地図中の**❶**〜**❽**に該当する遺跡・貝塚（かいづか）・化石人骨（かせきじんこつ）名を，以下の短文を参考に答えよ。

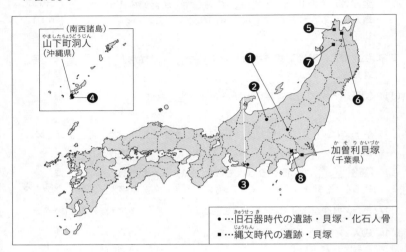

（南西諸島）
山下町洞人（やましたちょうどうじん）
（沖縄県）

加曽利貝塚（かそりかいづか）
（千葉県）

●…旧石器（きゅうせっき）時代の遺跡・貝塚・化石人骨
■…縄文（じょうもん）時代の遺跡・貝塚

❶ 群馬県 頻出 1946 年に**相沢忠洋**（あいざわただひろ）が発見，1949 年に打製（だせい）石器を確認	**❶** 岩宿遺跡（いわじゅく）
❷ 長野県 標準 大型動物の骨と打製石器が同じ地層から出土	**❷** 野尻湖遺跡（のじりこ）
❸ 静岡県 標準 新人（しんじん）の化石人骨が出土	**❸** 浜北人（はまきた）
❹ 沖縄県 標準 新人のほぼ**完全**な化石人骨	**❹** 港川人（みなとがわ）
❺ 青森県 縄文晩期（ばんき），遮光器土偶（しゃこうき）など	**❺** 亀ヶ岡遺跡（かめがおか）
❻ 青森県 縄文前〜中期，巨大集落遺跡	**❻** 三内丸山遺跡（さんないまるやま）
❼ 秋田県 応用 環状列石（かんじょうれっせき）などの配石遺構	**❼** 大湯遺跡（おおゆ）
❽ 東京都 頻出 **1877** 年にアメリカ人動物学者**モース**が発見	**❽** 大森貝塚（おおもり）

☑03 東京都の**弥生町遺跡**（向ヶ岡貝塚）で発見された土器が □□□ **土器**と命名されたことにより，この時期の文化の名称とされることとなった。 (日本大)

弥生土器

☑04 金属器のうち，□a□ は**銅鏡・銅剣・銅矛（鉾）・銅鐸**など**祭器**として大型化し，□b□ は**鉄製工具・農具・武器**など**実用の道具**として用いられた。 (駒澤大)

a 青銅器
b 鉄器

☑05 水田には，**低湿地**に営まれた □a□ と，注水・排水が可能な □b□ の２種類が認められる。 (南山大)

a 湿田
b 乾田

☑06 農具は □□□ が中心で，**鋤**や**鍬**などが用いられたが，後には**刃先に鉄を使う農具**も現れた。 (日本大)

木製

☑07 **頻出** 収穫には □a□ が使われたが，やがて**鉄鎌**に代わった。**脱穀**は一般的に □b□ に □c□ を用いて行われた。 (専修大)

a 石包丁
b 木臼
c 竪杵

☑08 本格的な水田や □a□ を持つ集落の存在は，**静岡県**の □b□ **遺跡**の発掘により確認された。 (名城大)

a 高床倉庫
b 登呂遺跡

☑09 弥生時代には，戦争も始まったので，**防御性**を重視した □a□ **集落**が発達した。現在知られる**最大規模**のものは**佐賀県**の □b□ **遺跡**である。また，同じ理由で**山上**などに作られた □c□ **集落**も発達した。 (日本大)

a 環濠集落
b 吉野ヶ里
遺跡
c 高地性集落

☑10 **頻出** 墓制では，**九州北部**では朝鮮半島と共通する □a□ **墓**や**甕棺墓**が，また □b□ **地方**を中心に**方形周溝墓**が広く営まれた。 (新潟大)

a 支石墓
b 近畿地方

☑11 弥生時代の一般的な埋葬法は □□□ であった。 (東洋大)

伸展葬

小国の分立

☑12 **頻出** 中国の正史 □□□ によれば，紀元前後の日本列島の「**倭人**」は**百余り**の**小国（くに）**を形成し，定期的に中国に使者を派遣していたという。 (東洋大)

『漢書』地理志

☑13 **頻出** □a□ によれば，**AD57年**，倭の □b□ の王が**朝貢**の使者を送り，**光武帝**は印綬を与えたという。 (駒澤大)

a 『後漢書』東夷伝
b 奴国

☑14 **光武帝**が与えた印は**江戸時代**に発見された □□□ にあたるものと考えられている。 (京都産業大)

金印

☑ 15 AD107 年には, 倭の [____] らが「**生口 (生きた人間・**
奴隷か)」**160 人**を貢ぎ物として使者を送った。　(新潟大)

帥升
×師

☑ 16 **頻出** [a] によれば, 3 世紀前半, [b] の女王・**卑
弥呼**を盟主とする約 **30** の**小国家連合**が存在していた。
卑弥呼は「[c] (呪術)」を背景に人々を統率したが,
実際の支配は弟に委ねていたという。　(昭和女子大)

a 「**魏志**」倭人伝
b 邪馬台国
c 鬼道

☑ 17 AD [a] 年, **卑弥呼**は**魏**の**明帝**に使者を送り, [b]
の称号を与えられた。　(駒澤大)

a 239 年
b 親魏倭王
×委

☑ 18 **邪馬台国論争**とは, 朝鮮半島の**帯方郡**から邪馬台国に至
る**道程**の解釈に関わるもので, 大きく分けて [a] **説**
と [b] **説**とがある。　(南山大)

a・b 近畿説・
九州説(順不同)

☑ 19 **卑弥呼**が没し, 男の王が立つと, 小国の連合は破れ戦争
状態となった。そこで卑弥呼一族の**少女**という [____]
が擁立されると, 混乱は解消した。　(成城大)

壱与〔台与〕

ヤマト政権と古墳文化

ヤマト政権

☑ 01 **頻出** 3 世紀後半から 4 世紀, **ヤマト (大和) 政権**が成立し,
その首長は [____] と呼ばれた。　(南山大)

大王
だいおう

☑ 02 **頻出** 中国東北部に興った [____] は, 313 年には**楽浪郡**
を滅ぼし, 領土を拡大した。　(愛知教育大)

高句麗

☑ 03 **頻出** 3 世紀, 朝鮮半島は**馬韓・弁韓・辰韓**の 3 つの地域
に小国連合が成立し, 4 世紀には**馬韓**から [a] が, **辰
韓**から [b] が興り, 国家を形成した。　(専修大)

a 百済
b 新羅

☑ 04 南部の**弁韓**地域は [____] と呼ばれ, 小国が分立する状
態が続いた。　(西南学院大)

加耶〔伽耶・
加羅〕

☑ 05 ヤマト政権が軍隊を朝鮮半島に送り, **高句麗**の [____] と
戦ったことが, この王の名で呼ばれる碑文によって知ら
れる。　(駒澤大)

好太王〔広開
土王〕

地図・図版問題にチャレンジ！　弥生時代の遺跡

圏 地図中の❶〜❿に該当する遺跡・貝塚名を，以下の短文を参考に答えよ。

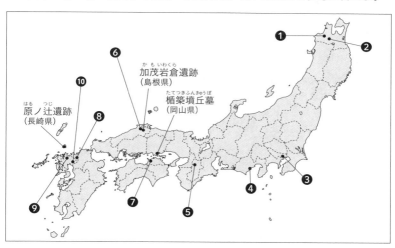

加茂岩倉遺跡（島根県）

楯築墳丘墓（岡山県）

原ノ辻遺跡（長崎県）

❶	青森県	標準	弥生前期の水田跡	❶	砂沢遺跡
❷	青森県	標準	弥生中期の大規模な水田の遺跡	❷	垂柳遺跡
❸	東京都	標準	弥生土器の発見，弥生町遺跡ともいう	❸	向ヶ岡貝塚
❹	静岡県		本格的な水田と高床倉庫	❹	登呂遺跡
❺	奈良県	標準	多重の環濠集落	❺	唐古・鍵遺跡
❻	島根県	標準	大量の銅剣と銅鐸・銅矛が出土	❻	(神庭)荒神谷遺跡
❼	香川県	応用	代表的な高地性集落	❼	紫雲出山遺跡
❽	福岡県		縄文晩期の水稲農耕を確認，環濠集落	❽	板付遺跡
❾	佐賀県	標準	縄文晩期の水稲農耕を確認	❾	菜畑遺跡
❿	佐賀県	標準	現在知られている最大規模の環濠集落	❿	吉野ヶ里遺跡

☐ 06 **頻出** **4 世紀**は中国に頼るべき正史がなく**謎の部分が多い**が，5 世紀になると南北朝の南朝の□□□などの正史に再び倭の状況が記録されている。 (成城大)

『宋書』倭国伝

☐ 07 この中で有名なのは□□□で，**讃・珍 (彌)・済・興・武**と漢字一文字で表された 5 人の大王であった。 (愛知教育大)

倭の五王

☐ 08 倭王武は□□□**天皇**にあたるとされる。 (京都産業大)

雄略**天皇**

☐ 09 倭王武の実名の「**獲加多支鹵**」大王の文字は，熊本県□ a □**古墳**出土の**鉄刀銘**や，埼玉県□ b □**古墳**出土の**鉄剣銘**に見える。このことは，5 世紀には関東から九州まで大王の支配が及んでいたことを証明している。 (九州大)

a 江田船山古墳
b 稲荷山古墳

☐ 10 ヤマト政権は大王をいただく有力氏族の連合体と考えられている。その組織は□ a □**制度**と呼ばれ，**氏**はおのおの大王から□ b □を与えられた。 (新潟大)

a 氏姓制度
b 姓

☐ 11 **臣**を名乗る姓の氏族から□ a □が，**連**を名乗る姓の氏族から□ b □が選ばれ，共に大王の支配を支えた。 (愛知教育大)

a 大臣
b 大連

☐ 12 **ヤマト政権**を支えた□ a □は，**伴**やそれを支える□ b □と呼ばれる集団を率いて大王に奉仕した。 (札幌大)

a 伴造
b 部

☐ 13 **頻出** 大王は地方豪族の抵抗を排して支配地を奪い，**田部**などに耕作させる直轄領の□ a □や，□ b □・**名代**と呼ばれる部民を設定していった。 (日本大)

a 屯倉
b 子代

☐ 14 **頻出** 大王の支配下に入った地方豪族は，大王の地方支配を支える役割を果たし，□□□などに任じられた。 (日本大)

国造

☐ 15 有力豪族は**私有地**である□ a □，**私有民**である□ b □を領有した。これらの氏の家々には，奴隷としての**奴 (奴婢)**が従属した。 (駒澤大)

a 田荘
b 部曲

古墳文化（こ ふんぶん か）

☑ 16 高塚式の大きな**墳丘**を伴う墳墓を**古墳**と呼ぶ。前・**中期**の古墳の基本的な形態は ▢ で，その分布はヤマト政権の成立過程を示している。　　　　　　　　(福井大)

前方後円墳（ぜんぽうこうえんふん）

☑ 17 [頻出] 3世紀後半の**出現期最大級**の**前方後円墳**は，奈良県**桜井市**（さくらいし）にある ▢ **古墳**である。　　(関西大)

箸墓古墳（はしはか）

☑ 18 5世紀の巨大な古墳には，規模第1位の ▢a **古墳**や，第2位の ▢b **古墳**がある。　　　　　　　(専修大)

a 大仙陵古墳（だいせんりょう）
b 誉田御廟山古墳（こんだ ごびょうやま）

☑ 19 古墳の周囲や墳丘上には ▢ が並べられた。また，濠（ほり）で囲まれた古墳も多い。　　　　　　　　　(新潟大)

埴輪（はにわ）
×植

☑ 20 [頻出] **前・中期**の古墳の埋葬施設は ▢a **石室**と呼ばれるが，**後期**になると ▢b **石室**が発達した。　(西南学院大)

a 竪穴式石室（たてあなしきせきしつ）
×堅
b 横穴式石室（よこあなしきせきしつ）

☑ 21 古墳の**副葬品**は，前期は ▢a などの**鏡や玉・剣**など，中期になると**武器や鞍**（くら）などの ▢b ，**金銀製装身具**などが中心となった。　　　　　　　(愛知教育大)

a 三角縁神獣鏡（さんかくぶちしんじゅうきょう）
b 馬具

☑ 22 [頻出] 中期古墳の副葬品である**馬具**は， ▢ の騎馬軍団との戦いなどから**騎馬**の技術が発達したと推定される。　　　　　　　　　　　　　(名城大)

高句麗（こう く り）

☑ 23 **石室**の壁面や石棺が彩色された古墳を ▢a **古墳**と呼ぶ。後期古墳の**九州北部**や**茨城・福島県**などに多くある。また**6世紀**以降には，小規模な**円墳**などが**集中的**に営まれた ▢b が存在する地域も多くある。　　(新潟大)

a 装飾古墳（そうしょく）
b 群集墳（ぐんしゅうふん）
×郡×衆

☑ 24 [頻出] 古墳時代の土器には，**弥生土器の系統**を引く ▢a と，**5世紀後半**以降に**朝鮮半島から**伝わった灰色の ▢b がある。また，煮炊きのための**カマド**も現れた。　　　　　　　　　(駒澤大)

a 土師器（は じ き）
b 須恵器（すえき）

☑ 25 [頻出] **朝鮮半島**から多くの ▢a がやってくる中で，**漢字や儒教**が伝来し，漢字を使った人名や地名の表記も行われるようになった。また ▢b の**聖明王**（せいめいおう）から**仏教**が**欽明天皇**（きんめい）のもとに伝えられた。　　　(専修大)

a 渡来人（と らいじん）
b 百済（くだら）

☑26 6世紀，**大王（天皇）の系譜**を記す『 a 』や**神話・伝説**などを集めた『 b 』がまとめられたとされる。

(京都産業大)

a 帝紀
b 旧辞

☑27 **農耕儀礼**も発達し，**春**には**五穀豊穣を祈る** a ，**秋**には**収穫を神に感謝する** b が行われた。 (佛教大)

a 祈年祭〔祈年の祭〕
b 新嘗祭〔新嘗の祭〕

☑28 **鹿の肩甲骨**を焼いて**ひび割れ**から吉凶を占う a の法，**熱湯**に手を入れて**神に真偽の判断**などを問う b も行われた。 (立命館大)

a 太占の法
b 盟神探湯

☑29 **穢**を除去するため，**水で洗い流す** a や，**拭い去る**ための b などが行われていた。 (同志社大)

a 禊
b 祓

☑30 神々に対する信仰として**社**が築かれた。現在でも，**奈良県**の や，**福岡県**の**宗像大社**などが古いかたちの神社として残っている。 (愛知教育大)

大神神社

☑31 頻出 他に，**海の神**を祀る大阪市の a ，**皇室の祖先神天照大神**を祀る三重県の b ，島根県の出雲国造の祭祀を起源とする c などもある。 (東洋大)

a 住吉大社
b 伊勢神宮
c 出雲大社

推古朝と飛鳥文化

継体・欽明・推古朝

☑01 **応神天皇**の系譜が**武烈天皇**で途絶えると，**大連の大伴金村**らは 天皇を擁立した。 (立命館大)

継体天皇

☑02 **527年**，**新羅**と結んだ**筑紫国造** の乱が起こった。 (新潟大)

磐井の乱
×盤

☑03 **欽明天皇**に対し，**百済**の から**仏教**が伝えられた（**仏教公伝**）。仏教を受容したのは**大臣の蘇我稲目**，反対したのは**大連の物部尾輿**である。 (同志社大)

聖明王

☑04 頻出 **蘇我稲目**の子で大臣の a は，**587年**に**物部尾輿**の子で大連の b を滅ぼした。 (東洋大)

a 蘇我馬子
b 物部守屋

問 地図中の①〜⑧に該当する古墳名を，以下の短文を参考に答えよ。

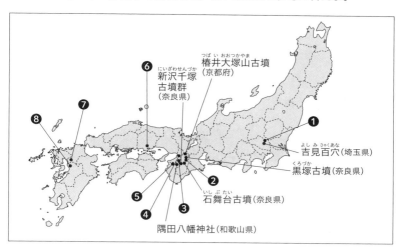

椿井大塚山古墳（京都府）

新沢千塚古墳群（奈良県）

吉見百穴（埼玉県）

黒塚古墳（奈良県）

石舞台古墳（奈良県）

隅田八幡神社（和歌山県）

❶ **埼玉県** 「獲加多支鹵大王」の銘文がある鉄剣が出土	❶ 稲荷山古墳	
❷ **奈良県** **出現期最大級**の前方後円墳	❷ 箸墓古墳	
❸ **大阪府羽曳野市** 古市古墳群の盟主で，全国第2位の規模 伝応神天皇陵	❸ 誉田御廟山古墳	
❹ **大阪府堺市** 百舌鳥古墳群の盟主で，全国第1位の規模 伝仁徳天皇陵	❹ 大仙陵古墳	
❺ **和歌山県** 標準 紀ノ川流域の群集墳	❺ 岩橋千塚古墳群	
❻ **岡山県** 標準 全国第4位の規模の前方後円墳	❻ 造山古墳	
❼ **福岡県** 標準 筑紫国造磐井の墳墓とされる，石人・石馬で有名	❼ 岩戸山古墳	
❽ **熊本県** 「獲□□□鹵大王」の銘文がある鉄刀が出土	❽ 江田船山古墳	

圓 地図中の❶〜❺に該当する神社の名称を，以下の短文を参考に答えよ。

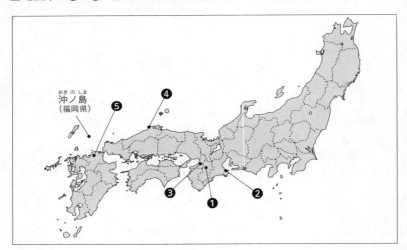

❶ **奈良県**	拝殿のみ，三輪山（みわやま）を神体とする	❶ 大神神社（おおみわじんじゃ）
❷ **三重県**	**皇室の祖先神**天照大神（あまてらすおおみかみ）を祀る	❷ 伊勢神宮（いせじんぐう）
❸ **大阪府**	海の神を祀る	❸ 住吉大社（すみよしたいしゃ）
❹ **島根県**	大国主神（おおくにぬしのかみ）（命（みこと））を祀る	❹ 出雲大社（いずもたいしゃ）
❺ **福岡県**	海上の孤島の沖ノ島（沖津宮（おきつみや））を祀る	❺ 宗像大社（むなかたたいしゃ）

☑ 05 **崇峻天皇**が暗殺され，代わって擁立された □□□ **天皇**
の政治は，**蘇我馬子**と**厩戸王（厩戸皇子・聖徳太子）**に
よって支えられた。 （近畿大）

推古天皇

☑ 06 **603 年**に □□□ が定められ，有力豪族の**個人**に対し段
階的な地位が与えられた。これは後の律令の**位階制**への
第一歩となるものである。 （愛知教育大）

冠位十二階

☑ 07 **604 年**には，豪族たちに対する道徳的訓戒として，**厩戸
王**自らが書いたとされる □□□ が発せられた。 （関西大）

憲法十七条

☑ 08 589 年，北朝の □ a □ が**中国の統一**を成し遂げると，
600 年には □ b □ が送られた。 （成城大）

a 隋
b 遣隋使

☑ 09 続く **607 年**の使節 □□□ が携えた国書には，「**天子**」か
ら「**天子**」へという**対等の姿勢**を示す文言があった。
（中央大）

小野妹子

☑ 10 頻出 隋の皇帝 □ a □ は，翌 608 年，妹子の帰国にあわ
せて □ b □ を日本に送った。さらに □ b □ の帰国にあ
わせて再び小野妹子が隋に派遣された。 （日本大）

a 煬帝
b 裴世清
×斐

☑ 11 **608 年**の遣隋使には留学生 □ a □ ，学問僧 □ b □ や**南
淵請安**などが従った。彼らは隋・唐の交代期に中国に滞
在し，帰国後，大化改新の契機となる進言を行ったとさ
れる。 （法政大）

a 高向玄理
b 旻

☑ 12 遣隋使の最後は，**614 年**の □□□ の派遣である。
（日本大）

犬上御田鍬

飛鳥文化

☑ 13 美術史上，6 世紀末から 7 世紀前半，□□□ **天皇**のころ
を中心とした文化を**飛鳥文化**と呼ぶ。 （近畿大）

推古天皇

☑ 14 頻出 飛鳥文化で渡来人の果たした役割は極めて大きい。
百済の僧 □ a □ は**暦法・天文・地理**を伝え，**高句麗**の
僧 □ b □ は**紙・墨・絵の具**の製法を伝えたとされている。
（甲南大）

a 観勒
b 曇徴
×微

☑ 15 **厩戸王**は，**法華経・勝鬘経・維摩経**の注釈書，『□□□』
を著したとされている。 （京都産業大）

三経義疏
×教

☑ 16 **頻出** 仏教を積極的に受容した**蘇我氏の氏寺**は ［ a ］ 寺，厩戸王がその拠点とした**斑鳩**の地に建立したのは ［ b ］ 寺である。 (日本大)

a 飛鳥寺〔法興寺〕
b 法隆寺〔斑鳩寺〕

☑ 17 **法隆寺金堂釈迦三尊像**は，代表的な**北魏様式**の飛鳥仏で，［＿＿＿＿＿＿＿＿＿＿］が制作したとされる。 (明治学院大)

鞍作鳥〔止利仏師〕

☑ 18 工芸品としては，**法隆寺**の［＿＿＿＿＿＿＿＿］とその**須弥座**，須弥座の絵が，代表的な作品である。 (同志社大)

玉虫厨子

☑ 19 **頻出** 建築物としては，［ a ］ 寺の ［ b ］ と**五重塔**など が**世界最古の木造建築物**として有名である。 (日本大)

a 法隆寺
b 金堂

☑ 20 足を組み，頬に指をあてた姿の**半跏思惟像**としては，［ a ］ 寺と ［ b ］ 寺の像が有名である。 (専修大)

a・b 中宮寺・広隆寺(順不同)

大化改新と白鳳文化

大化改新

☑ 01 618 年，隋に代わって［＿＿＿＿＿＿＿＿］が建国された。 (大阪経済大)

唐

☑ 02 629 年に即位した**舒明天皇**は，翌 **630 年**，第 1 回遣唐使として［＿＿＿＿＿＿＿＿］を派遣した。 (日本大)

犬上御田鍬

☑ 03 **皇極天皇**の **645 年**，中大兄皇子らは ［ a ］ を暗殺し，［ a ］ の父の ［ b ］ をも自殺に追い込み，政権を奪取した。この政変を**乙巳の変**と呼ぶ。 (京都府立大)

a 蘇我入鹿
b 蘇我蝦夷

☑ 04 **頻出** **大化改新**と呼ばれる ［ a ］ **天皇**の治世では，［ b ］ が**皇太子**，［ c ］ が**内臣**となった。**646 年**，改新の詔が発せられ，**公地公民**制への移行などの 4 カ条が示された。 (名城大)

a 孝徳天皇
b 中大兄皇子
c 中臣鎌足

☑ 05 この時期には**東北**地方への進出が図られ，**日本海側**に ［ a ］ ，次いで ［ b ］ が築かれた。続く**斉明天皇**のもとでも東北に ［ c ］ が派遣され，秋田から津軽地方を平定したという。 (専修大)

a 渟足柵
b 磐舟柵
c 阿倍比羅夫
× 安倍

☑ 06 660 年，唐・新羅の連合軍により**百済が滅亡**し，その再建を策したヤマト政権軍は朝鮮に進出したが，**663 年**，［＿＿＿＿＿＿＿＿］で大敗した。 (京都産業大)

白村江の戦い

□07 **唐・新羅**の連合軍は，668 年には ▢▢▢▢ を滅ぼし，676 年には**新羅**が半島の統一を成し遂げた。　　（西南学院大）

高句麗 <small>こうくり</small>

□08 663 年の敗戦後，亡命してきた**百済**貴族などの協力で，**大宰府** <small>だざいふ</small> を防御するため，水をたたえた ▢ a ▢ が築かれ，また，各地に大野城 <small>おおのじょう</small> などの ▢ b ▢ が築かれた。　　（南山大）

a 水城 <small>みずき</small>
b 朝鮮式山城 <small>ちょうせんしきやまじろ</small>

□09 中大兄皇子は **667 年**に ▢ a ▢ に遷都し，翌年 ▢ b ▢ **天皇**として即位した。　　（専修大）

a 近江大津宮 <small>おうみおおつのみや</small>
b 天智天皇 <small>てんじ</small>

□10 頻出 668 年に ▢ a ▢ と呼ばれる基本的な法典が完成したとされ，**670 年**には初めての**全国**規模の**戸籍**である ▢ b ▢ が造られたという。　　（近畿大）

a 近江令 <small>おうみりょう</small>
b 庚午年籍 <small>こうごねんじゃく</small>

□11 天智天皇の没後，**672 年**に天智の**弟**の ▢ a ▢ **皇子**と天智の**子**の ▢ b ▢ **皇子**の争いが起こり，前者が勝利した。これが**壬申の乱** <small>じんしんのらん</small> である。　　（南山大）

a 大海人皇子 <small>おおあまのみこ</small>
b 大友皇子 <small>おおとものみこ</small>

□12 この乱に勝った皇子は，▢ a ▢ **天皇**として ▢ b ▢ で即位した。天皇は 675 年には**部曲の全廃**を命じ，684 年，豪族の姓を一新して ▢ c ▢ を制定した。　　（専修大）

a 天武天皇 <small>てんむ</small>
b 飛鳥浄御原宮 <small>あすかきよみはらのみや</small>
c 八色の姓 <small>やくさのかばね</small>

□13 天武朝では**銭**の使用を勧める命令が出された。この銭は，▢▢▢▢ であると考えられている。　　（西南学院大）

富本銭 <small>ふほんせん</small>

□14 この天皇の没後，その皇后が**称制**で政権を維持し，やがて ▢▢▢▢ **天皇**として即位した。　　（甲南大）

持統天皇 <small>じとう</small>

□15 頻出 この天皇のもとで，**689 年**には ▢ a ▢ が施行され，翌 **690 年**には ▢ b ▢ が造られ，**694 年**には ▢ c ▢ に遷都された。　　（専修大）

a 飛鳥浄御原令 <small>あすかきよみはらりょう</small>
b 庚寅年籍 <small>こういんねんじゃく</small>
c 藤原京 <small>ふじわらきょう</small>

白鳳文化 <small>はくほうぶんか</small>

□16 **白鳳文化**とは，大化改新から天武・持統朝を中心とする時期の文化である。**国家仏教**が本格的に展開した時期で，▢▢▢▢ **寺**や**大官大寺** <small>だいかんだいじ</small> が建立された。　　（東洋大）

薬師寺 <small>やくしじ</small>

□17 貴族層などに**漢詩**が受容された。また**和歌**も形を整えていった。この時期の代表的な歌人としては，▢ a ▢ や ▢ b ▢ が知られている。　　（青山学院大）

a・b 柿本人麻呂 <small>かきのもとのひとまろ</small>・額田王 <small>ぬかたのおおきみ</small>（順不同）

☑ 18 白鳳文化を代表する建築物は [____] で，裳階をつけた「構成の美」を今日に伝えるものである。　（名古屋学院大）

薬師寺東塔

☑ 19 [____] は，山田寺の本尊が後に興福寺の衆徒によって奪われ，20世紀になって発見されたものである。
（昭和女子大）

興福寺仏頭

☑ 20 白鳳文化の絵画としては [____] 壁画があったが，1949年に焼損した。　（日本大）

法隆寺金堂壁画

☑ 21 奈良県明日香村にある終末期古墳の [____] 壁画は，四神や男女の群像が有名であり，その人物像は高句麗の壁画に酷似している。　（関西学院大）

高松塚古墳壁画

律令制度

☑ 01 文武天皇の701年，[____] が完成した。律令という法に基づいて統治される国家を律令国家，その体制を律令体制と呼ぶ。　（近畿大）

大宝律令

☑ 02 [a] は刑法にあたるもので，その他の行政法などが [b] である。また律令の補足・修正を行うのが格で，これらの施行のための細則が式である。　（立命館大）

a 律
b 令

☑ 03 元正天皇の718年，藤原不比等らにより [____] が制定され，孝謙天皇の757年に施行された。　（日本大）

養老律令

☑ 04 頻出 律令の中央官制は二官八省一台五衛府と呼ばれる。二官は [a]・[b]，八省は中務・式部・治部・民部・兵部・刑部・大蔵・宮内の各省である。　（専修大）

a 神祇官
b 太政官
×大

☑ 05 頻出 [a] は最高の官職だが，常に置く必要はないとされた。常置の最高職は [b]，次いで [c] で，以下，大納言・少納言などが太政官を構成した。　（日本大）

a 太政大臣
b 左大臣
c 右大臣

☑ 06 令には規定がなく，新たに加わった官職を [____] と総称する。　（新潟大）

令外官

☑ 07 [a] は，太政官とは別に役人の監察のために置かれた役所である。また，天皇や宮中・京内の警備にあたった軍隊を [b] と総称する。　（明治大）

a 弾正台
b 五衛府

☐ 08 **頻出** **摂津国**には，**難波津**などの管理も担当するため国司に代わり　a　が置かれた。また，**西海道諸国**の支配は　b　によった。　(愛知教育大)

a 摂津職
b 大宰府
×太

☐ 09 京およびその周辺の地域は　a　と呼ばれ，特別行政区として扱われた。諸国は　b　に分かれた。　(九州大)

a 畿内〔五畿〕
×幾
b 七道

☐ 10 政府直轄の道は　a　と呼ばれ，都と地方を結ぶ駅制による**駅路**と，**郡家**などを結ぶ**伝路**の 2 つがあった。駅路には原則 30 里（約 16km）ごとに　b　が置かれ，**駅長**の管理下に**駅馬**などを備えた。　(高崎経済大)

a 官道
b 駅家

☐ 11 **駅路**を使う役人などは**公用**の場合，**駅鈴**を携行し**駅馬**や駅家を利用した。このような律令制における役人の往来や情報伝達の制度を　　　と呼ぶ。　(新潟大)

駅制

☐ 12 律令の行政区画の単位は　a　で，　a　はさらに　b　，さらに**里**に分かれた。　(駒澤大)

a 国
b 郡

☐ 13 **頻出** 各国の統治は，中央から派遣された**守**以下の　a　が行った。国の役所，所在地は**国府**と呼ばれた。郡の支配者は　b　と呼ばれ，**旧国造層**などから選ばれた**終身官**だった。この職務を行う場所は　c　と呼ばれた。また，里は　d　によって治められた。　(関西学院大)

a 国司
b 郡司
c 郡家〔郡衙〕
d 里長

☐ 14 **頻出** 律令の官僚は**位階制**により組織され，**五位以上**の位を持つものを　a　，さらに**三位以上**の大臣クラスを　b　と呼んだ。　(日本女子大)

a 貴族
b 公卿

☐ 15 **五位以上**の官人の子，あるいは**三位以上**の子と孫は，　　　で **21 歳**になると一定の位階を与えられた。　(立教大)

蔭位の制
×陰

☐ 16 律令官人は**位階**に応じた**官職**につくこととされた。これを　　　の制と呼ぶ。

官位相当の制

☐ 17 律令の各役所には，一般的に，　　　と呼ばれる**長官・次官・判官・主典**が置かれた。　(法政大)

四等官

☐ 18 　a　は **6 年に一度**作成された。調・庸などの課税の基礎となる　b　は**毎年**作成された。　(新潟大)

a 戸籍
b 計帳

☑19 律令制では人々を　a　と　b　の2種類に分けた。後者は陵戸・官戸・公奴婢・家人・私奴婢で，　c　と総称される。　　　　　　　　　　　　　　　　　　（名城大）

a 良民
b 賤民
c 五色の賤

☑20 　a　では良民6歳以上の男子に2段，女子にはその3分の2の1段120歩の田を　b　として与えた。この田は6年ごとの班田の年に，死者の分は収公され，新たに6歳以上に達した者に与えられた。　　　　　　（新潟大）

a 班田収授法
b 口分田

☑21 口分田の班給のため，田地の計画的な区画が目指され，　　　　制と呼ばれるプランが導入された。　　　（佛教大）

条里制

☑22 律令制における成年男子は　　　　と呼ばれ，良民の男子で21歳から60歳のものがこれに該当した。　（九州大）

正丁

☑23 律令の主な税は租・調・庸と呼ばれる。租は，田1段につき稲2束2把を納めるもので，収穫のほぼ　　　　％にあたるものだった。　　　　　　　　　　　　　（北海道大）

3％

☑24 　　　　は，各地の産物，絹・糸・綿などの中から指定された物を納める税であった。　　　　　　　　　（学習院大）

調

☑25 頻出　a　は，本来，正丁が年に10日間，労働で中央政府に奉仕する　b　だったが，実際には布で納める税であった。　　　　　　　　　　　　　　　　　（立命館大）

a 庸
b 歳役

☑26 調・庸などを都に運搬することも人々の義務であり，　a　と呼ばれた。また，国司が農民たちに課す労役が　b　で，正丁の場合，年60日を限度とした。　（南山大）

a 運脚
b 雑徭

☑27 頻出 春に稲を貸し付け，秋に利息をつけて返済させる　a　や，凶作に備えて粟などを供出させる　b　も，一種の税として機能した。　　　　　　　　　　　（名城大）

a 出挙
b 義倉

☑28 兵役は正丁3～4人に1人が徴発され，国司の監督下にある　　　　に配属された。庸・雑徭は免除されたが，食料や武器は自弁であった。　　　　　　　　（愛知教育大）

軍団

☑29 兵役につくもののうち，　a　は1年間，都に出て勤務につき，　b　は3年間大宰府に赴き，軍役につくこととされていた。　　　　　　　　　　　　　　（九州大）

a 衛士
b 防人

圓 地図中に示された行政区分で「畿内」と呼ばれる5つの国❶〜❺を答えよ。
また，❻〜⓬に含まれる国々は「七道」のどれに該当するか，答えよ。

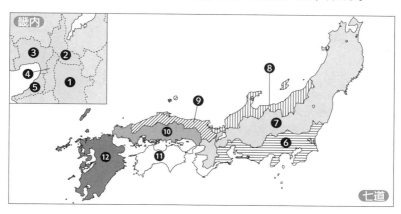

❶ 標準 大和
❷ 標準 山城 （794年以前は「山背」）
❸ 標準 摂津
❹ 標準 河内
❺ 標準 和泉 （757年，河内国から分立）

→ 畿内（五畿）

❻ 標準 東海道 （伊勢国，鈴鹿関）
❼ 標準 東山道 （美濃国，不破関）
❽ 標準 北陸道 （越前国，愛発関）

→ 三関

❾ 標準 山陰道
❿ 標準 山陽道
⓫ 標準 南海道
⓬ 標準 西海道 （大宰府が統轄）

平城京と天平文化

平城京

☑ 01 **頻出** **元明天皇**の **710 年**，**藤原京**から ▢ a ▢ に都は遷された。このような都城の内部は，▢ b ▢ **制**により整然と区画されていた。　　　　　　　　　　　　　（和歌山大）

a 平城京
b 条坊制

☑ 02 都は**朱雀大路**を挟み**東側**が ▢ a ▢ ，**西側**が ▢ b ▢ とされ，▢ a ▢ には**東市**，▢ b ▢ には**西市**が置かれた。　　　　　　　　　　　　　（青山学院大）

a 左京
b 右京

☑ 03 **頻出** **元明天皇**の **708 年**，▢ a ▢ が発行された。以後，**958 年**の**乾元大宝**までの銅銭 12 種類を ▢ b ▢ と呼ぶ。また ▢ a ▢ の使用を促進するため，**711 年**には ▢ c ▢ が発布された。　　　　　　　　　　　　（駒澤大）

a 和同開珎
　×銅
b 皇朝[本朝]
　十二銭
c 蓄銭叙位令
　[法]

☑ 04 東北では，**708 年**ごろに**出羽柵**が，**712 年**に ▢ a ▢ が設置された。**724 年**には ▢ b ▢ が築かれ，**733 年**には**出羽柵**を北に移し，▢ c ▢ が設営された。　　（京都産業大）

a 出羽国
　×倭の国
b 多賀城
c 秋田城

☑ 05 九州では，**713 年**，現在の鹿児島県東南部の**隼人**の居住地に ▢　　　▢ が設置された。　　　　　　　　　　　　（同志社大）

大隅国
　×偶

☑ 06 **遣唐使**は**舒明天皇**の **630 年**，▢ a ▢ の派遣に始まり，**894 年**，▢ b ▢ の建言により，**宇多天皇**がこれを停止するまで続いた。　　　　　　　　　　　　　　　（駒澤大）

a 犬上御田鍬
b 菅原道真
　×管

☑ 07 **頻出** 遣唐使は，朝鮮半島**西岸**を進む ▢ a ▢ がとられたが，▢ b ▢ との関係悪化から，8 世紀以降は**南路・南島路**をとらざるをえなくなった。　　　　　　　（東洋大）

a 北路
b 新羅

☑ 08 遣唐使の中には，**玄宗皇帝**に重用された ▢　　　▢ や，**藤原清河**など，中国で死去（**客死**）したものもいた。　　（専修大）

阿倍仲麻呂
　×安倍×阿部

☑ 09 9 世紀初めに遣唐使に従って中国で仏教を学んだ ▢ a ▢ ・ ▢ b ▢ は，それぞれ帰国すると**天台宗・真言宗**を開いた。　　　　　　　　　　　　　（明治学院大）

a 最澄
b 空海

☑ 10 　　　　との交流も 6 世紀末から始まり，7 世紀後半には活発な使節のやり取りが行われたが，8 世紀になると日本への朝貢の姿勢を拒否したため，関係は悪化した。

(東洋大)

新羅 (しらぎ)

☑ 11 **698 年**に建国された　　　　とは，互いに使節が派遣され**友好的**な関係が続いた。初期には政治的な目的が主であったが，後には**交易**が主な目的となった。

(専修大)

渤海 (ぼっかい)

☑ 12 頻出 **中臣鎌足** (なかとみのかまたり) の子　a　は，娘の**宮子** (みやこ) を**文武天皇** (もんむてんのう) の夫人に，さらに娘の　b　を後の**聖武天皇**の夫人にするなど，**外戚** (がいせき) 関係を築いていった。

(日本大)

a 藤原不比等 (ふじわらのふひと)
b 光明子 (こうみょうし)

☑ 13 **元明天皇**，**元正天皇** (げんしょう) の後を継いで　　　　**天皇**が即位したのは **724 年**である。

(和歌山大)

聖武 (しょうむ) 天皇

☑ 14 頻出 藤原不比等の没後，朝廷のトップには　a　が立ったが，不比等の子の**武智麻呂** (むちまろ)・**房前** (ふささき)・**宇合** (うまかい)・**麻呂**の**藤原四子** (しし) により **729 年**の　b　で排斥された。

(駒澤大)

a 長屋王 (ながやおう)
b 長屋王の変 (ながやおう)

☑ 15 頻出 737 年，藤原武智麻呂ら兄弟が**伝染病**で相次いで死ぬと，朝廷のトップには　a　が立ち，**玄昉** (げんぼう) や　b　が重用された。

(近畿大)

a 橘諸兄 (たちばなのもろえ)
b 吉備真備 (きびのまきび)

☑ 16 この政権に対し，宇合の子の　　　　が**大宰少弐** (だざいのしょうに) として**九州**で反乱を企てたが，敗死した。

(成城大)

藤原広嗣 (ふじわらのひろつぐ)

☑ 17 この乱の影響もあり，聖武天皇は都を山背の　a　，**難波宮** (なにわのみや)，　b　と変え，745 年に**平城京**に戻った。

(駒澤大)

a 恭仁京 (くにきょう)
b 紫香楽宮〔京〕 (しがらきのみや〔きょう〕)

☑ 18 仏教への依存を高めた**聖武天皇**は，741 年に　a　，**743 年**には近江の**紫香楽宮**で　b　を発した。後者は紫香楽の地では完成せず，平城京に戻り，**752 年に東大寺**で**開眼供養** (かいげんくよう) が行われた。

(関西大)

a 国分寺建立の詔 (こくぶんじこんりゅうのみことのり)
b 大仏〔盧舎那仏〕造立の詔 (だいぶつ〔るしゃなぶつ〕ぞうりゅうのみことのり)

☑ 19 　a　が台頭すると**橘諸兄**は引退に追い込まれ，反発した　b　に勝利して　a　の権力が確立した。

(日本大)

a 藤原仲麻呂 (ふじわらのなかまろ)
b 橘奈良麻呂の変 (たちばなのならまろ)

☑20 **頻出** **孝謙太上天皇**（こうけんだいじょう）と結んだ [a] が台頭すると，[b] が起こった。この乱の結果，**淳仁天皇**（じゅんにん）は廃され孝謙太上天皇が**重祚**（ちょうそ）し，[c] 天皇となった。　（専修大）

a 道鏡（どうきょう）
b 恵美押勝の乱（えみのおしかつ）〔藤原仲麻呂の乱〕（ふじわらのなかまろ）
c 称徳天皇（しょうとく）

☑21 769 年，**道鏡**を皇位につけようとする企ては**和気清麻呂**（わけのきよまろ）らにより阻まれた。これを [　　] という。翌年称徳天皇が没すると**道鏡**は**下野薬師寺**（しもつけ）に左遷された。　（上智大）

宇佐八幡神託事件（うさはちまんしんたく）〔道鏡皇位事件〕（どうきょうこうい）

☑22 **道鏡**が排斥されると，**式家**（しき）の [a] らは天智天皇の孫（てんじ）にあたる [b] 天皇を擁立した。　（日本大）

a 藤原百川（ももかわ）
b 光仁天皇（こうにん）

☑23 律令の税制は成年男子に過重で，[a]・**逃亡**（とうぼう）が絶えず，やがて 8 世紀末以降には男子を女子と偽って報告する [b] が増加することとなった。　（東京女子大）

a 浮浪（ふろう）
b 偽籍（ぎせき）

☑24 口分田の不足を補うため，**722 年**には [a] が，翌**723 年**には [b] が発せられた。　（中央大）

a （良田）百万（りょうでん・ひゃくまん）町歩開墾計画（ちょうぶかいこんけいかく）
b 三世一身法（さんぜいっしんほう）

☑25 723 年の法令は大きな効果を発揮せず，20 年後の**743 年**に [a] が発せられた。その結果，大寺院や高級貴族は [b] と呼ばれる土地経営を進めた。　（立命館大）

a 墾田永年（こんでんえいねん）×墾
私財法（しざいほう）
b 初期荘園（しょきしょうえん）

天平文化（てんぴょうぶんか）

☑26 平城京で栄えた奈良時代の文化を**天平文化**と呼ぶ。[a] がさかんとなった時代で，仏教に国家を守護することを求める [b] の思想が発達した。　（九州大）

a 国家仏教（こっかぶっきょう）
b 鎮護国家（ちんごこっか）

☑27 僧侶は**法会**（ほうえ）を催し，[　　] と呼ばれる三論宗などの**仏教教学**の研究に従事した。（さんろんしゅう）　（日本大）

南都六宗（なんとりくしゅう）（なんとろくしゅう）

☑28 **頻出** **民間布教**や**社会事業**に活躍した [　　] は，当初弾圧を受けたが，やがて**大仏造立に協力**し**大僧正**になった。　（甲南大）

行基（ぎょうき）

☑29 **頻出** 6 度目の航海で来日を果たした [a] により**律宗**（りっしゅう）が伝わり，**戒壇**（かいだん）が成立した。この [a] に与えられた寺院が [b] 寺である。　（専修大）

a 鑑真（がんじん）
b 唐招提寺（とうしょうだいじ）

☑ 30 **式部省**管轄下の　a　は官僚の育成を担い，地方にも
国司の監督のもとに　b　が置かれた。　　（駒澤大）

a 大学（寮）
b 国学

☑ 31 **頻出** 史書の編纂は，まず**712年**に『　a　』が成立した。
これは　b　が誦習した内容を　c　が筆録したもの
である。また**720年**には，最初の**正史**，『　d　』が成
立した。また，713年には，**諸国**に対し，『　e　』を撰
進する命がくだった。　　（東洋大）

a 古事記
　×紀
b 稗田阿礼
c 太安万侶
〔安麻呂〕
d 日本書紀
　×記
e 風土記

☑ 32 **頻出** 現存する**最古**の**漢詩集**は『　a　』とされる。ま
た，770年ごろ，**大伴家持**を中心に，国民的な歌集
『　b　』が成立した。　　（日本大）

a 懐風藻
b 万葉集

☑ 33 **頻出** 建築では，断面が台形の長材を用いた　a　が，
東大寺の　b　の宝庫などに用いられた。　　（京都産業大）

a 校倉造
b 正倉院

☑ 34 天平文化を代表する建築では，唯一の**金堂**の遺構である
　　　　金堂や，講堂が遺されている。　　（法政大）

唐招提寺金堂

☑ 35 　　　　も，数少ない天平期の建築で，奈良時代に正堂が
作られ，鎌倉時代に礼堂が付け加えられている。（甲南大）

東大寺法華堂

☑ 36 仏像では，　a　と　b　が発達し，写実的な唐風の
彫刻がさかんに作られた。　　（新潟大）

a・b 塑像・乾
漆像（順不同）

☑ 37 **三目八臂**という特異な姿を持つ東大寺の　　　　像は**乾
漆像**，その左右に配置された**日光・月光菩薩像**は**塑像**で
ある。　　（名城大）

不空羂索観音像

☑ 38 他に，**塑像**の代表的なものとしては，東大寺の　　　　像
や**法華堂執金剛神像**がある。　　（上智大）

戒壇堂四天王像

☑ 39 **興福寺**の八部衆像のうち，**三面六臂**の乾漆像として著名
なものが，　　　　像である。　　（日本大）

阿修羅像

☑ 40 絵画は，**唐風の絵画**がさかんで，代表的なものとして，
正倉院に伝わる　　　　がある。　　（立教大）

鳥毛立女屛風

平安京と弘仁・貞観文化

平安京

☑01 **頻出** | a | 天皇は **784 年** | b | に遷都したが, 翌年に
ふじわらのたねつぐ
藤原種継暗殺事件が起こったこともあり, **794 年には平**
安京に遷都した。　　　　　　　　　　　　　　（近畿大）

a かんむ
桓武天皇
×恒
b ながおかきょう
長岡京

☑02 桓武天皇の父の**光仁天皇**の **780 年**, 蝦夷の首長である
こうにん　　　　　　　　　　　　　えみし
□□□□□が反乱を起こし, **多賀城**が焼かれた。（京都産業大）

これはりのあざまろ
伊治呰麻呂

☑03 桓武天皇は□□□□□を**征夷大将軍**に任じ, 東北の支配を
せいいたいしょうぐん
進めた。　　　　　　　　　　　　　　　　　　（津田塾大）

さかのうえのたむらまろ
坂上田村麻呂

☑04 **頻出 802 年**には**北上川中流域**に | a | が築かれ, こ
きたかみがわ
こに**鎮守府**が移された。翌年には, 北上川**上流域**に
ちんじゅふ
| b | が築かれたが, **812 年**ごろに**徳丹城**が完成する
とくたん
と | b | は廃絶した。　　　　　　　　　　　（東京女子大）

a いさわじょう
胆沢城
b しわじょう
志波城

☑05 桓武天皇は地方支配の強化のため, **国司交代**の際の事務
かげゆし
を統轄する | a | という令外官を置いた。また, **792 年**
りょうげのかん
には**軍団**を原則的に**廃止**し, | b | を置くこととした。
（近畿大）

a 勘解由使
b こんでい
健児

☑06 | a | 天皇に対し, | b | **太上天皇**は**平城京**への**還都**
さが
と重祚を策した。　　　　　　　　　　　　　　（専修大）

a さが
嵯峨天皇
b へいぜいだいじょうてんのう
平城太上天皇

☑07 嵯峨天皇は, | a | ・**巨勢野足**を蔵人頭に任じ, **810 年**
こせのむたり　くろうどのとう
の | b | でその**重祚**を阻み, 地位を確立した。（福井大）

a ふじわらのふゆつぐ
藤原冬嗣
b へいぜいだいじょうてんのう
平城太上天皇
の変〔薬子の変〕
くすこ

☑08 **頻出 嵯峨天皇**は, **蔵人所**や, **京中の治安や警察・裁判**な
くろうどどころ
どを扱う□□□□□など, 強力な**令外官**の設置を進めた。
（東洋大）

けびいし
検非違使

☑09 **嵯峨天皇**の **820 年**, | a | が**藤原冬嗣**らによって編纂
ふじわらのふゆつぐ
された。以後, **貞観・延喜**と続く | b | の最初のもので
じょうがん　えんぎ
ある。　　　　　　　　　　　　　　　　　　　（成蹊大）

a こうにんきゃくしき
弘仁格式
b さんだいきゃくしき
三代格式

☑10 **833 年**には**養老令**の**官撰注釈書**である『□□□□□』が**清原**
きよはらの
夏野らによって成立した。　　　　　　　　　（佛教大）
なつの

りょう10 ぎ げ
令義解

☑11 823年，**大宰府管内**の**西海道**諸国を対象に，良田を選び □□□ が経営された。 (成城大)

公営田
〔く えいでん〕

☑12 直営田としてはその後，879年には**畿内**に □□□ が設定されている。 (九州大)

官田
〔かんでん〕
〔元慶官田〕
〔げんぎょう〕

弘仁・貞観文化
〔こうにん じょうがんぶんか〕

☑13 平安前期，9世紀を中心とする文化を**弘仁・貞観文化**と呼ぶ。文芸を重んじる □a□ の思想が発達し，『凌雲集』などの □b□ が編まれた。 (愛知教育大)

a 文章経国
〔もんじょうけいこく〕
b 勅撰漢詩集
〔ちょくせんかんししゅう〕

☑14 有力貴族などは，**一族の子弟**の勉学のため □□□ を設けた。 (津田塾大)

大学別曹
〔だいがくべっそう〕
×荘

☑15 □a□ 宗は**最澄**が確立したもので，**比叡山延暦寺**がその中心となった。この宗派は，続く □b□ ・**円珍**らにより**密教化**を進めた。 (関西大)
〔さいちょう〕〔ひ えいざんえんりゃく じ〕〔えんちん〕〔みっきょうか〕

a 天台宗
〔てんだいしゅう〕
b 円仁
〔えんにん〕

☑16 **空海**が確立した □a□ 宗は，**高野山金剛峰寺**を中心として発達した。空海は**嵯峨天皇**から □b□ 寺を賜り，**密教**をいち早く朝廷に持ち込んだ。 (日本女子大)
〔くうかい〕〔こう や さんこんごう ぶ じ〕〔みっきょう〕

a 真言宗
〔しんごんしゅう〕
b 東寺〔教王
〔とう じ〕〔きょうおう〕
護国寺〕
〔ご こく じ〕

☑17 奈良時代の仏教を**顕教**と呼ぶのに対し，平安仏教は □a□ と呼ばれ， □b□ により**現世利益**を求めることが期待された。 (九州大)
〔けんぎょう〕〔げん ぜ り やく〕

a 密教
〔みっきょう〕
b 加持祈禱
〔か じ き とう〕

☑18 頻出 奈良時代に始まる固有の信仰と仏教との混在状態を □a□ と呼ぶ。そのうち，山岳信仰と仏教が融合した □b□ が形成された。 (南山大)

a 神仏習合
〔しんぶつしゅうごう〕
b 修験道
〔しゅげんどう〕

☑19 弘仁・貞観期の**仏像**製作では □a□ が主流となり， □b□ と呼ばれる表現方法が発達した。 (関西学院大)

a 一木造
〔いちぼくづくり〕
b 翻波式
〔ほんぱ しき〕

☑20 頻出 密教絵画では， □□□ と呼ばれる絵画が発達した。神護寺や教王護国寺のものが有名である。 (名城大)
〔じんごじ〕

(両界) 曼荼羅
〔りょうかい まん だ ら〕
×茶

☑21 **唐文化の消化吸収**が進んだ弘仁・貞観文化の時期には， □□□ と呼ばれる3人の**名筆家**が現れた。 (関西大)

三筆
〔さんぴつ〕

☑22 平安仏教は山岳での修行を中心としたので，寺院も山岳 に**自由な伽藍配置**で建てられた。例えば，□□□寺は山 の斜面を利用し，金堂・五重塔などが地形に合わせて自 由な配置となっている。　　　　　　　　　（法政大）

室生寺

摂関政治と国風文化

摂関政治

☑01 **藤原冬嗣**の子　a　は，　b　で妹の子を皇太子（後 の**文徳天皇**）とすることで外戚の地位を確立した。
（東洋大）

a （藤原）良房
b 承和の変

☑02 **858 年**，文徳天皇が没し，幼帝の　a　天皇が即位す ると，**藤原良房**は事実上の**摂政**の地位を得て，**866 年**の 　b　の際に正式に**摂政**の地位を得た。　　　（日本大）

a 清和天皇
b 応天門の変

☑03 良房の養子の□□□は，**陽成天皇**を廃して**光孝天皇**を 擁立し，事実上の**関白**の地位を手に入れた。　（近畿大）

（藤原）基経

☑04 **藤原基経**は 887 年の**宇多天皇**即位に際して生じた □□□と呼ばれる事件で，翌年には**関白**の地位を確立 した。　　　　　　　　　　　　　　　　　（東洋大）

阿衡の紛議
〔阿衡事件〕

☑05 頻出 10 世紀には東アジアの国際環境が大きく変化した。 907 年に唐が滅亡し，960 年には　a　が興った。渤 海も**926 年**に滅ぼされ　b　に代わり，朝鮮半島でも 935 年，**新羅**が　c　に滅ぼされた。　　（高崎経済大）

a 宋〔北宋〕
b 遼〔契丹〕
c 高麗

☑06 頻出 後世，　a　天皇の治世は**延喜の治**，　b　天皇 の治世は**天暦の治**と呼ばれ，理想化された。　（日本大）

a 醍醐天皇
b 村上天皇

☑07 醍醐天皇に続く□□□**天皇**の時期は，**藤原忠平**が摂関 の地位についたが，この時期には**承平・天慶の乱**が起 こっている。　　　　　　　　　　　　　（西南学院大）

朱雀天皇

☑08 **969 年**の□□□を契機に**摂関家**の地位が確立し，天皇 が**幼少**のころは**摂政**が，**成人**後には**関白**が置かれること が一般化した。　　　　　　　　　　　　　（近畿大）

安和の変

地図・図版問題にチャレンジ！ 平城京・平安京

圏 次の平城京(へいじょうきょう)・平安京(へいあんきょう)図中の**❶**〜**❿**の名称を答えよ。

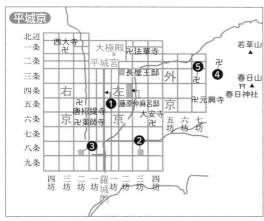

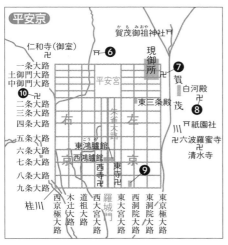

❶ 標準 朱雀大路(すざくおおじ)
（都の中心を南北に走る大路）

❷ 東市(ひがしのいち)

❸ 西市(にしのいち)

❹ 東大寺(とうだいじ)
（総国分寺, 752年に大仏開眼供養）

❺ 標準 興福寺(こうふくじ)
（藤原氏の氏寺(うじでら)）

❻ 北野神社(きたのじんじゃ)
〔北野天満宮(きたのてんまんぐう)〕
（菅原道真(すがわらのみちざね)を祀る）

❼ 法成寺(ほうじょうじ)
（藤原道長(みちなが), 「御堂(みどう)」）

❽ 法勝寺(ほっしょうじ)
（白河天皇(しらかわ), 六勝寺(ろくしょうじ)の最初）

❾ 標準 綜芸種智院(しゅげいしゅちいん)
（空海(くうかい)が開いた教育施設）

❿ 応用 広隆寺(こうりゅうじ)
（秦河勝(はたのかわかつ)）

☑09 [頻出] **a** は，4 人の娘を皇后（中宮）や皇太子妃に立て，藤原氏の最盛期を現出した。その子 **b** は，1017 年に**後一条天皇の摂政**となって以降，**後朱雀・後冷泉**の 3 代にわたり**関白**の地位にあった。 （専修大）

a 藤原道長
b （藤原）頼通
　　×道

☑10 **1019 年**，博多湾に侵入した沿海州の**女真族**を大宰権帥**藤原隆家**らが撃退した事件を □□□ と呼ぶ。 （日本大）

刀伊の入寇

国風文化

☑11 10 世紀以降の日本的な文化を**国風文化**と呼ぶ。万葉仮名の**草書体**を簡略化した **a** や**漢字の一部分**を用いる **b** など，表音文字が発達した。 （愛知教育大）

a 平がな〔仮名〕
b 片かな〔仮名〕

☑12 [頻出] この時期には，漢詩文に加え和歌が重んじられ，**勅撰和歌集**が編まれた。最初の勅撰和歌集は，醍醐天皇の**905 年**に成立した，**a** らを撰者とする『 **b** 』である。 （駒澤大）

a 紀貫之
b 古今和歌集

☑13 かな物語では伝奇物語の『 **a** 』や，**歌物語**の『 **b** 』なども登場した。11 世紀の初めには，**紫式部**による光源氏を主人公とする長編小説，『 **c** 』が成立した。 （専修大）

a 竹取物語
b 伊勢物語
c 源氏物語

☑14 随筆では，**清少納言**の『 □□□ 』が代表的作品である。 （日本大）

枕草子

☑15 **紀貫之**が**土佐守**の任を終えて帰京する際の旅を題材とする『 □□□ 』は，かなの日記文学である。 （駒澤大）

土佐日記

☑16 □□□ 説とは，神仏習合を背景に，仏教と固有の信仰を統合してとらえる仏教側からの理論である。 （明治学院大）

本地垂迹説

☑17 平安時代，**早良親王**や**菅原道真**などの**怨霊**を祀り災厄から逃れようとする □□□ がさかんに開かれた。 （立命館大）

御霊会

☑18 10 世紀以降，**来世**への**極楽往生**を願う教えである □□□ 教が発達した。 （九州大）

浄土教

☑19 10 世紀中ごろ，**市聖**と呼ばれた **a** が人々に念仏を勧めた。この僧は特定の寺院に属さず民間で布教を行う **b** の一人である。 （成城大）

a 空也
b 聖〔上人・聖人〕

☑20 **頻出** 11世紀半ばには，仏法が衰える □□□ の世に入る
とされる □□□ **思想**が広まった。 (駒澤大)

末法

☑21 **頻出** 985年，□ a □ は『**往生要集**』で浄土信仰を理論化
し，**極楽往生**の方法を確立した。また，**極楽往生**した人々
の**伝記**である □ b □ が著された。 (近畿大)

a 源信
〔恵心僧都〕
b 往生伝

☑22 平安時代に発達した貴族の住宅様式を □□□ と呼ぶ。
(駒澤大)

寝殿造

☑23 **藤原頼通**が建立した宇治の □□□ は，代表的な**阿弥陀**
堂建築である。 (日本大)

平等院鳳凰堂

☑24 そこに安置された阿弥陀如来像は，仏師 □ a □ が
□ b □ の技法で完成させた。 (近畿大)

a 定朝
b 寄木造

☑25 **臨終の際に阿弥陀仏**が**救済**のために現れるところを描
いた □□□ がさかんとなった。 (名城大)

来迎図

☑26 国風文化期の絵画は □ a □ と呼ばれ，その後の日本画
の源流となった。また，漆器の技法である □ b □ も発達
した。 (九州大)

a 大和絵
b 蒔絵

☑27 **書道**では □ a □ が現れ，**和様**の書が完成した。作品とし
ては，**藤原佐理**の『□ b □』などがある。 (中央大)

a 三蹟〔跡〕
b 離洛帖

☑28 **公卿の正装**（礼服）は □ a □ と呼ばれるもので，その**略**
式の服装は □ b □ と呼ばれた。公家の平常服は**直衣・**
狩衣，**女官の正装**は □ c □ で，略装は**小袿**であった。
(明治大)

a 束帯
b 衣冠
c 女房装束
〔十二単〕

☑29 **男子**の成年式にあたるのが □ a □ ，**女子**の成年式にあ
たるのが □ b □ と呼ばれる儀式である。 (名城大)

a 元服
b 裳着

☑30 宮廷では □ a □ が重んじられ，**節会**・**新嘗祭**などの神
事や仏事，**除目**など政務に関するものも儀式化した。ま
た，**陰陽師**の占いが重視され，貴族たちは外出を避けて
建物の中で謹慎する □ b □ や，外出の際に**特定の方角**
を避ける □ c □ などに縛られる生活を送った。 (南山大)

a 年中行事
b 物忌
c 方違

荘園と武士

摂関期の地方社会

☑01 10世紀以降，土地への課税が進むに従い，国司は徴税請負人化したが，やがて**現地に赴かない** a や，国司に代わり**現地に派遣される** b が登場し，これを c が支える体制へと移行していった。　（専修大）

a 遙任（国司）
×遥
b 目代
c 在庁官人

☑02 **頻出** 任国に赴いた国司は a と呼ばれるようになり，田地の耕作請負人である b の**名（名田）経営**を認め，彼らから**官物・臨時雑役**という税を徴収した。　（愛知大）

a 受領（国司）
b 田堵

☑03 10世紀末，現地の有力者が**受領**を訴えた　　　が示すように，**受領**の過酷な徴税に対し，郡司や百姓たちが反発し，**太政官**に訴える動きが現れた。　（中央大）

尾張国郡司百姓等解（文）

☑04 **頻出** 平安中期以降，朝廷に財物を提供し官職・位階等を得る　　　と呼ばれる**売位売官**がさかんに行われた。　（和歌山大）

成功

☑05 任期の終了後，国司などの官職に**再任される**　　　も行われた。　（西南学院大）

重任

☑06 武芸，戦闘を専業とする a の多くは，在地領主として所領の経営を行い，「**兵の家**」を構成し，連合して b を形成した。　（福井大）

a 武士
b 武士団

☑07 貴族出身の a や b の中には，**受領**の任を終えた後，その地に**土着**し，大型武士団を形成するものも現れた。　（駒澤大）

a・b 桓武平氏・清和源氏
（順不同）

☑08 武士団は，その首長と血縁関係にある a や，従者である b などによって構成された。　（西南学院大）

a 家子
b 郎党〔郎等・郎従〕

☑09 10世紀前半，**東国**で a が，**西国**で b が反乱を起こす，**承平・天慶の乱**が起こった。　（専修大）

a 平将門
b 藤原純友

☑10 盗賊や反乱者を鎮定するため，政府は令外官として a や b を任命し，現地の有力武士などを使って治安を保とうとした。　（駒澤大）

a・b 押領使・追捕使（順不同）

☑11 摂関家など多くの権力者たちは, **侍**といわれた武士たちに奉仕を求め, 9世紀末には, **宮中の警備**のために□□が置かれた。　(南山大)

滝口の武者
〔武士〕

荘園と武士

☑12 **延喜2年 (902年)**, **醍醐天皇**は天皇や有力者による直営田の経営を禁じる□□を発した。　(愛知大)

延喜の荘園整理令
×廷

☑13 **国司の徴税などの圧迫**に抵抗するため, □a□が**権門勢家**に土地を寄進することによって, □b□**荘園**が成立した。　(駒澤大)

a 開発領主
b 寄進地系荘園

☑14 寄進を受けた□a□・□b□などを**荘園領主**, 寄進したものを**在地領主**と呼ぶ。後者は**預所・公文・下司**などの□c□の地位を与えられた。　(日本大)

a・b 領家・本家 (順不同)
c 荘官

☑15 開発領主などの**在地領主**のもとで, □□たちが**作人**たちを率いて農業などを営む体制が整っていった。　(北海道大)

名主

☑16 **国衙**からの徴税を**免除**される権利を□a□と呼ぶ。また, 国司の使者が**荘園内に立ち入る**ことを拒絶する権利を□b□と呼ぶ。　(立命館大)

a 不輸 (の権)
b 不入 (の権)

☑17 **頻出** 受領に対して税を負担する土地は□□と呼ばれ, **郡・郷・保**などの単位で掌握された。　(愛知教育大)

公領〔国衙領〕

☑18 **頻出** **10世紀以降**, 税制は大きく変化し, □a□・□b□・**夫役**などが税目として整っていった。　(近畿大)

a 年貢
b 公事

☑19 1028年に起こった□a□は, **源頼信**によって鎮定された。1051年に起こった□b□では, **安倍頼時ら**の反乱を, **源頼義**とその子**義家**が鎮定した。　(京都産業大)

a 平忠常の乱
b 前九年合戦〔前九年の役〕

☑20 1083年に起こった□a□は, 清原氏の内紛に介入した**源義家**が, **藤原清衡**の協力を得て平定した。その後, 奥州では, □b□氏が全盛期を迎えた。　(愛知教育大)

a 後三年合戦〔後三年の役〕
b 奥州藤原氏

問 地図中の**❶**～**❼**に該当する城柵の名称を答えよ。

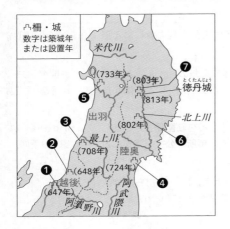

❶ <ruby>淳足柵<rt>ぬたりのさく</rt></ruby>

❷ <ruby>磐舟柵<rt>いわふねのさく</rt></ruby>

❸ <ruby>出羽柵<rt>でわのさく</rt></ruby>

❹ 頻出 <ruby>多賀城<rt>た が じょう</rt></ruby>

❺ <ruby>秋田城<rt>あきた じょう</rt></ruby>

❻ <ruby>胆沢城<rt>い さわじょう</rt></ruby>

❼ <ruby>志波城<rt>し わ じょう</rt></ruby>

問 地図中の**❶**～**⓫**に該当する宮都の名称を答えよ。

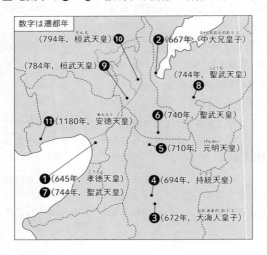

❶ 標準 <ruby>難波<rt>なにわ</rt></ruby>（<ruby>長柄<rt>ながら</rt></ruby><ruby>豊碕<rt>とよさき</rt></ruby>）<ruby>宮<rt>みや</rt></ruby>

❷ <ruby>近江大津宮<rt>おう み おおつのみや</rt></ruby>

❸ <ruby>飛鳥浄御原宮<rt>あすかきよみ はらのみや</rt></ruby>

❹ <ruby>藤原京<rt>ふじわらきょう</rt></ruby>

❺ <ruby>平城京<rt>へいじょうきょう</rt></ruby>

❻ <ruby>恭仁京<rt>く に きょう</rt></ruby>

❼ <ruby>難波宮<rt>なにわのみや</rt></ruby>〔<ruby>京<rt>きょう</rt></ruby>〕

❽ <ruby>紫香楽宮<rt>し が らきのみや</rt></ruby>〔<ruby>京<rt>きょう</rt></ruby>〕

❾ <ruby>長岡京<rt>ながおかきょう</rt></ruby>

❿ <ruby>平安京<rt>へいあんきょう</rt></ruby>

⓫ <ruby>福原京<rt>ふくはらきょう</rt></ruby>

院政期の社会と文化

院政と平氏政権

☐ 01 1068 年，摂関家を**外戚**としない　a　天皇が即位し，翌 **1069 年**には，　b　を発した。　　（日本大）

a 後三条天皇
b 延久の荘園整理令

☐ 02 この法令に伴い□□□が置かれ，**1045 年以降**の新立荘園が禁止され，それ以前でも正式の許可がない土地の**不輸の権**などが否定された。　　（和歌山大）

記録荘園券契所〔記録所〕

☐ 03 これを契機に**荘園**と**公領**が明確に区分され，いわゆる□□□**制**が整備された。　　（東京女子大）

荘園公領制

☐ 04 **公領（国衙領）**は，　a　・　b　・　c　などを単位として課税された。　　（日本大）

a・b・c 郡・郷・保（順不同）

☐ 05 **頻出** 1086 年，　a　天皇は**堀河**天皇に譲位し，以後，**鳥羽・崇徳**の 3 代にわたり**太上天皇**として権力を握った。この政治形態を**院政**と呼ぶ。太上天皇は上皇・院，**出家**した場合は　b　と呼ばれた。　　（駒澤大）

a 白河天皇
b 法皇
　　×王

☐ 06 **頻出 院政**では，太上天皇のための　a　に**院司**が出仕し，ここから出された　b　や，院の出す**院宣**が国政に深く関わるようになった。　　（日本女子大）

a 院庁
b 院庁下文

☐ 07 **頻出 白河上皇**は**院の御所**に□□□を置いた。　　（甲南大）

北面の武士

☐ 08 **院政**では，一部の中・下級の官僚たちが□□□と呼ばれ，**側近**として権力の中枢を構成した。　　（和歌山大）

院近臣

☐ 09 　a　**の制度**とは，**一国の公領の支配権**を上級貴族や寺社に与えるもので，彼らは　b　と呼ばれ，近親者などを**守**に任命する権利を与えられ，**目代**を派遣して公領からの収入を取得した。　　（佛教大）

a 知行国の制度
b 知行国主

☐ 10 院が受領を任命する権利を与えられた国々を□□□と呼んだ。　　（南山大）

院分国

☑ 11 白河院政期，伊勢平氏の ⬚a が源義親の乱を平定す
るなどして台頭した。その子の ⬚b は，鳥羽院政期に
瀬戸内海の海賊追捕などで功績を上げた。　　(甲南大)

a 平正盛

b 平忠盛

☑ 12 皇室に寄進された荘園のうち，**鳥羽上皇の娘暲子**の名で
集められた荘園群を ⬚ と呼ぶ。　　(日本女子大)

八条院領

☑ 13 **後白河上皇**が持仏堂の名義で集めた荘園群を ⬚ と
呼ぶ。　　(西南学院大)

長講堂領

☑ 14 荘園の寄進を受け，経済力を増した大社寺は，⬚a や
神人など，武装した下位の聖職者を備え，⬚b などを
繰り返した。**興福寺・春日神社**を指す ⬚c ，**延暦寺・
日吉神社**を指す ⬚d の ⬚a や**神人**がその最大の武
力であった。　　(京都府立大)

a 僧兵

b 強訴

c 南都

d 北嶺

☑ 15 **桓武平氏**の中でも，**平正盛・忠盛・清盛**らは，その財政
基盤の所在地から，⬚ と呼ばれる。　　(名城大)

伊勢平氏

☑ 16 鳥羽法皇の死後，**後白河天皇**と ⬚a 上皇との間で争
いが起こり，**1156 年**の ⬚b となり，天皇方が勝利した。
(福井大)

a 崇徳上皇
×祟

b 保元の乱

☑ 17 この乱で天皇方として勝利した ⬚a と**平清盛**はや
がて対立，そこに**院近臣**の争いも加わり，**1159 年**に
⬚b が起こった。⬚a はこの乱で平清盛と結ぶ**院
近臣** ⬚c を敗死させたが，その後，熊野詣から戻った
平清盛と戦い敗死した。　　(日本大)

a 源義朝

b 平治の乱

c 藤原通憲
〔信西〕

☑ 18 頻出 **平清盛**は**摂津**の ⬚ を修築し，大型船の入港を
容易にした。　　(昭和女子大)

大輪田泊

☑ 19 平氏は ⬚ 貿易にも力を入れ，**摂津の大輪田泊**を修
築して貿易の独占を図った。　　(津田塾大)

日宋貿易

☑ 20 また西日本を中心に，**家人**らを荘園や公領の ⬚ と
して任命し，組織していった。　　(日本大)

地頭

☑ 21 **平清盛**は，**1167 年**には ⬚ に昇り，娘の**徳子**を**高倉
天皇**の**中宮**とした。　　(日本大)

太政大臣

☑ 22 **高倉天皇**と**中宮徳子**の子は，1180 年に即位し，⬚
天皇となった。　　(愛知教育大)

安徳天皇

☑ 23 平清盛の独裁化に対し，1177年には**藤原成親**や僧の**俊寛**らが洛北の＿＿＿で陰謀をめぐらせたとして処罰された。この後，平清盛は後白河法皇と対立を深め，**1179年**には**治承の政変**で法皇を幽閉した。　（和歌山大）

鹿ヶ谷

院政期の文化

☑ 24 **白河天皇**が建立した**法勝寺**に始まる，院政の主たちが建立した壮大な寺を総称して＿＿＿寺と呼ぶ。（日本女子大）

六勝寺

☑ 25 院政期には**社寺参詣**がさかんで，特に＿＿＿や**高野詣**が度々行われた。　（同志社大）

熊野詣

☑ 26 **頻出** 院政期には，貴族の世界を描く**歴史物語**や，『**将門記**』などの＿a＿，説話文学では『＿b＿』などが著された。　（新潟大）

a 軍記物語
b 今昔物語集

☑ 27 奥州**平泉**の文化では，**藤原清衡**が建立した＿＿＿が遺されている。　（成蹊大）

中尊寺金色堂

☑ 28 この時期，**詞書**とそれに対応する**大和絵**を繰り返していく＿a＿がさかんに作成された。この代表的な作品としては，『**源氏物語絵巻**』や，**応天門の変**を題材とした『＿b＿』がある。　（近畿大）

a 絵巻物
b 伴大納言絵巻

☑ 29 **安芸国**の＿a＿は平氏一門の崇敬を受け，**平清盛**らが奉納した『＿b＿』と呼ばれる**装飾経**が遺されている。　（南山大）

a 厳島神社
b 平家納経

☑ 30 この時期，奈良時代以来の**散楽**に由来する，**滑稽**な雑芸である＿a＿や，**田植え**の神事に起源を持つとされる＿b＿が，都でも流行した。　（成城大）

a 猿楽
b 田楽

☑ 31 **頻出** 民間の歌謡では**今様**がさかんで，**後白河法皇**の撰である『＿＿＿』が今日に伝わっている。　（甲南大）

梁塵秘抄

鎌倉幕府の成立

☑ 01 1180〜85年の内乱は元号を用いて＿＿＿と呼ばれる。　（成蹊大）

治承・寿永の（争）乱

☑ 02 **頻出** **1180 年**，後白河法皇の子の　a　は，**源頼政**と共に平氏打倒の兵を挙げたが敗死した。しかし，彼の発した**令旨**が各地の源氏に伝わり，**伊豆**の　b　や木曽の　c　らがこれに応じて挙兵した。　（日本大）

a 以仁王
b 源頼朝
c 源義仲

☑ 03 1180 年，平清盛は　a　**天皇**を即位させ，6 月に摂津の　b　に遷都したが，11 月に平安京に戻った。　（愛知教育大）

a 安徳天皇
b 福原京

☑ 04 1183 年，**源義仲**により京を追われた平氏は，義仲の没落後，源頼朝の弟の　a　・**源範頼**らとの戦いに敗れ，**1185 年，長門**の　b　**の戦い**で滅亡した。　（東京女子大）

a 源義経
b 壇の浦の戦い

☑ 05 **頻出** **1185 年，源頼朝**は後白河法皇から　a　と　b　の設置を認められた。　（明治大）

a 守護
b 地頭

☑ 06 **守護**の役割は**大番催促，謀叛人・殺害人の逮捕**で，□□□と呼ばれた。　（法政大）

大犯三カ〔箇〕条

☑ 07 **源頼朝**は**1192 年**，後白河法皇の没後，□□□の職を得た。ここに名目的にも**鎌倉幕府**が開かれた。　（日本女子大）

征夷大将軍

☑ 08 将軍の経済基盤には，**知行国**である　a　，**本所**としての権利を持つ荘園の　b　があった。　（同志社大）

a 関東御分〔知行〕国
b 関東御領

☑ 09 **頻出** **封建制度**とは主人が従者に**御恩**を与え，従者が　a　として**軍役**などをつとめる関係を指す。鎌倉幕府の将軍の従者は　b　と呼ばれた。　（専修大）

a 奉公
b 御家人

☑ 10 **御恩**としては，**従来からの**所領の地頭職など荘官の職を保障する　a　や，**新たに**荘官などの権利を与える　b　があった。**奉公**としては，軍役や平時のさまざまな番役などがあった。　（南山大）

a 本領安堵
b 新恩給与

☑ 11 **源頼朝**は 1180 年には鎌倉に　a　を置き，さらに1184 年には**公文所**，後の　b　を置いた。また**訴訟機関**としては 1184 年に　c　を置いた。　（駒澤大）

a 侍所
b 政所
c 問注所

☑ 12 1185 年，**北条時政**が在京御家人の統率や洛中の警備などを目的に□□□に任ぜられた。　（関西大）

京都守護

☑13 **平氏滅亡後の九州**には ▢ ，**奥州藤原氏**滅亡後の奥
州には**奥州総奉行**が置かれた。 （学習院大）

鎮西奉行

執権政治

執権政治

☑01 源頼朝の没後，子の ▢ が将軍職を継いだが，政治は
北条時政ら有力御家人の**合議**で運営された。 （東洋大）

源頼家

☑02 ▢a▢ は**1203**年，源頼家の妻の父である ▢b▢ 一族
を討ち，**頼家**は修禅寺に幽閉，暗殺され，弟の**源実朝**が
将軍の地位に就いた。 （龍谷大）

a 北条時政
b 比企能員

☑03 頻出 **北条時政**は**1205**年に**引退**に追い込まれ，子の
▢a▢ が後を継いだ。 ▢a▢ は**1213**年の ▢b▢ の後
には，**侍所別当**を兼ねることとなった。 （佛教大）

a 北条義時
b 和田合戦
〔和田義盛の乱〕

☑04 政所と侍所の長官を兼ねる地位は ▢ と呼ばれ，こ
れを中心とする合議的政治を ▢ **政治**と呼んでいる。
（新潟大）

執権

☑05 ▢a▢ は**1219**年，頼家の遺児**公暁**に暗殺され，源氏の
将軍は**3**代で絶えた。その後は**藤原（九条）頼経・頼嗣**
が迎えられ，いわゆる ▢b▢ の時代となった。 （関西大）

a 源実朝
b 摂家〔藤原〕
将軍

☑06 頻出 直属軍の ▢a▢ を置いた ▢b▢ **上皇**は，**1221**年，
幕府を倒そうと兵を挙げたが敗れた。これが**承久の乱**で
ある。この結果，幕府は**京都に朝廷の監視や西国の統轄**
などを行う ▢c▢ を置いた。 （専修大）

a 西面の武士
b 後鳥羽上皇
c 六波羅探題

☑07 承久の乱の結果，没収された上皇方の荘園・公領を与え
られた地頭を ▢a▢ と呼び，以前の ▢b▢ と区別した。
（慶應義塾大）

a 新補地頭
b 本補地頭

☑08 頻出 北条義時の後を継いだ子の ▢a▢ は，叔父の**北条
時房**を**連署**とし，また ▢b▢ を置いて**合議体制**を確立
した。 ▢a▢ のもとで**1232**年に制定された ▢c▢ **51
カ条**は，**道理**や頼朝以来の**先例**を根拠に，武家のための
裁判基準などを示すものであった。 （東洋大）

a 北条泰時
b 評定衆
c 御成敗式目
〔貞永式目〕

☑ 09 1246 年に執権となった　 a 　は, **名越光時**（なごえみつとき）を滅ぼし, 前将軍の**藤原頼経**を京へ送還し, 翌 1247 年には頼経との繋がりを持つ**三浦一族**を　 b 　で破った。　（南山大）

a 北条時頼（ときより）
b 宝治合戦（ほうじがっせん）〔三浦泰村の乱〕（みうらやすむら）

☑ 10 **頻出** **北条時頼**は京から**後嵯峨上皇**（ごさが）の子　 a 　**親王**を迎え, 以後, **皇族（親王）将軍**の時代となった。また訴訟制度の充実のため　 b 　を置き,　 b 　**衆**を任命した。　（専修大）

a 宗尊親王（むねたかしんのう）
b 引付（ひきつけ）

武士の生活（ぶし）

☑ 11 中世の武士の居宅は,　　　　という簡素なものだった。　（近畿大）

館（やかた）
舘（たち(たて)）

☑ 12 武士は主従の信義, 武勇, 礼節などを重んじ, **兵の道**（つわもののみち）,　　　　**の道**に自己の存在価値を求めた。　（日本大）

弓馬の道（きゅうばのみち）

☑ 13 **馬に乗り弓を射る**武芸に励んだ武士は,　　　　と呼ばれる**流鏑馬・笠懸・犬追物**（やぶさめ・かさがけ・いぬおうもの）を重んじた。　（西南学院大）

騎射三物（きしゃみつもの）

☑ 14 中世の武士の一族は**惣領制**（そうりょうせい）と呼ばれる原理で結合した。　　　　は, 戦闘や奉公に際して**惣領**のもとに団結した。　（中央大）

庶子（しょし）

☑ 15 所領の相続などは多くの場合　 a 　**相続**であったが, **所領の細分化**を招いたので, 鎌倉末期以降, 南北朝期にかけて　 b 　**相続**へ移行した。　（福井大）

a 分割相続（ぶんかつそうぞく）
b 単独相続（たんどくそうぞく）

☑ 16 **地頭の荘園侵略**に悩む**本所**は, **現地の管理権を地頭**に委（ゆだ）ねる代わりに一定額の年貢の納入を求めるという　　　　に応じることがあった。　（駒澤大）

地頭請（じとううけ）

☑ 17 **頻出** また訴訟を避け, 土地を二分する　　　　も行われた。　（愛知教育大）

下地中分（したじちゅうぶん）

蒙古襲来と幕府の衰退

蒙古襲来（もうこしゅうらい）

☑ 01 **モンゴル帝国**の　 a 　は 1271 年, 国号を　 b 　とし, **大都**（だいと）（北京）を都とした。　（愛知大）

a フビライ
b 元（げん）

☐ 02 執権 ___a___ の時，**文永の役**と**弘安の役**が起こった。この 2 度の戦闘は ___b___（**蒙古襲来**）と呼ばれる。　　（成城大）

a 北条時宗
b 元寇

☐ 03 **1274 年**，元と**高麗**の軍は**博多**に上陸したが，自主的に撤退した。これが _____ である。　　（学習院大）

文永の役

☐ 04 **頻出** この後，幕府は ___a___ を強化して次の来襲に備えた。**元は 1279 年**に**南宋**を滅ぼし，この軍を加えて再び**1281 年**に来襲した。これが ___b___ である。　　（福井大）

a 異国警固番役
　×護
b 弘安の役

☐ 05 **1281 年**，元・**高麗**連合軍が朝鮮半島の**合浦**から，また，**南宋の降兵**を中心とする軍が**慶元（後の寧波）**から日本に進攻した。前者を ___a___ 軍，後者を ___b___ 軍と呼ぶ。　　（同志社大）

a 東路軍
b 江南軍

☐ 06 その後も，元の来襲に備えて防備を固めるため，幕府は**1293 年**に _____ を設置した。また元寇後，日本は神々に守られている国だとする**神国思想**が顕在化した。
　　（九州大）

鎮西探題

☐ 07 **頻出** 北条時政・義時の子孫の嫡流の当主を ___a___ と呼ぶ。合議体制を重んずる ___b___ 政治は，やがて ___a___ による**専制的**な政治に変わっていった。　　（南山大）

a 得宗（家）
b 執権政治

☐ 08 **1285 年**に起こった _____ で，**安達泰盛**が**内管領平頼綱**に敗れたことは，**得宗専制**が確立したことを象徴している。　　（関西大）

霜月騒動

☐ 09 元寇後，御家人の**窮乏**化が進み，その救済の意味も含めて**1297 年**，幕府は _____ を発した。　　（福井大）

永仁の徳政令

☐ 10 **頻出** 最後の得宗となった ___a___ の時代には， ___b___ の**長崎高資**が実権を握っていた。　　（明治学院大）

a 北条高時
b 内管領

☐ 11 **元**との戦争状態が続く中でも，**民間の貿易**は行われていた。幕府も**寺院の修復**のため資金を得る目的で， _____ 船を元に送っている。　　（高崎経済大）

建長寺船

鎌倉時代の社会経済

☐ 12 鎌倉時代には，**畿内**から**西日本**にかけて**麦**を**裏作**とする _____ が成立していた。　　（新潟大）

二毛作

☑13 前代からの◻◻◻◻，さらに**元銭**の輸入により，貨幣経済
が進展した。　　　　　　　　　　　　　　　　（立教大）

そうせん
宋銭

☑14 頻出 **遠隔地**間の米や銭などの取引の決済の方法として，
◻◻◻◻が発達した。銭の場合には**替銭**，米の場合には**替
米**と呼ばれる。　　　　　　　　　　　　　（京都産業大）

かわせ
為替

☑15 輸入銭の流入による貨幣経済の発展は，◻◻◻◻と呼ば
れる**高利貸業**の発達を促した。　　　　　　　（立命館大）

かしあげ
借上

☑16 **年貢**や**商品**の保管・輸送・販売などを担当した業者は
◻◻◻◻と呼ばれた。　　　　　　　　　　　　　（甲南大）

といまる〔とい〕
問丸〔問〕

☑17 一定の日に開催される◻◻◻◻が発達した。　（新潟大）

ていきいち
定期市

☑18 鎌倉時代の定期市は◻◻◻◻が一般的だった。
　　　　　　　　　　　　　　　　　　　　（西南学院大）

さんさいいち
三斎市
×斉
さんどのいち
〔三度の市〕

☑19 市に設けられた販売座席のことを◻**a**◻と呼んだ。商
人らは領主から営業を保証され，その代わりに◻**b**◻
を納める義務があった。　　　　　　　　　　　（福井大）

いちざ
a 市座
ざやく
b 座役
いちざやく
〔市座役〕

☑20 都市には，◻◻◻◻と呼ばれる**常設**の**小売店**が現れた。
　　　　　　　　　　　　　　　　　　　　　　（名城大）

みせだな
見世棚

鎌倉文化

仏教・信仰

☑01 庶民をも救済の対象とした鎌倉のいわゆる**新仏教の特
徴**は，**選択・専修**・◻◻◻◻である。

いぎょう
易行

☑02 ◻**a**◻宗を開いた◻**b**◻は，**専修念仏**によりすべての
人が救われると説いた。　　　　　　　　　　（高崎経済大）

じょうどしゅう
a 浄土宗
ほうねん げんくう
b 法然〔源空〕

☑03 ◻**a**◻宗の開祖である◻**b**◻は，**絶対他力**を唱え，善
行を積む人よりも自分の罪深さを知る**悪人**こそが阿弥
陀仏の第一の救済の対象であるとする**悪人正機説**を唱
えた。　　　　　　　　　　　　　　　　　　（愛知教育大）

じょうどしんしゅう
a 浄土真宗
しんらん
b 親鸞

☑04 頻出 ◻**a**◻**宗**の開祖とされる◻**b**◻は，**念仏札**を賦り諸
国を遊行し，**踊念仏**などで人々を教化していった。（近畿大）

じしゅう
a 時宗
いっぺん ちしん
b 一遍〔智真〕

☑05 **頻出** a 宗の開祖とされる b は,題目を唱える
ことによってこの世を浄土とする**法華経至上主義**を唱
えた。 （南山大）

a 日蓮宗
〔法華宗〕

b 日蓮

☑06 **自力**による**開悟**を目指す**禅宗**には,**栄西**が伝えた a
宗と,**道元**が伝えた b 宗の2つがある。 （東洋大）

a 臨済宗

b 曹洞宗

☑07 **解脱上人**と呼ばれた は**法相宗**を学び,**笠置寺**に
拠点を築いた。彼は法然の**専修念仏**を**批判**する中心とも
なった。 （専修大）

貞慶

☑08 **華厳宗**の は**栂尾上人**とも呼ばれる。彼は京都の
高山寺を再興し,また法然の『**選択本願念仏集**』を『**摧
邪輪**』で批判した。 （立命館大）

明恵〔高弁〕

☑09 **頻出** **叡尊（思円）**は**西大寺**を中心に**戒律の復興**に努め,
非人の救済などにも力を注いだ。叡尊の弟子 は
鎌倉の**極楽寺**の中興を果たし,奈良で**北山十八間戸**を営
んだ。 （九州大）

忍性〔良観〕

☑10 **伊勢外宮**の神官 は**伊勢神道**を唱え,**神本仏迹説**
を確立した。 （西南学院大）

度会家行

学問・文学

☑11 **頻出** 南宋の**朱熹**が大成した a は**五山僧**などによっ
て学ばれた。この学問では b 論が重んぜられ,**君臣・
父子の別**などが強調された。 （駒澤大）

a 朱子学〔宋学〕

b 大義名分

☑12 鎌倉時代には,朝廷と公家社会の**儀礼**や**年中行事**につい
ての学問である が発達した。 （名城大）

有職故実〔故実〕

☑13 **後鳥羽上皇**による勅撰和歌集,『 a 』は**1205年**に
成立した。撰者には,日記『**明月記**』を残した b や,
藤原家隆らがいた。また,最も多くの歌が収録されてい
る歌人は, c である。 （日本大）

a 新古今和歌集

b 藤原定家

c 西行

☑14 3代将軍**源実朝**の歌集は『 』である。 （龍谷大）

金槐和歌集

☑15 **1212年**,無常を主題とする**鴨長明**の随筆『 a 』が
著された。また,鎌倉末期に**吉田兼好（兼好法師）**が著
した随筆『 b 』は,当時の社会を知る貴重な史料と
なっている。 （愛知大）

a 方丈記

b 徒然草

☑ 16 紀行文では，阿仏尼（あぶつに）の『□□□□』や，『海道記（かいどうき）』・『東関紀行（とうかんきこう）』などがある。　（佛教大）

十六夜日記（いざよいにっき）

☑ 17 説話集では，橘　成季（たちばなのなりすえ）によって『□a□』が編まれた。また，無住（一円）（むじゅう（いちえん））の『□b□』も貴重な史料である。　（名城大）

a 古今著聞集（ここんちょもんじゅう）
b 沙石集（しゃせきしゅう）

☑ 18 『将門記（しょうもんき）』を嚆矢（こうし）とする軍記物語では，『□a□』が著され，□b□の語りで人々の間に広がり，その芸は平曲（へいきょく）と呼ばれた。　（駒澤大）

a 平家物語（へいけものがたり）
b 琵琶法師（びわほうし）

☑ 19 ［頻出］九条兼実（かねざね）の弟で天台座主（てんだいざす）の□a□が著した『□b□』は，承久の乱直前に，道理と末法思想によって歴史を解釈したものである。また，鎌倉幕府の日記風の歴史書が『□c□』である。　（日本大）

a 慈円（じえん）
b 愚管抄（ぐかんしょう）
×菅
c 吾妻鏡（あづまかがみ）

☑ 20 北条実時（さねとき）は，武蔵国六浦荘（むつら）に□□□□を開いた。　（摂南大）

金沢文庫（かねざわぶんこ）

美術

☑ 21 ［頻出］平重衡（しげひら）による南都焼打ちの後，東大寺が復興された。その中心の勧進上人（かんじんしょうにん）となったのは□□□□である。　（成城大）

重源（ちょうげん）

☑ 22 東大寺再建に際して用いられた建築様式は，豪放で変化に富む様式で，□□□□様と呼ばれる。この代表的な遺構としては，東大寺南大門（なんだいもん）がある。　（京都府立大）

大仏様（だいぶつよう）

☑ 23 円覚寺舎利殿（えんがくじしゃりでん）は□□□□様の代表的な建築である。（成城大）

禅宗様（ぜんしゅうよう）

☑ 24 蓮華王院本堂（れんげおういんほんどう）などは平安以来の建築様式を用いている。これを□□□□様と呼ぶ。　（同志社大）

和（わ）様

☑ 25 河内（かわち）の観心寺金堂（かんしんじこんどう）など，従来の建築に新しい様式をとり入れた建築は□□□□様と呼ばれる。　（愛知大）

折衷様（せっちゅうよう）

☑ 26 東大寺・興福寺の再建に伴い，奈良仏師（ならぶっし）と呼ばれる仏像彫刻の専門家が現れた。彼らは慶派（けいは）とも呼ばれるように□a□・□b□によって代表される。　（日本大）

a 運慶（うんけい）
b 快慶（かいけい）

☑ 27 この2人の代表的な作品としては，東大寺南大門の□□□□像がある。　（専修大）

金剛力士像（こんごうりきしぞう）

☑28 鎌倉時代の**絵巻物**では，**元寇**を描いた『　a　』や，**菅原道真**の生涯と**北野神社**の由来を説明する『　b　』が知られている。　　　　　　　　　　　　　　　　(近畿大)

a 蒙古襲来絵巻〔詞〕〔竹崎季長絵詞〕
b 北野天神縁起絵巻

☑29 大和絵の系統からは，　a　と呼ばれる**肖像画**が発達した。この代表作には**藤原隆信**の作であるとされる『　b　』がある。また，**禅宗**の**高僧**の肖像画は　c　と呼ばれる。　　　　　　　　　　　　　　　　(成城大)

a 似絵
b (伝)源頼朝像
c 頂相

☑30 鎌倉末から南北朝期には**尊円入道親王**によって　　　　と呼ばれる書道が創始された。　　　　　　　　(京都大)

青蓮院流

建武の新政と南北朝の動乱

☑01 後嵯峨上皇の死後，　a　統と　b　統が皇位を争う，**両統迭立**の状態が続いた。　　　　　　　　　　(日本大)

a・b 持明院統・大覚寺統(順不同)

☑02 **頻出** **大覚寺統**の　　　　天皇は，即位すると**親政**を開始し，やがて討幕を目指すようになった。　(東京女子大)

後醍醐天皇

☑03 得宗　　　　の時代，**内管領**の**長崎高資**が実権を握り，御家人たちの反発が広がっていった。　　　(昭和女子大)

北条高時

☑04 **後醍醐天皇**は，**正中の変**に続く　　　　で討幕を目指したが，幕府に捕らえられ**隠岐**へ流された。　(日本大)

元弘の変

☑05 **隠岐**の**後醍醐天皇**を**京**に迎えるべく，**護良親王**や**河内**の**悪党**の　　　　らが挙兵し，諸国でもこれに応じる武士の蜂起が続いた。　　　　　　　　　　　　　　(専修大)

楠木正成

☑06 **頻出** **1333年**，後醍醐天皇の帰京を阻止するため京に向かった　a　は，逆に**六波羅探題**を滅ぼした。また　b　は**鎌倉**に攻め込み，得宗の**北条高時**を滅ぼし，**鎌倉幕府は滅亡**した。　　　　　　　　　(愛知教育大)

a 足利尊[高]氏
b 新田義貞

☑07 **頻出** 京に帰った後醍醐天皇が始めた政治を**建武の新政**と呼ぶ。摂関政治や院政を拒否し，**天皇親政**を貫いたが，天皇の命令を簡単に，直接伝える　　　　を多発し，独裁的な政治となっていった。　　　　　　　　　　(福井大)

綸旨
×論

☑08 **建武の新政**の**重要な政務**は a で行われ，鎌倉幕府 a 記録所
の**引付**を踏襲した b が所領関係の裁判を行うこと b 雑訴決断所
とされ，他に，**恩賞方**や**武者所**が置かれた。 （龍谷大）

☑09 **建武の新政**では，諸国には**国司**と**守護**が併置された。関 a 鎌倉将軍府
東には**成良親王**によって a が開かれ，東北には**義** b 陸奥将軍府
良親王によって b が開かれた。 （法政大）

☑10 1335年，**北条高時の子**の a が**信濃**で挙兵し，鎌倉 a 北条時行
を一時占拠したが，足利尊氏によって滅ぼされた。これ b 中先代の乱
を b と呼ぶ。 （日本大）

☑11 **中先代の乱**を契機に**足利尊氏**は建武政権に反旗を翻し， 光明**天皇**
後醍醐天皇を廃して   **天皇**を擁立した。 （関西学院大）

☑12 足利尊氏は幕府開設を目指し，その政治方針を   建武式目
で示した。 （日本女子大）

☑13 **頻出** 尊氏が新天皇を擁立すると，**後醍醐天皇**は京都を a 持明院統
脱出し，**吉野**に拠点を移した。以後， a 統の天皇を b 北朝
擁する京都の b 朝と， c 統の後醍醐天皇の系 c 大覚寺統
統の d 朝の対立が続いた。 （専修大） d 南朝

☑14 **頻出** **後醍醐天皇**の没後，**義良親王**が後を継ぎ， a a 後村上**天皇**
天皇となり， b らがこれを支えた。 （甲南大） b 北畠親房

☑15 尊氏の**弟足利直義**と尊氏の**執事高師直**の対立は，   観応の擾乱
と呼ばれる内紛を引き起こした。**高師直**は直義によって
滅ぼされ，**直義**は兄の尊氏によって滅ぼされた。 （東洋大）

☑16 鎌倉後期以降，   制と呼ばれる**血縁的結合**を中心 惣領制
とした武士団の結合は崩れていった。 （福井大）

☑17 その解体とともに，**国人一揆**や**土一揆**などに代表される， 地縁的結合
      結合が重視されるようになった。 （明治大）

☑18 **分割相続**を基本とする**惣領制**という結合が解体するに 単独相続
したがい，相続方法も   **相続**へと移行していった。
（中央大）

☑19 南北朝のころには，守護はさまざまな権限を手に入れ， 守護大名
      と呼ばれる存在になった。その新たな権限は，**使**
節遵行権や**刈田狼藉の検断権**などであった。 （九州大）

☑20 ◻◻◻◻◻ の執行も守護に任されたため，守護の土地支配権がその管国で広がっていった。 (愛知教育大)

半済令 _{はんぜいれい}

☑21 **守護**が**本所**に対して**年貢の納入**を請け負う ◻◻◻◻◻ もさかんに行われた。 (法政大)

守護請 _{しゅごうけ}

☑22 これらによって，土地支配力を増した**守護大名**の支配体制を，◻◻◻◻◻ **制**と呼ぶ。 (明治大)

守護領国制 _{しゅごりょうごく}

☑23 頻出 **守護大名**は現地の有力武士である ◻a◻ の**被官化**を進めた。一方で ◻a◻ たちは ◻b◻ を結び，守護大名や幕府に抵抗することもあった。また農民たちもしばしば特定の目的を達するために**土一揆**を結んだ。(東洋大)

a 国人 _{こくじん}
b 国人一揆 _{こくじんいっき}

室町幕府と室町時代の外交

_{むろまちばくふ　しゅごだいみょう}
室町幕府と守護大名

☑01 頻出 室町幕府の3代将軍 ◻◻◻◻◻ は当初，**管領細川頼之**の補佐を受けていた。 _{かんれいほそかわよりゆき} (近畿大)

足利義満 _{あしかがよしみつ}

☑02 義満は諸国の名花を集め，◻◻◻◻◻ と呼ばれる**室町殿**を幕府の拠点とした。 _{むろまちどの} (早稲田大)

花の御所 _{はな　ごしょ}

☑03 足利義満は，「**六分一殿**」と呼ばれた**山名氏清**を滅ぼした ◻a◻ や，**大内義弘**を和泉国の**堺**で討伐した ◻b◻ などを経て，権力を確立した。 _{ろくぶんのいちどの　やまなうじきよ　おおうちよしひろ　いずみ　さかい} (日本大)

a 明徳の乱 _{めいとく}
b 応永の乱 _{おうえい}

☑04 **1392年**，義満は ◻a◻ **天皇**から ◻b◻ **天皇**へ，三種の神器の譲渡を行わせ，**南北朝を合体**（合一）した。(法政大) _{なんぼくちょう　がったい　ごういつ}

a 後亀山天皇 _{ごかめやま}
b 後小松天皇 _{ごこまつ}

☑05 頻出 室町幕府の政治は**三管領**と ◻a◻ によって担われた。三管領とは**管領**に就任する**細川**・◻b◻ ・**畠山**の3家を指す。◻a◻ とは**侍所**の長官である ◻c◻ に就任する一族で，**山名・赤松・京極・一色**の4家のことである。 _{さんかんれい　ほそかわ　はたけやま　さむらいどころ　やまな　あかまつ　きょうごく　いっしき} (東洋大)

a 四職 _{ししき}
b 斯波 _{しば}
×期
c 所司 _{しょし}

☑06 **関東8カ国**に**伊豆・甲斐**を加えた**10カ国**は，**鎌倉府**のもとに置かれた。これを支配した ◻a◻ は足利尊氏の子 ◻b◻ に始まる。◻a◻ を補佐した ◻c◻ は**上杉氏**が世襲した。 _{いず　かい　かまくらふ} (日本女子大)

a 鎌倉公方 _{かまくらくぼう}
b 足利基氏 _{もとうじ}
c 関東管領 _{かんとうかんれい}

☑ 07 九州には ┃ a ┃ が置かれ，**今川貞世（了俊）**の時に支配 が確立した。東北地方には ┃ b ┃・**羽州探題**が置かれた。 (明治大)

a 九州探題
b 奥州探題

☑ 08 室町将軍自身の軍事力を支えたのは ┃ a ┃ と呼ばれる 直轄軍であった。また，将軍家の直轄地は ┃ b ┃ と呼ば れた。 (新潟大)

a 奉公衆
b 御料所

☑ 09 商業，金融の発達に伴い，幕府の財政は ┃　　　┃や**酒屋役** などの税にも支えられた。 (北海道大)

土倉役〔倉役〕

☑ 10 頻出 **一国**単位で**田地**に対して一律に課す税を ┃ a ┃， **家屋**を単位に課す税を ┃ b ┃ と呼ぶ。 (専修大)

a 段銭
b 棟別銭

室町時代の外交

☑ 11 14 世紀後半，┃ a ┃ が中国・**朝鮮**沿岸で**米や人**の略奪 を行った。┃ b ┃ は**冊封体制**構築を目指し貿易統制を 行い，また日本に ┃ a ┃ の禁圧と朝貢を求めた。(日本大)

a 倭寇
b 明

☑ 12 頻出 **1401 年**，┃ a ┃ は明に使節を派遣して，国交を開 き，**1404 年**からは ┃ b ┃ と呼ばれる証票を使用し，朝 貢形式をとる**日明貿易**が始まった。 (近畿大)

a 足利義満
b 勘合

☑ 13 15 世紀後半以降，**日明貿易**の実権を担ったのは，**細川 氏と組む堺商人，大内氏と組む博多商人**であった。**1523 年**，両者が衝突する ┃　　　┃ が起こった。 (甲南大)

寧波の乱

☑ 14 16 世紀に活発化した後期 ┃　　　┃ の主体は中国人で，活 動範囲も東アジアから東南アジアに及んだ。 (高崎経済大)

倭寇

☑ 15 **1392 年**，┃ a ┃ が**朝鮮**を建国し**高麗**は滅亡した。朝鮮 も**倭寇禁圧**を日本に求め，対馬の ┃ b ┃ を介して**日朝 貿易**を許した。日本の商人らは，┃ c ┃ という施設を朝 鮮の**三浦**に設置して貿易に従事した。 (東洋大)

a 李成桂（イソンゲ）
×季
b 宗氏
c 倭館

☑ 16 **1419 年**，朝鮮軍は**倭寇**の根拠地である**対馬**を襲撃した。 これを ┃　　　┃ と呼ぶ。 (名城大)

応永の外寇

☑ 17 朝鮮の貿易統制に反発した日本人居留民の商人や対馬 の勢力は，**1510 年**，┃　　　┃ を起こしたが鎮圧され，以後， 日朝貿易は衰退に向かった。 (成城大)

三浦の乱

☐ 18 **頻出** **1429 年**, **中山王** ┃ a ┃ **により琉球王国が成立し**,
王府は ┃ b ┃ **とされた**。 (近畿大)

a 尚巴志
b 首里

☐ 19 **蝦夷ヶ島**と呼ばれた現在の北海道方面には ┃ a ┃ の
人々が住み, **和人**と活発な交易を行った。和人は渡島半
島に進出し, ┃ b ┃ と呼ばれる拠点を築いていった。
(新潟大)

a アイヌ
b 館

☐ 20 和人の略奪的な交易が広がると, **1457 年**, ┃ ┃ **の戦**
いが起こった。 (東洋大)

コシャマイン
の戦い

幕府の衰退と庶民の台頭

惣の形成

☐ 01 自主的な村落結合である**惣（惣村）**の中核は, 武装し,
侍身分を有する ┃ a ┃ と呼ばれる人々であった。また,
村民の会議は ┃ b ┃ ・年寄・沙汰人・番頭などと呼ば
れる指導者層を中心に運営された。 (日本大)

a 地侍
b おとな
〔乙名・長〕

☐ 02 **頻出** **惣**では ┃ a ┃ での決定が重視され, 合意の上で**惣
掟**を定めた。また惣の精神的な結合の中核には, 村落の
神仏の**祭礼を執行する組織**である ┃ b ┃ があった。
(日本大)

a 寄合
b 宮座

☐ 03 惣は**荘園領主**との間で, その年貢納入などを請け負う
┃ ┃ を行うことが多かった。 (同志社大)

地下請
〔百姓請・惣請〕

☐ 04 惣は**外部の警察権を拒否**し, 自らこれを裁く ┃ ┃ と
呼ばれる権利を獲得していった。 (高崎経済大)

自検断
〔地下検断〕

☐ 05 惣の農民たちは**荘園領主**に対し, 集団で圧力を加える
┃ a ┃ や, 耕作を放棄する ┃ b ┃ で抵抗した。 (立教大)

a 強訴
b 逃散

☐ 06 特定の**目的**をもって**土民が結合**する状態を ┃ a ┃ と呼
び, 金融業者などに対する**債権の放棄を要求**する場合は
┃ b ┃ と呼ばれた。 (近畿大)

a 土一揆
b 徳政一揆

☐ 07 **頻出** 在地の中心的な武士は ┃ ┃ と呼ばれた。彼らは
しばしば共通の利害を背景に ┃ ┃ **一揆**を結んだ。
(東洋大)

国人

圓 治承・寿永の乱における，地図中の❶〜❺の合戦の名称を答えよ。

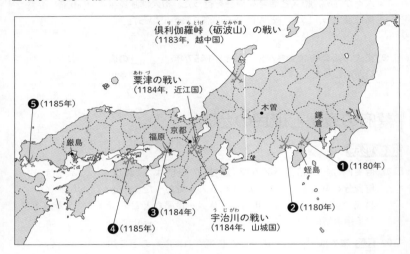

倶利伽羅峠（砺波山）の戦い
（1183年，越中国）

粟津の戦い
（1184年，近江国）

❺（1185年）

木曽

鎌倉

福原　京都

厳島

蛭島

❶（1180年）

❸（1184年）

❷（1180年）

宇治川の戦い
（1184年，山城国）

❹（1185年）

❶ 標準 石橋山の戦い（相模国）　❷ 標準 富士川の戦い（駿河国）

❸ 一の谷の戦い（摂津国）　❹ 標準 屋島の戦い（讃岐国）

❺ 壇の浦の戦い（長門国）

圓 三浦の乱が起こった，地図中の❶〜❸の「三浦」の名称を答えよ。

• 北京

漢陽

❶　❷

京都　堺

（1510年，三浦の乱）

❸ 博多

南京

上海

坊津　種子島

寧波
（1523年，寧波の乱）

❶ 応用 塩浦
〔蔚山〕

❷ 応用 富山浦
〔釜山〕

❸ 応用 乃而浦
〔薺浦〕

☑ 08 **1428 年**，将軍や天皇の**代替り**を契機に，初めての大規模な一揆である ☐ a ☐ が起こり，**土民たちが京都に乱入**した。この一揆は幕府に**徳政令**を発布させるには至らなかったが，幕府以外の**地域的な領主**などに徳政を認めさせる ☐ b ☐ は各地で行われた。　　　(高崎経済大)

a 正長の徳政一揆〔正長の土一揆〕
b 私徳政

☑ 09 **1441 年**の ☐☐☐☐ では，土民の**徳政要求**が**実現**し，幕府は「**一国平均**」の徳政令を発布した。　　　(東洋大)

嘉吉の徳政一揆〔嘉吉の土一揆〕

幕府の衰退

☑ 10 頻出 足利**義持**の没後，次の将軍は**くじ引き**で ☐☐☐☐ となったが，この機をとらえて**正長の徳政一揆**が起こった。　　　(成城大)

足利義教

☑ 11 頻出 **1438 年**，鎌倉公方 ☐ a ☐ が**関東管領上杉憲実**を討とうとして失敗し，幕府軍に攻められて自殺に追い込まれた ☐ b ☐ が起こった。　　　(同志社大)

a 足利持氏
b 永享の乱

☑ 12 頻出 **足利義教**は**1441 年**，**播磨**の守護 ☐ a ☐ に京の自邸に招かれ**謀殺**された。これを ☐ b ☐ と呼ぶ。　　　(南山大)

a 赤松満祐
　　　×助
b 嘉吉の乱〔変〕

☑ 13 **1454 年**，**鎌倉公方足利成氏**が**関東管領上杉憲忠**を謀殺し，幕府軍の攻撃を受けて下総の**古河**に移った。その後の長い混乱を ☐☐☐☐ と呼ぶ。　　　(中央大)

享徳の乱

☑ 14 **1467 年**，☐ a ☐ の継嗣をめぐる対立や，**畠山・斯波氏**の家督争いが絡み合い，☐ b ☐ が勃発した。　　　(近畿大)

a 足利義政
b 応仁の乱

☑ 15 この乱では ☐ a ☐ 方を**東軍**，☐ b ☐ 方を**西軍**と呼び，有力守護が両軍に分かれ長期の争いが続いた。　　　(九州大)

a 細川勝元
b 山名持豊〔宗全〕

☑ 16 庶民も ☐☐☐☐ として乱に参加し，下のものが実力で上のものを倒す**下剋上**の風潮も広まった。　　　(新潟大)

足軽

☑ 17 国人・地侍を中心に土民までも加わるような，大規模な**一国規模の一揆**を ☐☐☐☐ と呼ぶ。　　　(福井大)

国一揆〔惣国一揆〕

☑ 18 **1485 年，南山城の国人**たちは，応仁の乱終結後も対立を続ける**畠山政長・畠山義就軍**の退去を要求し，一揆を起こした。これが ☐ である。　　　（東洋大）

山城の国一揆

☑ 19 **1488 年，一向宗の門徒**を中心とする国人・坊主・農民らが一致団結した ☐ が起こり，以後この国は **1 世紀**にわたり**自治**を実現した。　　　（高崎経済大）

加賀の一向一揆

室町時代の社会経済

☑ 20 室町時代には**二毛作**が**東日本**にも広がり，**西日本**では ☐ **a** も始まっていた。肥料では刈敷・草木灰に加え**有機肥料**の ☐ **b** （**人糞尿**）などが用いられた。（南山大）

a 三毛作
b 下肥

☑ 21 市では，室町時代には ☐ **a** も開かれた。市の開かれる場所では，領主に税を納め市の場所を独占した商人たちが，その販売座席の ☐ **b** で商売をした。（九州大）

a 六斎市
　×斉
b 市座

☑ 22 常設小売店の ☐ もさらに発達した。（西南学院大）

見世棚〔店棚〕

☑ 23 ☐ は**石清水八幡宮**を本所とし，**荏胡麻油**の独占販売権を得てさかんな商業活動を行った。（高崎経済大）

大山崎油座

☑ 24 **明銭**が多く流入したので，鎌倉以来の年貢などを貨幣で納める ☐ がますます広がった。（福井大）

（代）銭納

☑ 25 **頻出** 多種多様な輸入銭が流入した結果，**悪銭**を嫌い**良銭**を選ぶ ☐ **a** が頻繁に行われた。これは商業流通の障害となるため，幕府や大名は ☐ **b** を出して，銭貨の流通促進を試みた。（甲南大）

a 撰銭
　×撰
b 撰銭令

☑ 26 **頻出** 鎌倉以来の**割符**を用いた ☐ もますます発達し，米や銭などはこれを使って送金された。（京都産業大）

為替〔替銭〕

☑ 27 **頻出** 貨幣経済の発展に伴い，**金融業者として** ☐ **a** や**酒屋**が多数現れた。また，鎌倉時代の**問丸**の中から**卸売商**の機能に特化した ☐ **b** も現れた。（日本女子大）

a 土倉
b 問屋

☑ 28 海運では商品の輸送や行商を行った ☐ **a** が，また，陸運では ☐ **b** や**車借**が運搬を担った。幕府や寺社・公家，土豪は自分の支配地に ☐ **c** を置き，**関銭**などを徴収した。（和歌山大）

a 廻船
b 馬借
c 関所

戦国大名と都市の発展

戦国大名の興亡

☑01 **頻出** 応仁の乱以降，　a　の風潮はますますさかんとなり，**守護大名**に代わり　b　に成長するものも現れた。
(近畿大)

a 下剋上
b 戦国大名

☑02 主人である**守護**から分国の支配を委ねられていた　　　　や**国人**から戦国大名に成長するものもあった。
(愛知教育大)

守護代

☑03 **国人**やそれ以下の身分から戦国大名となった例には，伊豆から相模へと領土を広げた　　　　や，**美濃の斎藤道三**などがある。
(中央大)

北条早雲
〔伊勢宗瑞〕

☑04 **頻出** 鎌倉・室町以来の名門守護大名から戦国大名に転換した例には，**甲斐の武田氏**や**薩摩の　a　氏**，豊後の　b　氏，周防の**大内氏**などがある。
(京都産業大)

a 島津氏
b 大友氏

☑05 **越後の守護代長尾景虎**は関東管領の地位と**上杉姓**を与えられ，戦国大名　　　　として強勢を誇った。
(南山大)

上杉謙信

☑06 **安芸の国人　　　　**は**大内氏**に代わり**周防・長門**をも支配し，中国地方最大の勢力を誇った。
(立命館大)

毛利元就

☑07 東北地方では**陸奥**の有力国人から**東北最大**の戦国大名となった　　　　氏が現れた。
(成蹊大)

伊達氏

☑08 戦国大名の中には，**分国法・家法**などと呼ばれる法律を制定するものもいた。**伊達氏**の『　a　』，**今川氏**の『　b　』とその追加，**甲斐**の　c　の『**甲州法度之次第**』（『**信玄家法**』），越前の**朝倉氏**の『　d　』などがその代表例である。
(駒澤大)

a 塵芥集
　×介
b 今川仮名目録
c 武田信玄〔晴信〕
d 朝倉孝景条々
〔朝倉敏景十七箇条〕

☑09 分国法の中には，紛争を起こした**両方をともに処罰する**　　　　という，強い統制力を持つ規定もある。
(中央大)

喧嘩両成敗(法)

☑10 戦国大名の中には，**家臣**に与えた**領地の価値を銭に換算**し，軍役などを課す　　　　**制**と呼ばれる方式をとるものも現れた。
(愛知教育大)

貫高制

☑11 戦国大名の中には，**有力家臣**のもとに**下級の家臣**を付属
させる _____ 制をとるものもあった。　　　　（京都府立大）

寄親・寄子制

☑12 戦国大名は，中世的な特権である座を否定する _____
と呼ばれる施策をとるものもいた。　　　　　　　（新潟大）

楽市・楽座

☑13 **戦国大名**の中には，田畑の面積や**収穫高・作人**などの明
細を報告させる _____ を行ったものもいた。　（九州大）

指出検地

☑14 戦国大名による**鉱山開発**の例としては，**石見**の _____
銀山や，**甲斐・駿河・伊豆**の金山などがある。　（新潟大）

大森銀山

都市の発展

☑15 **応仁の乱後の京都**は，| a |と呼ばれる商人たちによっ
て復興していった。町組の中から| b |を選び自治を
実現した。　　　　　　　　　　　　　　　　　　（南山大）

a 町衆
b 月行事

☑16 自治的な町では，内部における規則である _____ を定め
る所も多かった。　　　　　　　　　　　　　　　（南山大）

町法〔町掟〕

☑17 頻出 中世には，**津軽半島**の| a |，日明貿易で栄えた
和泉国の堺や北九州の| b |などの**港町**が発達した。
　　　　　　　　　　　　　　　　　　　　　　（和歌山大）

a 十三湊
×港
b 博多

☑18 頻出 堺や博多は有力商人たちにより自治的に運営され
た。堺では| a |が，博多では| b |と呼ばれる豪商
たちがその中心となった。　　　　　　　　　　　（駒澤大）

a 会合衆
〔三十六人衆〕
b 年行司
×事

☑19 古くからの**有名な寺社**には**参詣者**も多く，**長野**，**宇治・
山田**などの _____ が成立した。　　　　　　（九州産業大）

門前町

☑20 **一向宗の道場**などを中心とし，寺域を環濠などで囲み，
信徒が集住した _____ も発達した。_____ では特に，
本願寺の拠点が置かれた**山科**や**石山**が有名である。
　　　　　　　　　　　　　　　　　　　　　　（東洋大）

寺内町

☑21 交通の発達に伴い，旅行者などのための _____ も現れた。
　　　　　　　　　　　　　　　　　　　　　　（中央大）

宿場町

圖 次の地図は 16 世紀半ばごろの戦国大名の勢力分布を表している。
❶～❿を支配していた大名の分国法・家法を答えよ。

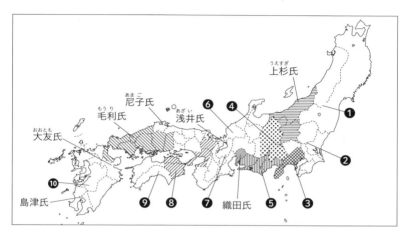

❶ 応用 **伊達氏**,『塵芥集』（伊達稙宗・1536 年）

❷ 応用 **結城氏**,『結城氏新法度』（結城政勝・1556 年）

❸ 応用 **北条氏**,『早雲寺殿二十（廿）一箇条』（北条早雲制定とされる）

❹ **武田氏**,『甲州法度之次第』〔『信玄家法』〕（武田信玄・1547 年）

❺ **今川氏**,『今川仮名目録』（今川氏親・1526 年，義元・1553 年追加）

❻ **朝倉氏**,『朝倉孝景条々』〔『朝倉敏景十七箇条』〕
　　（朝倉孝景〔敏景〕・1471 ～ 81 年）

❼ 応用 **六角氏**,『六角氏式目』〔『義治式目』〕（六角義賢・義治・1567 年）

❽ 応用 **三好氏**,『新加制式』（三好長治・1562 ～ 73 年）

❾ 標準 **長宗我部氏**,『長宗我部氏掟書』〔『長宗我部元親百箇条』〕（1596 年）

❿ 応用 **相良氏**,『相良氏法度』（1493 ～ 1555 年）

圓 地図中の❶〜❿に該当する中世都市（城下町を含む）の名称を，以下の短文を参考に答えよ。

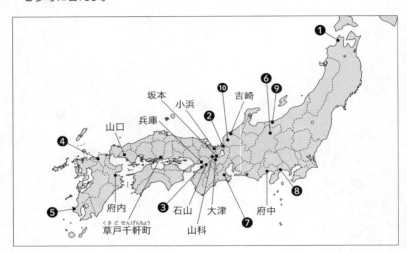

❶ 港町・蝦夷地と日本海海運の結節点 　　　　　❶ 十三湊（とさみなと）

❷ 港町・越前国，古代には松原客院が置かれた 　❷ 敦賀（つるが）

❸ 港町・会合衆による自治が行われた 　　　　　❸ 堺（さかい）

❹ 港町・年行司による自治が行われた 　　　　　❹ 博多（はかた）

❺ 標準 港町・琉球との交易の拠点 　　　　　　　❺ 坊津（ぼうのつ）

❻ 標準 門前町・善光寺 　　　　　　　　　　　　❻ 長野（ながの）

❼ 門前町・伊勢神宮 　　　　　　　　　　　　　❼ 宇治・山田（うじ・やまだ）

❽ 標準 城下町・北条氏 　　　　　　　　　　　　❽ 小田原（おだわら）

❾ 標準 城下町・上杉氏 　　　　　　　　　　　　❾ 春日山（かすがやま）

❿ 標準 城下町・朝倉氏 　　　　　　　　　　　　❿ 一乗谷（いちじょうだに）

室町文化

美術

□ 01 **南北朝期の文化**は，その時代的な様相から，歴史書や武　軍記物語
将を主人公とする ▢▢▢ を誕生させた。　　　　　（新潟大）

□ 02 将軍 ▢▢▢ の時期を中心とする室町前期の文化を，**北**　足利義満
山文化と呼ぶ。　　　　　　　　　　　　　　　　（近畿大）

□ 03 この文化を象徴する建築物が ▢▢▢ であり，**寝殿造**と　金閣
禅宗様の 2 つの要素を取り入れ，武家文化と公家文化を
合わせるものであった。　　　　　　　　　　　　（立命館大）

□ 04 **東山文化**は，将軍 ▢▢▢ の時期を中心とする文化で，簡　足利義政
素で**幽玄・わび**の精神を基調とするものであった。
　　　　　　　　　　　　　　　　　　　　　　　（九州大）

□ 05 頻出 ▢a▢ の下層や持仏堂の**東求堂同仁斎**は，▢b▢　a 銀閣
の初期の形を示す。これは上級の武士の住宅形式で，近　b 書院造
代の和風住宅の源流とされるものである。　（明治学院大）

□ 06 **竜安寺**や**大徳寺大仙院の石庭**で有名な ▢▢▢ は，石や　枯山水
白砂で景色を作り，自然を表す庭園芸術である。（名城大）

□ 07 禅僧の余技としての**水墨画**が発達し，**如拙・周文**を経て，　雪舟
▢▢▢ が絵画として大成させた。　　　　　　　　（東洋大）

□ 08 **水墨画**などの中国の絵画の様式と，**大和絵**の手法を融合　a 狩野正信
して成立したのが**狩野派**で，▢a▢・▢b▢ **父子**によっ　b （狩野）元信
て確立した。また，大和絵の系統からは ▢c▢ が，**宮廷**　c 土佐光信
絵所預に任ぜられ，**土佐派**が形成されていった。（駒澤大）

宗教

□ 09 頻出 足利尊氏は，▢▢▢ の勧めに従い**後醍醐天皇**の菩　夢窓疎石
提を弔うため，**天竜寺**を建立した。　　　　　　　（専修大）

□ 10 **南宋の官寺の制**にならった ▢a▢・**諸山**の制度は，**足**　a 五山・十刹
利義満のころにほぼ整った。一方，この制度のもとに入　×殺
らなかった禅宗寺院は ▢b▢ と呼ばれた。　　　（名城大）　b 林下

☑11 **浄土真宗本願寺派**などが中心の**一向宗**は，　a　の時に拡大した。信者は**門徒**と呼ばれ，**講**を結び，　b　と呼ばれる　a　の手紙での指導に従い信仰を固めた。

(近畿大)

a 蓮如 <ruby>蓮如<rt>れんにょ</rt></ruby>
b 御文 <ruby>御文<rt>お ふみ</rt></ruby>

☑12 応仁の乱後，**京**の**町衆**の多くは**日蓮宗**に帰依し，　a　を結んだのに対し**1536年**，延暦寺と六角氏が京内の**日蓮宗寺院を焼き払う**　b　が起こった。

(日本女子大)

a 法華一揆 <ruby>法華<rt>ほっけ</rt></ruby><ruby>一揆<rt>いっき</rt></ruby>
b 天文法華の乱 <ruby>天文法華<rt>てんぶんほっけ</rt></ruby>の乱

☑13 **京都**の**吉田**神社の神官　　　は**唯一神道（吉田神道）**を創唱した。

(学習院大)

吉田兼倶 <ruby>吉田<rt>よし だ</rt></ruby><ruby>兼倶<rt>かねとも</rt></ruby>

学問・教育・文学

☑14 **頻出** **後村上天皇**の即位に伴い，**北畠親房**は**南朝**の**正統**を主張する『　a　』を著した。また，足利尊氏を中心とする戦記『　b　』は，**北朝**を**正統**としている。

(東京女子大)

a 神皇正統記 <ruby>神皇正統記<rt>じんのうしょうとう き</rt></ruby>
b 梅松論 <ruby>梅松論<rt>ばいしょうろん</rt></ruby>

☑15 **頻出** **南北朝期の動乱**を描いた**軍記物語**の代表的なものは『　a　』である。また，**四鏡**の最後の『　b　』には，後鳥羽天皇から後醍醐天皇の京都帰還までの経緯が描かれている。

(日本大)

a 太平記 <ruby>太平記<rt>たいへい き</rt></ruby>
b 増鏡 <ruby>増鏡<rt>ますかがみ</rt></ruby>

☑16 　a　の著作には，**日野富子**に頼まれ**足利義尚**のために書いた『　b　』がある。

(東洋大)

a 一条兼良 <ruby>一条兼良<rt>いちじょうかねよし(かねら)</rt></ruby>
b 樵談治要 <ruby>樵談治要<rt>しょうだん ち よう</rt></ruby>

☑17 『**古今和歌集**』の解釈などを中心に，これを**秘伝**として伝える　　　は**東常縁**に始まるとされる。

(津田塾大)

古今伝授 <ruby>古今伝授<rt>こ きんでんじゅ</rt></ruby>

☑18 禅僧たちの漢詩文などを中心とする　a　がさかんとなり，　b　と呼ばれる**出版事業**も行われた。

(京都大)

a 五山文学 <ruby>五山文学<rt>ご ざんぶんがく</rt></ruby>
b 五山版 <ruby>五山版<rt>ご ざんばん</rt></ruby>

☑19 「**西の京**」と呼ばれた**山口**を城下町とする大内氏も，　　　と呼ばれる出版を行った。

(早稲田大)

大内版 <ruby>大内版<rt>おおうちばん</rt></ruby>

☑20 室町中期には，国語辞書である『　　　』が現れ，その実用性と利便性から明治初期まで改編され使用された。

(東京学芸大)

節用集 <ruby>節用集<rt>せつようしゅう</rt></ruby>

☑21 **頻出** 明で**宋学**を学んだ　　　は九州を遍歴し，近世の**薩南学派**の素地を作ったとされる。

(駒澤大)

桂庵玄樹 <ruby>桂庵玄樹<rt>けいあんげんじゅ</rt></ruby>

☑ 22 <ins>頻出</ins> 関東管領**上杉憲実**〔うえすぎのりざね〕は □□□ を再興した。やがて同校はザビエルに「**坂東の大学**〔ばんどう〕」と呼ばれるように，東日本の学問研究の中心となった。 　　　　（名城大）

足利学校〔あしかががっこう〕

☑ 23 <ins>頻出</ins> **寺院**などでの**教育**がさかんとなり，初等教育の教材として書簡形式を使った『□□□』が成立した。（南山大）

庭訓往来〔ていきんおうらい〕

芸能

☑ 24 猿楽〔さるがく〕に田楽を取り入れた**能**〔のう〕が，□ a □・□ b □ 父子によって確立した。その脚本を**謡曲**〔ようきょく〕という。また，**猿楽の中から滑稽**〔こっけい〕なセリフ劇として分離し，**能と能の合間に演じられたのが** □ c □ である。 　　（愛知大）

a 観阿弥〔かんあみ〕
b 世阿弥〔ぜあみ〕
c 狂言〔きょうげん〕

☑ 25 **世阿弥**は，能楽についての芸術論である『□□□』を著した。 　　　　　　　　　　　　　（法政大）

風姿花伝〔ふうしかでん〕〔花伝書〕〔かでんしょ〕

☑ 26 **和歌の上の句と下の句を別人が詠んでつないでいく** □□□ もさかんに行われた。 　　　　（九州大）

連歌〔れんが〕

☑ 27 <ins>頻出</ins> **二条良基**〔にじょうよしもと〕が選んだ連歌集『□ a □』は，**準勅撰**とされた。**宗祇**〔そうぎ〕は『□ b □』を編集し，**正風連歌**〔しょうふうれんが〕を確立した。さらに，□ c □ が，自由で**庶民的**，滑稽味を加えた**俳諧連歌**〔はいかいれんが〕を確立し，近世の俳諧の基礎が整った。 （明治学院大）

a 菟玖波集〔つくばしゅう〕
b 新撰菟玖波集〔しんせんつくばしゅう〕
c 山崎宗鑑〔やまざきそうかん〕

☑ 28 中世の**民間歌謡**の**小歌**〔こうた〕を集めたものが『□ a □』である。また，庶民向けの短編物語，『**物くさ太郎**〔ものくさたろう〕』，『**一寸法師**〔いっすんぼうし〕』などは □ b □ と呼ばれる文芸である。 　（駒澤大）

a 閑吟集〔かんぎんしゅう〕
b 御伽草子〔おとぎぞうし〕

☑ 29 京の**栂尾**〔とがのお〕の**本茶**〔ほんちゃ〕とその他の**非茶**〔ひちゃ〕を飲み当てるなど，**賭博**〔とばく〕としての茶の湯を □□□ と呼ぶ。 　　　　　　（立命館大）

闘茶〔とうちゃ〕

☑ 30 禅宗寺院での茶の湯などを中心に，さまざまな階層で □ a □ がさかんに開かれた。□ b □ は書院での豪華な茶に対し草庵〔そうあん〕での**簡素**な茶，**侘（び）茶**〔わびちゃ〕を創始したとされ，□ c □ がこれをさらに簡素化した。 　　（駒澤大）

a 茶寄合〔ちゃよりあい〕
b 村田珠光〔むらたじゅこう〕
c 武野紹鷗〔たけのじょうおう〕

☑ 31 **座敷飾り**としての □□□ も成立した。 （日本女子大）

生花〔いけばな〕〔立花〕〔たてはな〕

☑ 32 **風流**〔ふりゅう〕と**念仏踊り**〔ねんぶつおどり〕が結びつき，盂蘭盆会〔うらぼんえ〕のころに歌謡にあわせて人々が踊る □□□ も始まった。 （同志社大）

盆踊り〔ぼんおどり〕

3章 近世

ヨーロッパ人の来航

☑01 **ポルトガル**や**スペイン（イスパニア）**などが，**貿易とキリスト教の布教**のために世界各地に進出した 15 世紀から 17 世紀前半を＿＿＿**時代**と呼ぶことがある。（北海道大）

大航海時代

☑02 **1543 年**，ポルトガル人が＿＿＿に漂着し，**鉄砲**を伝えた。
（広島修道大）

種子島

☑03 頻出 日本では**ポルトガル人**や**スペイン人**を `a` 人と呼んだ。ポルトガル船や，スペイン船の `b` 来航などによりさかんとなった貿易を `a` **貿易**と呼ぶ。（専修大）

a 南蛮
b 平戸

☑04 **ポルトガル船**は中国産の `a` ・**鉄砲・火薬**などを日本にもたらし，日本から `b` などを買い，莫大な利益を上げた。（佛教大）

a 生糸〔白糸〕
b 銀

☑05 頻出 南蛮貿易は `a` などの布教活動と一体化して行われ， `a` の創設者の一人 `b` が **1549 年**に鹿児島に上陸し始まった。（東洋大）

a イエズス〔耶蘇〕会
b フランシスコ＝ザビエル

☑06 **巡察師ヴァリニャーニ**は，**大友義鎮（宗麟）・大村純忠・有馬晴信**にローマ教皇への使節の派遣を勧め，1582 年に＿＿＿が実現した。（広島修道大）

天正遣欧使節
×遺

☑07 **ヴァリニャーニ**は**再来日**する際，**活字印刷機**をもたらし，以後＿＿＿と呼ばれる出版物が発行された。（北海道大）

キリシタン版〔天草版〕

☑08 **イエズス会**は**大友義鎮（宗麟）**の援助を受け，**豊後の府内**に `a` を設立した。また**安土**や**有馬**には `b` を開設した。（西南学院大）

a コレジオ
b セミナリオ

☑09 17 世紀以降に来日した**オランダ人・イギリス人**をポルトガル人などと区別して＿＿＿と呼ぶこともある。
（同志社大）

紅毛人

織田信長

☑ 01 頻出 尾張の**織田信長**は，1560年，　a　の戦いで**今川義元**を破り，1567年には**美濃の斎藤竜興**を排除して領土を拡大，1568年には　b　を擁して京都に入り，　b　を将軍に就任させた。 (近畿大)

a 桶狭間の戦い
b 足利義昭

☑ 02 信長が京都に進出したのに対抗した**浅井・朝倉**両氏は，1570年，近江の　　　　の戦いで信長に敗北した。(東海大)

姉川の戦い

☑ 03 信長に抵抗した　　　　も，1571年，信長勢による**焼打ち**にあい，多くの伽藍も焼失した。 (甲南大)

(比叡山)延暦寺

☑ 04 頻出 信長と対立した　　　　は有力大名と信長包囲網を形成しようとしたが，失敗し，1573年，京から追放され，事実上**室町幕府は滅亡**した。 (東洋大)

足利義昭

☑ 05 1575年，信長と徳川家康の連合軍は，**三河の**　a　**合戦**で**足軽鉄砲隊**を活用し，　b　軍を撃破した。 (日本大)

a 長篠合戦
b 武田勝頼

☑ 06 1576年から築城が始まった　　　　城は，**近江**の琵琶湖畔に築かれた最初の近世的な城郭であった。 (福井大)

安土城

☑ 07 信長は　　　　を定め，商工業者に対して**自由な市場**を保障していった。 (日本大)

楽市令

☑ 08 1582年，信長は，**京で**家臣　a　の**反逆**にあい敗死した。これが　b　である。 (聖心女子大)

a 明智光秀
b 本能寺の変

豊臣秀吉

☑ 01 **豊臣（羽柴）秀吉**は，1582年，　　　　の戦いで**明智光秀**を討ち，**京都**に入った。 (成城大)

山崎の戦い

☑ 02 1583年，秀吉は近江の　a　の戦いで織田家の重臣**柴田勝家**を破り，信長の後継者の地位を確立した。同年，秀吉は**石山本願寺**の跡に　b　を築城した。 (同志社女子大)

a 賤ヶ岳の戦い
b 大坂城

☐ 03 秀吉が, **徳川家康**と信長の次男**織田信雄**の軍と対陣し, やがて和睦したのが ☐ の**戦い**である。　(京都産業大)

小牧・長久手の戦い

☐ 04 [頻出] 1585 年, 秀吉は**正親町天皇**から a の地位を与えられ, その後**四国を平定**した。翌1586年には b の姓を**後陽成天皇**から賜り, 太政大臣の地位を得た。　(福井大)

a 関白
b 豊臣

☐ 05 1585 年, 秀吉は ☐ を出し, 大名たちに即時停戦を命じ, これに違反したとして 1587 年, **島津義久**を攻め, 屈服させて九州を平定した。　(立教大)

惣無事令
×総

☐ 06 [頻出] 1588 年, 秀吉は京都の大内裏の跡とされる地に ☐ を築造し, **後陽成天皇**を招いた。　(龍谷大)

聚楽第
×大

☐ 07 **1590 年**, 秀吉は ☐ の**北条氏政**を滅ぼし, 伊達氏も服従させ, **天下統一**を達成した。　(立教大)

小田原 (城)

☐ 08 秀吉は全国平定を進めるなかで, 各地に 220 万石余りの直轄領である ☐ を設定した。　(中央大)

蔵入地

☐ 09 秀吉は**京都・大坂・堺・伏見**などの**都市**, 佐渡・石見大森・但馬生野などの**鉱山**を直轄した。また, ☐ と呼ばれる大形の金貨も発行した。　(立命館大)

天正大判

☐ 10 戦国大名の**指出検地**に対し, 秀吉が行った検地は直接土地を調査する方式で, ☐ と呼ぶ。　(愛知教育大)

太閤検地
×大 ×閤

☐ 11 [頻出] 秀吉の検地では**度量衡**が統一され, 土地の価値を米の量 (a) で表した。これは **1 段**あたりの生産力を米の量で表した b に面積を乗じて決定された。また枡は c を用いることとされた。　(専修大)

a 石高
b 石盛
c 京枡

☐ 12 検地は**村**を単位とし, **田・畑・屋敷地**を対象に, 1 つの耕地に一人の耕作者を決める a の原則で, b (水帳) に耕作者名と石高などが記された。　(中央大)

a 一地一作人の原則
b 検地帳

☐ 13 1591 年, 秀吉は大名に a と b の提出を命じ, **石高**に応じた軍役をつとめさせる体制を整えた。　(福井大)

a・b 国絵図・検地帳〔御前帳〕(順不同)

☐ 14 **1588 年**の a で農民は武器を奪われ, **兵農分離**の基礎が確立し, 1591・92 年に出された b (**人掃令**) では身分の変更が禁止された。　(東洋大)

a 刀狩令
b 身分統制令

☑ 15 **頻出** **太閤検地**の結果，**村を単位**として**年貢を納入**する □□□ **制**が確立していった。　　　　　　　　（和歌山大）

村請制

☑ 16 秀吉の晩年，重要政務について合議する大名として，いわゆる □ a □ が指名された。また，実務を分担する腹心の部下たちは，□ b □ と呼ばれた。　　　（福井大）

a 五大老
b 五奉行

☑ 17 **頻出** **1587 年**，九州平定の帰途，秀吉は □ a □ を出し**宣教師**の**国外追放**を命じた。また，**1588 年**には**倭寇**などを禁止する □ b □ を出した。　　　　　（明治大）

a バテレン〔伴天連〕追放令
b 海賊取締令

☑ 18 1587 年，秀吉は**朝鮮**に入貢と**明への出兵**の協力を要求し，拒絶されると **1592 年**，朝鮮に出兵した。これが □ a □ である。初期は優勢だったが，□ b □ の活躍などで戦線は膠着し，講和交渉が始まった。　（成城大）

a 文禄の役
　 ×録
b 李舜臣
　 ×委

☑ 19 日明間の講和交渉が決裂すると，**1597 年**に □□□ が起こったが，翌年秀吉が没し，日本軍は撤兵した。　（中央大）

慶長の役

桃山文化

☑ 01 織豊政権の時期の，**壮麗**で**世俗的**な文化を □ a □ **文化**と呼ぶ。その象徴が**城郭建築**で，□ b □ を中心とする本丸を郭が囲む雄大で華麗な大建築物であった。（立命館大）

a 桃山〔安土・桃山〕文化
b 天守閣

☑ 02 城郭建築には，豊臣秀吉の**大坂城**や，池田輝政の居城として成立した**連立式天守閣**を伴う □□□ がある。　　　　　　　　　　　　　　　　　（西南学院大）

姫路城

☑ 03 城郭建築の発達に伴い**透し彫**などの □ a □ や，**広い空間**を飾る絵画として**襖**や壁などに描かれる □ b □ が発達した。□ b □ は鮮やかな色彩の**濃絵**や**水墨画**で描かれた。また家具調度などに使われた**蒔絵**も発達した。　　　　　　　　　　　　　　　　　（大妻女子大）

a 欄間彫刻
b 障壁画

☑ 04 **頻出** **濃絵**では，狩野派の頂点に立つ □ a □ による『**唐獅子図屏風**』がその代表作である。彼の後継者としては『**松鷹図**』などの作品があげられる □ b □ があげられる。（東洋大）

a 狩野永徳
b 狩野山楽

☑ 05 狩野派以外の画家としては，『**松林図屏風**』や，『**智積院襖絵**』で有名な □□□ が活躍した。　　　（龍谷大）

長谷川等伯

☑06 **頻出** ［ a ］は茶の湯の儀礼を整え，簡素で閑寂な［ b ］を完成した。 (東洋大)

a 千利休〔宗易〕
b 侘（び）茶

☑07 芸能では［ a ］が**京都**に現れ，**かぶき踊り**を創始した。いわゆる［ b ］である。 (近畿大)

a 出雲阿国
b 阿国歌舞伎

☑08 宣教師がもたらした衣服や学問，油絵・銅版画などの**西洋文化**を総称して□□□□**文化**と呼ぶ。 (札幌大)

南蛮文化

☑09 絵画では□□□□が代表的なもので，当時の風俗をよく伝えている。 (獨協大)

南蛮屏風

☑10 巡察師**ヴァリニャーニ**が**1590年**の**再来日**の際にもたらした□□□□により，**キリシタン版（天草版）**が出版された。 (京都府立大)

活字印刷機

幕藩体制の成立

政治体制

☑01 **五大老**筆頭の**徳川家康**は**1600年**の□□□□に勝ち，**1603年**には**征夷大将軍**となり江戸に幕府を開いた。 (福井大)

関ヶ原の戦い

☑02 家康は1614年，**方広寺の鐘銘**を理由に秀吉の子［ a ］を攻め，いったんは休戦したが，翌年滅ぼした。この**大坂の役**は前者を［ b ］，後者を［ c ］と呼ぶ。 (福井大)

a 豊臣秀頼
b （大坂）冬の陣
c （大坂）夏の陣

☑03 **頻出** 家康は**1605年**，**征夷大将軍**の職を子の［ a ］に譲ったが，その後も**大御所**として1616年まで政治を担った。［ a ］も父にならい，子の［ b ］に1623年に将軍職を譲り，**大御所**として政権を維持した。 (専修大)

a （徳川）秀忠
b （徳川）家光

☑04 **将軍家**とその従者である**大名**が土地と人を分担して統治する体制を□□□□**体制**と呼ぶ。幕府は将軍直属の**旗本・御家人**に加え，**大名**に対して**軍役**を課すことで圧倒的な軍事力を持った。 (明治大)

幕藩体制

☑05 幕府は主要な**都市**を**直轄**した。中でも**江戸・京都・大坂**は□□□□と呼ばれ重視された。 (東洋大)

三都

☑06 **頻出** 幕府組織は，臨時の最高職の ___a___ ，通常の最高職
の ___b___ ，これを支える ___c___ ，大名・旗本の監察など
を行う**大目付・目付**などの役職を中枢とした。 （明治大）

a 大老（たいろう）
b 老中（ろうじゅう）
c 若年寄（わかどしより）

☑07 ___a___ ・**町奉行**（まちぶぎょう）・ ___b___ の**三奉行**は幕府の主要な役職
であった。 ___a___ は**譜代大名**（ふだい）から，**町奉行**・ ___b___ は
旗本から選任された。 （南山大）

a 寺社奉行（じしゃぶぎょう）
b 勘定奉行（かんじょうぶぎょう）

☑08 **老中**と**三奉行**などによる，重要な政務や裁判を行う最高
の機関が _____ であった。 （駒澤大）

評定所（ひょうじょうしょ）

☑09 幕府は**京都**に _____ を置き，**朝廷**や**西国大名**の監察を
行った。 （専修大）

京都所司代（きょうとしょしだい）

☑10 直轄する**大坂・駿府**（すんぷ）などの**城**には _____ が置かれた。
また，各々の直轄の町には**町奉行**が配置された。
（京都産業大）

城代（じょうだい）

☑11 江戸以外の**直轄地**（ふしみ）の**伏見・長崎・佐渡・日光**などには奉
行が置かれ，これを総称して _____ と呼んだ。 （獨協大）

遠国奉行（おんごくぶぎょう）

☑12 **幕領（天領）**には，**広域**の場合には _____ が，その他の
地には**代官**（だいかん）が置かれた。 （明治大）

郡代（ぐんだい）

☑13 **頻出** 将軍家の**直属**の武士を ___a___ ・ ___b___ と呼ぶ。前
者は**御目見得**（おめみえ）以上の格の高い地位を指す。 （南山大）

a 旗本（はたもと）
b 御家人（ごけにん）

☑14 **1万石以上**の領地を与えられたものは**大名**と呼ばれる。
そのうち，**御三家**（ごさんけ）など**徳川一門**は ___a___ ，関ヶ原の戦い
以前から家康に従っていたものは ___b___ ，関ヶ原の戦
い前後に従ったものは ___c___ と呼ぶ。 （駒澤大）

a 親藩（しんぱん）
b 譜代（大名）（ふだい）（だいみょう）
c 外様（大名）（とざま）（だいみょう）

☑15 1615年の _____ で，大名は**居城**を**1つに限定**され，他
の城の破却を命じられた。 （甲南大）

一国一城令（いっこくいちじょうれい）

☑16 **頻出** 1615年の _____ （**元和令**）（げんな）は，**大御所家康**が**金地
院崇伝**（いんすうでん）（こんち）に命じて起草させ，**将軍秀忠の名**で大名に対して
出されたものである。 （同志社大）

武家諸法度（ぶけしょはっと）

☑17 **頻出** 1635年の**武家諸法度**（ ___a___ 令）は**家光**によるも
ので，江戸と国元を往復する ___b___ を**大名の義務**とし，
また，**500石以上の大船の建造を禁止**している。 （愛知大）

a 寛永令（かんえいれい）
b 参勤交代（さんきんこうたい）

☑ 18 大名は**石高**に応じて a を課され，兵馬の常備を義務付けられていた。また，法令違反や跡継ぎがいない無嗣の場合には，容赦なく b ・**転封**・**減封**などの処分を受けた。 （成城大）

a 軍役（ぐんやく）
b 改易（かいえき）

☑ 19 大名の支配機構は幕府にならったもので， a 以下の役職が置かれた。また，初期には多くの藩は有力な家臣には知行地を与える b 制をとっていたが，17世紀半ばにはほぼ c 制に移行した。 （九州大）

a 家老（かろう）
b 地方知行（じかたちぎょう）制
c 俸禄（ほうろく）制

☑ 20 **頻出** **1615年**，幕府は □ を発し，**天皇**の権限や**公家**たちの行動を強く制限した。 （中央大）

禁中並公家諸法度（きんちゅうならびにくげしょはっと）

☑ 21 **頻出** **公家**から選ばれた □ は，**京都所司代**と連絡しながら幕府の意向を**朝廷**内部に伝える役割を担った。 （専修大）

武家伝奏（ぶけてんそう）

☑ 22 1629年，幕府の寺院統制に抗議した**大徳寺**（だいとくじ）の**沢庵**（たくあん）などが流罪とされる □ が起こり，**後水尾天皇**（ごみずのおてんのう）は幕府の同意を求めず，突然譲位した。 （同志社女子大）

紫衣事件（しえじけん）

☑ 23 1612年，幕府は**幕領（天領）**に □ を出し，翌年にはこれを**全国**に及ぼした。 （青山学院大）

禁教令（きんきょうれい）〔キリスト教禁止令（きょうきんしれい）〕

☑ 24 **頻出** **1637〜38年**， a を首領とする農民による大規模な反乱である b が起こった。 （日本大）

a 天草（四郎）時貞（あまくさしろうときさだ）
b 島原の乱（しまばらのらん）〔島原・天草一揆（ばら・あまくさいっき）〕

☑ 25 幕府はキリスト像やマリア像を使って**キリシタンを摘発**する □ を強化していった。 （九州大）

絵踏（えぶみ）〔踏絵（ふみえ）〕

☑ 26 幕府は当初，個々の寺院ごとに a を発していたが，1665年には b として総合的な規制を発布した。また，神社に対しても，1665年に c を発布している。 （獨協大）

a 寺院法度（じいんはっと）
b 諸宗寺院法度（しょしゅうじいんはっと）
c 諸社禰宜神主法度（しょしゃねぎかんぬしはっと）

☑ 27 **寺院**を統制するために，幕府は各宗派の a を定め，その下に b を組織する**本末制度**（ほんまつ）を整えた。 （立命館大）

a 本山（ほんざん）
b 末寺（まつじ）

☑ 28 幕府は，すべての人々が**檀那寺**（だんなでら）を持ち，その a となることを強制し，檀那寺から身分を保証する**寺請証文**（てらうけしょうもん）を発行させる b 制度を整えていった。 （東洋大）

a 檀家（だんか）〔檀徒・檀那（だんと・だんな）〕
b 寺請（てらうけ）制度

☑ 29 禁教の徹底を図るため，信仰調査として ｜ a ｜ が行われ，**宗旨**と**檀那寺**を家族ごとに記載した ｜ b ｜ が作成された。　　　　　　　　　　　　　　　　（愛知教育大）

a 宗門改
b 宗門改帳
〔宗旨人別帳〕

社会体制

☑ 30 江戸時代の行政単位は**村**であった。村は**百姓**たちによって構成され， ｜ a ｜ の**名主・組頭**・ ｜ b ｜ によって**自治的**に運営された。　　　　　　　　　　　（西南学院大）

a 村方三役
〔地方三役〕
b 百姓代

☑ 31 頻出 村の中核をなす ｜ a ｜ は，**田畑・屋敷地**などを所有し，**村政**に参画したが，田畑を持たない**無高**のものは ｜ b ｜ と呼ばれ村政には参加できなかった。　（甲南大）

a 本百姓
b 水呑（百姓）

☑ 32 **年貢**は，村として納入する ｜ a ｜ 制で納められた。税の基本は，**田畑・屋敷地**に対する税の ｜ b ｜ であった。　　　　　　　　　　　　　　　　　　（専修大）

a 村請制
b 本途物成
〔本年貢〕

☑ 33 頻出 付加税には，山野河海の利用や副業に対する ｜ a ｜ や，**村高**に対して課される ｜ b ｜ もあった。（愛知教育大）

a 小物成
b 高掛物

☑ 34 村々は**労働力**を提供する ｜ a ｜ を課され，道路や河川の**土木工事**などに従事した。**街道沿いの村**には**伝馬役**の一種の ｜ b ｜ なども課された。**一国単位**で治水事業など巨額の費用を負担する ｜ c ｜ も課された。　（甲南大）

a 夫役
b 助郷役
c 国役

☑ 35 **本百姓**は，年貢の納入や犯罪防止のための**連帯責任**を負う ｜ a ｜ を結ぶことを強制されていた。また，**田植え**や**屋根葺**などで助け合うための ｜ b ｜ や，**もやい**と呼ばれる協同労働による平等な分配を行うこともあった。（駒澤大）

a 五人組
b 結

☑ 36 **寛永の飢饉**の結果，土地を失う農民が続出し，**1643年**には ｜　　　｜ が出された。　　　　　　　　（大阪大）

田畑永代売買
禁止令

☑ 37 頻出 **1673年**ごろから，**分割相続**による**土地の細分化**を制限するため，幕府は ｜　　　｜ を発布した。（日本大）

分地制限令

☑ 38 **年貢米**を確保するため，田畑での**たばこ・木綿・菜種**などの ｜　　　｜ の自由な栽培を禁止した。（千葉大）

商品作物

☑ 39 江戸時代の身分構成を一般に ｜　　　｜ と呼ぶが，その下に，政策的に差別された，**かわた（長吏）**や**非人**と呼ばれた人々がいた。　　　　　　　　　　　　　（早稲田大）

士農工商

☑40 武士は支配階級で，**苗字**を名乗り**帯刀**を許可され，
□□□□などの特権も与えられていた。 （早稲田大）

切捨御免

☑41 「かわた」と呼ばれ，皮革の製造や行刑役，死牛馬の処理
などを強制された人々は，幕府から□□□□という蔑称
を強制され差別を受けた。 （福井大）

えた〔穢多〕

☑42 貧困や刑罰によって□□□□という身分に落とされた
人々は，村や町の清掃や乞食，芸能に従事することを強
制された。 （同志社大）

非人〔ひにん〕

☑43 城下町は，中核部分に武士が住む□a□，**寺社地**，商工
業者が住む□b□に区分されていた。□b□は**町方**と
呼ばれ，多くの**町**から構成されていた。 （関西学院大）

a 武家地
b 町人地

☑44 **町**の自治的な運営を担ったのは，**名主・年寄**・□□□□
などと呼ばれた町人の代表者であった。 （聖心女子大）

月行事
つきぎょうじ

☑45 頻出 **町人**は，町内に屋敷を持つ□□□□が基本で，ごく
少数の者に限られ，自治に参画するのも□□□□や**地主**
であった。 （名城大）

家持〔家主〕

☑46 **町**に住む人々には，**宅地**を借りて家屋を自分で建てる
□a□や，家屋の一部分を借りて生活する□b□，あ
るいは**借家**に住むものがいた。 （西南学院大）

a 地借
b 店借

☑47 頻出 商工業者は営業免許税の□a□，営業税の□b□
を納めた。また，町人は夫役としての**町人足役**なども課
された。 （駒澤大）

a 冥加（金）
b 運上（金）

☑48 **大工・木挽・左官**などの人々は□□□□と呼ばれた。
（福井大）

職人

☑49 武家・有力農民・町人などの家には□□□□が従属し，主
家の家業や家事に従事した。 （愛知学院大）

奉公人

☑50 頻出 **五街道**などの**宿場**には，幕府の命で物の運搬など
を負担する□a□が課された。人手が不足すると近隣
の農村に□b□が課され，**人馬の提供**が義務付けられた。
（甲南大）

a 伝馬役
b 助郷役

江戸初期の外交

☐ 01 **頻出** **徳川家康**は，**スペイン**との国交回復と直接貿易を目指し，**京都**の商人 _____ をノビスパンに派遣した。(駒澤大)

田中勝介

☐ 02 **伊達政宗**は，家臣の a をスペインに派遣した。これを b と呼ぶ。(名城大)

a 支倉常長
b 慶長遣欧使節

☐ 03 **ポルトガル船**のもたらす中国産の**生糸（白糸）**などの輸入が増え，**金銀が流出**したため，その抑制のために _____ が設けられた。これは特定の商人に生糸の一括購入を命じ，輸入価格を抑える制度であった。(福井大)

糸割符制度

☐ 04 この制度のために組織されたのが _____ である。最初は京都・堺・長崎の**三カ所商人**で構成され，やがて**江戸・大坂**が加わって**五カ所商人**と呼ばれた。(駒澤大)

糸割符仲間

☐ 05 **頻出** 1600 年，**オランダ船** a 号が**豊後**の臼杵に漂着し，航海士の**オランダ人** b と水先案内人の**イギリス人** c は**徳川家康**の外交顧問となった。この結果**イギリス・オランダ**が**平戸**に商館を開いた。(龍谷)

a リーフデ号
b ヤン＝ヨーステン
c ウィリアム＝アダムズ〔三浦按針〕

☐ 06 幕府は海外に渡航する貿易船に**許可状**を与えた。この許可を得た船による貿易が _____ 貿易である。(京都府立大)

朱印船貿易

☐ 07 日本の商人の中には**東南アジア各地に定住**するものが現れ，多くの _____ が誕生した。(立教大)

日本町

☐ 08 幕府は **1612 年**，**幕領**に対して _____ を出し，翌年にはこれを**全国**に及ぼした。(青山学院大)

禁教令〔キリスト教禁止令〕

☐ 09 **1616 年**，幕府は**ヨーロッパ船**の来航地を a と b に限定したが，**1623 年**には**イギリスが退去**し，**1624 年**には**スペイン船の来航が禁止**された。(関西学院大)

a・b 平戸・長崎（順不同）

☐ 10 **頻出** **1633年**以降は朱印状に加え，**老中**が発行する _____ を与えられた船のみが海外渡航を許された。(駒澤大)

(老中) 奉書

☑ 11 **頻出** **1635 年**，日本人の海外渡航は**全面禁止**され，また，**中国船**の来航地が ⌷ a ⌷ に限定された。**1639 年**には ⌷ b ⌷ 船の来航が禁止された。 (福井大)

a 長崎^{ながさき}
b ポルトガル船

☑ 12 **1641 年**，平戸^{ひらど}の**オランダ商館**は**長崎**の ⌷ a ⌷ に移転させられた。1688 年には，長崎に居住する清国人商人は ⌷ b ⌷ と呼ばれる区域に集住させられた。 (新潟大)

a 出島^{でじま}
b 唐人屋敷^{とうじんやしき}

☑ 13 オランダ船が来航するたびに，**オランダ商館長**は海外の情報を幕府に報告する ⌷ ⌷ を提出した。 (南山大)

オランダ風説書^{ふうせつがき}

☑ 14 **徳川家康**は**明**^{みん}との国交回復を目指したが，拒絶された。その**明**は 17 世紀半ばには滅び，満州族による ⌷ ⌷ に代わった。 (日本女子大)

清^{しん}

☑ 15 **朝鮮**との国交は，**1607 年の朝鮮使節**の来日で復活し，**1609 年**には**対馬の宗氏**が朝鮮と ⌷ a ⌷ を結び，日朝貿易の基本が定まり，朝鮮から将軍に対して ⌷ b ⌷ が派遣されることとなった。 (名城大)

a 己酉約条^{きゆうやくじょう} ×巳
〔慶長条約^{けいちょう}〕
b (朝鮮^{ちょうせん})通信使^{つうしんし}

☑ 16 **頻出** 1609 年，**島津家久**^{しまづいえひさ}が ⌷ a ⌷ を征服した。以後，⌷ a ⌷ は独立した王国の体裁を保ちつつも**薩摩藩**^{さつまはん}の支配を受け，**幕府**に ⌷ b ⌷・⌷ c ⌷ を派遣した。 (専修大)

a 琉球王国^{りゅうきゅうおうこく}
b・c 慶賀使^{けいがし}・謝恩使^{しゃおんし} (順不同)

☑ 17 ⌷ ⌷ **藩**は，幕府から**アイヌ**の人々との**交易の独占**権を認められた。 (日本大)

松前藩^{まつまえはん}

☑ 18 **頻出** 同藩では，蝦夷地に住む**アイヌ**の人々との交易の対象地域を ⌷ a ⌷ と呼び，そこでの交易権を家臣に知行として与える ⌷ b ⌷ 制がとられた。 (駒澤大)

a 商場^{あきないば}
b 商場知行^{あきないばちぎょう}制

☑ 19 和人の略奪的な交易に対する反発から，**1669 年**には**アイヌ**の人々による ⌷ ⌷ の**戦い**が起こった。 (福井大)

シャクシャインの戦い

☑ 20 同藩はやがて，**和人**の**商人**にアイヌの人々との交易を認め，**運上金**を納めさせる ⌷ ⌷ 制をとるようになった。 (専修大)

場所請負^{ばしょうけおい}制

寛永期の文化

☐ 01 17世紀前半，**寛永期の文化**は，　**a**　**文化**を継承し，
これを**洗練**した文化と位置づけられるが，**鎖国・禁教令**
の影響で，　**b**　**文化**の影響は消えていった。

（青山学院大）

a 桃山〔安土・
桃山〕文化
b 南蛮文化

☐ 02 **頻出** 近世の**儒学**の中心となる**京学**は，　**a**　によって
確立され，弟子の　**b**　が**徳川家康**に仕えたことで発
展した。

（駒澤大）

a 藤原惺窩
b 林羅山〔道春〕

☐ 03 **徳川家康**を祀る**霊廟建築**である　**a**　が代表する**建築**
様式は　**b**　と呼ばれる。

（専修大）

a 日光東照宮
b 権現造

☐ 04 　**a**　の建築としては，後陽成天皇の弟の八条宮智仁
親王の別邸　**b**　や，後水尾天皇の山荘**修学院離宮**が
ある。

（日本大）

a 数寄屋造
b 桂離宮

☐ 05 **大和絵**の系統では，**宮廷絵所預**となった　　　　が**土佐**
派を再興した。

（関西学院大）

土佐光起

☐ 06 また**大和絵**の一派である**住吉派**は，　　　　とその子**具**
慶が**幕府の御用絵師**となった。

（同志社大）

住吉如慶

☐ 07 **頻出** 狩野永徳の孫の　**a**　は**幕府の御用絵師**となった。
その作品には『**大徳寺方丈襖絵**』などがある。また**町衆**
出身の画家である　**b**　は，ユーモラスで躍動的な絵と
構図で有名な『**風神雷神図屏風**』を遺した。

（近畿大）

a 狩野探幽
b 俵屋宗達

☐ 08 **頻出** 徳川家康から**洛北**の**鷹ヶ峰**の地を与えられた　　　
は，**蒔絵**をはじめさまざまな芸術分野で活躍した。

（佛教大）

本阿弥光悦

☐ 09 **有田焼**では磁器に彩色する技法の**上絵付法**が　　　　に
よって発展し，**赤絵（色絵）**の技法が確立した。

（龍谷大）

酒井田柿右衛門

☐ 10 中世の**御伽草子**から発達した通俗的な仮名書き・絵入り
の小説は，　　　　と呼ばれる。

（名城大）

仮名草子
×紙

文治政治

☑01 **家康・秀忠・家光**の時期の政治を a **政治**と呼ぶの
に対し，**4代将軍以降**の政治は b **政治**と呼ぶ。
（愛知教育大）

a 武断政治
b 文治政治

☑02 **1651年**，3代将軍家光が死ぬとまもなく，幕府転覆未
遂事件の a が起こった。この事件の背景には改易
に伴う多くの b の発生があった。（南山大）

a 慶安事件
〔慶安の変，由井
〔比〕正雪の乱〕
b 牢〔浪〕人

☑03 **徳川秀忠の子**で会津藩主となった**保科正之**は，4代将軍
　　　 を補佐した。（中央大）

徳川家綱

☑04 4代将軍のもとで， a **の禁止**が徹底された。また，
 b の禁止が緩和されている。（東洋大）

a 殉死
b 末期養子

☑05 **1657年**，死者10万人を超えるといわれる 　　　 によ
り，**江戸**の大半が焼失した。（日本大）

明暦の大火

☑06 頻出 文治政治への転換期には，**岡山**の a ，**水戸**の
 b ，**加賀**の c など，学問を好み，政治に儒学
などを取り入れる好学の大名が現れた。（日本大）

a 池田光政
b 徳川光圀
c 前田綱紀

☑07 頻出 5代将軍は**上野国館林藩主**の 　　　 が**養子**として
将軍職を継いだ。これを実現した**大老堀田正俊**のもと，
初期には**天和の治**という緊張感のある政治が行われた
が，やがて幕政は弛緩した。（駒澤大）

徳川綱吉

☑08 5代将軍の時期は一般的に 　　　 **時代**と呼ばれ，平和が
続き華やかな文化が開花した時期とされる。（千葉大）

元禄時代

☑09 頻出 **徳川綱吉**の治世の後半は，**側用人**から老中格，さらに
大老格の権限を与えられた 　　　 が重用された。（駒澤大）

柳沢吉保

☑10 綱吉の発した**武家諸法度**は，文治政治を象徴するように，
従来の「**文武弓馬の道**」を重んずる第1条を， a と
 b を重んずることと改められた。（中央大）

a・b 文武忠孝・
礼儀（順不同）

☑11 **綱吉**は a （**孔子廟**）を建て，**聖堂学問所**を整備し，
林鵞峰の子 b に蓄髪を許して**大学頭**の地位を与え
た。（駒澤大）

a 湯島聖堂
b 林鳳岡〔信篤〕

☑ 12 幕府碁所の渋川春海（安井算哲）は，**天体観測**に基づく最初の**暦**，□□□を完成させ，幕府の**天文方**に任ぜられた。 (西南学院大)

貞享暦

☑ 13 **和歌**の研究等を行う**歌学方**には□□□が任命された。 (名城大)

北村季吟

☑ 14 綱吉は，仏教的な生命尊重の思想を背景に，**犬**を中心に牛馬や鳥・魚におよぶ**動物保護**を命ずる，一連の□□□を出した。 (南山大)

生類憐みの令
×隣

☑ 15 頻出 放漫財政で悪化した財政を克服するために，**勘定吟味役** □a□ は金銀貨幣の**改鋳**を建言し，□b□の鋳造が実施された。 (日本大)

a 荻原重秀
×萩
b 元禄金銀

☑ 16 1701 年，赤穂藩主**浅野長矩**は**吉良義央**を江戸城中で斬り付け，改易，切腹とされた。これに対して，翌年，前赤穂藩士の**大石良雄**らが吉良を襲撃し，殺害する□□□が起こった。 (東海大)

赤穂事件

☑ 17 頻出 **6 代将軍徳川家宣，7 代将軍徳川家継の治世**は**正徳の治**と呼ばれ，学者の□□□と**側用人間部詮房**が幕政を主導した。 (南山大)

新井白石

☑ 18 **正徳の治**では，朝廷との宥和策として，□□□家という新たな**宮家の創設**を認めた。 (法政大)

閑院宮家

☑ 19 **正徳の治**では，金の含有量を**慶長金銀**の水準に戻した良質の□□□が発行された。 (関西大)

正徳金銀

☑ 20 頻出 **1715 年，長崎貿易**での金銀の**海外流出を抑制する**ため，□□□が出され，貿易額も制限された。 (福井大)

海舶互市新例
×令
〔長崎新令・正徳新令〕

江戸時代の経済

産業

☑ 01 江戸時代前半，**鉱山開発**の技術等を活かし□□□が進んだ。この結果，近世初期の **164 万町歩**の田畑面積は，18 世紀初頭には **297 万町歩**に増加した。 (千葉大)

新田開発

☑ 02 17世紀末より，都市の有力商人などの出資による　□□□□ もさかんになった。 (九州大)

町人請負新田

☑ 03 **頻出** 農業技術では，**個人で使える簡便な農具が発達**した。**深耕用**の　a　，**脱穀用**の　b　，**選別用**の　c　や**唐箕**，**灌漑用**の**踏車**がその代表である。 (駒澤大)

a 備中鍬
b 千歯扱
c 千石簁

☑ 04 **頻出** 肥料は**自給肥料**に加え，**鰯を乾燥させた**　a　や**油粕**など，商品として購入する　b　が普及した。 (新潟大)

a 干鰯
b 金肥

☑ 05 **頻出** 17世紀末には本格的な**農書**である　□□□□ の『**農業全書**』が刊行された。 (龍谷大)

宮崎安貞

☑ 06 **加工用**などの**商品作物**も発達した。戦国時代に**三河地方**で始まった　a　は**西日本**に広がった。また，代表的な商品作物は，　b　と総称される**楮・漆・茶・桑**と，**紅花・藍・麻**であるがこのうち，　c　は**和紙の原料**，　d　は**塗り物の原料**，桑は**養蚕**の必需品であった。 (日本大)

a 綿作
b 四木三草
c 楮
d 漆

☑ 07 **特産物**では，**染料**では**出羽村山**地方の　a　や**阿波**の　b　，**林業**では**木曽の檜**や**秋田の杉**があった。 (成蹊大)

a 紅花
b 藍玉

☑ 08 □□□□ の特産物としては，春慶塗や輪島塗，会津塗などが生まれた。 (成蹊大)

漆器

☑ 09 **西日本**の　a　が**東日本沿岸部**にも伝わり，**網漁**がさかんになった。その代表例である**九十九里浜の鰯漁**は　b　を用いたものだった。 (西南学院大)

a 上方漁法
b 地曳〔引〕網

☑ 10 **製塩**では，室町時代には**伊勢地方**などで始まっていた　□□□□ が改良されて発達し，**瀬戸内海沿岸**に広がった。 (札幌大)

入浜（式）塩田

☑ 11 **主要鉱山**は幕府が直轄した。佐渡の　a　**金山**，但馬の　b　**銀山**，石見の　c　**銀山**，そして下野の**足尾銅山**などがある。 (新潟大)

a 相川金山
b 生野銀山
c 大森銀山

☑ 12 **伊予**の　□□□□ **銅山**は，大坂の銅商の**泉屋（住友家）**が経営した民間経営の鉱山である。 (近畿大)

別子銅山

☑ 13 製鉄では，**砂鉄**を利用した ☐☐☐ が，**中国地方**などを中心に発達した。 (東北学院大)

　たたら製鉄

☑ 14 **楮**を使った**上質紙**の ☐☐☐ は，**越前**などでさかんに生産された。 (早稲田大)

　奉書紙

☑ 15 **陶磁器**も，**肥前**の ☐ a ☐ や**加賀**の**九谷焼**など，各地で発達した。また**清水焼**などの ☐ b ☐ も発達し，さらに**野々村仁清**は**色絵陶器**の技法を確立した。 (日本大)

　a 有田焼
　b 京焼

☑ 16 **絹織物**では，**京都**で高級絹織物の ☐☐☐ が成立し，北関東の**足利・桐生**などにも伝わった。 (西南学院大)

　西陣織

☑ 17 〔頻出〕**醸造業**では，**酒**は**山城**の ☐ a ☐，**摂津**の ☐ b ☐ などが有名で，江戸に向かう**下り酒**の代表となった。**醤油**では**下総**の ☐ c ☐・**銚子**などが特産地である。 (成城大)

　a 伏見
　b 灘
　c 野田

☑ 18 **染物**では，**京染**の中から，**宮崎友禅**らにより ☐☐☐ と呼ばれる高度な技術も完成した。 (関西学院大)

　友禅染

交通

☑ 19 幕府の直轄する ☐ a ☐ とは，**東海道・中山道・甲州道中・日光道中・奥州道中**である。これらは**日本橋**を起点とし，幕府の ☐ b ☐ が統轄した。これら主要街道の他にも ☐ c ☐ と呼ばれる主要な道があった。 (和歌山大)

　a 五街道
　b 道中奉行
　c 脇街道〔脇往還〕

☑ 20 〔頻出〕街道には，旅人の利便のため約4kmごとに ☐ a ☐ が設けられた。また治安維持のために要所には**関所**が置かれた。他に，2～3里ごとに ☐ b ☐ が置かれ，その中心施設の ☐ c ☐ で**人馬の継立て**が行われた。 (明治大)

　a 一里塚
　b 宿駅〔宿場〕
　c 問屋場

☑ 21 宿駅には，大名や公家などが宿泊する ☐ a ☐・☐ b ☐，一般の旅人が利用する ☐ c ☐，さらにより安価な**木賃宿**もあった。 (法政大)

　a 本陣
　b 脇本陣
　c 旅籠(屋)

☑ 22 **幕府公用の飛脚**は ☐ a ☐，大名が江戸と国元を結ぶためのものは ☐ b ☐，民間のものは**町飛脚**と呼ぶ。 (和歌山大)

　a 継飛脚
　b 大名飛脚

☑ 23 〔頻出〕京の豪商 ☐☐☐ は，**大堰川，富士川，天竜川，高瀬川**などの河川を水路として整備した。 (京都産業大)

　角倉了以

☑24 **頻出** 江戸の材木商 [____] は，幕命により沿岸航路である**東廻り航路（海運），西廻り航路（海運）**を整備した。

（日本大）

かわむらずいけん けん
河村瑞賢〔軒〕

☑25 江戸・大坂間の定期船の主力は [a] であったが，18世紀前半には，**酒**を運ぶための [b] が登場し，酒以外の物資も積荷として発展，やがて [a] を凌駕した。

（高崎経済大）

ひ がきかいせん
a 菱垣廻船
たるかいせん
b 樽廻船

☑26 江戸中期以降，**北陸**を拠点に**松前地**や**東北地方**の物資を扱い，**上方**との交易に活躍した [____] が現れた。

（福井大）

きたまえぶね
北前船

☑27 江戸時代の主要都市は幕府が**直轄**した。政治都市の**江戸**，「 a 」と称された**大坂**，そして**京都**は [b] と呼ばれた。

（学習院大）

てん か だいどころ
a 天下の台所
さん と
b 三都

経済

☑28 全国を流通する物資には，諸藩の**年貢米**や**特産物**である [a] と，民間ルートで流通した [b] がある。

（甲南大）

くらもの
a 蔵物
な や もの
b 納屋物

☑29 **蔵物**は，江戸や大坂の [a] に送られ，[b] と呼ばれる商人たちが売却し，送金等は**掛屋**が担った。また，**江戸**で旗本・御家人の**俸禄米**等の売却などを請け負った商人は [c] と呼ばれた。

（佛教大）

くらやしき
a 蔵屋敷
くらもと
b 蔵元
ふださし くらやど
c 札差〔蔵宿〕

☑30 専門の**卸売市場**としては，**江戸**では**日本橋**の [a]，**神田**の [b]，**大坂**では**堂島の米市場，雑喉場の魚市**，**天満**の [c] が特に有名である。

（立命館大）

うおいち
a 魚市
あおものいち
b 青物市
c 青物市

☑31 **頻出** 同業者団体の [____] は株を保有し，数を固定することで新規参入を阻止して**営業を独占**しようとした。

（東洋大）

なか ま くみあい
仲間〔組合〕

☑32 商品の流通は [a] が中心となり，[a] から物を買う [b]，[b] から商品を仕入れ**消費者**に売る**小売**などがあった。零細な**行商人**も活躍した。

（九州大）

とい や
a 問屋
なかがい
b 仲買

☑33 **大坂**からの荷物を**受けとる江戸の問屋**の仲間を a ，荷物を江戸へ**積み出す大坂の問屋**の仲間を b と呼ぶ。 (九州大)

a 十組問屋
b 二十四組問屋

☑34 **伊勢松坂**から江戸に進出し， a **呉服店**で成功した b 家や，**大坂**の酒造業者である c 家，また**銅商**である**泉屋の住友家**などは，やがて**両替商**を兼ね金融資本家として経済力を高めていった。 (京都産業大)

a 越後屋
b 三井家
c 鴻池家

☑35 とは，**金貨・銀貨・銭貨**の3種類の鋳造貨幣のことである。 (京都府立大)

三貨

☑36 **金貨**は**両・分・朱**という単位の**4進法**で表される a で，**銀貨**は重さの単位の**貫**や**匁**などで表され，重さを単位として使われることから b と呼ばれた。また，**銀貨**には c や**豆板銀**などがあった。 (立命館大)

a 計数貨幣
b 秤量貨幣
c 丁銀

☑37 に始まる**銭貨**は，**文**を単位とし，**1000文を1貫**とした。 (新潟大)

寛永通宝

☑38 取引の決済などは，**江戸では金，大坂では銀**で行われた。このことをそれぞれ a ， b と呼ぶ。(京都府立大)

a 金遣い
b 銀遣い

☑39 **金貨**を鋳造した a は，代々**後藤庄三郎**が請け負った。**銀貨**を鋳造した b は**大黒常是**が担った。 (同志社大)

a 金座
b 銀座

☑40 a からの**寛永通宝**の発行以後，全国において民間の請負のかたちで銅銭が発行された。また大名の中には**紙幣**である b を発行するものも現れた。 (九州大)

a 銭座
b 藩札

☑41 **三貨**を日常的に交換する必要性から a が発達し，総合的な金融業者に成長した。そのうち，主に金銀の交換を担ったものを b と呼んでいる。 (南山大)

a 両替商
b 本両替

圓 地図中の江戸時代の五街道❶〜❺と，主要な関所❻〜⓫の名称を答えよ。

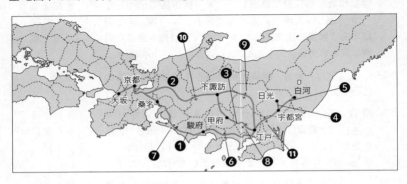

❶ <ruby>東海道<rt>とうかいどう</rt></ruby>　（<ruby>品川<rt>しながわ</rt></ruby>〜<ruby>大津<rt>おおつ</rt></ruby>，**53宿，100人・100疋**の人馬を常備）

❷ <ruby>中山道<rt>なかせんどう</rt></ruby>　（<ruby>板橋<rt>いたばし</rt></ruby>〜<ruby>守山<rt>もりやま</rt></ruby>，**67宿，50人・50疋**の人馬を常備）

❸ <ruby>甲州道中<rt>こうしゅうどうちゅう</rt></ruby>　（<ruby>内藤新宿<rt>ないとうしんじゅく</rt></ruby>〜<ruby>上諏訪<rt>かみすわ</rt></ruby>，**45宿，25人・25疋**の人馬を常備）

❹ <ruby>日光道中<rt>にっこうどうちゅう</rt></ruby>　（<ruby>千住<rt>せんじゅ</rt></ruby>〜<ruby>鉢石<rt>はついし</rt></ruby>，**21宿，25人・25疋**の人馬を常備）

❺ <ruby>奥州道中<rt>おうしゅうどうちゅう</rt></ruby>　（<ruby>白沢<rt>しらさわ</rt></ruby>〜<ruby>白河<rt>しらかわ</rt></ruby>，**10宿，25人・25疋**の人馬を常備）

❻ 標準 <ruby>箱根<rt>はこね</rt></ruby>

❼ <ruby>新居<rt>あらい</rt></ruby>〔<ruby>今切<rt>いまぎれ</rt></ruby>〕

❽ 標準 <ruby>小仏<rt>こぼとけ</rt></ruby>

❾ 標準 <ruby>碓氷<rt>うすい</rt></ruby>

❿ <ruby>木曽福島<rt>きそふくしま</rt></ruby>

⓫ 応用 <ruby>栗橋<rt>くりはし</rt></ruby>　（利根川の<ruby>渡船場<rt>とせんば</rt></ruby>に設けられた。関東郡代<ruby>伊奈<rt>いな</rt></ruby>氏が管理した）

問 次の❶〜❺の農具の名称を答えよ。

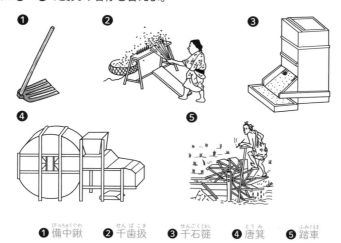

❶ 備中鍬　❷ 千歯扱　❸ 千石簁　❹ 唐箕　❺ 踏車

問 小判の改鋳に関する次のグラフの，❶〜❹に該当する小判の名称を答えよ。

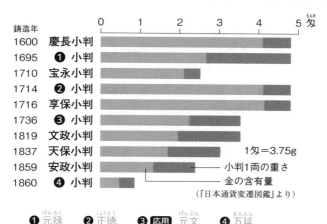

鋳造年		0	1	2	3	4	5 匁
1600	慶長小判						
1695	❶ 小判						
1710	宝永小判						
1714	❷ 小判						
1716	享保小判						
1736	❸ 小判						
1819	文政小判						
1837	天保小判						
1859	安政小判						
1860	❹ 小判						

1匁=3.75g
小判1両の重さ
金の含有量
（『日本通貨変遷図鑑』より）

❶ 元禄　❷ 正徳　❸ 応用 元文　❹ 万延

元禄文化

学問

☐ 01 **頻出** 江戸幕府は儒学，その中でも ▢ を重んじた。それは**大義名分論**が幕藩体制の教学にふさわしいものだったためである。 （駒澤大）

朱子学

☐ 02 **松永尺五**の弟子， ▢ は**加賀藩**に仕え，後には幕府に招かれ 5 代将軍綱吉の**侍講**をつとめた。その門下からは著名な儒者が輩出した。 （龍谷大）

木下順庵

☐ 03 **頻出** ▢ a ▢ は **6 代将軍家宣・7 代将軍家継**に仕え，いわゆる**正徳の治**を主導した。 ▢ a ▢ による将軍に対する**日本史の講義**をまとめた書物が『 ▢ b ▢ 』である。 （愛知大）

a **新井白石**
b **読史余論**

☐ 04 **南学（海南学派）**は戦国期に始まったとされ，**谷時中**が受け継ぎ，やがて**土佐藩の家老**の ▢ などが続いた。 （専修大）

野中兼山

☐ 05 **保科正之**に招かれた ▢ a ▢ も**南学**を学び，やがて吉田神道・伊勢神道などを取り入れ，儒学と融合した独特の**神道説**である ▢ b ▢ 神道を創唱した。 （成蹊大）

a **山崎闇斎**
×斉
b **垂加神道**
でます

☐ 06 **明の王陽明**に始まる**陽明学**を日本において最初に受容したのは ▢ とされる。 （東洋大）

中江藤樹

☐ 07 **頻出** その門人 ▢ は，一時，**岡山の池田光政**に招かれたことでも知られている。 （東洋大）

熊沢蕃山
×蛮

☐ 08 中国の学者に頼らず，**孔子・孟子**の**原典**に**直接学ぼう**とする ▢ 派が現れた。 （大阪大）

古学派

☐ 09 その中で**聖学**を唱えたのは ▢ である。 （関西大）

山鹿素行

☐ 10 **古学派**の代表的な学者である ▢ a ▢ と，その子**東涯**に始まる学派は， ▢ b ▢ 派とも呼ばれる。 （西南学院大）

a **伊藤仁斎**
b **古義学**派
〔堀川学派〕

☐ 11 ▢ は，過去の文章は書かれた時期に即して理解すべきであるとし，さらに政治と道徳を分けて考えるべきであると主張して，**古文辞学派**の祖とされた。 （愛知大）

荻生徂徠
×萩

□ 12 **頻出** その弟子の ☐ は**経世済民**の術を重視し，『**経済録**』や『**経済録拾遺**』などを著し，**藩専売制**などを提唱した。　　　　　　　　　　　　　　　　　　　　　　　　　　　（法政大）

太宰春台
×大

□ 13 **頻出** 植物学を核とし，動物や鉱物も含む薬学，さらに，博物学にも発展した学問を ☐ a と呼ぶ。その最初の本格的な著作は ☐ b の『**大和本草**』である。　（南山大）

a 本草学
b 貝原益軒

□ 14 ☐ は，**前田綱紀**の命で本草学書の『**庶物類纂**』の編纂に着手した。これはその死後，弟子によって完成した。　　　　　　　　　　　　　　　　　　　　　　　　　　（慶應義塾大）

稲生若水

□ 15 戦国時代以来の治水や築城の成果は，☐ の発展を促し，**吉田光由**の『**塵劫記**』によって，広く普及することとなった。　　　　　　　　　　　　　　　　　　　　（京都府立大）

和算

□ 16 高等数学の域に達した和算の著作は，☐ の『**発微算法**』である。　　　　　　　　　　　　　　　　　　　　　　　（東洋大）

関孝和

□ 17 幕府碁所の ☐ a は，☐ b を完成させ，これが幕府に採用され**天文方**に任ぜられた。この暦は**元**の**授時暦**をもとに，天体観測で経度差を修正した，日本独自の**暦**である。　　　　　　　　　　　　　　　　　　　　　（西南学院大）

a 渋川春海
〔安井算哲〕
b 貞享暦

□ 18 幕府の**歌学方**に登用された ☐ は，古典研究の書である『**源氏物語湖月抄**』を著した。　　　　　　　　　　（名城大）

北村季吟

□ 19 **頻出** ☐ は，**徳川光圀**の依頼によって**万葉集**研究を行い，『**万葉代匠記**』を著した。　　　　　　　　　　（甲南大）

契沖

文学・芸能

□ 20 **江戸時代前期の文化**は，**5代将軍綱吉の治世**の元号から，☐ **文化**と呼ばれる。　　　　　　　　　　　　　（成蹊大）

元禄文化

□ 21 この世を**浮き世**と捉え，その現実を描く**井原西鶴**の『**好色一代男**』により，☐ と呼ばれる小説が確立した。　　　　　　　　　　　　　　　　　　　　　　　（近畿大）

浮世草子
×紙

□ 22 **俳諧**では，17世紀後半に ☐ によって**蕉風（正風）俳諧**が確立され，**さび・かるみ**を中心とする**幽玄で閑寂**な俳諧は頂点に達した。　　　　　　　　　（東京女子大）

松尾芭蕉

☑ 23 **頻出** **a** は**談林**派の中で注目を集め，やがて**小説**に
転じ，『 **b** 』など多くの作品を著した。　　（専修大）

a 井原西鶴
b 好色一代男

☑ 24 **頻出** **人形浄瑠璃**では， **a** が数々の名作を発表した。
また， **b** が**義太夫節**を創始した。　　（愛知大）

a 近松門左衛門
b 竹本義太夫

☑ 25 **歌舞伎**では，江戸や上方で **a** が完成し，**江戸**には勇
壮で派手な**荒事**で人気を博した **b** が現れ，**上方**に
は写実的で柔らかな表現である**和事**の名優 **c** が現
れた。　　（西南学院大）

a 野郎歌舞伎
b 市川団十郎
c 坂田藤十郎

美術・工芸

☑ 26 大和絵の一派である**住吉派**を再興した**住吉如慶**の子，
　　　　　は幕府に招かれ，**幕府御用絵師**となった。
　　（法政大）

住吉具慶

☑ 27 **俵屋宗達**の装飾画の系譜を引く　　　　　は，**琳派**の中興
の祖となった。　　（東洋大）

尾形光琳
×方

☑ 28 **安房**出身の画家である　　　　　は，『**見返り美人図**』など
浮世絵の初期の作品を遺した。　　（東洋大）

菱川師宣

☑ 29 **a** は，**京焼**の**色絵**の**上絵付技法**を完成した。
a に学んだ **b** は，色絵陶器などに名品を遺し
た。　　（近畿大）

a 野々村仁清
b 尾形乾山
×方

☑ 30 染物では，**京染**の中でも最上のものとされる**友禅染**が，
　　　　　らによって開発された。　　（名城大）

宮崎友禅

享保の改革・田沼時代

享保の改革

☑ 01 **頻出** 18 世紀に入ると，**金銀鉱山の産出量の激減，明暦
の大火からの江戸の復興費用**などの支出で，幕府は**財政
難**に陥った。そのため 8 代将軍　　　　　による**享保の改
革**では，第一に**財政再建**が目指された。　　（日本大）

徳川吉宗

☑ 02 享保の改革では，放漫財政の背景となる**奢侈**を禁止する，
　　　　　が出された。　　（京都産業大）

倹約令
×検

□03 1719 年，**旗本・御家人**と**札差**との**金銭貸借訴訟（金公事）**を受理しないことを宣言し，**当事者間**での解決を命ずる ☐ が発布された。 (成蹊大)

相対済し令

□04 頻出 **財政難**に対する**緊急策**として，**1722 年から 30 年にかけて，大名**に対し領地（石高）**1 万石につき 100 石**の米の**上納**を命ずる ☐ が実施された。 (西南学院大)

上げ米

□05 **年貢徴収法**では，**毎年の作柄**で年貢を決定する ☐ a に代わって，**一定期間は年貢量を固定**する ☐ b が採用された。 (愛知教育大)

a 検見法
b 定免法

□06 米価対策などを実行するために，**大坂**の ☐ が公認された。 (慶應義塾大)

堂島米市場

□07 一時停止されていた ☐ は，**耕地拡大**のために，**享保の改革期**には**再び奨励**された。 (南山大)

町人請負新田

□08 1723 年以降，旗本の**各役職の基準高**を決め，登用された人物の禄高が基準高より不足した場合は**在職中のみ不足分を補う** ☐ の制が採用された。 (愛知教育大)

足高の制

□09 （江戸）町奉行 ☐ a は**町火消**の制度を整えた。また改革の末期には**法令集『** ☐ b **』**の編纂や，**御触書（寛法）集成**の編集にも携わった。 (駒澤大)

a 大岡忠相
b 公事方御定書

□10 1721 年，**評定所**の門前に設けられた投書箱のことを，☐ と呼ぶ。 (学習院大)

目安箱

□11 目安箱に投ぜられた意見のうち，採用された例としては，医療施設 ☐ の創設がある。 (駒澤大)

小石川養生所

□12 頻出 吉宗は**実学**を重んじ，これを奨励するため ☐ a の輸入禁止を緩和した。ただし ☐ b **教**に関わるものは禁止され続けた。 (新潟大)

a 漢訳洋書
b キリスト教

□13 **1732 年，西日本**を中心に**虫害**が発生して凶作に陥り，翌 **1733 年，江戸で初めての** ☐ が起こった。 (東京女子大)

打ちこわし

☑14 **頻出** 10代将軍 [a] の時期を**田沼政治**，**田沼時代**と呼
ぶ。**側用人**から**老中**となった [b] が政治の実権を握っ
た時代で，**商業**などに着目した財政再建策が目立った。
(専修大)

a 徳川家治
b 田沼意次

☑15 **頻出** 田沼は，[a] を都市だけでなく農村でも広く積
極的に公認し，**冥加**や**運上**の収入の増加を狙った。また，
幕府による [b] 制を目指して，**朝鮮人参・銅・真鍮**
などを扱う座が設けられた。
(東洋大)

a 株仲間
b 専売制

☑16 田沼は通貨の統一を目指し，**二朱**という単位を持つ**銀貨**
である [　　] を発行させた。
(近畿大)

南鐐二朱銀〔判〕

☑17 **長崎貿易**に着目し，海産物などの [　　] や銅の**輸出**を
増やし，**金銀の輸入増**を図った。
(新潟大)

俵物

☑18 田沼は，**商人資本**を導入して [a] ・ [b] の干拓を
行おうとしたが，**利根川**の洪水によって**失敗**に終わった。
(東洋大)

a・b 印旛沼・手
賀沼 (順不同)

☑19 **頻出** 田沼は，**工藤平助**の意見などをもとに [　　] の開
発を目指して**最上徳内**を派遣し，また，ロシア人との交
易の可能性も探った。
(駒澤大)

蝦夷地

☑20 [　　] が起こり一揆が頻発するなか，1786年，田沼は
将軍家治が没すると失脚した。
(愛知教育大)

天明の飢饉

宝暦・天明期の文化

学問

☑01 **18世紀前半**には**京都伏見稲荷の神官** [　　] が，**契沖**に
触発され**国学**の重要性を主張し，日本古来の道の探究を
目指した。
(名城大)

荷田春満

☑02 **遠江浜松の神官の子** [　　] は，**古道**の究明を唱え，**儒仏**
の影響を排した日本固有の道を重視した。
(東洋大)

賀茂真淵
×加

☑03 **頻出** **伊勢松坂**の医者 [a] は，『[b]』の完成によっ
て**国学**を確立した。
(甲南大)

a 本居宣長
b 古事記伝

☐ 04 和学を重んじた 　a　 は，和学講談所を設立し，『　b　』という叢書を刊行していった。

(駒澤大)

a 塙保己一
×巳×已

b 群書類従

☐ 05 **頻出** 西洋の学問は当初，**蛮学**（南蛮学）と呼ばれ，やがて**蘭学**として確立し，さらに**洋学**に発展した。その契機は，徳川吉宗が 　a　 や 　b　 に**オランダ語の習得**を命じたことや，**漢訳洋書の輸入の禁止を緩和**したことにある。

(東洋大)

a・b 青木昆陽・野呂元丈

(順不同)

☐ 06 **頻出** 　a　 ・**杉田玄白**らは『**ターヘル＝アナトミア**』を訳述した『　b　』を著した。

(愛知大)

a 前野良沢

b 解体新書

☐ 07 　a　 は江戸に**芝蘭堂**という蘭学塾を開き，蘭学入門書の『**蘭学階梯**』を著した。さらに，　a　 に学んだ 　b　 は，初の本格的**蘭和辞書**『**ハルマ和解**』を完成させた。

(東洋大)

a 大槻玄沢

b 稲村三伯
×白

☐ 08 　　　 は自然科学一般に通じ，**寒暖計・石綿**による**火浣布**（不燃布）・**エレキテル**などで人々に成果を示した。彼はまた**西洋画**も習得した。

(南山大)

平賀源内

☐ 09 江戸**後期**の儒学では，朱子学・陽明学・古学など**諸説を取り入れた** 　a　 派や，清朝の**実証主義的**な学問姿勢を受け継いだ 　b　 派が現れた。

(早稲田大)

a 折衷学派

b 考証学派

☐ 10 藩が経営した 　　　 の多くは **18世紀の藩政改革期**に設立された。

(中央大)

藩校〔藩学〕

☐ 11 1724年，**大坂の有力商人**と**中井甃庵**らは**三宅石庵**を学主に迎え，　　　 を設立した。

(名城大)

懐徳堂

☐ 12 **頻出** **商業を肯定**し，**商人の存在意義と道徳**の必要性を主張した 　a　 も現れた。その創始者は 　b　 である。

(駒澤大)

a （石門）心学

b 石田梅岩

☐ 13 江戸時代には多くの 　　　 が誕生し，庶民が**読み・書き・算盤**の初等教育を受けた。

(京都産業大)

寺子屋〔手習所〕

☑ 14 奥州八戸藩の医者 _____ は『自然真営道』などで「**万人直耕**」を主張し，全ての人々が直接生産者となることを求め，武士による支配などを否定した。 （駒澤大）

安藤昌益

☑ 15 18世紀後半，**竹内式部**が重追放となった **a** ，**山県大弐**が死罪となった **b** など，**尊王論**に関わる弾圧事件が起こった。 （近畿大）

a 宝暦事件
b 明和事件

☑ 16 〈頻出〉 仙台の経世家 _____ は，江戸・長崎で蘭学者やオランダ人と交流し『**三国通覧図説**』を著した。後には『**海国兵談**』で版木没収の処罰を受けた。 （佛教大）

林子平

文学・芸能

☑ 17 芭蕉以降やや停滞した**俳諧**では，18世紀後半，文人的・耽美的な**天明調**と呼ばれる _____ が現れた。 （南山大）

（与謝）蕪村

☑ 18 和歌に，批判的な精神や**滑稽味**，**諧謔**を詠み込んだ**短歌**の **a** や，前句付の付句を独立させ**滑稽**と**軽み**を特徴とする **b** がさかんとなった。 （専修大）

a 狂歌
b 川柳

☑ 19 **戯作（文学）**と呼ばれた**小説**の代表的なジャンルには， **a** に代表される**洒落本**， **b** に代表される**黄表紙**がある。これらは寛政の改革で弾圧を受けた。 （専修大）

a 山東京伝
b 恋川春町

☑ 20 18世紀前半，近松門左衛門の弟子の浄瑠璃作者 _____ （2世）は，『**仮名手本忠臣蔵**』などで好評を博した。 （東洋大）

竹田出雲

美術・工芸

☑ 21 〈頻出〉 浮世絵は18世紀後半， **a** が多色刷の**錦絵**の技法を完成させた。 **b** の**美人画**や， **c** の**役者絵・相撲絵**などは最も人気のある題材で，その描き方は**大首絵**と呼ばれた。 （名城大）

a 鈴木春信
b 喜多川歌麿
c 東洲斎写楽

☑ 22 文人・学者が余技として描いた**文人画**は**南画**とも呼ばれ，南宗画の影響を受けたものである。日本的な南画を完成させたのは ____ とされる。　　　　　　　　（上智大）

池大雅

☑ 23 ____ は各派の画法を取り入れ，諸国を巡歴し，京都を中心に**円山派**という独自の一派を形成した。　　（東洋大）

円山応挙

☑ 24 **頻出** **平賀源内**から西洋画の遠近法や陰影法を学んだ **a** は，銅版画の『**不忍池図**』を遺した。西洋画では **b** の『**浅間山図屏風**』などもある。　（西南学院大）

a 司馬江漢
b 亜欧堂田善

百姓一揆・寛政の改革

③近世

百姓一揆

☑ 01 **頻出** 農民の集団による抗議行動は**百姓一揆**，都市の民衆や農民による**米屋**などの襲撃は ____ と呼ばれる。（法政大）

打ちこわし

☑ 02 1641 ～ 42 年の ____ は干ばつや冷害によるもので，その後幕府は**田畑永代売買の禁止令**を出している。
（日本大）

寛永の飢饉

☑ 03 1732 年の ____ は**西国**一帯を襲い，米価が 4 ～ 5 倍に高騰，翌年**江戸**で**初めての打ちこわし**が起こった。
（同志社大）

享保の飢饉

☑ 04 ____ は **1782 年**に始まる長期の飢饉で，87 年まで冷害・水害が相次いだ。飢饉 2 年目の **1783 年**には**浅間山の大噴火**が起こり，広い地域に被害を与えた。　（立教大）

天明の飢饉

☑ 05 この飢饉の末期，**1787 年**には大坂から江戸，さらには全国の都市に波及した ____ が起こった。（東京外国語大）

天明の打ちこわし

☑ 06 1832 年から 38 年ごろまで続いた**飢饉**は ____ と呼ばれる。　　　　　　　　　　　　　　　　　　（立教大）

天保の飢饉

☑ 07 **頻出** 百姓一揆の類型には，江戸時代**前期**の **a** ，18 世紀以降多発する **b** ，一般の百姓が村内の豪農層・村役人層の不正を**領主に訴える** **c** ，幕末から維新期に激増した**世直し一揆**などがある。　（新潟大）

a 代表越訴型一揆
b 惣百姓一揆
　×総
c 村方騒動

圓 地図中の藩校・郷校❶〜❸, 私塾❹〜❿の名称を, 以下の短文を参考に答えよ。

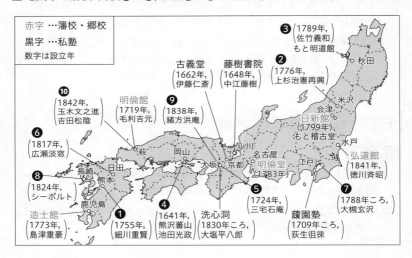

赤字 …藩校・郷校
黒字 …私塾
数字は設立年

❸（1789年, 佐竹義和もと明道館）
❷（1776年, 上杉治憲再興）
古義堂（1662年, 伊藤仁斎）
藤樹書院（1648年, 中江藤樹）
❿（1842年, 玉木文之進 吉田松陰）
明倫館（1719年, 毛利吉元）
❾（1838年, 緒方洪庵）
日新館（1799年）もと稽古堂
❻（1817年, 広瀬淡窓）
❽（1824年, シーボルト）
造士館（1773年, 島津重豪）
❶（1755年, 細川重賢）
❹（1641年, 熊沢蕃山 池田光政）
洗心洞（1830年ころ, 大塩平八郎）
明倫堂（1783年）
❺（1724年, 三宅石庵）
弘道館（1841年, 徳川斉昭）
❼（1788年ころ, 大槻玄沢）
蘐園塾（1709年ころ, 荻生徂徠）

秋田　米沢　会津　水戸　江戸　名古屋　京都　大坂　小川　岡山　秋　日田　長崎　熊本　鹿児島

---

❶ 標準 熊本藩　❶ 時習館（じしゅうかん）

❷ 標準 米沢藩　❷ 興譲館（こうじょうかん）

❸ 秋田藩　❸ 明徳館（めいとくかん）

❹ 岡山藩, 熊沢蕃山が中心, **池田光政**の保護をうける　❹ 花畠教場（はなばたけきょうじょう）

❺ **大坂町人**の出資, のち準官学に。富永仲基・山片蟠桃らが学ぶ　❺ 懐徳堂（かいとくどう）

❻ 漢学一般を教授, 近世**最大規模**の学問塾　❻ 咸宜園（かんぎえん）

❼ 標準 蘭学, 稲村三伯らが学ぶ, **オランダ正月**を開催　❼ 芝蘭堂（しらんどう）

❽ 医学, 高野長英が学ぶ　❽ 鳴滝塾（なるたきじゅく）

❾ 蘭学, 医学, 福沢諭吉・大村益次郎・橋本左内らが学ぶ　❾ 適塾〔適々斎塾〕（てきじゅく〔てきてきさいじゅく〕）

❿ 標準 高杉晋作・伊藤博文・山県有朋らが学ぶ　❿ 松下村塾（しょうかそんじゅく）

☐ 08 農村が郡・国レベルで一致団結し，**合法的な訴訟**によっ
て特権的商人の流通独占の廃止などを実現しようとし
たのが ☐ である。 (青山学院大)

国訴
こくそ
くにそ

寛政の改革
かんせい

☐ 09 <u>頻出</u> **寛政の改革**は **11 代**将軍 ☐a☐ の就任とともに始
まり，**天明の飢饉**からの社会の復興などを目指した。改
革を実行した老中 ☐b☐ は御三卿の**田安宗武**の子で，
奥州**白河藩主**を継いでいた。 (東洋大)

a 徳川家斉
とくがわいえなり
b 松平定信
まつだいらさだのぶ

☐ 10 寛政の改革では，**奢侈**を厳しく禁止する ☐ が発せ
られた。 (法政大)

倹約令
けんやくれい
×検

☐ 11 飢饉に備えた備荒貯蓄である ☐a☐ とは，**大名**に対し
1 万石について **50 石**の備蓄を命じたものである。また，
富裕者からの寄付などで集められた米穀を蓄えたのが，
各地に設けられた ☐b☐ や**社倉**である。 (愛知教育大)

a 囲米
かこいまい
b 義倉
ぎそう

☐ 12 ☐ とは，**江戸の町入用を節減**し，その額の **7 割**を
江戸町会所に積み立て，貧民救済資金を捻出しようとし
た施策である。 (京都産業大)

七分積金
しちぶつみきん
〔七分金積立〕
しちぶきんつみたて

☐ 13 <u>頻出</u> 江戸の**石川島**には，**無宿者**や軽犯罪者を収容し，そ
の社会復帰を目的とした ☐ が設けられた。 (九州大)

人足寄場
にんそくよせば

☐ 14 <u>頻出</u> 農村の荒廃を食い止めるため，**陸奥**や北関東の百
姓の出稼ぎが制限され，**1790 年**には，江戸に流入した
農民の**帰村**を奨励する ☐ が出された。 (名城大)

旧里帰農令
きゅうりきのうれい

☐ 15 **1789 年**，困窮した旗本・御家人の救済策として**札差**に
債権を放棄させる ☐ が出された。 (龍谷大)

棄捐令
きえんれい
×損

☐ 16 1790 年，**聖堂学問所**で林家は**朱子学**以外の学問を教え
てはならないとする ☐ が発せられた。 (南山大)

寛政異学の禁
かんせいいがくのきん

☐ 17 その後，1797 年に**聖堂学問所**は ☐ と名を改め，幕
府直轄の学問所となった。 (駒澤大)

昌平坂学問所
しょうへいざかがくもんじょ
〔昌平黌〕
しょうへいこう

☐ 18 風俗統制として**出版統制令**を発し，☐a☐ や ☐b☐ な
どの文学や政治批判・時事風刺の本の出版を禁止した。
(東洋大)

a・b 洒落本・
しゃれぼん
×酒
黄表紙(順不同)
きびょうし

☑ 19 **光格天皇**は父に**太上天皇**の尊号を与えようとしたが，**松平定信**がこれを阻止したことから，定信と将軍との間に軋轢が生じ，定信引退の主因となったとされる。この事件を □□□ と呼ぶ。 (龍谷大)

尊号一件〔事件〕

☑ 20 18世紀には諸藩も財政再建のために**藩政改革**を行った。主な政策は，綱紀の引き締め，**特産物**の生産奨励，□ a □ 制の強化などである。また有能な人材を育てるための □ b □ の設立もさかんであった。 (九州大)

a 専売制
b 藩校〔藩学〕

列強の接近

☑ 01 [頻出] **1792年**，**ロシア**の使節 □□□ が**根室**に来航し，幕府に通商を要求したが拒絶された。 (福井大)

ラ(ッ)クスマン

☑ 02 [頻出] **1804年**，**長崎**への**入港許可証**を持って □□□ が**長崎**に来航した。しかし幕府はこの通商要求を拒絶した。 (東洋大)

レザノフ

☑ 03 1785年の □ a □ の蝦夷地探査に続き，1798年には □ b □ が □ a □ らと千島探査を行い，**択捉島**に「**大日本恵登呂府**」の標柱を建てたとされる。 (専修大)

a 最上徳内
b 近藤重蔵

☑ 04 幕府は1799年に**東蝦夷地**を，1807年には**西蝦夷地**も直轄として，**全蝦夷地**を**直轄化**し，同年，□□□ **奉行**を設置した。 (京都府立大)

松前奉行

☑ 05 **1808年**，□□□ の**樺太**探査の結果，樺太が**島**であることが確認された。 (専修大)

間宮林蔵

☑ 06 **1808年**，長崎湾に**イギリス軍艦** □□□ **号**が侵入する事件が起こった。 (日本大)

フェートン号

☑ 07 1811年，ロシア軍艦の艦長 □□□ が**国後島**で日本の警備兵に拘束される事件が起こった。この事件は1813年，**高田屋嘉兵衛**の努力もあって解決した。 (東洋大)

ゴロー(ウ)ニン

☑ 08 [頻出] **常陸大津浜**での**イギリス船員の上陸事件**などをうけ，**1825年**，幕府は □□□ を発し，**清・オランダ船**以外の船は，ためらうことなく打ち払うことを命じた。 (龍谷大)

異国〔外国〕船打払令〔無二念打払令〕

☐ 09 **1837 年，アメリカ商船の ▢ 号が日本人漂流民を連**
れて**浦賀**に来航したが撃退された。 （専修大）

モリソン号

☐ 10 この事件について幕府を批判したとして，**1839 年**，『**慎**
機論』を書いた ▢a▢ ，『**戊戌夢物語**』を書いた ▢b▢
らは弾圧された。これを ▢c▢ と呼ぶ。 （近畿大）

a 渡辺崋山
　×華

b 高野長英

c 蛮社の獄

天保の改革

☐ 01 **頻出** **11 代将軍 ▢a▢ は将軍職を譲った後も政治を主**
導したので，この時代は ▢b▢ 時代と呼ばれる。 （東洋大）

a 徳川家斉

b 大御所時代

☐ 02 19 世紀になると，**農村家内工業**に加えて ▢a▢ が発展
し，さらには工場で**分業と協業**によって手工業生産を行
う ▢b▢ も成長し始めた。 （愛知教育大）

a 問屋制家内工業

b マニュファ
クチュア〔工
場制手工業〕

☐ 03 江戸周辺の関東を中心とする ▢ が発達した結果，
この地域では都市型犯罪が増えた。 （上智大）

江戸地廻り経
済圏

☐ 04 **頻出** そこで，治安維持のため，1805 年に ▢ が置か
れ，**幕領・私領**にかかわらず**関八州**の**無宿人**や**博徒**など
を取り締まった。 （昭和女子大）

関東取締出役

☐ 05 この設置とともに，村々を小組合，それをまとめた大組
合に組織する ▢ が結成された。 （京都産業大）

寄場組合
〔改革組合村〕

☐ 06 **頻出** **天保の飢饉**に対する幕府の施策を不満として，
1837 年，陽明学者で大坂町奉行所元与力の ▢a▢ は反
乱を起こした。この乱に触発されて，同年，**越後の柏崎**
では**国学者**の ▢b▢ が乱を起こした。 （東洋大）

a 大塩平八郎

b 生田万

☐ 07 **頻出** 1841 年，大御所家斉が没すると，12 代将軍**家慶**の
もと，老中の ▢ を中心に**天保の改革**が実施された。
（日本女子大）

水野忠邦

☐ 08 この改革では，**倹約令**とともに，物価高を抑制するため
▢ の解散が命じられたが，かえって経済は混乱し
た。 （愛知大）

株仲間の解散

問 地図中の「列強の接近」に関わる❶～❺に該当する地名を答えよ。

❶
・ゴロー（ウ）ニン事件（露）
　（1811～13年）

箱館

❷
・ラ（ッ）クスマン来航（露）
　（1792年）

❹
・レザノフ来航（露）
　（1804年）
・フェートン号事件（英）
　（1808年）
・プ（ウ）チャーチン来航（露）
　（1853年）

新潟

常陸大津浜
・イギリス船員上陸
　（1824年）

横浜
（神奈川）

神戸（兵庫）

水戸

大坂

江戸

下関

下田

❸
・モリソン号事件（米）
　（1837年）
・ビッドル来航（米）
　（1846年）
・ペリー来航（米）
　（1853年）

鹿児島

❺
・モリソン号事件（米）
　（1837年）

※モリソン号は❸で打ち払われた後，薩摩の❺に
　向かったが，ここでも打ち払われた。

●日米和親条約で開港
■日米修好通商条約で開港
※神奈川は実際には横浜が，兵庫は
　実際には神戸が開港された。

❶ 国後島（くなしりとう）

❷ 根室（ねむろ）

❸ 浦賀（うらが）

❹ 長崎（ながさき）

❺ 山川（やまがわ）

☑ 09 飢饉によって荒廃した農村を再建するため，**江戸**に流入した**農民**を**故郷に戻す**ことを目的に，□□□が出された。　　　　　　　　　　　　　　　　　　　　　　（専修大）

人返しの法
〔人返し令〕

☑ 10 **頻出** 1843 年，江戸・大坂の周辺，**10 里四方**を**直轄領**とすることを目指した□□□は，大名・旗本の反発を受けて**撤回**され，**水野は失脚**した。　　　　　　　（法政大）

上知〔地〕令

☑ 11 江戸**後期の藩政改革**では，多くの場合，**中・下級家臣**を登用し，**財政再建**を目指した。また**洋式軍備**を取り入れたことも特徴である。これに成功した藩を□□□と呼ぶ。　　　　　　　　　　　　　　　　　　　　　（聖心女子大）

雄藩

☑ 12 **薩摩藩の島津重豪**は，□□□を登用し，**黒砂糖の専売**の強化や**琉球との密貿易**などで財政再建を目指した。　　　（西南学院大）

調所広郷

☑ 13 薩摩の□□□は殖産興業を推進し，**反射炉**や**ガラス製造所**建設などの施策を行った。　　　　　　　　　　（学習院大）

島津斉彬

☑ 14 **長州藩**では，**毛利敬親**に登用された□□□が，借財の整理などに手腕を振るった。　　　　　　　　　　　　（東洋大）

村田清風

☑ 15 また，**長州藩**では，**下関**などに置いた□□□で，商品の委託販売などを行い収益を確保した。　　　　　　　　（同志社大）

越荷方

☑ 16 **頻出** **肥前藩（佐賀藩）**では，藩主□a□が自ら改革を主導し，**均田制**と呼ばれる**本百姓体制の再建**を目指す施策や，□b□の専売の強化，さらには**大砲製造**のため日本初の□c□を築いた。　　　　　　　　　（京都産業大）

a 鍋島直正
b 陶磁器
c 反射炉

☑ 17 **頻出** **水戸藩主**□□□は強い指導力で藩政を主導したが，財政再建は保守派の反対で成功しなかった。　　　　（東洋大）

徳川斉昭

☑ 18 幕府では，代官の□□□が**伊豆韮山**に**反射炉**を築いた。また，**幕末**には**フランス人技師**の指導のもと，**横須賀**に**製鉄所**が設立された。　　　　　　　　　　　　（京都産業大）

江川太郎左衛門
〔坦庵・英竜〕

☑ 19 **小田原藩**に生まれた□□□は，**報徳仕法**と呼ばれる**農村復興**のための施策を考案し，荒廃田の復活などに成果を上げた。　　　　　　　　　　　　　　　　　　　（南山大）

二宮尊徳
〔金次郎〕

☑ 20 下総では ____ が**先祖株組合**を組織させ，**相互扶助**に
よる農村再建に成果を上げた。　　　　　（立教大）

大原幽学

化政文化

学問・教育

☑ 01 頻出 a は，**国学**に**神道説**を取り入れて b **神道**
を創唱し，「**惟神の道**」とその復活を唱え，幕末の尊王論
に大きな影響を与えた。　　　　　　　　（獨協大）

a 平田篤胤
b 復古神道

☑ 02 頻出 オランダ通詞の**本木良永**に学んだ ____ は，『**暦象
新書**』でニュートン力学や**地動説**を紹介した。　（福井大）

志筑忠雄

☑ 03 **高橋至時**に師事した a は，**1800年**に蝦夷地から開
始した**測量**を全国に及ぼした。その成果は没後，『 b 』
として完成した。　　　　　　　　　　　（日本大）

a 伊能忠敬
b 大日本沿海
輿地全図

☑ 04 頻出 **ドイツ人**医師 ____ はオランダ商館医として来日
し，**長崎郊外**に鳴滝塾を開き，医学などを教えた。1828
年，彼が帰国時に**日本地図**を持ち出そうとしたことが発
覚し，翌年国外追放となった。　　　　　（日本女子大）

シーボルト

☑ 05 **大坂の蘭医**である a は， b を開き，**福沢諭吉**・
大村益次郎など多くの弟子を育てた。　（専修大）

a 緒方洪庵
b 適塾〔適々斎塾〕

☑ 06 1811年，**高橋景保**の建言で幕府天文台に設置された
____ は，**洋学所**，**蕃書調所**と名前を変えつつ，西洋の
学問受容の中心的な機関となった。　　　（九州大）

蛮書和解御用
(掛)

☑ 07 **近世最大規模の学問塾**として有名なのは，**豊後日田の広
瀬淡窓**によって開かれた ____ である。　（駒澤大）

咸宜園
×感×宣

☑ 08 **水戸藩**の**彰考館**での『**大日本史**』編纂に伴い発達した
____ は，後期には**尊王論**的なものになった。（京都府立大）

水戸学

☑ 09 頻出 **豊後日田**出身の農学者 ____ は，『**農具便利論**』
（1822年）など農業専門書や，1859年にはその集大成
『**広益国産考**』を著した。　　　　　　　（日本大）

大蔵永常

☐ 10 徂徠学や蘭学を取り入れた ____ は，**商業や貨幣経済**を重視し，後には**藩専売制**などを唱える『**稽古談**』などを著した。　　　　　　　　　　　　　　　（高崎経済大）

海保青陵

☐ 11 ____ は『**経世秘策**』などの著作で，**海外との交易の必要性**など**重商主義的**な政策を主張した。　　　（日本大）

本多利明

☐ 12 ____ の著作には，農業政策を論じた『**農政本論**』や，経世論の『**経済要録**』がある。　　　　　　　　（法政大）

佐藤信淵

文学・芸能

☐ 13 江戸後期の文化を ____ **文化**と呼ぶ。**爛熟期**を迎え，**町人**を中心に，**洒落**や**通**を好み，**享楽的**でありながら**批判的な側面**を含む文化であった。　　　　　　　（東洋大）

化政文化

☐ 14 19世紀初期には，信濃柏原出身の俳人 ____ が，**日常的**な題材を**童心**や**激情**のままに俳諧に表現した。（関西大）

(小林)一茶

☐ 15 **頻出** 寛政の改革の**出版統制**以降，**滑稽本**が登場し，____ や**式亭三馬**が代表的な作家として活躍した。（法政大）

十返舎一九

☐ 16 洒落本の系統を引く，**町人**世界を描いた小説は，**人情本**と呼ばれる。代表的な作家は ____ である。（京都産業大）

為永春水

☐ 17 歴史的な**伝奇小説**が中心で，**因果応報・勧善懲悪**を基調とする小説を**読本**と呼ぶ。代表的な作家には18世紀後半の **a** や，19世紀前半の **b** がいる。　　（近畿大）

a 上田秋成
b 曲亭〔滝沢〕馬琴

☐ 18 **黄表紙の系統**を引き，これらを数冊まとめた小説が ____ で，**天保の改革**で人情本とともに**弾圧**された。　　　　　　　　　　　　　　　　　　　　（近畿大）

合巻

☐ 19 **頻出** 19世紀，**a**（4世）は，**生世話物**とされる『**東海道四谷怪談**』などの名作を遺した。また，幕末から明治期に活躍した **b** は，**盗賊**を主人公とする『**白浪五人男**』など**白浪物**で人気を得た。　　（日本大）

a 鶴屋南北
b 河竹黙阿弥

☐ 20 庶民の娯楽の場となった ____ では，**講談**や**落語**が演じられた。　　　　　　　　　　　　　　　　　　（駒澤大）

寄席

☑21 **頻出** 19世紀前半，　a　が『**富嶽三十六景**』などの風
景版画で人気を博した。　b　の『**東海道五十三次**』も
叙情的な画風で日本の風景版画を大成した。　　（南山大）

a 葛飾北斎
b 歌川広重

☑22 与謝蕪村に学んだ　　　　　は，叙情的な写実画を確立し
た。　　　　　　　　　　　　　　　　　　　　　　（名城大）

呉春〔松村月溪〕

☑23 **頻出** 伊勢神宮・善光寺・金毘羅宮などへの**寺社参詣**が
盛行し，特に，伊勢神宮への参詣は60年ごとに**爆発的
なブーム**がおこり，　a　と呼ばれた。また，聖地や霊
場を巡る　b　もさかんで，「**札所巡り**」として，**四国
八十八カ所巡り**などが流行した。　　（東京女子大）

a 御蔭参り
b 巡礼

☑24 **庶民信仰**では，**庚申**の日の夜に徹夜で身を慎む　　　　
などがあった。　　　　　　　　　　　　　　（西南学院大）

庚申講
〔庚申信仰〕

☑25 寺・神社ごとにそれぞれの信仰に関わる祭典・供養が行
われる日を　　　　　と呼び，人々が多く集った。　（千葉大）

縁日

☑26 寺院が**秘仏**などを**公開する**　a　や，寺院が他所に出
張して秘仏を公開する　b　も行われた。　　（立教大）

a 開帳
b 出開帳

☑27 修造費用などの資金を得るため，**寺社**は幕府の許可を得
て　　　　　という賞金当ての興行を行った。　（中央大）

富突〔富くじ〕

☑28 江戸を中心とする大都市では，　　　　　**小屋**や**芝居小屋**，
寄席が，多くの人々に娯楽を提供した。　　（中央大）

見世物小屋

開国と江戸幕府の滅亡

開国

☑01 **1840年**に起こった　a　で，**イギリス**は清を屈服させ，　b　を結んだ。
（九州大）

a アヘン戦争
b 南京条約

☑02 1846年，アメリカ東インド艦隊司令長官_____が浦賀に来航し，通商を要求したが，幕府は拒絶した。（南山大）

ビッドル

☑03 頻出　a　年，アメリカ東インド艦隊司令長官**ペリー**は4隻の軍艦を率いて　b　に来航し，幕府に国書の受理を求めた。幕府はこれを受けとり，翌年回答するとして退去させた。（日本大）

a 1853年
b 浦賀

☑04 **1854年**，幕府は再来日したペリーと_____を結び，開国した。この条約は，**下田・箱館の開港**，薪水などの供給の保証，**領事**の駐在の許可，**片務的最恵国待遇**をアメリカに与えた，不平等条約であった。（日本女子大）

日米和親条約
〔神奈川条約〕

☑05 ペリーを追って**ロシア**の使節　a　も**長崎**に来航し，通商を要求した。幕府は，**1854年**の　b　でその要求を認めた。（専修大）

a プ（ウ）チャーチン
b 日露和親条約

☑06 頻出 ペリーを迎えた**幕府の中心**は老中　a　で，彼は開国を決断するとともに，　b　と呼ばれる幕政改革を実施した。（日本大）

a 阿部正弘
b 安政の改革

☑07 頻出 日米和親条約を根拠に，**アメリカ総領事**_____が**下田**に着任した。（近畿大）

ハリス

☑08 この人物の通商要求を，老中　a　は**条約勅許**の上で締結しようとしたが，　b　**天皇**に拒絶された。（東京女子大）

a 堀田正睦
　　×俊・睦
b 孝明天皇

☑09 幕府では，13代将軍_____が病弱で，後継者もいなかったため**将軍継嗣問題**が起こり，**一橋派**と**南紀派**が対立していた。（関西学院大）

徳川家定

☑ 10 頻出 **大老**に就任した￣￣￣￣は，次の将軍を**南紀派**の**徳**
川慶福とした。慶福は将軍となり**家茂**と名を改めた。
(日本大) — 井伊直弼

☑ 11 1856 年の￣￣￣￣で，英・仏に屈服した清は，英・仏な
ど列強と**天津条約**，さらに**北京条約**を結んだ。 (和歌山大) — アロー戦争

☑ 12 頻出 清の敗北を背景にハリスが通商条約締結を強要し
た結果，**1858 年**，**井伊直弼**は勅許を得ずに￣￣￣￣を締
結した。これは**領事裁判権を片務的に認め**，**関税自主権を**
放棄し，**協定関税制をとる不平等条約**であった。 (法政大) — 日米修好通商条約 ×交

☑ 13 ￣￣￣￣とは，この時，米・蘭・英・仏・露と結んだ修好
通商条約を指す。 (昭和女子大) — 安政の五カ国条約

☑ 14 大老井伊直弼は **1860 年**（万延元年）3 月，￣￣￣￣で暗
殺された。 (近畿大) — 桜田門外の変

江戸幕府の滅亡

☑ 15 貿易は 1859 年，横浜（神奈川）・長崎・箱館で始まっ
た。この幕末貿易の相手国の中心は ￣a￣ で，貿易地は
￣b￣ がその大部分を占めた。 (日本女子大) — a イギリス b 横浜

☑ 16 輸出品の第 1 位は ￣a￣ で，次いで**茶**などだった。輸
入品は ￣b￣ ・**綿織物，武器・艦船**などが主で，当初は
輸出超過だったが，やがて**輸入超過**となった。 (甲南大) — a 生糸 b 毛織物

☑ 17 貿易が活発化し，江戸で品不足やインフレが起こったた
め，幕府は，重要な輸出品は**江戸問屋を必ず経由**するこ
とを命じた￣￣￣￣**令**を出した。 (明治大) — 五品江戸廻送令

☑ 18 金と銀の交換比率が日本は **1：5**，外国は **1：15** だった
ので**金**が海外に流出する￣￣￣￣**問題**が起こった。
(津田塾大) — 金銀比価問題

☑ 19 これに対し，幕府は ￣a￣ の**貨幣改鋳**を行ったが，金含
有量を大幅に減らしたので**インフレ**が生じ，一般庶民を
￣b￣ **運動**に巻き込んでいった。 (立命館大) — a 万延の貨幣改鋳 b 攘夷運動

☑ 20 頻出 井伊直弼暗殺後，幕府は老中 ￣a￣ を中心に**公武**
合体策を進め，**孝明天皇**の妹 ￣b￣ を将軍**家茂**の妻と
する政略結婚を実現させた。 (南山大) — a 安藤信正 b 和宮

☑ 21 公武合体に反発する尊王攘夷派によって **1862 年**，老中 安藤信正は ☐ で襲撃を受け，失脚した。 （獨協大）

坂下門外の変

☑ 22 この後，薩摩藩主の父 ☐ が軍を率いて上洛，**寺田屋 事件（騒動）**を起こした。その後江戸に下向し，幕府に 政治改革を要求した。 （日本女子大）

島津久光

☑ 23 <u>頻出</u> 幕府はこの要求を受け，☐ **a** ☐ を実施し，将軍後 見職に ☐ **b** ☐ ，政事総裁職に**松平慶永（春嶽）**，京都守 護職に**松平容保**を任じた結果，旧一橋派が復活した。 （西南学院大）

a 文久の改革
b 一橋〔徳川〕慶喜

☑ 24 <u>頻出</u> 島津久光の帰洛の途上，横浜郊外で薩摩藩士がイギ リス商人を殺傷する ☐ が起きた。 （明治学院大）

生麦事件

☑ 25 1863 年，**イギリス**は鹿児島湾に軍艦で侵入し，☐ **戦争**で薩摩藩を屈服させた。 （近畿大）

薩英**戦争**

☑ 26 **尊王攘夷運動**が活発化すると，京都の朝廷は幕府に攘夷 の決行を迫り，幕府も文久 3 年（1863 年）5 月 10 日の 攘夷を約束した。その当日，☐ **藩**は攘夷を決行し外 国船に砲撃，その通航を阻止した。 （関西学院大）

長州**藩**

☑ 27 尊攘派主導の朝廷を公武合体派中心に戻すため，**1863 年**，会津・薩摩藩は公武合体派の公家と連携して ☐ を起こし，尊攘派を排斥した。 （京都府立大）

八月十八日の政変

☑ 28 **1864 年**，長州藩は朝廷を再び尊攘派主導に戻すために 京都を攻撃，☐ を起こしたが，敗退した。 （明治大）

禁門の変〔蛤御門の変〕

☑ 29 この後，天皇の許可を得て，幕府の ☐ **a** ☐ （第 1 次）が 実施され，同時に攘夷決行に対して長州藩を外国側が攻 撃する ☐ **b** ☐ が起こり，同藩は屈服した。 （北海道大）

a 長州征討
b 四国連合艦隊下関砲撃事件

☑ 30 <u>頻出</u> 外国との戦いに敗れた薩摩藩・長州藩は，攘夷を 捨て**開国**を目指し，また**武力倒幕**を目標とするに至った。 薩摩藩では ☐ **a** ☐ ・**大久保利通**らが台頭，長州藩では ☐ **b** ☐ や**高杉晋作**らが藩政を担った。 （法政大）

a 西郷隆盛
b 桂小五郎〔木戸孝允〕

☑ 31 1863 年に**長州藩**で松下村塾出身の**高杉晋作**が組織した ☐ は，身分にかかわらず自らの意思で参加できる 軍隊であった。 （日本女子大）

奇兵隊

☑ 32 長州藩では高杉らが主導権を握り、再び反幕府的な姿勢に戻ったため、□□□（第2次）が命ぜられた。

（北海道大）

長州征討

☑ 33 **1866年**1月、□a□らの斡旋で**長州藩と薩摩藩は攻守同盟**、いわゆる□b□を結成した。

（西南学院大）

a 坂本竜馬
b 薩長連合〔同盟〕

☑ 34 **1866年**、米・蘭・英・仏と結ばれた□□□によって、**関税の引き下げ**が決定された。

（西南学院大）

改税約書

☑ 35 [頻出] 第2次長州征討の渦中、大坂城で将軍**家茂**が急死すると、後継の将軍には□□□が就任した。

（愛知大）

一橋〔徳川〕慶喜

☑ 36 [頻出] 尊攘派公家の□a□や薩長連合側は、**武力倒幕を目指した**。一方、土佐の□b□らは**公議政体論**によるゆるやかな改革を目指そうとした。

（京都産業大）

a 岩倉具視
b 山内豊信〔容堂〕

☑ 37 **1867年10月14日**、徳川慶喜は□□□を朝廷に願い出た。薩長側はこの日、**討幕の密勅**を得ていたとされるが、これは無効となった。

（佛教大）

大政奉還

☑ 38 **1867年**末、□a□が発せられ、天皇による直接政治が宣言された。臨時政府として□b□が置かれ、その日に開かれた□c□で徳川慶喜の**辞官納地**が決定された。

（愛知教育大）

a 王政復古の大号令
b 三職
c 小御所会議

☑ 39 1867年の秋から冬、「□□□」と連呼しながら乱舞する民衆の狂乱的な行動が広がり、それは**世直し**を求める倒幕運動の様相を示した。

（和歌山大）

ええじゃないか

☑ 40 旧幕府軍と官軍（新政府軍）との戦いは、**1868年1月**の□a□の戦いに始まり、**1869年の五稜郭の戦い**での官軍の勝利で終わった。この一連の戦いを□b□と呼ぶ。

（津田塾大）

a 鳥羽・伏見の戦い
b 戊辰戦争
×申

☑ 41 [頻出] この戦争では、旧幕府海軍副総裁□a□が軍艦を率いて反政府同盟の□b□などと共に抵抗を続けた。

（立教大）

a 榎本武揚
b 奥羽越列藩同盟

明治維新

政治

☑ 01 **頻出** **1868 年 3 月**，明治天皇は神々に誓うというかたち
で ___ を示し，**開国和親**や**公議世論の尊重**など，明治
政府の基本方針を宣言した。 (近畿大)

五箇条の(御)
誓文

☑ 02 民衆には，江戸時代とほぼ同じ内容の**禁教**や**徒党・強訴**
の禁止などを命じた，___ が示された。 (愛知教育大)

五榜の掲示
×傍

☑ 03 1868 年，最初の本格的な政治組織は ___ によって定
められた。 (九州大)

政体書

☑ 04 **頻出** **1868 年**には江戸を a と改め，また天皇一代
の間は同じ元号を使用する b **の制**を採用すること
とし，さらに翌 **1869 年**には首都を事実上 a とした。
(高崎経済大)

a 東京
b 一世一元の制

☑ 05 **1869 年 1 月**，薩長土肥の 4 藩主は a を願い出た。
以後各藩が続き，天皇がこれを受け入れた結果，旧藩主
は b と呼ばれることとなった。 (日本女子大)

a 版籍奉還
×藉
b 知藩事

☑ 06 **頻出** **1871 年**， a で藩は廃止され，全国は**府**と**県**で
構成されることとなり，府には b が，県には**県令**が
置かれた。 (駒澤大)

a 廃藩置県
b 府知事

☑ 07 蝦夷地は**北海道**と改称され，**1869 年**には東京に太政官
直轄の ___ が置かれた。 (南山大)

開拓使

☑ 08 琉球王国は **1872 年**， a とされたが，**1879 年**にこ
れは廃止され， b が設置された。この一連の琉球王
国への施策を c と呼んだ。 (福井大)

a 琉球藩
b 沖縄県
c 琉球処分

☑ 09 1872 年，**琉球国王** ___ は琉球藩の**藩王**とされた。
(専修大)

尚泰

☑ 10 明治政府は，**殖産興業**のための中央官庁として **1870 年**
に ___ **省**を設置した。同省は **1885 年 12 月**に廃止さ
れた。 (京都産業大)

工部省

☑11 明治新政府は＿＿＿＿政府とも呼ばれたように，薩摩・長州・土佐・肥前の有力者が要職のほとんどを占めた。
(福井大)

藩閥政府

☑12 **頻出** 藩閥政府を代表する政治家には，公家の＿a＿・＿b＿，薩摩の**西郷隆盛**・＿c＿，長州の＿d＿・伊藤博文・山県有朋，土佐の**板垣退助・後藤象二郎**，肥前の**大隈重信・江藤新平**らがいる。
(甲南大)

a・b 三条実美・岩倉具視(順不同)
c 大久保利通
d 木戸孝允

☑13 廃藩置県で藩が無くなるため，藩士に代わる兵士として，天皇直属の＿＿＿＿が **1871 年**に設置され，薩長土 3 藩から約 1 万人の兵が集められた。
(佛教大)

(御) 親兵

☑14 **1872 年** 11 月，＿a＿で国民に兵役義務が課せられると示されたが，この中で兵役義務を「＿b＿」と呼んだため，反対運動の＿c＿が起こった。
(東洋大)

a 徴兵告諭
b 血税
c 血税一揆(騒動)

☑15 1873 年の＿＿＿＿により，国民皆兵の原則のもと **20 歳以上の男子**がすべて兵役を負うことになった。当初は兵役免除の規定があったが，やがて全廃された。(東京経済大)

徴兵令

☑16 **頻出** 経済の近代化を進めるため，**1873 年**に＿a＿が設置され，＿b＿が初代長官に任ぜられた。
(専修大)

a 内務省
b 大久保利通

☑17 **1874 年**，首都の警察として＿＿＿＿が設置された。
(北海学園大)

警視庁

☑18 **頻出** 明治政府は，えた・非人の称の廃止，士農工商の別の否定を宣言したが，戸籍法では公卿や大名を＿a＿，武士を**士族**，他の農民・手工業者・商人などを＿b＿に区分した。
(佛教大)

a 華族
b 平民

☑19 政府は四民平等を前提とし，農民などにも旧武士と同様に＿＿＿＿を名乗ることを許可し，職業選択の自由なども認めた。
(早稲田大)

苗字〔名字〕

☑20 **1873 年**に出された＿＿＿＿はあまり効果がなく，**1876 年**，強制的な**秩禄全廃**が実施された。
(東洋大)

秩〔家〕禄奉還の法

☑21 旧支配者層の経済的な保証である＿a＿や**賞典禄**は**秩禄処分**により解消され，その代償として，**1876 年**，＿b＿が与えられた。
(慶應義塾大)

a 家禄
b 金禄公債証書

☑ 22 武士の特権であった帯刀は，**1876 年**の ____ で禁止された。
(南山大)

廃刀令 <ruby>廃刀令<rt>はいとうれい</rt></ruby>

☑ 23 **秩禄処分**の結果，**旧士族**たちは与えられた**金禄公債証書**などを元手に商売などに乗り出したが，多くは失敗した。人々はこれを ____ と呼んだ。
(佛教大)

<ruby>士族の商法<rt>しぞく しょうほう</rt></ruby>

☑ 24 **頻出** 秩禄処分や**廃刀令**に対し多くの**士族反乱**が起こった。**1874 年の江藤新平**らの ____ a ，**1876 年**の ____ b とこれに呼応した**秋月の乱**，さらに旧長州藩の中心で起こった ____ c ，翌**1877 年**には最大の士族反乱である ____ d が起こった。
(日本大)

a <ruby>佐賀の乱<rt>さ が らん</rt></ruby>
b <ruby>神風連の乱<rt>じんぷうれん</rt></ruby>〔<ruby>敬神党の乱<rt>けいしんとう</rt></ruby>〕
c <ruby>萩の乱<rt>はぎ</rt></ruby>
d <ruby>西南戦争<rt>せいなんせんそう</rt></ruby>

外交

☑ 25 **1871 年**末，条約改正の**予備交渉**などを目的に ____ a が出発した。この使節団が**1873 年**秋に帰国すると ____ b を唱えていた**西郷・板垣**らが一斉に**下野**する ____ c が起こった。
(西南学院大)

a <ruby>岩倉<rt>いわくら</rt></ruby>(<ruby>遣外<rt>けんがい</rt></ruby>)<ruby>使節団<rt>し せつだん</rt></ruby>
b <ruby>征韓論<rt>せいかんろん</rt></ruby>
c <ruby>明治六年の政変<rt>めい じ ろくねん せい へん</rt></ruby>〔<ruby>征韓論政変<rt>せいかんろんせいへん</rt></ruby>〕

☑ 26 **頻出** 使節団派遣の期間，留守を預かっていた政府の中心 ____ は，使節団の帰国後，自ら朝鮮に赴き日朝関係を打開しようとした。
(法政大)

<ruby>西郷隆盛<rt>さいごうたかもり</rt></ruby>

☑ 27 帰国した**岩倉・大久保・木戸**らは ____ を唱え，これを阻止，**西郷・板垣**らは**下野**した。
(同志社大)

<ruby>内治優先<rt>ない ち ゆうせん</rt></ruby>

☑ 28 **頻出** 江戸時代，正式な国交がなかった**清国**とは，**1871 年 9 月**(明治 4 年 7 月)，対等条約の ____ が結ばれた。
(甲南大)

<ruby>日清修好条規<rt>にっしんしゅうこうじょうき</rt></ruby>
×交

☑ 29 **1875 年の** ____ a を契機に，日本は**朝鮮**に対し**不平等**な内容の ____ b 締結を押し付けた。
(愛知教育大)

a <ruby>江華島事件<rt>こう か とう じ けん</rt></ruby>
b <ruby>日朝修好条規<rt>にっちょうしゅうこうじょうき</rt></ruby>

☑ 30 **1871 年の琉球漁民の殺害事件**への報復として，**1874 年，西郷従道**を中心に ____ が行われ，清国はこれに対し事実上の賠償金を日本側に支払った。
(南山大)

<ruby>台湾出兵<rt>たいわんしゅっぺい</rt></ruby>〔<ruby>征台の役<rt>せいたい えき</rt></ruby>〕

☑ 31 **1875 年**，**日露和親条約**で決められていた国境についての規定を改める ____ が結ばれた。
(福井大)

<ruby>樺太<rt>からふと</rt></ruby>・<ruby>千島交換条約<rt>ち しまこうかんじょうやく</rt></ruby>

☑ 32 **1875 年**，日本は ☐ の領有を宣言した。　（関西学院大）

小笠原諸島

経済

☑ 33 [頻出] **1873 年**，土地・税制を一新する ☐ a ☐ が制定された。それは ☐ b ☐ を発行して土地の所有者と**地価**を確定し，地価に対して定率 3%の ☐ c ☐ を**金納**で課すというものだったが，これに反発する**地租改正反対一揆**が各地で起こった。　（近畿大）

a 地租改正条例
b 地券
c 地租

☑ 34 **殖産興業**と**富国強兵**のため，**官営事業**が重視され，☐ や鉄道・造船所の直接経営が推進された。
　（東洋大）

官営模範工場

☑ 35 この代表的なものとして，**フランス式**の**器械製糸**を導入した**群馬県** ☐ が設立された。　（専修大）

富岡製糸場

☑ 36 国内における産業技術の発展のため，**1877 年**，第 1 回 ☐ が開かれた。　（駒澤大）

内国勧業博覧会

☑ 37 [頻出] **蝦夷地**は ☐ a ☐ と改称され，太政官直轄の**開拓使**が近代化を進めた。その過程では**士族授産**の意味を持つ ☐ b ☐ **制度**なども導入された。　（京都産業大）

a 北海道
b 屯田兵制度

☑ 38 **郵便事業**は ☐ が中心となって近代化が実現し，また，さらに**電信・電話**も導入された。　（東洋大）

前島密

☑ 39 **工部省**中心に，1872 年，☐ が開通した。（大阪経済大）

鉄道

☑ 40 近代的な海運業として ☐ a ☐ の**三菱（会社）**が成長した。同社はその後，**共同運輸会社**と合併し，**1885 年**に ☐ b ☐ となった。　（愛知大）

a 岩崎弥太郎
b 日本郵船会社

☑ 41 1871 年の ☐ で，通貨単位は**円・銭・厘**に統一，**10 進法**が採用された。また欧米にならい**金本位制**を目指したが，事実上は**金銀複本位制**をとった。　（専修大）

新貨条例

☑ 42 [頻出] この**兌換**制度はあまり機能せず，**1872 年**，大蔵省の ☐ a ☐ を中心にアメリカの**ナショナル・バンク**を模範とする ☐ b ☐ が制定された。しかし，結局，兌換制度は成立せず，**1876 年**に改正された。　（高崎経済大）

a 渋沢栄一
b 国立銀行条例

文明開化

☐ 01 **頻出** 明治初期には，個人の自立など，封建思想を打破するために西洋思想を紹介する，いわゆる ☐ a ☐ が起こった。『**学問のすゝめ**』を著した ☐ b ☐，**中村正直**や**森有礼**などがその代表的な思想家である。　　（日本女子大）

a 啓蒙主義〔思想〕
b 福沢諭吉

☐ 02 **森有礼**中心に結成された ☐ a ☐ は，啓蒙活動をさかんに行い，**1874 年**からは『 ☐ b ☐ 』を刊行した。　（立教大）

a 明六社
b 明六雑誌

☐ 03 **頻出** フランス流の**天賦人権思想**を受容した代表的な思想家は土佐出身の ☐ a ☐ で，ルソーの『**社会契約論**』を『 ☐ b ☐ 』として紹介するなどした。　（専修大）

a 中江兆民
b 民約訳解

☐ 04 **国民皆学**と**実学**の尊重のため，**1872 年**， ☐ a ☐ が制定され，初等教育機関として**小学校**が設立された。高等教育機関としては **1877 年**に ☐ b ☐ が発足した。（早稲田大）

a 学制
b 東京大学

☐ 05 「**王政復古**」・「**祭政一致**」の主張のもと，**1868 年**には ☐ a ☐ が発せられた。その結果，仏教的な要素を排除する ☐ b ☐ が急激に広がった。　　（愛知教育大）

a 神仏分離令
b 廃仏毀釈
×毀

☐ 06 神仏習合（**混淆**）の状況はこの運動で一新され，政府は祭政一致の立場から**神道国教化**を目指し，**1870 年**には ☐☐☐☐ を発した。　　　　　　　　　　　（愛知大）

大教宣布の詔

☐ 07 従来の**神社神道**に対し，**天理教**など新興の神道系の教団は， ☐☐☐☐ と呼ばれ，多くが公認されていった。　　　　　　　　　　　　　　　　　　　（東京女子大）

教派神道

☐ 08 旧弊を打破し，西洋化を積極的に受容した結果，**洋服**や**散切り頭**など ☐☐☐☐ と呼ばれる**風俗**が現れた。　（専修大）

文明開化

☐ 09 **明治 5 年** 12 月 3 日，太陰太陽暦に代わり ☐☐☐☐ が採用された。　　　　　　　　　　　　　　　　　　　（福井大）

太陽暦

自由民権運動

☐ 01 **頻出** **自由民権運動**は，天賦人権論などを基礎に，**有司専制**体制の打破と ☐☐☐☐ 開設を求める運動となった。　　　　　　　　　　　　　　　　　　　（法政大）

議会〔国会〕

☑02 **1874 年**，前年の**明治六年の政変**で下野した板垣ら参議は，**愛国公党**を結成し，□□□□を**左院**に提出した。

（近畿大）

民撰議院設立の建白書

☑03 **板垣退助**は故郷の**土佐**に戻り，□a□を設立した。これに続いた西南日本の**政社**が**大阪**に集まって**1875 年**に結成された組織が□b□である。

（神戸学院大）

a 立志社
b 愛国社

☑04 **1875 年**，**大久保利通**は大阪に赴き，下野していた**板垣・木戸孝允の参議復帰**を求め妥協した。この交渉を□□□□と呼んでいる。

（駒澤大）

大阪会議
×坂

☑05 板垣・木戸が大久保に応じた結果，天皇の名で□a□が発せられ，**元老院・大審院**の設置や□b□の開設が宣言された。

（明治大）

a （漸次）立憲政体樹立の詔
b 地方官会議

☑06 **頻出** 1875 年以降の反政府運動について，政府は□a□や□b□でこれを弾圧した。

（京都産業大）

a・b 新聞紙条例・讒謗律（順不同）

☑07 1878 年，**郡区町村編制法・府県会規則・地方税規則**のいわゆる□□□□で地方行政制度は一新された。（立命館大）

（地方）三新法

☑08 **1877 年**，西南戦争の最中，**片岡健吉**らは□□□□を提出しようとしたが，政府はこれを拒絶した。

（近畿大）

立志社建白

☑09 **頻出** 活動を休止していた**愛国社**は 1878 年に**再興**され，ここに**豪農**の参加が増加したことで，**1880 年** 3 月には愛国社に代わり□a□が発足した。政府はこの議会開設要求を抑えるため，**1880 年** 4 月には□b□を発した。

（駒澤大）

a 国会期成同盟
b 集会条例

☑10 **1881 年**に□a□が起こり，一方，**大隈重信**が**即時国会開設**などを主張した結果，□b□が起こった。払下げは**中止**，大隈が**罷免**された上で，□c□が **10 月**に出され，明治 23 年の**国会開設**が約束された。

（新潟大）

a 開拓使官有物払下げ事件
b 明治十四年の政変
c 国会開設の勅諭

☑11 **頻出** **明治 23 年**の国会開設が決まると，**1881 年**には**板垣退助**を中心に□a□が，翌**1882 年**には**大隈重信**を中心に□b□が結成された。対して，政府賛成の立場の□c□が**福地源一郎**らにより設立された。

（専修大）

a 自由党
b 立憲改進党
c 立憲帝政党

☑ 12 民間などの憲法草案は**私擬憲法**と呼ばれた。代表的なものには，　a　の「私擬憲法案」，最も急進的な　b　の「**東洋大日本国国憲按**」などがある。　(中央大)

a 交詢社
b 植木枝盛

☑ 13 **頻出** 罷免された大隈に代わり，薩摩出身の　a　が大蔵卿となり，**緊縮財政**を徹底し，**紙幣整理**や**官営事業払下げ**によるいわゆる　b　が展開された。　(京都産業大)

a 松方正義
b 松方財政

☑ 14 **頻出** **1882 年**，**中央銀行**として　　　が設立され，1885 年から**銀本位制**に基づく兌換銀行券が発行された。　(甲南大)

日本銀行

☑ 15 緊縮財政はいわゆる　a　を招き，実質的に**地租**は過重な状態となり，自作農民の没落が相次ぎ**小作農**が飛躍的に増え，　b　制が展開した。　(福井大)

a 松方デフレ
b 寄生地主制

☑ 16 困窮化した零細農民や小作農は**激化事件**を起こした。1882 年には河野広中らが弾圧を受けた　a　，1884 年には**加波山事件**に続き　b　が起こり，その間に**自由党は解散**した。　(専修大)

a 福島事件
b 秩父事件

☑ 17 　　　とは旧自由党の**大井憲太郎**や**福田 (景山) 英子**らが，朝鮮の改革派である**独立党**の再建のため朝鮮に渡る直前，大阪で捕縛された事件である。　(専修大)

大阪事件
×坂

☑ 18 1886 年ごろから，**後藤象二郎**や**星亨**が民権運動の担い手に呼びかけた結果，　　　運動が起こった。　(法政大)

大同団結運動

☑ 19 **言論・集会の自由・地租の軽減・外交失策の挽回**などを主張する　　　運動が全国的に起こった。　(西南学院大)

三大事件建白運動

☑ 20 これらの反政府運動に対し，政府は **1887 年**，　　　を発し，運動の中心人物を東京の中心部から追放した。　(南山大)

保安条例

大日本帝国の成立

立憲政治の成立

☑ 01 **頻出** **1882年**，　　　は憲法調査のため渡欧し，**シュタイン**や**グナイスト**からドイツ流の憲法理論を学んだ。(新潟大)

伊藤博文

☐02 **1884 年**に制定された ____ は，将来の**上院（貴族院）**
の構成を念頭に置いたものであった。 (佛教大)

華族令
〈か ぞくれい〉

☐03 **1885 年** 12 月，____ **制度**が発足し，**伊藤博文**が初代
内閣総理大臣になった。 〈い とうひろぶみ〉 (龍谷大)

内閣制度
〈ないかく〉

☐04 この時，行政府も簡素化され，____ a ____ 省は独立し，また
内大臣（府）が置かれて ____ b ____ が確立した。 〈ないだいじん〉 (東洋大)

a 宮内省
〈く ないしょう〉
b 宮中・府中の別
〈きゅうちゅう ふ ちゅう べつ〉

☐05 〈頻出〉 **1888 年**，____ が設置された。天皇自らも出席す
ることもあり，**大日本帝国憲法**などが策定された。 (駒澤大)

枢密院
〈すうみついん〉

☐06 〈頻出〉 **大日本帝国憲法**は，**1889 年 2 月 11 日**の**紀元節**の
日に発布された。天皇自らが定めた ____ a ____ **憲法**で，広範
な**天皇大権**を規定した。天皇大権の中には，軍隊に対す
る ____ b ____ **権**や**宣戦・講和**の決定権など，多くの権限が
含まれている。 (愛知教育大)

a 欽定憲法
〈きんていけんぽう〉
b 統帥権
〈とうすいけん〉
×師

☐07 〈頻出〉 **帝国議会**は ____ ・**衆議院**の**二院制**とされ，両院
は**ほぼ対等**な権能を有していた。 (東洋大)

貴族院
〈き ぞくいん〉

☐08 憲法と同時に，**1889 年，衆議院議員選挙法**も制定された。
選挙人は ____ a ____ **歳**以上で**男子のみ，直接国税** ____ b ____ **円**
以上納入という条件であった。 (西南学院大)

a 25 歳
b 15 円以上

☐09 ____ a ____ **県**に**府県制**が実施されたのは **1909 年**，**衆議**
院議員選挙法が適用されたのは **1912 年**だった。また，
____ b ____ に**衆議院議員選挙法**が適用されたのは **1902 年**
だった。 (京都産業大)

a 沖縄県
〈おきなわけん〉
b 北海道
〈ほっかいどう〉

☐10 憲法よりも早く **1880 年**には ____ a ____ が制定された。遅
れて **1890 年**に制定された**民法**は，____ b ____ を経て大幅
に改変，完全施行は **1898 年**だった。 (甲南大)

a 刑法
〈けいほう〉
b 民法典論争
〈みんぽうてんろんそう〉

☐11 **民法**では，____ **権**として江戸時代以来の**家父長**に強
い権限が与えられた。 〈か ふ ちょう〉 (日本大)

戸主権
〈こ しゅけん〉

☐12 **地方行政制度**は，最終的に **1888 年**の ____ a ____ と **1890 年**
の ____ b ____ によって確立した。 (慶應義塾大)

a 市制・町村制
〈し せい ちょうそんせい〉
b 府県制・郡制
〈ふけんせい ぐんせい〉

初期議会

☑13 **頻出** 憲法発布に伴い，首相の　a　は，行政府は**政党**に左右されず一貫した政策を行うという，いわゆる　b　**主義**を表明した。　　　　　（同志社大）

a 黒田清隆
b 超然主義

☑14 **1890年**の第1回**衆議院議員総選挙**では，藩閥政府に反対する　　　　　が**過半数の議席**を獲得した。　（京都産業大）

民党

☑15 **第一議会**から**第六議会**までを　　　　　と呼ぶ。この間，反政府側の政党が**衆議院**において**過半数**を保ち，政府はその運営に苦慮した。　　　　　　　　　　（昭和女子大）

初期議会

☑16 **第一議会**で民党は**政費（経費）節減**・　　　　　を唱え，衆議院の持つ**予算案の先議権**を行使し政府に抵抗したが，**自由党**の一部が妥協して，予算案は通過した。（高崎経済大）

民力休養

☑17 **頻出** **第二議会**で首相の　a　は議会を解散し，**第2回総選挙**で大規模な　b　を行った。　　　（立命館大）

a 松方正義
b 選挙干渉

☑18 この批判を受けて首相が辞職すると，　a　**内閣**が発足した。1893年，この内閣は**明治天皇**の　b　によって**第四議会**を乗り切った。　　　　　（立命館大）

a （第2次）伊藤博文内閣
b 和衷協同の詔書

☑19 **第五・第六議会**も，　　　　　と呼ばれた勢力が多数を占め，**内地雑居反対・現行条約励行**を主張した。　　（東洋大）

対外硬派

条約改正

☑20 **条約改正**とは，幕末の不平等条約の改正，すなわち　a　の撤廃（**法権の回復**），　b　を喪失した**協定関税制**の撤廃（**税権の回復**），**片務的**　c　待遇の解消を主な目的とした外交交渉である。　　　（日本大）

a 領事裁判権〔治外法権〕
b 関税自主権
c 片務的最恵国待遇

☑21 条約改正の**予備交渉**として，　　　　　を全権とする遣外使節団が米欧に向かったが，**アメリカ**での**予備交渉**の段階で**失敗**した。　　　　　　　　　　　　　（甲南大）

岩倉具視

☑22 外務卿　　　　　の交渉は，**アメリカ**との間では合意に達したが，**イギリス・ドイツの反対**で失敗した。　（日本女子大）

寺島宗則

☑23 **頻出** 外務卿（後に外務大臣）　　　　　は，**領事裁判権撤廃**と**関税自主権の一部回復**を目標とした。　　（日本大）

井上馨

☑ 24 井上外相は，列国の代表を東京に集める**一括交渉**方式
をとり， _____ を建築した。そのためにこの外交は
_____ **外交**とも呼ばれた。　　　　　　　（名城大）

鹿鳴館

☑ 25 1886年に起こった _____ **事件**において，事件を起こ
したイギリス船船長などが領事裁判で微罪にしかならな
かったために，世論は大いに反発した。　　（早稲田大）

ノルマントン
号事件

☑ 26 極端な _____ **政策**は世論の批判を浴び，井上外相は
1887年に辞職した。　　　　　　　　　（聖心女子大）

欧化政策

☑ 27 [頻出] **黒田内閣**の外相 _____ による条約改正交渉は，**領
事裁判権撤廃**と**関税自主権の一部回復**を目指し，秘密裏
に進められたが『**ロンドン・タイムズ**』紙に内容が漏れ，
外相は**玄洋社**の社員に襲撃されて辞任した。　（東洋大）

大隈重信
×隈

☑ 28 **第1次山県内閣・第1次松方内閣**の外相 _____ は，条
約改正について**イギリスの同意**をとりつけた。　（甲南大）

青木周蔵

☑ 29 しかし，**1891年**の _____ の責任をとって辞任し，外相
には旧幕臣の**榎本武揚**が就任したが，短期に終わった。
　　　　　　　　　　　　　　　　　　　　（龍谷大）

大津事件

☑ 30 [頻出] 続く外相 **a** のもと，**1894年**に**イギリス**で，駐
英公使となった**青木周蔵**が **b** の締結に成功し，**法
権の回復**が達成された。　　　　　　　　　（東洋大）

a 陸奥宗光
b 日英通商航
海条約

☑ 31 [頻出] **第2次桂太郎内閣**の外相 **a** のもとで，**1911年**，
b が改正され，**関税自主権も回復**した。　（駒澤大）

a 小村寿太郎
b 日米通商航
海条約

日清戦争

日清戦争

☑ 01 **1882年**，朝鮮で**守旧派**兵士によるクーデターが起こり，
閔氏政権に代わり **a** が政権を握ったが，**清国**軍に
鎮圧された。これが **b** である。　　　　　（南山大）

a 大院君
b 壬午軍乱
〔事変〕

問 大日本帝国憲法による国家体制を示す次の図の❶〜❻に該当する名称を答えよ。

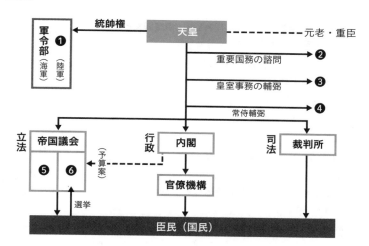

❶ 標準 参謀本部 （ここから海軍部門が独立し1893年に海軍軍令部となる）

❷ 枢密院

❸ 宮内省〔宮内大臣〕 （行政府と分離され，**宮中・府中の別**が確立した）

❹ 標準 内大臣（府）

❺ 貴族院

❻ 衆議院 （予算案の先議権を持つ）

☑02 **1884 年**，朝鮮の**独立党**の a らがクーデターを起こ
したが失敗，日本に亡命する b が起こった。
(東洋大)

a 金玉均
<ruby>金<rt>きんぎょく</rt></ruby>きん
キムオッキュン
<ruby>甲申事変<rt>こうしん じ へん</rt></ruby>
b 甲申事変

☑03 この事後処理が行き詰まるなか，1885 年，**福沢諭吉**は
「 」と呼ばれる論説を発表した。
(西南学院大)

<ruby>脱亜論<rt>だつ あ ろん</rt></ruby>

☑04 **1885 年**，**甲申事変**の事後処理として，**伊藤博文**と
との間で条約が締結された。
(名城大)

<ruby>李鴻章<rt>り こうしょう</rt></ruby>
×季

☑05 によって，日清両軍は朝鮮から**撤兵**し，以後出兵
の際は**事前通告**することとされた。
(甲南大)

<ruby>天津条約<rt>てんしん</rt></ruby>

☑06 頻出 **1894 年**，朝鮮で a が起こると，日本と清国は
派兵し，農民の反乱は沈静化したが，まもなく b が
<ruby>勃発<rt>ぼっぱつ</rt></ruby>した。
(龍谷大)

a <ruby>甲午農民戦争<rt>こうごうみんせんそう</rt></ruby>
〔<ruby>東学<rt>とうがく</rt></ruby>（党）の<ruby>乱<rt>とう</rt></ruby>〕
b <ruby>日清戦争<rt>にっしん</rt></ruby>

☑07 頻出 1895 年，**伊藤博文・陸奥宗光**と，清国の**李鴻章**と
の間で a が締結された。清国は b の独立を認
め，<ruby>遼東半島<rt>りょうとう</rt></ruby>・**台湾・澎湖諸島**などを割譲し，**賠償金は
2 億両**とされた。
(和歌山大)

a <ruby>下関条約<rt>しものせき</rt></ruby>
〔<ruby>日清講和条約<rt>にっしんこうわ</rt></ruby>〕
b <ruby>朝鮮<rt>ちょうせん</rt></ruby>

☑08 頻出 同条約に対し， a が主導し**ドイツ・フランス**が
加わった b が起こり，日本はこれを受け入れ**遼東
半島を還付**した。
(甲南大)

a ロシア
b <ruby>三国干渉<rt>さんごくかんしょう</rt></ruby>

☑09 **台湾**では，現地の抵抗を武力で排除し， a が置かれ，
海軍軍令部長 b が初代総督に就任した。
(南山大)

a <ruby>台湾総督府<rt>たいわんそうとくふ</rt></ruby>
b <ruby>樺山資紀<rt>かばやますけのり</rt></ruby>

日清戦争後の内政

☑10 日清戦争後， a 内閣に**自由党**が，続く b 内閣
には**進歩党**が協力するなど，藩閥政府と政党との間の関
係は変化した。
(成蹊大)

a （第 2 次）<ruby>伊藤博文<rt>いとうひろぶみ</rt></ruby>内閣
b （第 2 次）<ruby>松方正義<rt>まつかたまさよし</rt></ruby>内閣

☑11 **第 3 次伊藤博文内閣**が**地租増徴**を掲げて登場すると，
1898 年，**自由党と進歩党が合体**して a が発足，内
閣は総辞職して政権を譲り， b 内閣，いわゆる
 c 内閣が成立した。
(高崎経済大)

a <ruby>憲政党<rt>けんせいとう</rt></ruby>
b （第 1 次）<ruby>大隈重信<rt>おおくましげのぶ</rt></ruby>内閣
c <ruby>隈板<rt>わいはん</rt></ruby>内閣

☑12 この内閣は発足後まもなく，文相 の**<ruby>共和演説事<rt>きょう わ えんぜつ</rt></ruby>
件**を契機に分裂し，短命に終わった。
(名城大)

<ruby>尾崎行雄<rt>お ざきゆきお</rt></ruby>

☑ 13 **頻出** 続く ［ a ］ **内閣**は，1898 年には**憲政党**の協力で**地租増徴**を実現し，1899 年には**文官任用令**を改正し，**1900 年**には ［ b ］ の公布，**選挙法の改正**，さらに ［ c ］ 制を実現した。 (専修大)

a （第 2 次）山県有朋内閣
b 治安警察法
c 軍部大臣現役武官制

☑ 14 **1900 年**，清国で起こった ［＿＿＿＿］ **事件**に対し，日本など **8 カ国**が**共同出兵**した。 (東洋大)

義和団事件

☑ 15 **頻出** **伊藤博文**は **1900 年**に ［＿＿＿＿］ を結成し，第 4 次伊藤内閣が発足したが，**貴族院**の抵抗で短命に終わった。 (日本大)

立憲政友会

☑ 16 **頻出** 第 4 次伊藤内閣の総辞職後，次の首相は**長州**出身の ［ a ］ となった。伊藤や山県らは ［ b ］ と呼ばれる地位に退き，**桂園時代**と呼ばれる時代が始まった。 (関西大)

a 桂太郎
b 元老

☑ 17 ［ a ］ **内閣**は，**1902 年**に**日英同盟**の締結に成功し，**1904 年**には ［ b ］ に踏み切った。 (近畿大)

a （第 1 次）桂太郎内閣
b 日露戦争

☑ 18 この戦争の戦後処理を担った ［＿＿＿＿］ **内閣**のもとで，**1906 年**，**鉄道国有法**が成立した。 (立命館大)

（第 1 次）西園寺公望内閣

☑ 19 ［ a ］ **内閣**は，日露戦争後の世相の変化，個人主義・享楽主義に対し **1908 年**の ［ b ］ で引き締めを図った。また，**1910 年**，［ c ］ で，天皇暗殺計画を理由に社会主義・無政府主義者を弾圧した。 (専修大)

a （第 2 次）桂太郎内閣
b 戊申詔書
×辰
c 大逆事件

☑ 20 **1910 年**，［ a ］ が強行され，翌 **1911 年**，条約改正が達成された。また，同じ **1911 年**，労働者保護のため ［ b ］ が制定された。 (福井大)

a 韓国併合
b 工場法

日露戦争

日露戦争

☑ 01 資本主義国による他国の領土の分割など，**植民地**獲得を
目指す政策は □□□□ と呼ばれる。 （名城大）

帝国主義

☑ 02 日清戦争後，欧米列強は**清国の要地**や港湾の □□□□ の
獲得，**鉄道**の敷設などで**中国分割**を進めた。 （新潟大）

租借権

☑ 03 日清戦争が日本の勝利に終わるなかで，**朝鮮政府がロ
シアとの関係を深める**と，日本公使館守備隊などは
□□□□ **殺害事件**を起こした。 （東海大）

閔妃殺害事件

☑ 04 **1897 年**，**朝鮮**は国名を □□□□ と改めた。 （愛知教育大）

大韓帝国

☑ 05 **1900 年**， a を掲げた**義和団**によって，北京の列国
公使館が包囲され，清国政府が列強に宣戦布告したため，
8 カ国の連合軍が北京に派兵された。この**義和団事件**を，
日本では b と呼んだ。 （東洋大）

a 扶清滅洋
b 北清事変

☑ 06 この事件の処理として **1901 年**，清国と連合軍の間で
□□□□ が結ばれた。**清国**は賠償金の支払いを強要され，
さらに**北京郊外**における**軍隊の駐留権**を認めた。（成城大）

北京議定書

☑ 07 北清事変後も**満州**などの占領を続けるロシアに対し，日
本では，ロシアとの妥協を探ろうとする □□□□ **論**と，ロ
シアの排除を目指す強硬論が現れた。 （首都大学東京）

日露協商論

☑ 08 頻出 **第 1 次桂太郎内閣**は対露強硬論を貫くため，**1902
年**，□□□□ の締結に成功した。 （龍谷大）

日英同盟（協約）

☑ 09 頻出 日露関係の悪化に対し，**非戦論・反戦論**も主張され
た。『万朝報』紙上での a ・**幸徳秋水・堺利彦**，女性
では b などが文学を通して反戦を唱えた。 （駒澤大）

a 内村鑑三
×艦
b 与謝野晶子

☑ 10 頻出 **1904 年** 2 月，日本は a に踏み切り，優位に
立った。**1905 年**にはロシアとの講和条約として b
を締結した。 （近畿大）

a 日露戦争
b ポーツマス条約
〔日露講和条約〕

☑ 11 この条約で賠償金が得られなかったことを批判する民
衆運動が勃発，□□□□ が起こり，**戒厳令**が出された。
（京都産業大）

日比谷焼打ち
事件

☑ 12 1904 年の日露戦争の勃発後，日本は　a　で韓国への
顧問の派遣を認めさせた。1905 年 7 月には**アメリカ**と
の間の　b　で，日本の**韓国支配権**と**アメリカのフィリ
ピン統治**を互いに容認した。 （龍谷大）

a 第 1 次日韓
協約
b 桂・タフト
協定

☑ 13 [頻出] ポーツマス条約締結後，1905 年 11 月，日本は
　a　を結び**韓国の外交権**を接収し，漢城には　b　
が置かれ，初代長官には**伊藤博文**が就任した。（京都産業大）

a 第 2 次日韓
協約
b 統監府

☑ 14 **1907 年** 6 月，　a　が起こり，この報復として　b　
が結ばれた。　b　と**韓国軍隊の解散**に抵抗し，朝鮮で
は　c　**運動**がさかんとなった。 （京都産業大）

a ハーグ密使事件
b 第 3 次日韓協約
c 義兵運動

☑ 15 [頻出] **1909 年**に　a　が暗殺され，翌 **1910 年**には，日
本は**韓国併合**を強行した。この結果，　b　が設置され，
初代長官には**寺内正毅**が就任した。 （福井大）

a 伊藤博文
b 朝鮮総督府

☑ 16 朝鮮では　　　　が強行され，地価を定め，土地税徴収の
基礎が固められたが，その過程で，多くの土地が日本の
国有地とされた。 （早稲田大）

土地調査事業

☑ 17 **1908 年**に設立された　　　　は，いわゆる国策会社で，
政府はここに土地を提供し，やがて同社は朝鮮における
最大の地主となった。 （京都産業大）

東洋拓殖会社

☑ 18 **ポーツマス条約**で得た遼東半島南部の**旅順・大連**を含む
地域は　a　と呼ばれ，　b　が統轄した。 （名城大）

a 関東州
b 関東都督府

☑ 19 [頻出] ロシアから譲り受けた**東清鉄道の南部支線**は，1906
年から　　　　が経営した。 （東京女子大）

南満州鉄道株
式会社〔満鉄〕

☑ 20 **日露間**では **1907 年**から 4 度の　　　　が結ばれ，満蒙
における**日露両国の権益範囲**の調整が行われた。
（高崎経済大）

日露協約

☑ 21 中国では，**1911 年**の**武昌蜂起**を契機に，各地で独立宣
言が発せられる　a　が起こった。　b　は**南京**で
　c　**臨時政府**樹立を宣言，**臨時大総統**となった。
（南山大）

a 辛亥革命
b 孫文
c 中華民国臨
時政府

圓 地図中の**❶**～**❺**の各地域は列強の**中国分割**においてどこの国に属したか，
答えよ。

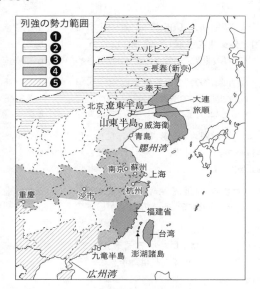

❶ 日本

❷ **標準** ロシア

❸ **標準** ドイツ

❹ **標準** イギリス

❺ **標準** フランス

圓 日露国境に関する次の地図で，**❶**～**❸**の境界を決めた条約名を答えよ。

❶（1854年）

❷（1875年）

❸（1905年）

❶ 日露和親条約

❷ 樺太・千島交換条約

❸ ポーツマス条約〔日露講和条約〕

☑ 22 頻出 その後**孫文**は地位を追われ，□□□が臨時大総統となった。この間，**宣統帝溥儀**は退位して**清朝**は滅んだ。

袁世凱

(近畿大)

資本主義の発展と社会運動の展開

資本主義の発展

☑ 01 いわゆる□ a □によって**機械制生産**が定着した日本では，日清戦争前後に**繊維業**などの□ b □が，日露戦争前後から第一次世界大戦期にかけて製鉄業などの□ c □が確立した。

a 産業革命
b 軽工業
c 重工業

(甲南大)

☑ 02 □□□の払下げが進むことで，急速に民間の資本が形成された。

官営事業

(首都大学東京)

☑ 03 1884 年の**工場払下げ概則の廃止**によって，三井に□ a □**炭鉱**が，三菱に□ b □**造船所**などが払い下げられていった。

a 三池炭鉱
b 長崎造船所

(獨協大)

☑ 04 **松方デフレ**がようやく沈静化した 1886 年から 89 年ごろにかけて，**企業勃興**が進み，□ a □業や□ b □業で会社設立ブームが起こった。

a・b 紡績業・鉄道業
(順不同)

(龍谷大)

☑ 05 軽工業の柱の 1 つ，**繭**から生糸を作る**製糸業**は，最大の**輸出産業**として欧米への輸出を伸ばし急成長したが，それは□ a □から□ b □への技術の転換が進んだ結果であった。

a 座繰製糸
b 器械製糸
×機

(慶應義塾大)

☑ 06 頻出 **綿花**から**綿糸**を紡ぐ**紡績業**は□□□の成功を端緒とし，企業勃興期には多くの紡績会社が設立された。

大阪紡績会社
×坂

(専修大)

☑ 07 **綿織物業**では，**1897 年**に□□□が木製**力織機**を発明し，その後改良された**自動織機**が **1926 年**に完成し，中小工場などに普及した。

豊田佐吉

(東洋大)

☑ 08 頻出 **重化学工業**では，**1897 年**に官営□□□の設立が決定された。操業開始は **1901 年**だが，生産が本格化するのは**日露戦争以後**だった。

八幡製鉄所

(西南学院大)

☑ 09 **民間**の**鉄鋼会社**としては，**1907 年**に _____ が北海道の
室蘭に設立された。 （東洋大）

日本製鋼所

☑ 10 **鉄道**では，1889 年， a が全通した。民間では，**1881
年**， b が**華族**の資本で成立した。 （高崎経済大）

a 東海道線
b 日本鉄道
（会社）

☑ 11 **1906 年**の _____ により，鉄道の営業距離のほぼ **90 %**
を**国有鉄道**が占めることとなった。 （東京女子大）

鉄道国有法

☑ 12 **三菱会社**と**共同運輸会社**が合併し，**1885 年**に発足した
_____ は，日本最大の海運業者であった。 （日本大）

日本郵船（会社）

☑ 13 **1897 年**，日清戦争の巨額の**賠償金**をもとに a が制
定され，日本は b 制に移行した。 （龍谷大）

a 貨幣法
b 金本位制

☑ 14 貿易や重化学工業のために長期資金などを提供する
_____ が次々に設立された。 （慶應義塾大）

特殊銀行

☑ 15 頻出 薩長藩閥と結びついた a と呼ばれる実業家の
中からは，大正初期には事業の多角化に成功して**コン
ツェルン**を形成し， b と呼ばれるものが現れた。
（東洋大）

a 政商
b 財閥

☑ 16 **高額**で**現物納**の**小作料**を納める小作人の数が飛躍的に
増えた結果，直接農業に従事せず広大な土地を所有する
_____ が現れた。 （南山大）

寄生地主

社会運動の展開

☑ 17 産業革命で急増した**賃金労働者**は，**長時間・低賃金**で苛
酷な労働を強いられ， _____ を起こす例も増えた。
（広島修道大）

ストライキ

☑ 18 頻出 a は**アメリカ**での**労働組合運動**の体験をも
とに，職工義友会を設立した。**1897 年**には a と
b により c が結成され，労働組合運動の啓蒙
が進み，いくつかの組合が誕生した。 （西南学院大）

a 高野房太郎
b 片山潜
c 労働組合期
成会

☑ 19 頻出 **栃木県**で起こった a は，**渡良瀬川流域**の人々
に多くの被害を与えた。この事件について b は，天
皇直訴を試みた。 （福井大）

a 足尾鉱毒事件
b 田中正造

☑ 20 [頻出] **社会主義**思想も流入し，「**無産階級**」の利益を重視 する**無産政党**が誕生した。その最初は **1901 年**結成の ☐ であるが，結党直後に**治安警察法**を理由に**結社 を禁止**された。 (日本大)

社会民主党

☑ 21 **1906 年 1 月**に発足した ☐ は約 1 年間存続したが， **直接行動派**が主導権を握ると結社禁止となった。(関西大)

日本社会党

明治時代の文化

思想と信教

☑ 01 日清戦争前後には，民権論や欧化主義に対し**国権論**も台 頭し，いわゆる ☐ 的な思想が台頭した。 (名城大)

国家主義

☑ 02 伝統を重視し近代的民族主義を唱えた **a** は，**平民 的欧化主義**を唱え，**b** から雑誌『**国民之友**』を発刊 した。しかし，後に**国家主義**へと転換した。 (名城大)

a 徳富蘇峰
b 民友社

☑ 03 [頻出] **a** や**志賀重昂**らは**政教社**を結成し，雑誌 『**b**』によって**国粋保存主義**を唱えた。 (法政大)

a 三宅雪嶺
b 日本人

☑ 04 **a** は新聞『**日本**』を発行，国粋保存主義に呼応して 国家の独立を主張する**国民主義**を唱えた。また，**b** は**日本主義**を掲げ，総合雑誌『**太陽**』などでさかんな言 論活動を展開した。 (明治学院大)

a 陸羯南
b 高山樗牛

☑ 05 ☐ は，明治政府の**神道国教化政策**に反対し，信仰の 自由を主張，**近代的な仏教理論**を展開した。 (専修大)

島地黙雷

☑ 06 [頻出] **札幌農学校**出身のキリスト教者 ☐ は **1891 年**，**教育勅語**に最敬礼せず世論の非難を浴びたいわゆる ☐ **不敬事件**で，第一高等中学校教員の職を辞した。 (近畿大)

内村鑑三

教育

☑ 07 **1879 年**，**アメリカ**の制度を参考に，地方に多くの権限 を与え，**小学校**などの設立を町村の自由裁量に任せた ☐ が発布されたが，翌年には再び中央集権的な教 育体制に戻った。 (京都産業大)

教育令

圖 綿糸紡績業の成長を示す次のグラフの❶～❸は何を示すものか，答えよ。

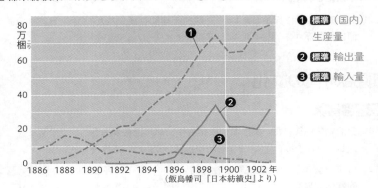

❶ 標準 (国内)
　　生産量

❷ 標準 輸出量

❸ 標準 輸入量

(飯島幡司『日本紡績史』より)

圖 近代の輸出入品の割合を示す次の円グラフの❶～❻に該当する品目を答え
　よ。

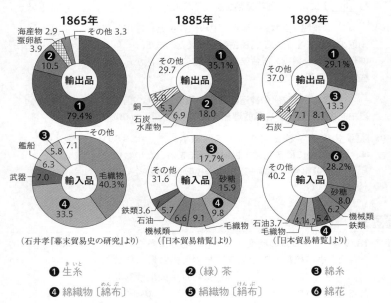

❶ 生糸 (きいと)	❷ (緑)茶	❸ 綿糸
❹ 綿織物〔綿布 (めんぷ)〕	❺ 絹織物〔絹布 (けんぷ)〕	❻ 綿花

☐ 08 **1886 年，**☐**が発布された。これは帝国大学令・師範学校令**・中学校令・小学校令等の総称である。（松山大）

学校令

☐ 09 **頻出** **1890 年 10 月，**☐**が発布され，大日本帝国憲法**に沿った教育の主旨が徹底されることになった。

（京都産業大）

教育勅語

☐ 10 **1903 年**から，小学校の教科書を**文部省**の定めるものに統一した☐**制度**となった。　（青山学院大）

国定教科書制度

☐ 11 **頻出** 民間の高等教育機関では，幕末に☐ a ☐が設立した**慶應義塾，1875 年**に☐ b ☐らが始めた**同志社英学校，1882 年**に☐ c ☐が創立した**東京専門学校**（現早稲田大学）などがある。　（成城大）

a 福沢諭吉
b 新島襄
c 大隈重信

学問

☐ 12 **頻出** 明治政府は多くの**お雇い外国人**を招いた。**札幌農学校**教頭として赴任した**アメリカ人**☐ a ☐，地質学を伝えたドイツ人☐ b ☐，**生物進化論**を紹介し，**大森貝塚**を発見したアメリカ人☐ c ☐などが有名である。（同志社大）

a クラーク
b ナウマン
c モース

☐ 13 日本人の学問研究では，☐ a ☐による**破傷風菌**の純粋培養の成功，☐ b ☐の**赤痢菌**の発見などがある。

（東京女子大）

a 北里柴三郎
b 志賀潔

☐ 14 ☐ a ☐は**アドレナリン**の抽出，**タカジアスターゼ**の創製を行い，☐ b ☐は**オリザニン**（ビタミンB_1）を発見した。

（関西学院大）

a 高峰譲吉
b 鈴木梅太郎

☐ 15 **地震計**の開発で有名な地震学者☐ a ☐，**Z 項**を発見した地球物理学者☐ b ☐の業績も高い評価を得た。　（中央大）

a 大森房吉
b 木村栄

☐ 16 また**原子構造**の研究で注目された☐ a ☐，**地磁気**の測定や日本物理学の基礎を固めた☐ b ☐などもいる。

（青山学院大）

a 長岡半太郎
b 田中館愛橘

☐ 17 ヨーロッパの文明史の影響を受けた史書としては，☐の『**日本開化小史**』が有名である。　（日本大）

田口卯吉

☐ 18 岩倉使節団の記録『**米欧回覧実記**』を著した☐は，近代的な歴史学者として「**神道は祭天の古俗**」という論文を発表，神道家などから非難された。　（東京女子大）

久米邦武

文学

□ 19 新聞は，まず政治的な論説などを主とする _a_ , やがて一般大衆を対象とする _b_ が現れた。 （西南学院大）

a 大新聞
b 小新聞

□ 20 日本で最初の**日刊新聞**は，1870 年から刊行された『 _a_ 』であり，**小新聞**の元祖とされるのは，**子安峻**らが発行した『 _b_ 』である。 （専修大）

a 横浜毎日新聞
b 読売新聞

□ 21 明治初期の文学は，江戸時代の大衆文芸を引き継いだ _a_ で，文明開化の風俗・世相などを題材とした。また，自由民権運動期には _b_ が現れた。 （駒澤大）

a 戯作文学
×劇
b 政治小説

□ 22 頻出 1885 年， _a_ は『 _b_ 』を著して**言文一致体**などの**写実主義**を唱え，その実践として『**当世書生気質**』を著した。また，写実主義に基づく最初の代表的な小説には _c_ の『**浮雲**』がある。 （関西大）

a 坪内逍遙
b 小説神髄
c 二葉亭四迷

□ 23 1885 年，**尾崎紅葉**や**山田美妙**らは ____ を設立し，雑誌『**我楽多文庫**』を発刊した。 （駒澤大）

硯友社

□ 24 ____ は『**五重塔**』などで東洋的な理想を求め，理想主義などと呼ばれる独自の世界を築いた。 （関西大）

幸田露伴

□ 25 日清戦争前後には感性の解放を特徴とする**ロマン主義**が台頭し，『**舞姫**』・『**即興詩人**』（翻訳）を著した _a_ や，『**たけくらべ**』を著した _b_ らが現れた。 （専修大）

a 森鷗外
b 樋口一葉

□ 26 頻出 日露戦争前後からは**自然主義**が台頭した。その代表作として ____ の『**破戒**』がある。 （日本大）

島崎藤村

□ 27 『**吾輩は猫である**』で注目を浴びた ____ は，自然主義に対し独自の文学的世界を表現していった。 （立命館大）

夏目漱石

□ 28 頻出 ロマン主義を代表する歌人， _a_ の代表作は『**みだれ髪**』である。俳句の近代化では _b_ が中心となり，俳句雑誌『**ホトトギス**』が発刊された。 （東海大）

a 与謝野晶子
b 正岡子規

演劇・美術

□ 29 明治中期，**坪内逍遙**の**演劇改良運動**などの影響もあり**歌舞伎**が人気を博し， _a_ **時代**と呼ばれた。大衆演劇では**壮士芝居**に始まる _b_ が人気を集めた。 （法政大）

a 団菊左時代
b 新派劇〔新派〕

☑ 30 1906 年に設立された，坪内逍遙・島村抱月らの　a　による**演劇近代化運動**の成果は，　b　となって確立した。また，1909 年には**小山内薫**や**2 代目市川左団次**によって　c　が設立された。　　　(明治大)

a 文芸協会
b 新劇
c 自由劇場

☑ 31 **西洋音楽**は　a　として国民に広まった。その中心は**文部省音楽取調掛**の　b　であった。　　　(西南学院大)

a (小学)唱歌
b 伊沢修二

☑ 32 東京音楽学校出身で，近代的な**西洋音楽の作曲家**として最初に注目されたのが　　　　である。　　　(東海大)

滝廉太郎

☑ 33 頻出 東大で哲学を講じた　a　は**日本画の革新**を主張し，　b　と**伝統芸術の再発見**に尽力した。　b　は 1887 年設立の　c　の校長に就任し，1898 年，在野の日本美術団体　d　を設立した。　　　(和歌山大)

a フェノロサ
b 岡倉天心
c 東京美術学校
d 日本美術院

☑ 34 浅井忠らによる**西洋画**の団体は，**1889 年**に設立された　　　　である。　　　(成城大)

明治美術会

☑ 35 頻出 **フランス印象派**の絵画を受容した　a　らは，**1896 年**に　b　を結成し，後に洋画界の主流となった。　a　には『**湖畔**』・『**読書**』などの作品がある。　　　(成城大)

a 黒田清輝
b 白馬会

☑ 36 1907 年以降，美術振興のため，文部省は　　　　を開いた。　　　(神戸学院大)

文部省美術展
覧会〔文展〕

☑ 37 頻出 **イギリス人**御雇外国人　a　は工部大学校に招かれ，**鹿鳴館**などを設計した。　a　から建築学を学んだ　b　は**東京駅**や**日本銀行本店**などを設計した。　　　(同志社大)

a コンドル
b 辰野金吾

第一次護憲運動と第一次世界大戦

第一次護憲運動～大戦前後の政治と外交

☐01 **1912年，** ___a___ **内閣が上原勇作陸相（陸軍大臣）の単独辞任で総辞職に追い込まれると，** ___b___ **内閣が成立**した。 (東洋大)

a（第2次）西園寺公望内閣
b（第3次）桂太郎内閣

☐02 頻出 この内閣に対する反発は**第一次護憲運動**と呼ばれる。運動の先頭に立ったのは，**立憲国民党**の ___a___ と**立憲政友会**の ___b___ で，新首相が内大臣兼侍従長（**宮中**）にありながら，再び行政府（**府中**）に戻ったことなどを批判した。 (日本大)

a 犬養毅
b 尾崎行雄

☐03 この内閣は，**民衆デモに議会を包囲され，** わずか53日で総辞職した。これを ___ と呼ぶ。 (日本女子大)

大正政変

☐04 次は ___ **内閣が立憲政友会の協力**で成立した。この内閣は**軍部大臣現役武官制**の現役制限を削除し，**予備役・後備役**の大臣就任を可能とする改正などを行った。 (成蹊大)

（第1次）山本権兵衛内閣

☐05 しかし，この内閣は ___ で世論の非難を浴び，総辞職に至った。 (法政大)

ジ〔シ〕ーメンス事件

☐06 続く ___ **内閣**は，**立憲同志会を与党**とし，その総裁**加藤高明を外相**とした。 (早稲田大)

（第2次）大隈重信内閣

☐07 頻出 **1914年，第一次世界大戦**が勃発すると，この内閣は ___ を理由として**積極的に**これに**参戦**した。 (龍谷大)

日英同盟

☐08 頻出 第一次世界大戦勃発の背景には，**英・仏・露**の ___a___ と，**独・伊・墺**の ___b___ の対立があった。(近畿大)

a 三国協商
b 三国同盟

☐09 **第一次世界大戦**は，ボスニアの都市でオーストリアの帝位継承者が暗殺された ___ が契機となり，またたく間に主要国を巻き込む戦争に発展した。 (高崎経済大)

サライェヴォ〔サラエボ〕事件

☐10 **頻出** 英・仏・露の三国協商側で参戦した**日本**は，**1915 年**，中国の ___a___ 政府に対し ___b___ を突きつけた。
(日本女子大)

a 袁世凱（えんせいがい）
b 二十一カ条の要求（にじゅういっかじょうのようきゅう）

☐11 **頻出** 二十一カ条の要求で，日本は ___a___ のドイツ権益の継承や，___b___ ・**東部内蒙古**（ないもうこ）における権益の拡大を中国側に認めさせた。
(愛知教育大)

a 山東省（さんとうしょう）
b 南満州（みなみまんしゅう）

☐12 1917 年，_____ により帝政ロシアは崩壊し，革命政府は第一次世界大戦から離脱した。
(千葉大)

ロシア革命（かくめい）

☐13 **1917 年**には また，**アメリカ**が連合国側に立って参戦した。アメリカの参戦に伴い，**日米間**では**中国問題**について，暫定的な _____ が結ばれた。
(南山大)

石井・ランシング協定（いしい・ランシングきょうてい）

☐14 第 2 次大隈内閣に代わって成立したのは，_____ **内閣**である。
(新潟大)

寺内正毅内閣（てらうちまさたけないかく）

☐15 この内閣は **1917 年**，首相の**私的秘書**を中国に送り，**段祺瑞政権**（だんきずい）に対して巨額の借款（しゃっかん）を与える，いわゆる _____ を行った。
(高崎経済大)

西原借款（にしはらしゃっかん）

☐16 1918 年，**チェコスロヴァキア軍救出**を名目とするアメリカの提唱に応じて，日本は _____ に踏み切った。
(京都産業大)

シベリア出兵（しゅっぺい）

☐17 **頻出** 首相が出兵を宣言したこともあって**米価高騰**（こうとう）に拍車がかかり，**1918 年**には _____ が起こり，その責任をとって内閣は総辞職した。
(福井大)

米騒動（こめそうどう）

☐18 1918 年，初の**本格的政党内閣**である ___a___ **内閣**が成立した。首相は**衆議院議員**で，薩長藩閥や軍部出身でないことなどから「 ___b___ 」と呼ばれた。
(愛知教育大)

a 原敬内閣（はらたかしないかく）
b 平民宰相（へいみんさいしょう）

☐19 この内閣は四大政綱を掲げ積極政策をとったが，**1920 年**に _____ に見舞われた。
(和歌山大)

戦後恐慌（せんごきょうこう）

☐20 この内閣は**教育の拡充**を図り，**1918 年**に _____ を制定し，公立・私立大学や単科大学の設置も認めたため，**高等教育**が発展した。
(日本大)

大学令（だいがくれい）

☐21 **原内閣**は高揚していた _____ **制度**の導入には**反対**で，1919 年に選挙法を改正するにとどまった。
(上智大)

普通選挙制度（ふつうせんきょせいど）

☑ 22 **衆議院議員選挙法の改正**により，有権者の納税資格は**直接国税** ☐ **円以上**と大きく引き下げられた。 （千葉大）

3 円以上

☑ 23 またさらに，☐ **制**が導入された。 （聖心女子大）

小選挙区制

☑ 24 頻出 **1921 年**に原は暗殺され，その後，**立憲政友会総裁**を引き継いだ ☐ が内閣を組織した。この内閣は，**1921 年**，アジア・太平洋問題や軍縮を話し合う**ワシントン会議**に参加した。 （東洋大）

高橋是清

大戦景気

☑ 25 頻出 第一次世界大戦に伴う好景気を ☐ と呼ぶ。 （愛知教育大）

大戦景気

☑ 26 この好景気では，世界的な船不足により**海運・造船業**が急速に発展し，いわゆる ☐ が続出した。 （東京女子大）

船成金

☑ 27 **1917 年**，アメリカが参戦に伴い ☐ を**禁止**したことにあわせ，日本もまた ☐ を**禁止**した。 （愛知大）

金輸出

☑ 28 工業の飛躍的発展に伴い，1919 年には ☐ **生産額**が56.8%となり，**農業生産額** 35.1%をはるかに超えた。 （東京経済大）

工業生産額

☑ 29 工業の発展を支えた製鉄業では，**八幡製鉄所の拡張**や，☐ による**鞍山製鉄所**の設立などが実現した。 （東京女子大）

南満州鉄道株式会社〔満鉄〕

☑ 30 頻出 **紡績業**では大紡績会社が中国に**資本**をもって移転（資本の輸出）し，いわゆる ☐ が成立した。 （九州大）

在華紡

☑ 31 **1920 年**には株価の暴落などに始まる**戦後恐慌**が発生した。銀行の休業が続出し，紡績・製糸業では生産量を調整するための ☐ も行われた。 （青山学院大）

操業短縮〔操短〕

ワシントン体制と護憲三派内閣

ヴェルサイユ・ワシントン体制

☑ 01 第一次世界大戦が終結し，**1919 年**には ☐ が開かれた。 （津田塾大）

パリ講和会議

☑ 02 連合国とドイツの間で 　　　 が結ばれ，**ドイツ**は領土の
削減や軍備制限などとともに，**巨額の賠償金**の支払いを
義務付けられた。　　　　　　　　　　　　　　　（近畿大）

ヴェルサイユ
条約

☑ 03 **頻出** この条約の中で，　　　 の設立が決定され，翌
1920 年に発足した。この提唱者は**アメリカ大統領ウィ
ルソン**である。　　　　　　　　　　　　　　（福井大）

こくさいれんめい
国際連盟

☑ 04 **頻出** この条約で，日本は中国における 　a　 の旧ドイ
ツ権益の継承および，**赤道以北の旧ドイツ領南洋諸島の**
　b　 を認められた。　　　　　　　　　　　（近畿大）

a さんとうしょう
山東省
b いにんとうちけん
委任統治権

☑ 05 1919 年には**朝鮮**において，　　　 という**反日運動**が起
こった。　　　　　　　　　　　　　　　　（日本女子大）

さん いちどくりつ
三・一独立運動

☑ 06 同年，**中国**でも，**二十一カ条の要求**の撤回などを求める
反日運動の 　　　 が起こった。　　　　　　　（法政大）

ご し
五・四運動

☑ 07 ヴェルサイユ条約で**未解決**に終わった**アジア・太平洋
問題**や**軍縮**について話し合う　　　 が，**1921 年**から
1922 年にかけて行われた。　　　　　　　　（名城大）

ワシントン会議

☑ 08 **1921 年**，**米・英・日・仏の 4 カ国**は 　　　 を結んだ。
これに伴い，**日英同盟の廃棄**が決まった。　　　（福岡大）

し か こく
四カ国条約

☑ 09 **1922 年**，　　　 が結ばれ，**米・英・日・仏・伊・ベルギー・
オランダ・ポルトガル・中国**は中国の主権・領土尊重な
どを約束した。これに伴い**石井・ランシング協定の廃棄**，
また**山東半島の還付**が決定された。　　　　　（九州大）

きゅう か こく
九カ国条約

☑ 10 **1922 年**の 　　　 は，**1 万トン以上の主力艦**の制限を決
めたもので，日本は**対英・米 6 割**の保有量が認められた。
　　　　　　　　　　　　　　　　　　　　　（北海道大）

ワシントン海
ぐんぐんしゅく
軍軍縮条約

☑ 11 **国際連盟を重視**し，**軍縮を実現**し，**対中国内政不干渉**を
基本とする外交を 　　　 外交と呼ぶ。　　　（津田塾大）

きょうちょうがいこう
協調外交

大正時代の社会運動

☑ 12 **頻出** 　a　 は**民本主義**を唱え，**憲法の範囲内**における
民主的な**普通選挙**や，**政党内閣**の必要性を訴えた。その
呼びかけで啓蒙団体の 　b　 が結成され，また学生た
ちも東大の 　c　 などを結成した。　　　　　（佛教大）

a よし の さくぞう
吉野作造
b れいめいかい
黎明会
c しんじんかい
新人会

☑ 13 **頻出** ［＿＿＿＿］は国家を 1 つの**法人**ととらえ，統治権を有する法人において，天皇は統治権を行使する最高の権力を保持する機関であるとする，**天皇機関説**を唱えた。

（東洋大）

美濃部達吉

☑ 14 **ロシア革命**により，［ a ］が社会主義国の公認的な学説となった。その内容は**唯物史観**と**階級闘争**論を軸に構成されており，日本では，［ b ］がこの研究と普及に大きな業績を上げた。

（近畿大）

a マルクス主義
b 河上肇

☑ 15 **頻出 1912 年**に**鈴木文治**らが設立した［ a ］は，**1921年**には［ b ］となった。

（明治大）

a 友愛会
b 日本労働総同盟〔総同盟〕

☑ 16 アメリカから始まった，**労働者の祝日**である［＿＿＿＿］が日本でも開催されるようになり，**1920 年**に**上野公園**でその**第 1 回**が開催された。

（高崎経済大）

メーデー

☑ 17 1920 年代，小作料の減免を求める**小作争議**が頻発し，**賀川豊彦・杉山元治郎**らは 1922 年，［＿＿＿＿］を設立し，**小作人の地位向上**を目指した。

（南山大）

日本農民組合

☑ 18 **1922 年**には**山川均・堺利彦**らが**非合法**ではあるが，［＿＿＿＿］を設立した。

（愛知大）

日本共産党

☑ 19 1911 年に，**平塚らいてう（明）**らは**女性**の文学団体である［＿＿＿＿］を設立した。

（和歌山大）

青鞜社
×踏

☑ 20 **頻出 婦人運動**では，1920 年，［ a ］が発足した。この中心は**平塚らいてう（明）**・［ b ］らである。

（福井大）

a 新婦人協会
b 市川房枝

☑ 21 普選運動がさかんになるなかで，女性のなかから［＿＿＿＿］を求める声も高まった。

（明治大）

婦人参政権

☑ 22 **部落解放運動**の全国組織として，1922 年に［＿＿＿＿］が結成された。

（立命館大）

全国水平社

護憲三派内閣の成立

☑ 23 **加藤友三郎内閣**に代わり，［ a ］**内閣**が組閣を開始した直後，**1923 年 9 月 1 日**に［ b ］が発生した。

（龍谷大）

a （第 2 次）山本権兵衛内閣
b 関東大震災

☑24 その混乱のなか，**甘粕事件**や亀戸事件が起こった。年末には無政府主義者の青年が摂政宮を殺害しようとした □□□□ が起こり，内閣は責任をとり総辞職した。

虎の門事件

(学習院大)

☑25 続いて，**貴族院**を中心とする**超然内閣**，□□□□**内閣**が成立すると，1924 年，**第二次護憲運動**が起こった。

清浦奎吾内閣
×圭

(成蹊大)

☑26 頻出 超然内閣の成立に対し，**立憲政友会**の □a□ は従来の普選反対の態度を一転し普選賛成に回った。こうして**憲政会**の □b□ ・**革新俱楽部**の □c□ と共に，**護憲三派**が形成され，選挙で圧勝した。

a 高橋是清
b 加藤高明
c 犬養毅

(東洋大)

☑27 □a□ **内閣**は**護憲三派内閣**と呼ばれ，以後，犬養内閣まで，いわゆる □b□ に基づき**衆議院**の**政党**を母体とする**政党内閣**の時代が続いた。

a（第1次）加
藤高明内閣
b 憲政の常道

(新潟大)

☑28 頻出 護憲三派内閣の外相 □a□ は，**協調外交**を推進し，**1925 年 1 月**には □b□ を結び，**ソ連との国交**を実現した。

a 幣原喜重郎
×弊
b 日ソ基本条約

(学習院大)

☑29 頻出 **1925 年 4 月**に □a□ が公布され，翌 5 月には □b□ が公布された。こうして納税制限のない選挙が実現したが，選挙権は**男子**のみに限られた。

a 治安維持法
b 普通選挙法

(福井大)

大正時代の文化

思想・学問・教育

☑01 大正時代には，経済発展を背景に □□□□ **文化**と呼びうる文化が現出した。

大衆文化

(福井大)

☑02 大戦景気による景気拡大によって，工場労働者だけでなく，**都市部**には多数の □□□□ と呼ばれる人々が誕生した。

俸給生活者
〔サラリーマン〕

(北海道大)

☑03 **女性**も職場に進出し，**タイピスト**や**電話交換手・バスガール**などが活躍し，□□□□ と呼ばれた。

職業婦人

(愛知大)

☐ 04 **頻出** 大正時代には，自由主義・民主主義的な思想とそれに伴う権利の回復を目指す運動が展開された。その思想の傾向と現象を ☐ と呼んでいる。　（愛知教育大）

大正デモクラシー

☐ 05 **頻出 総合雑誌**である『 a 』・『**改造**』や，また**大衆雑誌**『 b 』が発行され，多様な思想・文芸を紹介していった。『 b 』は後に，**100 万部**を超える発行部数に達した。　（法政大）

a 中央公論
b キング

☐ 06 新聞では『**大阪 a 新聞**』・『**東京 a 新聞**』や『**大阪 b 新聞**』・『**東京日日新聞**』などの新聞社による発行部数は **100 万部**を超えた。　（立命館大）

a 朝日
b 毎日

☐ 07 『**現代日本文学全集**』など，**1 冊 1 円**の廉価本が登場し，これらは ☐ と呼ばれた。　（福井大）

円本

☐ 08 **高等教育**の拡充や，**都市中間層**の増大を背景に， ☐ などの文庫本が発行された。　（関西学院大）

岩波文庫

☐ 09 **1925 年**には a 放送が始まった。また， b と呼ばれた**映画**が民衆に受け入れられた。　（九州大）

a ラジオ放送
b 活動写真

☐ 10 **頻出** 中流階層において，**和洋折衷**の住宅である a が流行した。また都市のみならず，地方においても b が各家庭に普及した。　（新潟大）

a 文化住宅
b 電灯

☐ 11 **原内閣**の **1918 年**， ☐ が制定され，**私立大学**が次々に誕生した。　（日本大）

大学令

☐ 12 民間からは a 運動が起こった。この代表的なものには**羽仁もと子**が設立した b などがある。また a 運動では**綴方教育**運動（作文中心の教育）なども試みられた。　（関西学院大）

a 自由教育運動
b 自由学園

☐ 13 **鈴木三重吉**は児童雑誌『 ☐ 』を創刊した。　（立教大）

赤い鳥

☐ 14 自然科学では，**北里柴三郎**による**北里研究所**や，物理や化学の研究を行う a など，**民間**の研究機関が発達した。また b は梅毒スピロヘータの純粋培養に成功した。　（東京女子大）

a 理化学研究所
b 野口英世

☐ 15 **哲学**では， ☐ が『**善の研究**』により日本独自の哲学体系と東洋の倫理構造を理論づけた。　（学習院大）

西田幾多郎
×畿

☑ 16 　頻出　歴史学研究では，□□□の『神代史の研究』に代表される，実証主義的な歴史学の成果が表れた。　（甲南大）

津田左右吉

☑ 17 　□□□の『遠野物語』が注目され，日本における民俗学が成立した。　（同志社大）

柳田国男

文学

☑ 18 　明治末期から大正にかけて，反自然主義的な官能美を追求する永井荷風や谷崎潤一郎らの□□□派が現れた。　（上智大）

耽美派

☑ 19 　頻出　大正時代を代表する文学者たちは　a　派と呼ばれる。彼らは，人道主義や理想主義を掲げ，学習院出身で『お目出たき人』などを執筆した　b　，同じく学習院出身で『暗夜行路』などを執筆した　c　などが，雑誌『　a　』誌上で新しい作品を発表した。　（成蹊大）

a 白樺
b 武者小路実篤
c 志賀直哉

☑ 20 　東京帝大系の雑誌『□□□』を舞台に，理知的な作品を発表したグループは，□□□派と呼ばれる。　（福岡大）

新思潮

☑ 21 　この派を代表する作家としては，『羅生門』を執筆した　a　や，戯曲『父帰る』を執筆した　b　がいる。　（関西学院大）

a 芥川龍之介
b 菊池寛

☑ 22 　頻出　大正の末から昭和にかけて　a　派と呼ばれる新しい作家たちが現れた。代表的な作家・作品には，　b　の『日輪』や，　c　の『伊豆の踊子』などがある。　（関西大）

a 新感覚派
b 横光利一
c 川端康成

☑ 23 　労働運動や社会主義思想などに対応する　a　文学が登場した。代表的な作品には，　b　の『蟹工船』や，　c　の『太陽のない街』などがある。　（関西大）

a プロレタリア文学
b 小林多喜二
c 徳永直

☑ 24 　労働者中心の文芸雑誌では，1921年に『□□□』が，その後，『文芸戦線』・『戦旗』などが発行された。　（駒澤大）

種蒔く人

☑ 25 　大衆文学の代表的な作品には，　a　の『大菩薩峠』や，　b　の『南国太平記』，　c　の『宮本武蔵』などがある。　（近畿大）

a 中里介山
b 直木三十五
c 吉川英治

☑26 大正時代の[___]運動の中心は，1913 年に結成された
島村抱月・松井須磨子らによる芸術座である。　(福岡大)

新劇運動

☑27 関東大震災の翌年の 1924 年，[a]・**土方与志**らは
[b]を設立した。　(東洋大)

a 小山内薫
b 築地小劇場

☑28 音楽では，本格的な交響曲を作曲した[___]が活躍し
た。その作品の『砂山』・『この道』などは広く人々に愛
唱された。　(立教大)

山田耕筰
×作

美術・工芸

☑29 **西洋画**では**外光派**が主流となった。その中から新しい表
現を求め，『**紫禁城**』を描いた[a]らによって**在野**の
洋画団体[b]が発足した。　(西南学院大)

a 梅原龍三郎
b 二科会

☑30 同じく**在野**の**洋画団体**の[a]では，『**麗子像**』を描い
た[b]が活躍した。　(西南学院大)

a 春陽会
b 岸田劉生

☑31 頻出 **日本画**では，一時衰えていた[a]が再興され，
[b]が『**生々流転**』を発表するなど，再び活発な活動
を始めた。　(福井大)

a 日本美術院
b 横山大観

☑32 彫刻では，[___]の『**手**』などの作品が注目された。
　(西南学院大)

高村光太郎

世界恐慌と軍部の台頭

恐慌の時代

☑01 頻出 1926 年，加藤高明内閣に代わり[a]**内閣**が発
足した。この内閣のもと，**1927 年**，**片岡直温**蔵相の失
言を契機に[b]が発生した。　(関西大)

a （第 1 次）若
槻礼次郎内閣
b 金融恐慌

☑02 頻出 [a]**銀行**が休業に追い込まれ，[b]**商店**が倒
産すると，恐慌は深刻化した。　(同志社大)

a 台湾銀行
b 鈴木商店

☐ 03 **頻出** 内閣は ┌ a ┐ 銀行救済のための**緊急勅令**（きんきゅうちょくれい）を発して恐慌を乗り切ろうとした。しかし，┌ b ┐ 外相の**協調外交**に反対していた**枢密院**（すうみついん）に拒否され，内閣は総辞職に追い込まれた。 (同志社大)

a 台湾銀行（たいわんぎんこう）
b 幣原喜重郎（しではらきじゅうろう）
×幣

☐ 04 **頻出** 続く**立憲政友会**の**田中義一内閣**（たなかぎいち）の蔵相には，┌ ┐ が就任した。 (日本大)

高橋是清（たかはしこれきよ）

☐ 05 田中義一内閣のもと，┌ ┐ が発布され，**恐慌は日本銀行の非常貸出し**によって終息した。 (和歌山大)

モラトリアム
〔支払猶予令〕（しはらいゆうよれい）

☐ 06 **頻出** 田中義一内閣のもと，**1928 年**，第 1 回 ┌ a ┐ が行われ，**無産政党**（むさんせいとう）から **8 名**の当選者が出た。合法的無産政党の ┌ b ┐ は同年 4 月内閣の命令で解散した。 (新潟大)

a 普通選挙（ふつうせんきょ）
b 労働農民党（ろうどうのうみんとう）

☐ 07 **日本共産党**に対する弾圧としては，1928 年に ┌ a ┐ が，翌 1929 年にも ┌ b ┐ が起こった。 (佛教大)

a 三・一五事件（さん・いちご）
b 四・一六事件（よん・いちろく）

☐ 08 中国では，**1924 年**，**中国国民党**の**孫文**（そんぶん）が**中国共産党**との ┌ a ┐ に踏み切り，北方の軍閥（ぐんばつ）の打倒，いわゆる ┌ b ┐ を目指した。 (津田塾大)

a（第 1 次）国共合作（きょうがっさく）
b 北伐（ほくばつ）

☐ 09 田中義一首相は**外相**を兼任，いわゆる ┌ a ┐ を展開し，3 次にわたる ┌ b ┐ を行った。その際，日本軍と中国軍が直接衝突する**済南事件**（さいなん）が起こった。 (龍谷大)

a 積極〔強硬〕外交（せっきょく〔きょうこう〕がいこう）
b 山東出兵（さんとうしゅっぺい）

☐ 10 田中義一首相は，**1927 年**，┌ ┐ を主催し，「**対支政策綱領**（たいしせいさくこうりょう）」を決定した。 (龍谷大)

東方会議（とうほうかいぎ）

☐ 11 田中義一内閣は，対欧米外交では，**1928 年**，┌ ┐ に調印している。 (東洋大)

（パリ）不戦条約（ふせん）

☐ 12 1928 年，**関東軍**は，北京を逃れて根拠地の**奉天**（ほうてん）に戻る**奉天軍閥**（ほうてん）の ┌ ┐ を爆殺した。この事件は国内では**満州某重大事件**（まんしゅう・ぼうじゅうだいじけん）と呼ばれ，その処理をめぐって天皇の不興を買った田中義一内閣は，総辞職に追い込まれた。 (龍谷大)

張作霖（ちょうさくりん）
×霜

☐ 13 田中義一内閣総辞職をうけて，**1929 年**，**立憲民政党**の ┌ ┐ **内閣**が成立した。この内閣のもと，**緊縮財政**と**協調外交**が復活した。 (慶應義塾大)

浜口雄幸内閣（はまぐちおさち）

☐ 14 **1930 年**，この内閣の蔵相 ┌ a ┐ は，**金本位制**への復帰を図る ┌ b ┐ 政策を行った。 (成城大)

a 井上準之助（いのうえじゅんのすけ）
b 金（輸出）解禁（きん・ゆしゅつ・かいきん）

☑ 15 また，緊縮財政とともに**産業合理化**が進められ，**1931
年**には □ が制定され，**カルテル結成**などが助長され
た。 (愛知大)

☑ 16 □a 年 □b 月の，**アメリカ**における**ニューヨーク
株式大暴落**に端を発する**世界恐慌**は，ヨーロッパからさ
らにはその植民地へと広がっていった。 (東海大)

☑ 17 日本の金解禁政策は**世界恐慌**の波を浴び， □ と呼
ばれる**深刻**な**不況**を招いた。緊縮財政に加えてアメリカ
への**生糸輸出が激減**し，**対中国輸出も減退**した。 (福井大)

☑ 18 世界恐慌は □ の面を強く持ち，日本でも**米価・繭
価**の下落が，農村を直撃した。 (北海道大)

☑ 19 **頻出** 浜口内閣の外相 □ は，**協調外交**を維持した。
(高崎経済大)

☑ 20 **1930年**には □a に参加し，全権の**若槻礼次郎**・海相
財部彪らは，**大型**巡洋艦について，**対米7割を下回る**数
値で □b に調印した。 (専修大)

☑ 21 この条約で，**海軍軍令部**との事前の合意であった**対米7
割を切った**ことは □ 問題を引き起こし，**軍令部・
右翼・立憲政友会**などは，浜口内閣の外交に反発した。
1930年11月に**浜口首相**は狙撃され，翌年，内閣は総辞
職に至った。 (関東学院大)

軍部の台頭

☑ 22 **頻出** 「**満蒙の危機**」が叫ばれるなか，**関東軍の石原莞爾・
板垣征四郎**らは**1931年9月18日**，奉天郊外で □
を起こし，これを理由に**東三省**の軍事的な占領に乗り出
した。 (九州大)

☑ 23 **頻出** この □ で，**関東軍**は中国の東北部一帯を制圧
し，いわゆる「**十五年**」**戦争**に突入することとなった。
(津田塾大)

☑ 24 **1932年1〜5月**，謀略的な □ が起こった。
(立教大)

☑ 25 **頻出** その中で**1932年3月**には**満州国の建国が宣言さ**れ，**執政**には**清朝最後の皇帝** ☐ が就任した。(九州大)

溥儀 ふぎ

☑ 26 1932年9月，**斎藤実内閣**は ☐ を結び，満州国を承認した。 (成城大)

日満議定書 にちまん ぎ ていしょ

☑ 27 **1932年10月**， ☐ が報告書を提出し，**国際連盟**は，これをもとに**対日勧告案**を総会に諮った。 (日本女子大)

リットン調査団 ちょうさだん

☑ 28 **頻出** この報告書に基づく**対日勧告案**が可決されると，日本は**1933年3月**， ☐ に脱退を通告した。(福井大)

国際連盟 こくさいれんめい

☑ 29 **満州事変**は，**1933年5月**，**塘沽停戦協定**が結ばれて軍事作戦は停止，翌**1934年3月**，満州国は ☐ となった。 (南山大)

満州帝国 まんしゅうていこく

☑ 30 **ファシズム**に基づく，軍人や右翼などによる新しい国家体制をつくろうという運動を， ☐ **運動**と呼んだ。 (大阪学院大)

国家改造**運動** こっか かいぞう

☑ 31 第2次若槻礼次郎内閣が総辞職すると，**1931年12月**，**立憲政友会**を与党に ☐ **内閣**が成立した。 (和歌山大)

犬養毅**内閣** いぬかいつよし

☑ 32 **政党・財閥・元老**に不満を抱く**軍部**や**右翼**による**クーデター未遂事件**が相次ぐようになり，**1931年**には， ☐ a さらに ☐ b が起こった。 (高崎経済大)

a 三月事件 さんがつ
b 十月事件 じゅうがつ

☑ 33 **1932年**，前蔵相井上準之助や三井合名会社理事長団琢磨が暗殺される ☐ が起こった。 (東洋大)

血盟団事件 けつめいだん

☑ 34 **海軍**青年将校らによる ☐ で，首相の**犬養毅**は暗殺された。 (新潟大)

五・一五事件 ご いちご

戦前期の経済

☑ 35 **頻出** 1931年12月に犬養内閣が成立すると，蔵相 ☐ は即座に**金輸出再禁止**に踏み切った。この背景には**満州事変**の勃発，さらには**イギリスの金本位制離脱**があった。 (日本大)

高橋是清 たかはしこれきよ

☑ 36 **金輸出再禁止**に伴い，国が通貨供給量などを管理・調整する ☐ **制度**に移行した。 (慶應義塾大)

管理通貨**制度** かん り つう か

☑ 37 **昭和恐慌**に対し，政府は農村・農業などに対する施策として， [___] **運動**を展開した。 (西南学院大)

農山漁村経済更生**運動**

☑ 38 頻出 **金輸出再禁止**によって**円安**が急速に進行し，**低為替政策**は [___] の増大に繋がった。その結果，1933年ごろには，日本の**生産水準**は世界恐慌以前にまで**復活**した。 (中央大)

輸出

☑ 39 **満州事変**勃発以降の**好景気**のなかで，特に [___] **工業**がめざましい発達を遂げた。 (愛知教育大)

重化学工業

☑ 40 1934年，**八幡製鉄所**を中心に製鉄会社が**大合同**し，**半官半民**の国策会社として [___] が発足した。 (同志社大)

日本製鉄会社

☑ 41 日本の輸出に対し，イギリスなどでは**保護貿易主義**が台頭し，日本も**日満(支)**の [___] の構築を目指した。 (関西大)

円ブロック

☑ 42 軍需と重化学工業の技術発展に伴い，満州や朝鮮にも進出する**新興財閥**が現れた。その代表としては，**鮎川義介**が率いる [a] や，**野口遵**が率いる [b] がある。 (中央大)

a 日産コンツェルン
b 日窒コンツェルン

ファシズムの進展

☑ 43 **国家主義**が台頭するなか，**日本共産党**幹部を皮切りに，共産主義を捨て国家への協力を宣言する [___] が相次いで起こった。 (東京女子大)

転向

☑ 44 [___] とは，**一国一党**の**全体主義**や**独裁的**な**政治体制**を目指す思想で，イタリアで生まれ，革新官僚がこれを受容し統制経済策を推進した。 (立教大)

ファシズム

☑ 45 頻出 犬養内閣が**五・一五事件**で倒れると，**1932年**，海軍大将 [___] が**挙国一致**を掲げて内閣を組織した。 (東洋大)

斎藤実

☑ 46 1933年，『**刑法読本**』などを著した**自由主義的**な刑法学者であった**京大法学部**教授の [___] がマルクス主義的だとして**休職処分**にされた。 (学習院大)

滝川幸辰

☑ 47 頻出 1934年，斎藤内閣の後，**海軍大将**で**英米協調派**の [___] が内閣を組織した。 (中央大)

岡田啓介

☐48 **頻出** この内閣の時，**貴族院議員** ☐ の憲法学説が反国体的だとする**天皇機関説問題**が起こり，☐ は辞職を余儀なくされた。 (九州大)

美濃部達吉

☐49 内閣は天皇機関説排撃の動きに屈し，**1935 年，天皇機関説**を否定し，☐ を発した。 (専修大)

国体明徴声明
×微

☐50 陸軍では，陸軍省・参謀本部などの将校を中心とし，**総力戦体制**を目指す主流派の ☐ 派に対し，**荒木貞夫・真崎甚三郎**らを首領とし，**天皇親政による国家革新**を主張する**皇道派**が台頭した。 (慶應義塾大)

統制派

☐51 **1936 年，皇道派の青年将校**らによるクーデター，☐ が起こり，永田町・三宅坂一帯は彼らに占拠されたが，**天皇の判断により青年将校らは反乱軍**として**鎮圧**された。 (龍谷大)

二・二六事件

☐52 この事件の責任をとり，岡田内閣が総辞職すると，1936 年，**外務官僚出身**の ☐ **内閣**が発足した。 (法政大)

広田弘毅内閣

☐53 **頻出** この内閣は，陸海軍大臣を**現役の大将・中将**から任命する ☐ **制の復活**に踏み切った。 (東洋大)

軍部大臣現役
武官制

☐54 この内閣は，**1936 年 11 月**，ドイツと ☐ を結んだ。 (明治大)

日独防共協定

☐55 これは，共産主義とソ連に反対するという立場から**米英**などに対抗する，☐ と呼ばれる日本・ドイツ・イタリアの提携の第一歩となった。 (大妻女子大)

枢軸国〔陣営〕

日中戦争と太平洋戦争

日中戦争

☐01 **塘沽停戦協定**以後，陸軍は中国の**北部 5 省**の支配を目指す，いわゆる ☐ を進めた。 (津田塾大)

華北分離工作

☐02 **頻出** 1936 年 12 月，**張学良**は ☐ で**蔣介石**を監禁し，国民党と共産党の**内戦の停止**を要求する ☐ **事件**を起こした。 (駒澤大)

西安
シーアン

圓 満州事変に関する次の地図で，地名❶〜❸，および，
満州国の主要部分にあたる❹〜❻の 3 つの省の名称を答えよ。

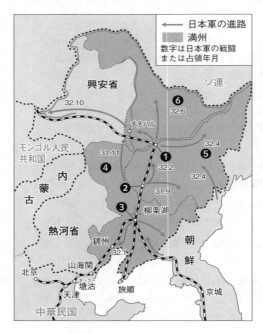

❶ ハルビン （1909 年に伊藤博文が暗殺された）

❷ 長春 （満州国の首都とされて，新京と改称）

❸ 奉天 （この郊外の柳条湖での爆破から満州事変が始まった）

❹ 奉天省 ⎤
❺ 吉林省 ⎬ 東三省
❻ 黒竜江省 ⎦

☑03 1937年2月，広田内閣に代わった陸軍大将の◻︎◻︎**内閣**は，結城豊太郎を蔵相とし，「**軍財抱合**」を標語としたが，弱体内閣であった。　　　　　　　　　　　　（東洋大）

林銑十郎**内閣**

☑04 **頻出** 1937年，◻︎ a ◻︎**内閣**が誕生し，その直後の**7月7日**に◻︎ b ◻︎が起こったが，事件の収束に失敗して戦線は拡大，日中は本格的な戦争状態に突入した。　（龍谷大）

a（第1次）近衛文麿**内閣**
b 盧溝橋事件

☑05 **日中戦争**は，**1937年**8〜11月の◻︎◻︎における日中両軍の衝突以降，一挙に拡大した。　　　　　　（早稲田大）

第2次上海事変

☑06 陸軍は11月に**上海**を制圧，12月に**南京を占領**するに至った。その際，いわゆる◻︎◻︎が起こった。（東京学芸大）

南京事件

☑07 **日中戦争**が拡大するなかで，中国では**1937年9月**，前年の西安事件以降の**国民党と共産党**の話し合いが進み，◻︎ a ◻︎が成立し，◻︎ b ◻︎が結成された。　　（東洋大）

a 第2次国共合作
b 抗日民族統一戦線

☑08 **頻出** **日中戦争**の長期化に対し，**第1次近衛内閣**は**1937年**には◻︎ a ◻︎運動を展開した。また同年，総動員体制を策定するために◻︎ b ◻︎が設置された。　　　　（駒澤大）

a 国民精神総動員運動
b 企画院

☑09 **頻出** **1938年**には，戦時に**国家**が人や物を**動員・統制**することを可能とする◻︎◻︎が発せられた。　　　（駒澤大）

国家総動員法

☑10 停戦工作が頓挫した結果，**1938年1月**，近衛は◻︎◻︎を発し，「**国民政府を対手とせず**」と，自ら交渉の道を閉ざしてしまった。　　　　　　　　　　　　　（慶應義塾大）

（第1次）近衛声明

☑11 **1938年11月**，近衛は**第2次近衛声明**を出し，戦争目的は「◻︎◻︎」の建設であるとした。　　　　　　（明治大）

東亜新秩序

☑12 続いて近衛は**第3次近衛声明**で，いわゆる◻︎◻︎を明らかにし，**善隣友好・共同防共・経済提携**が対中国策の基本だとした。

近衛三原則

☑13 **1938年7月**の**張鼓峰事件**に続き，**1939年5〜9月**，**関東軍**1個師団がほぼ壊滅した◻︎◻︎が起こった。　　　　　　　　　　　　　　　　　　　　　　（北海道大）

ノモンハン事件

☑14 **汪兆銘**の**重慶**からの脱出をうけて近衛内閣は1939年1月に総辞職し，代わって◻︎◻︎**内閣**が誕生した。　　　　　　　　　　　　　　　　　　　　　　（東洋大）

平沼騏一郎**内閣**

☑ 15 1939 年 8 月，□□□□□ が結ばれると，平沼首相は「**欧州情勢は複雑怪奇**」と声明し，内閣は総辞職した。

(京都府立大) 　独ソ不可侵条約

☑ 16 頻出 **1939 年 7 月，国家総動員法**に基づく □ a □ が発せられ，政府が**国民を強制的に指定する業務につかせる**ことが可能となった。また同 **1939 年 10 月，**□ b □ が発布され，公定価格制が導入された。

(高崎経済大) 　a 国民徴用令　b 価格等統制令

☑ 17 また，経済的な重要度や生活面で必要性の高い物資を公平に配分するため，□ a □ 制が導入された。消費物資の主要なものには □ b □ 制，あるいは**通帳制**が導入されていった。

(慶應義塾大) 　a 配給制　b 切符制

☑ 18 国民生活に対する統制として，1940 年 7 月，□□□□□ と呼ばれる**奢侈品の製造販売の禁止令**が出された。(福岡大)

七・七禁令

☑ 19 □□□□□ は日本の**大陸政策**を批判したが，反戦思想であるとして**右翼**の攻撃を受け，東大教授を辞職した。

(駒澤大) 　矢内原忠雄

☑ 20 頻出 左翼の弾圧事件には，1937 ～ 38 年，**山川均**や**大内兵衛**などが弾圧を受けた □ a □ がある。また，歴史学では，『**神代史の研究**』などを著した □ b □ が，その著書を発禁処分とされた。

(東海大) 　a 人民戦線事件　b 津田左右吉

☑ 21 1939 年 8 月，平沼内閣に代わり**陸軍大将**の □□□□□ **内閣**が発足した。この内閣は，1939 年 9 月の**第二次世界大戦の勃発**に際し，**大戦への不介入を宣言**した。(東洋大)

阿部信行内閣

☑ 22 1940 年 1 月，**陸軍の政治介入**と**親独路線の抑制**のため，**親英米派の海軍**大将の □□□□□ **内閣**が成立した。(法政大)

米内光政内閣

☑ 23 1940 年 6 月，**ドイツ軍がパリを占領**すると，日本でもドイツのナチ党やイタリアのファシスト党を目標とした政治体制を目指す □□□□□ が始まり，参加を表明した近衛文麿による内閣，**第 2 次近衛文麿内閣**が 1940 年 7 月に発足した。

(学習院大) 　新体制運動

☑ 24 頻出 **1940 年 10 月，**□□□□□ が結成され，首相自らが**総裁**に就任し，**政党**は次々と**解散**した。(西南学院大)

大政翼賛会

☑ 25 労働運動も労資一体と産業報国を掲げ, 1938 年には**産業報国連盟**を結成, また工場・職場では ▢ a ▢ が組織され, 1940 年, 連盟は ▢ b ▢ となった。 （同志社大）

a 産業報国会
b 大日本産業報国会

☑ 26 教育では, 1941 年に小学校が ▢ と改称された。
（立命館大）

国民学校

太平洋戦争

☑ 27 **仏印**(フランス領インドシナ)や**蘭印**(オランダ領東インド)に進出し**資源**を得ようとする政策を ▢ **政策**と呼ぶ。
（津田塾大）

南進**政策**

☑ 28 1940 年 9 月, 南方の資源の確保と, 蔣介石を援助する**援蔣ルートの遮断**を理由に, 日本は ▢ **進駐**を行った。
（立教大）

北部仏印**進駐**

☑ 29 ▮頻出▮ **1940 年** 9 月, ▢ a ▢ が成立した。これを主導した**松岡洋右**外相はさらに, 翌 1941 年 4 月, ▢ b ▢ に調印, 相互の領土の保全と不可侵を約した。 （新潟大）

a 日独伊三国同盟
b 日ソ中立条約

☑ 30 ▮頻出▮ 1941 年 4 月から駐米大使**野村吉三郎**と米国務長官 ▢ との間で**日米交渉**が始まった。 （愛知大）

ハル

☑ 31 ▮頻出▮ 1941 年 7 月, 外相**松岡洋右**を辞職させるために**第 2 次** ▢ a ▢ **内閣は総辞職**, 松岡を外して第 3 次 ▢ a ▢ **内閣**が成立したが, この後すぐ陸軍は ▢ b ▢ **進駐**を強行した。 （京都産業大）

a 近衛文麿
b 南部仏印進駐

☑ 32 **1941 年 9 月 6 日**の御前会議では, 10 月下旬を目処に戦争準備を完成し, **要求貫徹の見込みがない場合は対米戦争**に踏み切るとする ▢ が決定された。 （早稲田大）

帝国国策遂行要領

☑ 33 **第 3 次近衛内閣の日米交渉**が行き詰まり, **対米戦争**が不可避となると, 近衛は**総辞職**に踏み切り, 代わって交渉の継続を条件に ▢ **内閣**が発足した。 （愛知教育大）

東条英機**内閣**
×秀

☑ 34 **1941 年 11 月 26 日**, 日米交渉では ▢ が提示されたが, 中国・仏印からの**日本軍の撤退, 重慶政府の支持**など, 日本には受け入れ難い内容であった。 （明治大）

ハル＝ノート

5 近代②

☑35 日米交渉の打開の糸口がないまま，**1941 年 12 月 8 日**，**海軍の a 攻撃**，**陸軍の b 上陸でアジア・太平洋戦争**が始まった。 (京都産業大)

a （ハワイ）真珠湾攻撃
b マレー半島上陸

☑36 1942 年 4 月の選挙は ___ と呼ばれた。当選した**翼賛議員**たちは**翼賛政治会**を結成した。 (愛知教育大)

翼賛選挙

☑37 太平洋戦争は ___ の確立がその目標とされ，戦争の正式名称は**大東亜戦争**とされた。 (南山大)

大東亜共栄圏

☑38 戦争初期は日本軍の連戦連勝であったが，**1942 年 6 月**の ___ **海戦**以降は劣勢となった。 (立教大)

ミッドウェー海戦

☑39 **頻出** **1943 年 9 月**，兵力不足から，文系大学生が徴兵猶予を解かれ， ___ が始まった。 (九州大)

学徒出陣

☑40 また労働力不足のため，**学生**や**独身女性**などが軍需工場などに動員される a もさかんに行われた。この独身女性たちは b などと呼ばれた。 (専修大)

a 勤労動員
b 女子挺身隊

☑41 **1943 年 11 月**，連合国側は a を開催し， b を発した。同月，日本は支配下の**中華民国の汪兆銘**をはじめ，**満州帝国**や**タイ**などの代表者を**東京**に集め， c を開催している。 (日本女子大)

a カイロ会談
b カイロ宣言
c 大東亜会議

☑42 **頻出** **1944 年 7 月**， ___ が陥落し，その責任をとって**東条内閣**は**総辞職**した。 (福井大)

サイパン（島）

☑43 以後， a が激化し，特に**1945 年 3 月 10 日の東京大空襲**は約 10 万人の焼死者を出した。また，都市に対する空襲から，**1944 年**からは b が始まっていた。 (北海学園大)

a 本土空襲
b 学童疎開

☑44 **1945 年 2 月**， a が秘密裏に開かれ， b が**秘密協定**として結ばれた。 (明治学院大)

a ヤルタ会談
b ヤルタ協定

☑45 東条内閣に代わった a 内閣は，**1945 年 4 月**，**沖縄戦**が始まると，その直後に**総辞職**した。続いて b 内閣が発足し，終戦を目指した。 (西南学院大)

a 小磯国昭内閣
b 鈴木貫太郎内閣

☑46 **頻出** **1945 年 7 月 26 日**， ___ が発せられ，日本は**無条件降伏**を求められたが，日本政府は**国体の護持**を絶対的な使命とし，その受諾をためらった。 (南山大)

ポツダム宣言

☐ 47 [頻出] アメリカは，1945 年 **8 月 6 日**には a ，**8 月 9 日**には b に**原子爆弾を投下**した。**8 月 8 日**には，日ソ中立条約の有効期間にもかかわらず，ソ連が**対日宣戦布告**を行い，ソ満国境を越えて進撃してきた。 (札幌大)

a 広島
b 長崎

☐ 48 [頻出] **8 月 14 日，御前会議**において天皇は a の受諾を決意し，翌 **8 月 15 日**，「**玉音放送**」と呼ばれたラジオ放送で b が流された。 (日本女子大)

a ポツダム宣言
b 終戦の詔勅

☐ 49 戦争期間中，**植民地の人々を内地の国民と同化**しようとする ____ 政策が強行された。 (愛知教育大)

皇民化政策

☐ 50 生活物資の不足により，それらに代わる ____ と呼ばれる品物が登場した。

代用品

☐ 51 [頻出] **戦争期の文学**では a の『**生きてゐる兵隊**』がその先駆けとなったが，同書は新聞紙法などにより発禁となった。また，戦争文学を代表する作品としては，b の『**麦と兵隊**』がある。 (龍谷大)

a 石川達三
b 火野葦平

圓 日中戦争に関する次の地図で，地名❶〜❺，および，
1938年7月，1939年5月にそれぞれ起こった事件❻・❼の名称を答えよ。

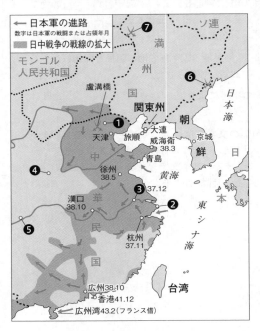

❶ 北京（ペキン）（郊外の盧溝橋での紛争が日中戦争に拡大）

❷ 上海（シャンハイ）（第2次上海事変から日中戦争は本格化）

❸ 南京（ナンキン）（大量虐殺事件があったとされる）

❹ 西安（シーアン）（1936年，張学良が蔣介石を監禁，内戦の停止を求めた）

❺ 重慶（じゅうけい）（蔣介石が率いる国民政府はここを拠点とした）

❻ 張鼓峰（ちょうこほう）事件

❼ ノモンハン事件

問 太平洋戦争に関する次の地図で，**❶**・**❷**・**❹**の戦闘名と，**❸**の島名を答えよ。

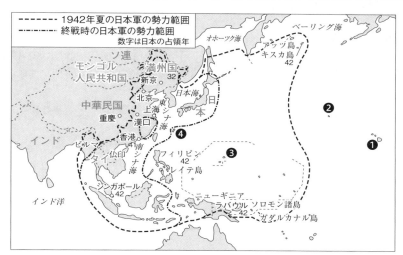

- - - - - 1942年夏の日本軍の勢力範囲
- ‒ ‒ ‒ 終戦時の日本軍の勢力範囲
数字は日本の占領年

ソ連
モンゴル
人民共和国
満州国
新京 ●32
中華民国
北京
上海 東京
日 本
重慶
漢口
香港
インド
ビルマ ●41
タイ 仏印 南シナ海
シンガポール ●42
インド洋
フィリピン ●42
レイテ島
ニューギニア
ラバウル ソロモン諸島
●42
ガダルカナル島
オホーツク海
日本海
東シナ海
ベーリング海
アッツ島
キスカ島 ●42
❷
❶
❸
❹

❶（ハワイ）真珠湾攻撃
（1941年12月，日本海軍がハワイの真珠湾を奇襲した）

❷ ミッドウェー海戦
（1942年6月，この戦い以降，日本軍の劣勢が明確となった）

❸ サイパン島
（1944年7月，この島が米軍の支配下に入った後，本土空襲が激化した。この責任をとって東条英機内閣は総辞職した）

❹ 沖縄戦
（一般人や学生も犠牲となった戦い。1945年4月，米軍が沖縄に上陸した直後，小磯国昭内閣は総辞職した）

占領政策の展開

占領政策の展開

☑01 **ポツダム宣言**を受諾した日本は，□□□□（**GHQ**）による**間接統治**を受けることとなり，日本政府はその**指令・勧告**に基づき民主化を進めた。　　　（青山学院大）

連合国軍最高司令官総司令部

☑02 日本占領の基本方針は□□□□で決定され，これが**米国政府**に伝えられ，さらに米国政府が**GHQ**に伝えるかたちで実施された。　　　（駒澤大）

極東委員会

☑03 **東京**には，GHQの**諮問機関**として□□□□が設置された。　　　（慶應義塾大）

対日理事会

☑04 頻出 GHQの初代最高司令官は□□□□である。　（中央大）

マッカーサー

☑05 頻出 アメリカの**初期**の対日占領方針は，□a□化と□b□化であった。　　　（愛知教育大）

a・b 民主化・非軍事化（順不同）

☑06 **1945年10月**，GHQは**東久邇宮稔彦内閣**に対して民主化を促す□□□□を出し，**天皇批判の自由**などを指示したが，内閣は実行不可能として総辞職した。　（東京女子大）

人権指令

☑07 続く□a□**内閣**に対し，1945年10月，マッカーサーは口頭で□b□を発した。　　　（愛知教育大）

a 幣原喜重郎内閣
b 五大改革指令

☑08 頻出 この指令は，□a□の解放（婦人参政権の付与）・□b□の結成奨励・□c□の自由主義化（民主化）・圧政的諸制度の撤廃（秘密警察などの廃止）・□d□機構の民主化の5つの内容を示す。　（東京女子大）

a 婦人
b 労働組合
c 教育
d 経済

☑09 **1946年1月**，天皇は自らの**神格化を否定**するいわゆる□□□□を発した。　　　（南山大）

（天皇の）人間宣言

☑10 **1946年5月**より，国家を戦争に導いた**A級戦犯**を裁くための□□□□，いわゆる**東京裁判**が開かれた。起訴された者のうち公判中に死亡した者などを除き全員有罪となり，**東条英機**など**7名が死刑**に処された。（日本女子大）

極東国際軍事裁判

☑ 11 ⬚ は，**1946 年 1 月**から**48 年 5 月**にかけて行われ，**軍国主義**に協力したとして約 **21 万人**が職を追われた。

(南山大)

公職追放

☑ 12 **婦人の解放**については，**1945 年 12 月**，⬚ が改正され，年齢制限が **20 歳**に引き下げられるとともに，**婦人参政権**が付与された。

(愛知教育大)

衆議院議員選挙法

☑ 13 **頻出** **労働組合**の結成奨励では，**1945 年**に ⬚ a ，翌 **1946 年**に ⬚ b ，さらに翌 **1947 年**には**労働基準法**が制定され，いわゆる**労働三法**がそろった。

(福井大)

a 労働組合法
b 労働関係調整法

☑ 14 **教育の自由主義化**では，いち早く道徳教育にあたる ⬚ や**国史（日本史）**，**地理**の授業が禁止された。

(同志社大)

修身

☑ 15 **頻出** やがてアメリカ教育使節団の**勧告**に基づく民主的な教育システムが **1947 年**の ⬚ a と ⬚ b で制定され，**義務教育**期間も **9 年**に延長された。

(津田塾大)

a・b 教育基本法・学校教育法（順不同）

☑ 16 **頻出** 経済機構の民主化のための**農地改革**では，⬚ が制定され，**農地調整法**の**再改正**とあわせて**寄生地主制の解体**が実現した。

(西南学院大)

自作農創設特別措置法

☑ 17 ⬚ a の全貸付地は没収され，⬚ b については都府県平均で **1 町歩**，北海道では **4 町歩**を超える小作地の開放が実施された。

(佛教大)

a 不在地主
b 在村地主

☑ 18 残った小作地についても，小作料は ⬚ とされ，従来の**現物小作料は廃止**されることになった。

(和歌山大)

金納

☑ 19 農地改革を実施する機関は ⬚ であった。また，開放される土地は**国家**が**買い取り**，国家から希望する**小作人**などに売却する方式がとられた。

(南山大)

農地委員会

☑ 20 **財閥解体**では，まず **15 財閥の資産凍結**が実施され，その後，⬚ により持株会社の株が没収され，これが市場に開放されて，**株式の民主化**が実現した。

(青山学院大)

持株会社整理委員会

☑ 21 ⬚ により，自由競争を妨げる大企業などは分割・縮小されることとなり，**325 社**が指定されたが，実際の分割は **11 社**のみであった。

(甲南大)

過度経済力集中排除法
×徐

6 現代

☑ 22 また，再び不公正な経済活動が起こることを防ぐために，□□□が制定された。 （東京女子大）

独占禁止法

☑ 23 □□□年 11 月 3 日，**日本国憲法**が**公布**され，翌年 5 月 3 日から施行された。 （明治学院大）

1946 年

☑ 24 □a□**内閣**のもとで**憲法問題調査委員会**による新憲法の草案が作成されたが，GHQ に拒否され，マッカーサー草案と呼ばれる GHQ の草案が示された。内閣はこれをもとに，さらに政府原案を作り，続く□b□**内閣**のもとで**帝国議会**で修正，可決され成立した。 （愛知教育大）

a 幣原喜重郎内閣

b（第 1 次）吉田茂内閣

☑ 25 **日本国憲法**では，いわゆる□□□制がとられ，大日本帝国憲法では主権者であり神格化されていた**天皇**は否定された。 （愛知大）

象徴天皇制

☑ 26 [頻出] 日本国憲法は，□a□，□b□の尊重と，**戦争の放棄（平和主義）**の 3 つを原則とするものとなった。 （津田塾大）

a 主権在民〔国民主権〕

b 基本的人権

☑ 27 帝国議会に代わる**国会**は，**国権の最高機関**と位置づけられた。**貴族院**に代わって□□□が置かれ，衆議院との二院制は維持されたが，**衆議院**が圧倒的な**優越権**を持つこととなった。 （津田塾大）

参議院

☑ 28 [頻出] □□□は**大改正**され，**戸主権**の廃止や**男女同権**などの内容に改められた。 （福井大）

民法

☑ 29 **内務省**中心の地方統治に代わり，1947 年，□□□が制定され，各**自治体首長**は**公選制**となった。 （成蹊大）

地方自治法

☑ 30 [頻出] 警察制度は，**1947 年**の□□□で，**自治体警察**と**国家地方警察**の 2 つの警察組織が並立した。 （東京女子大）

警察法

☑ 31 **1947 年**，□□□も改正され，**不敬罪**や**大逆罪**，また**姦通罪**などが廃止された。 （専修大）

刑法

政治・社会の混乱

☑ 32 戦後まもなく政党が復活した。**旧立憲政友会系**の非推薦議員たちを中心に□a□が，**旧立憲民政党系**からは□b□が誕生した。 （関西学院大）

a 日本自由党

b 日本進歩党

☑ 33 中間政党として**労使協調**を掲げた　**a**　，旧無産政党が合体した　**b**　も発足した。**日本共産党**も合法政党として発足した。
(関西大)

a 日本協同党
b 日本社会党

☑ 34 **頻出** 幣原内閣のもとで行われた，新選挙法に基づく1946年4月の選挙で第1党となったのは　**a**　だったが，その総裁　**b**　は直後に**公職追放**となった。
(高崎経済大)

a 日本自由党
b 鳩山一郎

☑ 35 **頻出** その結果，総裁には急遽＿＿＿が就任し，第1次＿＿＿内閣が発足した。この内閣は**日本進歩党との連立政権**であった。
(東洋大)

吉田茂

☑ 36 1947年4月の，**新憲法に対応する**ための初の**総選挙**では，　**a**　が第1党となり，同党の委員長を首相とする3党連立の　**b**　内閣が発足した。
(青山学院大)

a 日本社会党
b 片山哲内閣

☑ 37 この内閣に続き，同じ3党の連立で＿＿＿内閣が成立したが，まもなく**昭和電工事件**で総辞職した。
(同志社大)

芦田均内閣

☑ 38 続いて少数与党の**民主自由党**の　**a**　内閣が発足した。まもなく行われた**1949年**の総選挙で同党が戦後**初めて過半数を獲得し，保守安定政権**が誕生した。これが　**b**　内閣である。

a 第2次吉田茂内閣
b 第3次吉田茂内閣

☑ 39 この内閣は＿＿＿を締結して**独立を回復**し，以後，第4次・第5次と**長期政権**となった。
(福井大)

サンフランシスコ平和条約

☑ 40 終戦直後の経済情勢は，軍人の**復員**や一般居留民の　**a**　で内地人口が急増したこともあり，食糧不足が深刻化した。人々は農村への　**b**　や，都市における　**c**　で物資を求めた。
(成蹊大)

a 引揚げ
b 買い出し
c 闇市

☑ 41 **頻出** 終戦直後の破局的インフレーションに対し，**幣原内閣**は＿＿＿を発したが，大きな効果はなかった。
(明治大)

金融緊急措置令

☑ 42 1946年12月，**第1次吉田内閣**により，石炭・鉄鋼などに**重点的**に資材・資金を投入する＿＿＿が取り入れられた。
(京都産業大)

傾斜生産方式

☑ 43 そのための公的金融機関として，＿＿＿が設置され，融資が行われたため，**復金インフレ**が起こった。
(明治大)

復興金融金庫

☐ 44 **頻出** 日本経済の抜本的な再建を目指し，**1948 年 12 月**，GHQは**第 2 次吉田内閣**に□□□を示した。主な内容は，**予算の均衡と徴税の強化**であった。 (成城大)

経済安定九原則

☐ 45 **頻出** この実現のため，アメリカから□□□が来日し□□□＝**ライン**と呼ばれる**超均衡予算**の作成を主導した。 (日本大)

ドッジ

☐ 46 **頻出** また，**所得税中心の直接税中心主義**による税制が，アメリカ人財政学者□□□の指導により実施された。 (甲南大)

シャウプ

☐ 47 **超均衡予算**を組むことを条件に，アメリカは日本の円に対して**単一為替レート**を設定し，**1 ドル＝**□□□**円の固定相場制**が取り入れられた。 (高崎経済大)

360 円

☐ 48 超均衡予算の**緊縮財政**のもと，**国鉄職員の解雇**などが大規模に実施されるなか，**1949 年**には**国鉄総裁**が怪死した□ a □，中央線で駅構内を**無人列車が暴走**した□ b □，列車の転覆事故の□ c □などが起こった。 (福岡大)

a 下山事件
b 三鷹事件
c 松川事件

☐ 49 戦後，労働組合の結成が相次いだ結果，**1950 年 7 月**，全国組織として□□□が発足した。 (京都府立大)

日本労働組合総評議会〔総評〕

冷戦と日本の国際復帰

冷戦と日本の国際復帰

☐ 01 1945 年 10 月，51 カ国が参加した□ a □が発足した。その中で，**国際平和**や**安全維持**に関する主要な役割を果たすのは□ b □である。 (専修大)

a 国際連合
b 安全保障理事会

☐ 02 第二次世界大戦の末期から，アメリカを中心とする□ a □**陣営**と，ソ連を中心とする□ b □**陣営**の対立が起こった。 (明治大)

a 資本〔自由〕主義陣営
b 社会〔共産〕主義陣営

☐ 03 米ソ 2 国は直接的な戦火は交えなかったが，□□□と呼ばれる厳しい対立が顕在化した。 (福井大)

冷戦〔冷たい戦争〕

☐ 04 アメリカは _____ で**ヨーロッパの経済復興計画**を実施し，**西欧諸国**を支援した。**東欧諸国**はこれへの参加を拒絶し，**ソ連**との関係を深めた。　　　　　（東北福祉大）

マーシャル＝プラン

☐ 05 アメリカと英仏など**西欧諸国**は，1949 年，_____ を結成した。後には**西ドイツ**も加わり，ソ連と**東欧諸国**に対抗する体制を整えていった。　　　　　　　　（日本大）

北大西洋条約機構〔NATO〕

☐ 06 **1955 年，西ドイツの再軍備およびNATO加盟**に対し，**ソ連**と**東欧 7 カ国**は _____ を発足させた。　（青山学院大）

ワルシャワ条約機構

☐ 07 〔頻出〕中国では，戦後まもなく**国共内戦**が勃発し，**1949年**，これに勝利した ___a___ を国家主席とする**中華人民共和国**が北京で発足した。対して**中華民国**，すなわち ___b___ の国民政府は，中心を**台湾**に移した。（京都産業大）

a 毛沢東
b 蔣介石

☐ 08 植民地支配を脱した**朝鮮半島南部**には，1948 年 8 月，_____ を初代大統領とする**大韓民国**が成立した。
（津田塾大）

李承晩
イ スンマン

☐ 09 朝鮮半島**北部**には 1948 年 9 月，_____ を指導者とする**朝鮮労働党**の**朝鮮民主主義人民共和国（北朝鮮）**が成立した。　　　　　　　　　　　　　　　　　（津田塾大）

金日成
キムイルソン

☐ 10 〔頻出〕**1950 年 6 月，北朝鮮軍**が突如北緯 38 度線を越えて南下，_____ が勃発した。**国連安全保障理事会**は**北朝鮮**の進撃を**侵略**と認定し，その撃退を決議した。（中央大）

朝鮮戦争

☐ 11 **米軍**中心の**国連軍**が朝鮮半島に上陸し，劣勢だった大韓民国側を支え，戦争の形勢が逆転すると，**中華人民共和国**は北朝鮮を支援するため _____ を参戦させた。
（東洋大）

（中国）人民義勇軍

☐ 12 1953 年，北緯 **38 度線**を境とする _____ が**板門店**で締結され，休戦が実現した。　　　　　　　（中央大）

朝鮮休戦協定

☐ 13 〔頻出〕この戦争の勃発をうけて，マッカーサーは第 3 次吉田内閣に**再軍備**を求め，内閣は **1950 年 8 月**，_____ を創設した。　　　　　　　　　　（京都産業大）

警察予備隊

☐ 14 また，この戦争勃発直前から，**共産党員**を公職から**追放**するいわゆる _____ が始まった。　（東海大）

レッドパージ

☑ 15 一方で, 1950 年 10 月から ___ が解除され, 戦犯服
役者も釈放された。
(南山大)

☑ 16 **頻出** **早期講和を目指すアメリカの主導により, 1951 年**
9 月に __a__ **が開催された。この会議の日本側の首席全**
権は, 首相の __b__ であった。
(東京外国語大)

☑ 17 講和において, **すべての交戦国との講和を目指す**
__a__ 論と, **アメリカなど資本主義国**との講和のみでも
やむをえないとする __b__ 論が対立した。
(九州大)

☑ 18 **頻出** **1951 年 9 月 8 日,** ___ **が結ばれた。日本と 48**
カ国が調印したが, ソ連および共産主義国は調印を拒絶
した。
(千葉大)

☑ 19 同日, ___ が結ばれ, **アメリカ軍は引き続き日本の基**
地に駐留する権利と, 基地の自由使用を認められた。同
条約は, アメリカに日本防衛の義務を課さない**不平等な**
条約で, **有効期限も規定されなかった**。
(東京女子大)

☑ 20 **頻出** **1952 年 2 月の** ___ **は, 日本に在日米国軍人等**
に対する刑事裁判権がないなど**不平等**なものであった。
(明治大)

55 年体制の成立

☑ 21 **警察予備隊は 1952 年に** __a__ , **1954 年には** __b__
となった。
(和歌山大)

☑ 22 1954 年には, ___ **協定**が結ばれ, 日本は**防衛力の増**
強を約束し, アメリカの**経済援助**を受け入れた。
(南山大)

☑ 23 **1952 年,** ___ **が制定され, 暴力的な国家改革など**を
目指す勢力の排除が規定された。その背景には同年 5 月
1 日, **第 23 回メーデー**で**警官隊**と**デモ隊**が衝突し, 死
者が発生したことなどがあった。
(北海学園大)

☑ 24 1950 年代, **石川県の内灘事件, 東京都の砂川事件**など
の ___ が起こった。
(佛教大)

☑ 25 1954 年の ___ **事件**の翌年, **1955 年**には広島で**第 1**
回原水爆禁止世界大会が開催された。
(東京経済大)

☑ 26 **1954 年，インドのネルー首相と中国の周恩来首相は，**
　　□□□ **を発表した。** （関西学院大）

平和五原則

☑ 27 **1955 年，インドネシアのバンドンで 29 カ国が参加した**
　　□ a □ **が開催され，** □ b □ **が発表された。** （早稲田大）

a アジア＝アフリカ〔AA〕会議
b 平和十原則

☑ 28 **第 5 次吉田内閣の 1954 年，造船業界から政府・自由党への巨額の贈賄が発覚した** □□□ **が起こった。** （獨協大）

造船疑獄事件

☑ 29 **頻出** **公職追放から解除された** □□□ **は政界に復帰し，1951 年，自由党に入った。さらに 1954 年には日本民主党を結成して政権奪取を目指した。** （東洋大）

鳩山一郎

☑ 30 **1954 年，吉田内閣の総辞職を受けて，少数与党の内閣として，日本民主党を与党とする** □□□ **内閣が発足した。** （明治学院大）

鳩山一郎内閣

☑ 31 **この内閣は，** □□□ **と「自主外交」を政策目標に掲げた。** （明治学院大）

憲法改正〔自主憲法制定〕

☑ 32 **1955 年 11 月，日本民主党と自由党が合併し，** □□□ **が誕生，翌年には鳩山一郎がその総裁に就任した。** （日本大）

自由民主党

☑ 33 **この政界再編は** □□□ **と呼ばれる。** （成蹊大）

保守合同

☑ 34 **頻出** **これに先立ち，サンフランシスコ平和条約をめぐって左右に分裂していた** □□□ **は，改憲を阻止するために再統一を果たした。** （関西大）

日本社会党

☑ 35 **自由民主党が長期政権を担い，改憲を阻止するため日本社会党が議席の 3 分の 1 以上を維持し続けた結果，政界は** □□□ **と呼ばれる構造になった。** （高崎経済大）

55 年体制

☑ 36 **頻出** **鳩山一郎は 1956 年にソ連を訪れ，戦争状態の終了や，ソ連による日本の国連加盟支持を取り付けるため，** □□□ **に調印した。その結果，同年 12 月，日本は国際連合への加盟が認められた。** （立命館大）

日ソ共同宣言

☑ 37 **北方領土については，日ソ間の平和条約締結後に** □ a □ **群島・** □ b □ **島が返還されることとされたが，これは実現していない。** （東北福祉大）

a 歯舞群島
b 色丹島

保守政権の安定と高度経済成長

冷戦下の世界

☑ 01 **頻出** **インドシナ戦争**の休戦協定後，ベトナムは**北緯17度**を境に南北に分裂したが， <u> a </u>（ベトナム民主共和国）と南ベトナム解放民族戦線に対し，<u> b </u>が<u> c </u>（ベトナム共和国）を支援した戦争，**ベトナム戦争**が起こり，1960年から本格化した。 　　　　　　　　　　　　（東京外国語大）

a 北ベトナム
b アメリカ
c 南ベトナム

☑ 02 **米軍**は**1965年**以降，**ベトナム戦争**に本格介入し，恒常的な空爆，いわゆる <u>　　　</u> を本格化させた。 　（成蹊大）

北爆

☑ 03 **1973年**1月の <u>　　　</u> で，同年，米軍は撤退することとなった。 　　　　　　　　　　　　　　　　　（神奈川大）

ベトナム和平協定

☑ 04 1971年8月，アメリカ大統領ニクソンは**金・ドル交換停止**を発表し，いわゆる <u>　　　</u> が世界を襲った。 　　　　　　　　　　　　　　　　　（慶應義塾大）

ドル＝ショック〔ニクソン＝ショック〕

☑ 05 <u>　　　</u> の**第1回**は**1975年**，フランスのランブイエで開かれた。 　　　　　　　　　　　　　　　　　（立教大）

先進国首脳会議〔サミット〕

安保闘争と保守政権の安定

☑ 06 <u>　　　</u> **内閣**は，**安保条約の改定**を目指した。 　（学習院大）

岸信介内閣

☑ 07 この内閣は**1960年**1月，<u>　　　</u> を締結した。国内では**激烈な反対闘争**が繰り広げられたが，**衆議院の強行採決**の末，条約は**自然成立**し，内閣は総辞職した。 　　　　　　　　　　　　　　　　　（明治学院大）

日米相互協力及び安全保障条約〔日米新安全保障条約〕

☑ 08 この安保改定に対する反対運動を <u>　　　</u> と呼ぶ。デモ隊と警察隊の衝突などから死者も発生した。 　（早稲田大）

安保闘争

☑ 09 **頻出** 岸内閣に続く <u> a </u> **内閣**は，経済重視の政策を展開し，<u> b </u> を唱えた。**10年間**でこれを達成するという目標は，約7年で実現した。 　　　　　　　　（愛知教育大）

a 池田勇人内閣
b 所得倍増〔国民所得倍増計画〕

☑ 10 **頻出** **1961年**，<u>　　　</u> が制定され，**農業**と他産業との生産性の**格差**，また**所得格差**是正のための総合政策が掲げられた。 　　　　　　　　　　　　　　　　　（成蹊大）

農業基本法

☑ 11 **中華人民共和国**との正式国交はなかったが，1962 年 11 月，「日中総合貿易に関する覚書」で，準政府間の貿易が始まった。この貿易は ▢ と呼ばれた。　（学習院大）

LT貿易

☑ 12 **1964 年 10 月**， a が開通し，また，同月， b が開催された。　（愛知教育大）

a 東海道新幹線
b 東京オリンピック

☑ 13 **頻出** a **内閣**は **1965 年**，戦後，国交を樹立できなかった**大韓民国**との間で b を結び，大韓民国を朝鮮にある**唯一の合法政府**として認め，付属協定で経済援助などを約束した。　（法政大）

a 佐藤栄作内閣
b 日韓基本条約

☑ 14 **頻出 1968 年**には ▢ が返還され，**1970 年**には日米安全保障条約が最初の**自動延長**となった。　（関西学院大）

小笠原諸島

☑ 15 **1971 年**， ▢ が結ばれ，翌 **1972 年**，**沖縄**は**祖国復帰**を果たした。　（佛教大）

沖縄返還協定

☑ 16 **1971 年**，衆議院本会議の決議により確認された，核兵器を「**持たず，作らず，持ち込ませず**」という原則は ▢ と呼ばれている。　（明治学院大）

非核三原則

☑ 17 1960 年，**日本社会党から右派**が脱退し ▢ を結成した。同党は 1969 年，党名を**民社党**と改めた。（広島修道大）

民主社会党

☑ 18 1964 年，創価学会を母体とする ▢ が結成され，1967 年の衆議院選挙では 25 議席を獲得し，さらに 1993 年発足の**細川内閣**で初の**連立与党**になった。　（早稲田大）

公明党

☑ 19 1960 年代から 75 年にかけてピークを迎えた**左派勢力の支持**を受けた首長による自治体を ▢ と呼ぶ。　（上智大）

革新自治体

8 現代

☑ 20 その象徴は，1967 年，**東京都知事**に当選した ▢ である。その背景には**社会党・共産党**だけではなく**労働組合・住民運動**などが結合した新しい市民勢力があった。　（高崎経済大）

美濃部亮吉

☑ 21 **頻出** 1972 年，**アメリカ大統領** a の**訪中**が実現し，佐藤内閣は衝撃を受けた。 a と中国の b ・**周恩来**が会談し，**1979 年**には**米中国交が正常化**した。　（駒澤大）

a ニクソン
b 毛沢東

☑ 22 【頻出】長期の佐藤政権が終わると，自民党総裁選に勝利
した ▢ が首相に就任した。 （津田塾大）

田中角栄

☑ 23 首相は **1972 年**，中国を訪問し，▢ によって**中華人民共和国**との国交が正常化したが，同時に台湾の**中華民国政府**とは**国交断絶**に至った。 （和歌山大）

日中共同声明

☑ 24 この内閣は，内政においては工場の地方分散，金融緩和・大型予算の編成などによる「▢」政策を掲げたが，これは**地価高騰**を招く結果に終わった。 （駒澤大）

列島改造

☑ 25 この内閣は，首相自身の**政治資金**の不透明な集め方が批判された ▢ **問題**によって総辞職に至った。 （南山大）

金脈問題

☑ 26 そこで，続く ▢ **内閣**は，金権政治の打破を掲げた。 （南山大）

三木武夫内閣

☑ 27 この内閣のもと，**1976 年**，▢ が発覚し，7 月には前首相が逮捕された。 （京都府立大）

ロッキード事件

☑ 28 続く ▢a▢ **内閣**のもとで，**1978 年 8 月**，中国との間に ▢b▢ が結ばれた。 （中央大）

a 福田赳夫内閣
b 日中平和友好条約

☑ 29 続く ▢ **内閣**のもとでは，**第 2 次石油危機（オイルショック）**が起こった。 （成蹊大）

大平正芳内閣

高度経済成長

☑ 30 【頻出】**朝鮮戦争**に伴う ▢a▢ と呼ばれる好景気のなかで，日本は独立を達成すると，**1952 年**には ▢b▢ や ▢c▢ に加盟した。 （津田塾大）

a 特需
b・c IMF〔国際通貨基金〕・IBRD〔世界銀行・国際復興開発銀行〕
（順不同）

☑ 31 【頻出】また，**1955 年**には自由貿易の拡大を目的とする，▢ に加盟した。 （京都産業大）

GATT〔関税及び貿易に関する一般協定〕

☑ 32 1955 年前後から好景気が続き，いわゆる**高度経済成長**が実現した。これは a と，「投資が投資を呼ぶ」と称された b によって支えられた。　　（東京女子大）

a 技術革新
b 設備投資

☑ 33 **1956 年**の**経済白書**では，「 」と戦後の経済復興が果たされたことが記されている。　　（中央大）

もはや戦後ではない

☑ 34 **1963 年**，日本は経済成長を背景に，国際収支を理由として**輸入制限**ができない に移行した。　　（津田塾大）

GATT 11 条国

☑ 35 **1964 年**，日本は国際収支を理由とした**為替管理**が行えない に移行した。　　（関西学院大）

IMF 8 条国

☑ 36 頻出 **1964 年**， に加盟し，**資本の自由化**が義務付けられた。　　（愛知大）

OECD〔経済協力開発機構〕

☑ 37 高度経済成長が続くなかで，いわゆる**消費革命**が起こり，1960 年代には「 a 」が，1970 年代には「 b 」と呼ばれる消費財が一般家庭に普及した。　　（津田塾大）

a 三種の神器
b 3C〔新三種の神器〕

☑ 38 工業の急速な発展に対し，農業の発展は遅れ，米の増産と消費減退のなかから過剰米が生まれたため，1970 年以降は **政策**がとられた。　　（成蹊大）

減反政策

☑ 39 頻出 **エネルギー転換**が進み，**石炭**から への移行が進んだ。石炭業は不況業種となり，**1960 年**には**三井三池炭鉱争議**も起こった。　　（大阪経済大）

石油

☑ 40 1989 年，全日本民間労働組合連合会に総評が解散して合流した結果，ナショナルセンターとして が発足した。　　（成城大）

日本労働組合総連合会〔連合〕

B
現代

☑ 41 高度経済成長は日本人一般に を植えつけた。また，家族の形態が変容し，**核家族**化が進んだ。　　（上智大）

中流意識

☑ 42 **1971 年** 8 月の**ニクソン**による の発表は，**ドル = ショック**として世界経済に大きな動揺を与えた。　　（中央大）

金・ドル交換停止

☑ 43 **固定相場制**が崩れ，日本は **1973 年** 2 月， に移行した。　　（中央大）

変動相場制

☑44 頻出 1970年代には2度にわたる _____ が先進資本主義国を襲った。**第1次** _____ は，**1973年**の**第4次中東戦争**に伴うもので，石油価格の高騰が先進諸国の経済に打撃を与えた。　　　　　　　　　　　　　　　（獨協大）

石油危機〔石油ショック，オイルショック〕

☑45 **第2次石油危機**は，_____ に伴うもので，同じく原油価格の高騰などにより，資本主義諸国が大きな打撃を受けた。　　　　　　　　　　　　　　　　　　　（慶應義塾大）

イラン革命

☑46 第1次石油危機の結果，日本ではインフレが加速し ___a___ と呼ばれ，___b___ **年**には経済成長率が**戦後初めてマイナス成長**となった。　　　　　　　　　　（大阪経済大）

a 狂乱物価
b 1974年

☑47 石油危機を乗り切った結果，日本の**自動車や半導体輸出**は拡大し，これに伴い，以前から起こっていた _____ がますます重要な課題となった。　　　　　　　　　（南山大）

(日米)貿易摩擦

☑48 高度経済成長は，一方で**公害問題**を引き起こした。1967～69年，いわゆる _____ が相次いで起こされ，いずれも70年代初頭に第1審で被害者側が勝訴した。　（立教大）

四大公害訴訟

☑49 頻出 この訴訟は，熊本県の ___a___ 病，富山県の ___b___ 病，新潟県の新潟 ___a___ 病，そして三重県の ___c___ の被害をめぐるものである。　　　　　　　　（慶應義塾大）

a 水俣病
b イタイイタイ病
c 四日市ぜんそく

☑50 頻出 **1967年**には ___a___ が制定され，また環境の保全と回復のために，**1971年**，___b___ が設置された。
　　　　　　　　　　　　　　　　　　　　　　　　　（九州大）

a 公害対策基本法
b 環境庁

現代の情勢と文化

現代の世界

☑01 **1979年**，ソ連は _____ に侵攻し，共産主義政権を支援しようとした。　　　　　　　　　　　　　　　（明治学院大）

アフガニスタン

☑02 ソ連では1985年，_____ が共産党書記長となり，1990年には大統領となった。　　　　　　　　　　　　（明治大）

ゴルバチョフ

☑03 彼のもと，_____ （改革・立て直し）やグラスノスチ（情報公開）などが進められた。　　　　　　　　　　　（福岡大）

ペレストロイカ

☑ 04 **1989 年，マルタ島でアメリカ大統領ブッシュとゴルバチョフ**が会談し，「◯◯◯◯宣言」が出された。（大阪経済大）　冷戦終結

☑ 05 **1989 年には** a **が起こり，ソ連軍は** b **から撤退した。1991 年 12 月にはゴルバチョフ大統領が辞任し，ソ連邦が解体し，独立国家共同体 (CIS) が結成された。**（明治学院大）

a 東欧革命

b アフガニスタン

☑ 06 **1990 年，イラクのフセイン大統領のクウェート侵攻に対し，翌 1991 年に多国籍軍がイラク軍を制圧した**◯◯◯◯**戦争**が起こった。（成蹊大）

湾岸**戦争**

☑ 07 **宮沢喜一内閣のもとでは 1992 年，**◯◯◯◯**が成立し，自衛隊がカンボジアに派遣された。**（慶應義塾大）

PKO 協力法〔国際平和協力法〕

現代日本の情勢

☑ 08 **「戦後政治の総決算」を掲げて 1982 年に登場した** a **内閣は，** b **・教育改革などのさまざまな改革を実施した新保守主義的な政権であった。**（慶應義塾大）

a 中曽根康弘内閣

b 行財政改革

☑ 09 この内閣は 1985 年，国連の女子差別撤廃条約批准のための法整備として，a を制定・公布，1987 年には b の**分割民営化**を実現した。（東京外国語大）

a 男女雇用機会均等法

b 国鉄〔日本国有鉄道〕

☑ 10 **頻出** 1985 年，G5 は，協調的な**ドル安**を目指す◯◯◯◯を発表した。（立教大）

プラザ合意

☑ 11 a **内閣は，1989 年 4 月，** b **を導入した。税率は 3%であった。**（早稲田大）

a 竹下登**内閣**

b 消費税

☑ 12 この内閣は，前内閣時代の，株をめぐり政官界の主要人物に広がった◯◯◯◯**社**との贈収賄疑惑，いわゆる◯◯◯◯**事件**を機に総辞職に追い込まれた。（津田塾大）

リクルート

☑ 13 **頻出** 1993 年，a **内閣**に対する**内閣不信任案**が**可決**され，衆議院選挙に臨んだが，b は過半数割れに陥り，保守長期政権は終わりを告げた。（慶應義塾大）

a 宮沢喜一内閣

b 自民党〔自由民主党〕

6 現代

☑14 **頻出** **1993 年，日本新党**の党首□□□を首班とする内閣が発足した。非自民 **8 党派**の連立内閣であるこの内閣の成立により，**55 年体制は崩壊**した。 (中央大)

細川護熙

☑15 この内閣のもとで 1994 年，衆議院の選挙制度は□□□**制**となった。 (上智大)

小選挙区比例代表並立制

☑16 1994 年，社会党委員長□□□を首班とする**自民党・社会党・新党さきがけ**の 3 党連立内閣が成立し，自民党は政権与党に戻った。 (北海道大)

村山富市

☑17 この内閣に続く□a□**内閣**は，**自民党・社会党・**□b□の連立内閣として発足した。 (明治大)

a 橋本龍太郎
内閣
b 新党さきがけ

☑18 この内閣の時には，**北海道旧土人保護法**を廃止し，□□□が制定され，**アイヌ民族の自立と人権保護**が目指されることとなった。 (関西学院大)

アイヌ文化振興法

☑19 この内閣のもと，1997 年 12 月，**地球温暖化防止京都会議**が開かれ，□□□が採択された。 (立教大)

京都議定書

☑20 この内閣は財政構造改革法を成立させたが，**消費税を**□□□**%に引き上げ**，そこにアジア諸国の通貨危機が重なり，深刻な不況に陥った。 (成蹊大)

5%

☑21 1998 年に成立した□□□**内閣**は，**国旗・国歌法**を制定した。 (明治大)

小渕恵三内閣

☑22 2000 年に成立した□a□**内閣**は短命に終わり，**2001 年**に□b□**内閣**が成立した。同年 **9 月 11 日**，アメリカで**同時多発テロ**が発生し，政府は 2001 年 10 月に**テロ対策特別措置法**を制定した。 (慶應義塾大)

a 森喜朗内閣
b 小泉純一郎
内閣

☑23 この内閣は，最大の課題を**郵政民営化**とし，選挙を通じて国民の支持を得て，2005 年，□□□が衆議院を通過した。この郵政三事業（郵便・簡易保険・郵便貯金）の民営化政策は，その後，後退した。 (早稲田大)

郵政民営化法

☑24 2002 年 9 月，**小泉首相**は**朝鮮民主主義人民共和国**を訪問し，□□□総書記と会談し，**日本人拉致問題**の解決などに着手した。 (青山学院大)

金正日
キムジョンイル

☐ 25 小泉内閣の後の ☐ 内閣・**福田康夫内閣**・**麻生太郎内閣**は，いずれも短命な内閣に終わった。 （法政大）

（第1次）安倍晋三内閣

☐ 26 **民主党の党首** ☐ **を首相とする内閣**は，**社会民主党・国民新党**との3党連立内閣として発足した。 （立教大）

鳩山由紀夫

☐ 27 この内閣の退陣を受けて，2010年6月，☐ **内閣**が国民新党との連立で発足した。 （成蹊大）

菅直人内閣

☐ 28 この内閣の退陣を受けて ☐ **内閣**が発足した。この内閣は政治生命を賭けるとして，消費税増税を最大の政策課題に決定した。 （広島修道大）

野田佳彦内閣

現代の経済・社会

☐ 29 1971年の**ニクソン＝ショック**と**世界同時不況**以降，日本企業は ☐ を進めた。 （南山大）

減量経営

☐ 30 頻出 1985年の ☐ 以降の**急速な円高**により，日本は**円高不況**に見舞われた。 （学習院大）

プラザ合意

☐ 31 1986年以降の**内需拡大**策や，**低金利政策**の結果，**不動産や株に投資が集中**し，☐ **景気**が訪れたが，1990年から**株価**が，翌年からは**地価**が**下落**し崩壊した。 （早稲田大）

バブル景気

☐ 32 **2011年3月11日**，☐ a ☐ が発生し，観測史上最大規模のマグニチュード9.0，最大震度7の地震とともに，大津波が壊滅的な被害をもたらし，東京電力 ☐ b ☐ の事故も起こった。 （上智大）

a 東日本大震災
b 福島第一原子力発電所

現代の文化

☐ 33 頻出 **法隆寺金堂壁画**の焼損を機に，**1950年**，☐ が制定された。 （西南学院大）

文化財保護法

☐ 34 頻出 **1949年**，☐ が**ノーベル物理学賞**を受賞した。 （成蹊大）

湯川秀樹

☐ 35 **1970年**，**大阪**で ☐ が開催された。 （南山大）

日本万国博覧会

☑ 36 ＿＿＿放送は **1953 年**から始まった。これに先立って　　テレビ放送
1951 年からは**ラジオの民間放送**も始まっている。

(法政大)

☑ 37 頻出『**羅生門**』が代表作である　a　や，『**西鶴一代女**』　a 黒澤明
で有名な　b　は，いずれも監督した映画作品が**国際**　b 溝口健二
的な映画賞を受賞し，世界から注目を浴びた。　(立教大)

☑ 38 本格的なストーリー漫画で，その後の漫画・アニメブー　手塚治虫
ムの契機となったのは，＿＿＿の『**鉄腕アトム**』である。

(津田塾大)

☑ 39 戦後まもなくの世相を背景に，＿＿＿の『**悲しき口笛**』　美空ひばり
が大ヒット曲となった。　(津田塾大)

難関大で必ず覚える
私大上位レベル

標準の**1,640**問

旧石器文化・縄文文化

旧石器文化

☑01 現在日本で知られる**化石人骨**はほぼ**新人**段階で，沖縄県の　　 **a** ・**山下町洞人**（山下人骨），**静岡県**の　 **b** 　などがある。　　　　　　　　　　　　　　　　　　　　　　　　　　（中央大）

a 港川人骨
b 浜北人骨

☑02 **頻出** 群馬県の**岩宿遺跡**は**1946年**に　　　　　が発見した遺跡で，**1949年**に打製石器の存在が確認された。　　（関西大）

相沢忠洋

☑03 **岩宿遺跡**は　　　　　という**赤土**層の中にあり，ここから打製石器が発見され旧石器文化の存在が明確になった。
　　　　　　　　　　　　　　　　　　　　　　　　　　　　　　（新潟大）

関東ローム層

☑04 **打製石器**は素朴な　　　　　から，**ナイフ形石器**，**尖頭器**，そして**細石器**と，その機能を高めていった。　　　　　　（関西大）

握槌
〔握斧・打製石斧〕

☑05 更新世の末期に発達した**細石器**とは，　　　　　を骨や木などの台に埋め込んだ，**組み合わせ式**の石器である。（中央大）

細石刃

☑06 狩猟の対象となった大型動物は，**ナウマンゾウ**・　 **a** 　などであった。また，長野県の　 **b** 　**遺跡**は，大型動物の**骨**と**打製石器**が同じ地層から発見されたことで注目されている。　　　　　　　　　　　　　　　　　　　　　　　　（北海学園大）

a トウヨウゾウ
b 野尻湖遺跡

縄文文化

☑07 **頻出** 1877年，大森貝塚を発見した　　　　　は，**アメリカ人**で進化論に関心をもった学者であった。　　　　　　（同志社大）

モース

☑08 中・小型動物を狩猟するために**弓矢**が発達し，石器の　 **a** 　がさかんに使用され，**落とし穴**も用いられた。漁労や島などとの往復のためには　 **b** 　が使われた。　（立教大）

a 石鏃
b 丸木舟

☑09 **原始農耕**としては，雑穀などの栽培が確認されるが，縄文**晩期**には　　　　　が**西日本**に出現した。　　　　　　（千葉大）

水稲農耕

☑10 縄文時代は，**土器の形式**から，　 **a** 　**期**・**早期**・**前期**・**中期**・**後期**・　 **b** 　**期**の**6期**に区分される。　（中央大）

a 草創期
b 晩期

☑11 縄文**草創期**の土器では，縄文は認められず，**無文土器**・　　　　　　隆起線文土器
　　　　□□□**土器・爪形文土器**などが出現している。(関西学院大)

☑12 石器では，木の実などをすりつぶす**石皿・すり石**や，携帯　　a 石匙
　　　できる**小型のナイフ**である　**a**　，漁労用の網を沈めるた　　b 石錘
　　　めの　**b**　や土錘などが発達した。　　　　　　　(法政大)

☑13 頻出 **竪穴住居の中央**には火をたく□□□が設けられた。　　　炉
　　　　　　　　　　　　　　　　　　　　　　　　　　(同志社大)

☑14 **黒曜石・ひすい**(硬玉)などの他，広範囲に分布する**石**　　　サヌカイト
　　　器の材料として，四国や奈良県・大阪府の境の**二上山**の　　〔讃岐石〕
　　　□□□がある。　　　　　　　　　　　　　　　　(立命館大)

☑15 貝塚が整然と並ぶ　**a**　**貝塚**や，　**b**　**貝塚**が発達した。　a・b 環状貝塚・馬
　　　代表的なものには**千葉県の加曽利貝塚**がある。　　(慶應大)　　蹄形貝塚(順不同)

弥生文化と小国の分立

弥生文化

☑01 考古学的な**年代測定法**としては，□□□**法**や，**年輪年代法**　放射性炭素 ^{14}C
　　　などが代表的なものである。　　　　　　　　　　(立命館大)　　測定法〔炭素14
　　　　　　　　　　　　　　　　　　　　　　　　　　　　　　　　年代法〕

☑02 弥生土器研究は，**東京府本郷弥生町**(現東京都文京区弥生)　向ヶ岡貝塚
　　　の□□□**貝塚**で発見された土器を端緒とする。(関西学院大)

☑03 弥生時代には，糸をつむぐ**紡錘車**が現れ，□□□の技術が　機織
　　　大陸から伝えられたことも知られている。　　　(京都府立大)

☑04 弥生土器はその機能から，煮炊き用の**甕**，貯蔵用の**壺**，盛　a 高杯〔坏〕
　　　付け用の　**a**　などの区分がある。また，蒸し器の　　　　b 甑
　　　b　も現れた。　　　　　　　　　　　　　　　(立命館大)

☑05 頻出 青銅は**銅**と**錫**の合金である。大型化した青銅器の分　a 銅鐸
　　　布では，近畿地方中心の　**a**　，九州北部中心の**銅矛・銅**　b 平形銅剣
　　　戈，瀬戸内海沿岸の　**b**　が知られている。　　　(明治大)

☑06 水稲農耕には，種を直接蒔く□□□と，**田植え**の２種類　直播
　　　があった。　　　　　　　　　　　　　　　　　　(成蹊大)

☑07 島根県の a 遺跡は，銅剣358本をはじめ，銅矛・銅鐸が集中して出土したことで注目を浴びた。近接している b 遺跡でも銅鐸39個が発見された。 （青山学院大）

a（神庭）荒神谷遺跡
b 加茂岩倉遺跡

☑08 銅鏡では，前期古墳などの代表的な副葬品である □□□ が注目されている。 （京都府立大）

三角縁神獣鏡

☑09 奈良県の □□□ 遺跡は，同県最大の弥生集落で，多重の環濠集落としても知られている。 （東洋大）

唐古・鍵遺跡

☑10 縄文晩期，佐賀県の a 遺跡や福岡県の b 遺跡などで水稲農耕が始まっていたことが知られている。 （関西大）

a 菜畑遺跡
b 板付遺跡

☑11 青森県の a 遺跡は，弥生前期には水稲農耕が青森県にまで達したことを示す。また，同県には弥生中期の b 遺跡という大規模な水田の遺跡もある。 （立命館大）

a 砂沢遺跡
b 垂柳遺跡

☑12 水稲農耕の収穫では，石包丁を用いる a ，さらには鉄鎌による根刈りが発達した。木製農具では，足の埋没を防ぐための b が使用されていた。 （新潟大）

a 穂首刈り
b 田下駄

☑13 弥生時代の墓制では，九州北部の支石墓・ a 墓や，近畿から広がった b 墓が注目されている。 （立命館大）

a 甕棺墓
b 方形周溝墓

☑14 弥生後期には大型の墳丘墓も現れ，岡山県の a 墓や山陰地方の b 墓が注目されている。 （立命館大）

a 楯築墳丘墓
b 四隅突出型墳丘墓

小国の分立

☑15 頻出 史料 『漢書』地理志によれば，「 a 」郡の先の「海中」には倭人が住み，「 b 」の小国に分立していたという。 （明治大）

a 楽浪
b 百余

☑16 史料 『後漢書』東夷伝によれば，「建武中元二年（AD □□□ 年）」，倭の奴国の王が朝貢の使者を派遣してきたという。 （上智大）

57年

☑17 頻出 この時，□□□ は使者に「印綬」を与えた。 （関西大）

光武帝

☑18 江戸時代に発見された「 □□□ 」の印文を持つ金印がこれにあたるとされる。 （千葉大）

漢委奴国王
×倭

☑ 19 金印は **1784 年**，現在の福岡市の◻◻◻◻で発見された。 志賀島

（日本大）

☑ 20 **頻出** **史料** 『**後漢書**』**東夷伝**によれば，倭国の王「◻ a ◻」 a 帥升
 ×師 <br> b 生口

らは「**安帝**」の「**永初元年**（AD107 年）」に「◻ b ◻**百六十**

人」を献じ使者を送ったという。 （同志社大）

☑ 21 **史料** 同書によれば 2 世紀後半，「◻ a ◻」帝・「◻ b ◻」 a 桓 <br> b 霊

帝のころ，「**倭国**」は「**大乱**」に陥っていたという。 （立教大）

☑ 22 「**魏志**」**倭人伝**とは，魏・呉・蜀の三国の正史『◻ a ◻』の a 三国志 <br> b 魏書〔志〕

「◻ b ◻」の「**東夷伝倭人条**」の通称である。 （法政大）

☑ 23 **史料** 「**魏志**」**倭人伝**によれば，**卑弥呼**は **239 年**，魏に使者 難升米

「**大夫**◻◻◻◻」を送り，**明帝**から「**親魏倭王**」の称号を与え

られ，「**金印紫綬**」や「**銅鏡**」などを贈られた。 （立命館大）

☑ 24 **史料** 同書によれば，「◻ a ◻」という支配者層と一般の a 大人 <br> b 下戸

「◻ b ◻」の間には厳しい身分差があったという。

（慶應義塾大）

☑ 25 **史料** 同書によれば，国々には**市**があり，「◻◻◻◻」という 大倭

役人がこれを管理していたという。 （関西学院大）

☑ 26 **史料** 同書によれば，「**女王国**」より「**以北**」には国々を監視 一大率

するため「◻◻◻◻」という監督官がおり，「**伊都国**」に常駐

していたという。 （明治大）

☑ 27 **史料** 『◻ a ◻』によれば，**266 年**に「**倭の女王**」が朝貢の a 晋書 <br> b 壱与〔台与〕

使者を派遣したという。この女王は◻ b ◻と推定される。

（立命館大）

ヤマト政権と古墳文化

ヤマト政権

☑ 01 **好太王碑文**によれば，**辛卯**の年（◻◻◻◻年），ヤマト政権軍 391 年

は海をわたり，**百済**などを屈服させたという。 （関西大）

☑ 02 『**宋書**』**倭国伝**には，済（◻ a ◻**天皇**）の子，◻ b ◻（**安** a 允恭天皇 <br> b 興 <br> c 武

康天皇）が死ぬと，弟の◻ c ◻（**雄略天皇**）が大王となり，

順帝の**昇明** 2 年（**478 年**）に**上表文**を送ったとある。

（慶應義塾大）

☑ 03 **史料** この上表文の中で大王は, 自らの父祖が「東は [a] を征すること五十五国, 西は [b] を服すること六十六国」と, **ヤマト政権の成立過程**を述べている。　(同志社大)

a 毛人
b 衆夷

☑ 04 順帝は大王に対し [＿＿] を除く **6 国の支配**を認めた。
　(法政大)

百済

☑ 05 **頻出** **史料** **稲荷山古墳出土鉄剣銘**には,「**辛亥年 (471 年)**」作成であること,「杖刀人の首」として大王に仕えた一族であること, [a] **大王**に仕えたことが記されている。**熊本県** [b] **古墳**出土鉄刀銘にも同じ大王の名がある。
　(関西大)

a 獲加多支鹵
〔ワカタケル〕大王
b 江田船山古墳

☑ 06 漢字を使った表記の例としては, **和歌山県の** [＿＿] **神社の人物画像鏡の銘文**が知られている。　(関西学院大)

隅田八幡神社

☑ 07 ヤマト政権を支えた有力な氏の一族の人々を [a], その代表者を [b] という。　(慶應義塾大)

a 氏人
b 氏上

☑ 08 [＿＿] の姓は**葛城・平群・蘇我**などに与えられた。
　(東洋大)

臣

☑ 09 [＿＿] の姓は軍事系の**大伴・物部**や, 祭祀系の**中臣・忌部**などに与えられた。　(東洋大)

連

☑ 10 **地方の有力豪族**には [＿＿], **一般豪族**には**直**などの姓が与えられた。　(学習院大)

君〔公〕

☑ 11 代表的な**渡来人系の品部**には, 金属生産を担った [a] 部, 錦を生産した [b] 部, 須恵器を作った**陶 (作) 部**がある。また土師器を作った**土師部**などの部もある。
　(早稲田大)

a 韓鍛冶部
×治
b 錦織部

古墳文化

☑ 12 古墳文化 (時代) は, 古墳の形態などから, 一般的に [a] 期・前期・中期・後期・ [b] 期に分けられる。
　(関西学院大)

a 出現期
b 終末期

☑ 13 奈良県桜井市の [＿＿] **遺跡**は**都市的**な性格を有することから, この辺りを**初期のヤマト政権の中心地**と推定する説がある。　(学習院大)

纒向遺跡

☑14 古墳の表面は一般的に [a] で覆われた。また，**横穴式石室**の中心部は [b] ，そこに至る通路を**羨道**と呼ぶ。

(立命館大)

a 葺石
b 玄室

☑15 中期の巨大前方後円墳が集中するのは，大阪府**堺市**の [a] **古墳群**，大阪府**羽曳野市**の [b] **古墳群**で，前者の代表が**大仙陵古墳**，後者の代表が**誉田御廟山古墳**である。

(新潟大)

a 百舌鳥古墳群
b 古市古墳群

☑16 多くの巨大前方後円墳は畿内に集中するが，**岡山県の吉備古墳群**には**全国第4位**の [ ] **古墳**が存在する。 (立教大)

造山古墳

☑17 **埴輪**には素朴な**円筒埴輪**と [ ] **埴輪**の区別がある。後者には**人物埴輪・器財埴輪・家形埴輪**などがある。

(関西学院大)

形象埴輪

☑18 5～6世紀の**九州北部**には，福岡県の**岩戸山古墳**など，墳丘に [a] ・ [b] を並べた古墳が分布している。

(新潟大)

a・b 石人・石馬
(順不同)

☑19 **頻出** **前期古墳**の基本的な副葬品は， [ ] ・**玉・剣**である。これらは被葬者の**宗教的権威**を象徴するとされる。

(法政大)

鏡〔銅鏡〕

☑20 **頻出** 墳丘の平面の形から [ ] と呼ばれる**終末期の古墳**の大形のものは，**大王の墳墓**である可能性が高い。(同志社大)

八角墳

☑21 **群集墳**では，和歌山県の [a] **古墳群**や，奈良県の [b] **古墳群**が知られている。 (駒澤大)

a 岩橋千塚古墳群
b 新沢千塚古墳群

☑22 埼玉県の**吉見百穴**は [ ] が集中したものである。(南山大)

横穴墓

☑23 渡来人では，**応神朝**に来日した**阿知使主**を祖とする [a] ，**王仁**を祖とする [b] ，**養蚕**や機織りの技術を伝えた**弓月君**を祖とする [c] が知られている。 (同志社大)

a 東漢氏
b 西文氏
c 秦氏

☑24 [ ] は，その銘文によれば，369年に**百済王から倭王**に贈られたものである。 (同志社大)

石上神宮七支刀

☑25 仏教の**公伝**については，**538年**とする [a] **説**，552年とする [b] **説**の両説がある。 (法政大)

a 戊午説
b 壬申説

☑26 **頻出** 6世紀の**継体朝**には儒教を伝えた [ ] が**百済**から送られてきた。欽明朝には**易・暦・医博士**も来日した。

(上智大)

五経博士

☑27 **頻出** 奈良県の**大神神社**は，[a]という山そのものを神
として拝礼している。また**福岡県**の[b]は，海上に浮か
ぶ**沖ノ島**の**沖津宮**に海神を祀っている。　　(学習院大)

a 三輪山
b 宗像大社

推古朝と飛鳥文化

継体・欽明・推古朝

☑01 **継体天皇**を擁立した[　　　]は512年，加耶西部の地域を
百済に割譲した。この**任那四県割譲**は効果を発揮せず，後
にこの人物が**失脚**する原因となったとされる。　(慶應義塾大)

大伴金村

☑02 『**日本書紀**』には，[　　　]率いる6万の軍隊は，新羅に奪
われた朝鮮半島南部の地を回復するため任那を目指したが，
新羅と結んだ**筑紫国造磐井**に阻まれたという。　　(立命館大)

近江毛野

☑03 **頻出** **磐井の乱**は，528年に大連の[　　　]が鎮定した。
　　　　　　　　　　　　　　　　　　　　　　　　　(学習院大)

物部麁鹿火

☑04 この**磐井**の墓とされるのが，福岡県の[　　　]**古墳**である。
　　　　　　　　　　　　　　　　　　　　　　　　　(立教大)

岩戸山古墳

☑05 **欽明天皇**の[a]**年(538年)**，**百済**の**聖明王**が仏像・経
典などを贈ったとするのが『[b]』・『**元興寺縁起**』であ
る。天皇は仏教を蘇我稲目に託したとされる。　　(北海道大)

a 戊午年
b 上宮聖徳法王帝説

☑06 『**日本書紀**』には，**仏教公伝**について，**欽明天皇**の[　　　]
年(552年)に，**百済**の**聖明王**から釈迦仏の金銅像などが
贈られたとある。　　　　　　　　　　　　　　　　(法政大)

壬申年

☑07 **冠位十二階**は，[a]・仁・礼・信・義・[b]の各々
に大小を付け，計12段階の序列を示した。　　　　(立教大)

a 徳
b 智

☑08 **史料** **憲法十七条**の**第1条**には「[　　　]を以て貴しとなし，
忤ふること無きを**宗**とせよ」とある。　　　　　　　(中央大)

和

☑09 **史料** **憲法十七条**の**第2条**では「[　　　]」，すなわち「仏・法・
僧を敬え」と仏教を尊崇することを勧めている。　　(中央大)

三宝

☑10 **史料** 『**隋書**』には，「**開皇二十年(西暦**[　　　]**年)**，倭王あり，
姓は阿毎，字は多利思比孤，阿輩雞弥と号す」とある。こ
れに対応する日本側の史料はない。　　　　　　(東京学芸大)

600年

☑ 11 **史料** 『隋書』には，**大業三年 (西暦 ⬚⬚ 年)** にも遣隋
使が派遣されたことが記されている。　　　　(日本大)

607 年

☑ 12 **史料** この国書には，「**日出づる処の ⬚⬚**，書を日没する
処の ⬚⬚ に致す。恙無きや」と**対等の姿勢**を示したこと
が記されている。　　　　　　　　　　　　(関西学院大)

天子

☑ 13 **史料** 『日本書紀』によれば，**608 年，小野妹子**が**裴世清**と
ともに再び隋に向かった時の国書には，「**東の a**，敬
みて**西の b** に白す」とあったと記されている。(東海大)

a 天皇
b 皇帝

☑ 14 608 年の遣隋使に随行した**留学生**の**高向玄理**と**学問僧**の**旻**
は，後に大化改新政府の ⬚⬚ となった。　　(立命館大)

国博士

飛鳥文化

☑ 15 飛鳥文化の時期までには，中国から ⬚⬚ **説**なども伝わっ
たと考えられている。**平安時代**にはこれが呪術・祭祀とし
て体系化され，**陰陽道**として重んぜられた。　(同志社大)

陰陽五行説

☑ 16 **頻出** **物部守屋**との戦いの勝利を記念して，**厩戸王**により
建立されたとされるのが，大阪市の ⬚⬚ **寺**である。
　　　　　　　　　　　　　　　　　　　　　(関西大)

四天王寺

☑ 17 **三経義疏**とは，**a** **義疏**・**勝鬘経義疏**・**b** **義疏**の
総称である。　　　　　　　　　　　　　　(慶應義塾大)

a 法華経義疏
b 維摩経義疏

☑ 18 **舒明天皇**が建立したと言われる ⬚⬚ **寺**は，その後，**高市
大寺**，**天武天皇**の**大官大寺**を経て，平城京の**大安寺**につな
がっていったとする説が有力である。　　　　(上智大)

百済大寺

☑ 19 **法隆寺**の玉虫厨子の**須弥座絵**には，⬚⬚ や施身聞偈図
など，仏教説話を絵画化したものが描かれている。(中央大)

捨身飼虎図

☑ 20 現存最古の仏像で，**飛鳥大仏**と呼ばれる ⬚⬚ **像**は，**鞍作
鳥 (止利仏師)** の作である。　　　　　　　(関西学院大)

飛鳥寺釈迦如来像

☑ 21 **法隆寺**の ⬚⬚ **像**は木像で，**南朝様式**の丸みを帯びた柔
和な表現の立像である。　　　　　　　　　　(龍谷大)

百済観音像

☑ 22 **法隆寺夢殿**の ⬚⬚ **像**は，明治時代に**フェノロサ**によって
調査・発見された秘仏で，**厩戸王**の等身像だとされている。
　　　　　　　　　　　　　　　　　　　　　(日本大)

救世観音像

☐ 23 **広隆寺の半跏思惟像**は，厩戸王が□□□□に与えたもので，
朝鮮伝来の仏像だとされている。 （法政大）

秦河勝

☐ 24 **法隆寺**に隣接する**中宮寺**には，日本最古の**刺繡**作品である
□□□□が残されている。 （同志社大）

天寿国(曼荼羅)
繡帳 ×茶

大化改新と白鳳文化

大化改新

☐ 01 **頻出** **厩戸王**の子である□□□□は，**643 年**，蘇我入鹿によっ
て滅ぼされた。 （立教大）

山背大兄王

☐ 02 孝徳天皇に始まる大化改新政府では，**左大臣**に□ a □，**右
大臣**に□ b □，**内臣**に中臣鎌足，**国博士**に旻と**高向玄理**が
就任した。 （中央大）

a 阿倍内麻呂
×安倍×阿部

b 蘇我(倉山
田)石川麻呂

☐ 03 乙巳の変の結果擁立された**孝徳天皇**は，その年，□□□□に
遷都した。 （京都府立大）

難波(長柄豊碕)宮

☐ 04 **史料** 646 年の**改新の詔**の**第 1 条**では，「□ a □」や「**屯倉**」，
「**部曲**」や「□ b □」などの**私有民・私有地**の廃止，第 2 条
では，「京師を修め，畿内・国司・郡司」などの地方行政制
度と通信制度の制定が宣言された。 （関西大）

a 子代

b 田荘

☐ 05 **史料** **改新の詔**の**第 3 条**では，「□ a □・□ b □・**班田収
授の法**」を造ること，**第 4 条**では，旧来の税制を止めて，「**田
の調**」を行うことが宣言された。 （立教大）

a 戸籍

b 計帳

☐ 06 **頻出** 654 年，孝徳天皇の没後，皇極太上天皇が重祚し，翌
年□□□□**天皇**となった。 （北海道大）

斉明天皇

☐ 07 この天皇は，滅亡した百済救援のため九州に赴いたが，
661 年，**筑紫朝倉宮**で急死した。その後中大兄皇子は天皇の
職務を担いながらも即位しない□□□□を行った。 （立教大）

称制

☐ 08 白村江での敗戦後に作られた防御的な設備としては，**大宰
府北方**の□□□□**城**などの**朝鮮式山城**がある。 （関西大）

大野城

☐ 09 また，急を知らせる□□□□も整えられたとされる。
（慶應義塾大）

烽(火)

☑ 10 中臣鎌足はその死の直前，天智天皇から ☐ の称号と
藤原の姓を賜った。 （立命館大）

大織冠
×官

☑ 11 天智天皇の没後，☐ a にいた**大海人皇子**は ☐ b に入
り，**東国**の兵を集め，**大友皇子**の軍を破った。 （津田塾大）

a 吉野
b 美濃

☑ 12 **頻出** **八色の姓**は，豪族に与える姓を天皇のもとに序列化
し，☐ a ・☐ b ・**宿禰・忌寸・道師・臣・連・稲置**
とした。 （立命館大）

a 真人
b 朝臣

☑ 13 天武朝には国家仏教が本格化し，**薬師寺**や国家仏教の中心
となる ☐ **寺**が建立された。 （学習院大）

大官大寺

☑ 14 **称制**とは，正式の**即位の儀**を経ていない天皇による施政の
ことで，斉明天皇没後の ☐ a **天皇**の例，天武天皇没後の
☐ b **天皇**の例がある。 （関西大）

a 天智天皇
b 持統天皇

☑ 15 ☐ a **制**は中国風の首都の作り方で，内部は**宮城**を中心
に ☐ b **制**で整然と区画された。 （慶應義塾大）

a 都城制
b 条坊制

☑ 16 この制度では，周囲は ☐ で囲まれることになってい
たが，これは日本では発達しなかった。 （慶應義塾大）

羅城

白鳳文化

☑ 17 **白鳳文化**は中国の ☐ **文化**の影響を受けたもので，**清
新**な表現の美術がその特徴である。 （早稲田大）

初唐文化

☑ 18 仏像では，**薬師寺金堂**の ☐ **像**が構成の美しい，代表的
なものである。 （明治大）

薬師三尊像

☑ 19 **薬師寺東塔**は 3 層の塔であるが，☐ が加えられてい
るために，一見すると 6 層に見える。 （同志社大）

裳階

☑ 20 **頻出** **1949 年**の**法隆寺金堂壁画**の焼損を契機に，翌 1950
年には ☐ が制定された。 （北海道大）

文化財保護法

☑ 21 **史料** 白鳳期を代表する歌人 ☐ は，「大君は　神にし
坐せば　天雲の　雷の上に　いほりせるかも」という**天武
天皇**を称える歌を残している。 （早稲田大）

柿本人麻呂

☑ 22 **史料** ☐ も**天武天皇**を神と称える「**大君は　神にし坐
せば**　赤駒の　葡萄ふ田井を　都となしつ」という歌を『万
葉集』に残している。 （札幌大）

大伴御行

☑ 23 **史料** 『万葉集』に収められた「熟田津に　船乗りせむと　月待てば　潮もかなひぬ　今は漕ぎ出でな」という歌は，　**a**　天皇が九州に向かう途上，伊予国（現在の松山市）あたりで　**b**　が詠んだものとされる。　（同志社女子大）

a 斉明天皇
b 額田王

律令制度

☑ 01 **頻出** 文武天皇の 701 年（**大宝元年**），　**a**　親王・藤原　**b**　らによって**大宝律令**が完成した。　（関西学院大）

a 刑部親王
b 藤原不比等

☑ 02 律の　**a**　とは**笞・杖・徒・流・死**の 5 種類である。律の定める犯罪のうち，天皇・国家や尊属に対する犯罪は特に重いものとされ，　**b**　と呼ばれた。　（同志社大）

a 五刑
b 八虐

☑ 03 **藤原不比等**らが作成した**養老律令**は，718 年，　**a**　天皇のもとで成立したが，施行は**藤原仲麻呂**政権下で，　**b**　天皇の 757 年である。　（津田塾大）

a 元正天皇
b 孝謙天皇

☑ 04 太政官の事務局には，**少納言局**と，左右の　□□□□　があった。　（関西学院大）

弁官

☑ 05 八省のトップは**詔書**作成などを行う　**a**　省で，以下，**文官**を扱う**式部省**，外交・仏事を扱う**治部省**，民政・戸籍・租税などを扱う**民部省**が　**b**　に統轄された。　（明治大）

a 中務省
b 左弁官

☑ 06 **兵部省，刑部省**，租税の出納や度量衡を扱う**大蔵省**，宮中を扱う**宮内省**の 4 省は　□□□□　に属した。　（関西学院大）

右弁官

☑ 07 **頻出** 8 世紀初め，太政官の人員不足を補うために置かれた**令外官**としては，　**a**　や　**b**　がある。　（法政大）

a・b 中納言・参議（順不同）

☑ 08 **五衛府**とは，　□□□□　と，左右の**衛士府**，左右の**兵衛府**の 5 つを指す。　（関西学院大）

衛門府

☑ 09 都には左右の　**a**　が置かれた。**左京**には**東市**，**右京**には**西市**があり，　**b**　が統轄した。　（青山学院大）

a 京職
b 市司

☑ 10 **頻出** 畿内（五畿）は**大和・山背・摂津・河内**・　**a**　の 5 カ国である。**七道**は**東海道，東山道，北陸道，山陰道，山陽道**，　**b**　，**西海道**の 7 つである。　（東京学芸大）

a 和泉
b 南海道

☑ 11 駅路を使う公用の役人が携行したのは　□□□□　である。　（高崎経済大）

駅鈴

☑12 **史料** **戸令**によれば，「戸は，□□□□□戸を以て里と為よ」とあり，里ごとに「**里長**」が置かれるとされた。　（立命館大）

五十戸

☑13 **五位以上**の位階を持つものには□a□が，また官職に対しては□b□が与えられた。　（同志社大）

a 位田
b 職田

☑14 皇族や上級貴族には**食封**として位封・職封などの□□□□□が与えられた。　（東海大）

封戸

☑15 **頻出** 中央から地方に派遣される**国司**の任期は当初□a□年だったが，8世紀初めに□b□年に改められた。　（津田塾大）

a 6年
b 4年

☑16 国の下の行政区画である**郡**は，**701年以前**は□□□□□と表記されていたことが，**藤原京出土の木簡**によって判明した。　（愛知学院大）

評

☑17 四等官の**長官・次官・判官**・□a□は，八省では□b□・**輔・丞・録**と，官庁ごとに違う文字で表された。　（法政大）

a 主典
b 卿

☑18 **大宰府の長官**は□□□□□，次官は**大弐**であった。　（同志社大）

帥

☑19 **国司**の四等官は**守**・□□□□□・**掾・目**であった。　（上智大）

介

☑20 **史料** **戸令**では，戸籍は「□□□□□年に一たび造れ」，**計帳**は「**年毎（毎年）**に」作成することとされた。　（愛知大）

六年

☑21 **五色の賤**のうち，官有の賤民である□a□・**官戸・公奴婢**には良民と同額の口分田が，私有の賤民である□b□・**私奴婢**にはその**3分の1**が与えられた。　（同志社大）

a 陵戸
b 家人

☑22 **史料** **田令**によれば，田は「**長さ卅歩，広さ十二歩**」を**1段**，「□a□段」を**1町**とするとされる。そして，1段について租は「□b□」と規定されている。　（愛知大）

a 十段
b 二束二把

☑23 **史料** **口分田**については，「**男に二段。女は三分が**□a□**減**ぜよ」とされた。また，「□b□**年以下には給はず**」とあって，□c□**歳以上に支給**することとされた。　（東洋大）

a 三分が一
b 五年
c 6歳

☑24 班給した残りの田は□a□とされ，□b□が「**郷土の估価（物価）**」に従って**賃租**することとされた。　（同志社大）

a 公田〔乗田〕
b 国司

☑25 **史料** **賦役令**には，「□a□**の絹・絁・糸・綿・布**は，並に**郷土の所出に随へ**」，「**正丁の歳役**は□b□**日**，若し**庸収る**べくは，**布**□c□」とある。　（明治大）

a 調
b 十日
c 布二丈六尺

☑ 26 史料 賦役令には, **雑徭**について, 「人毎に均しく使へ。惣
べて □□□ 日に過すこと得じ」とある。　　　　(近畿大)　六十日

☑ 27 史料 軍防令には, 「凡そ兵士の上番せむは, **京**に向かはむ
は □ a □ 年, **防**に向かはむは □ b □ 年」とある。さらに「行
程を計へず (行き帰りの日数は**勤務日数に入れない**)」と決
められていた。　　　　(新潟大)
a 一年
b 三年

☑ 28 頻出 史料 また, 兵士について「**京**に向ふをば, □ a □ と
名づく」, 「**辺**守るをば, □ b □ と名づく」と規定された。　(愛知大)
a 衛士
b 防人

☑ 29 **正丁**は男子 **21 歳から 60 歳**で, **61 歳から 65 歳**は □ a □,
17 歳から 20 歳は □ b □ と呼ばれた。　　　　(同志社大)
a 次丁〔老丁〕
b 中男〔少丁〕

☑ 30 **公出挙**の利率は □ a □ 割, □ b □ の利率は **10 割**を上限
とした。　　　　(立教大)
a 5 割
b 私出挙

☑ 31 中央政府に労働を提供する □□□ と呼ばれる税は, **50 戸**
につき, **2 人**が徴発された。　　　　(明治大)　仕丁

☑ 32 各役所などに隷属する特殊な手工業技術者は □ a □ ・
□ b □ と呼ばれた。彼らは**良民**として位置づけられてい
た。　　　　(広島修道大)
a・b 品部・雑戸
(順不同)

☑ 33 『**万葉集**』には, **東国**の**兵士**で**九州北部**に向かった人々の和
歌, いわゆる □□□ が約 98 首ある。　　　　(専修大)　防人歌

平城京と天平文化

平城京

☑ 01 天智天皇の娘で, **文武**・**元正天皇**の母である □□□ **天皇**
の治世には, **和同開珎**の鋳造や**平城遷都**が行われた。
　　　　(近畿大)　元明天皇

☑ 02 頻出 **平城京**は, 唐の □ a □ を模した □ b □ 制による計画
的な都であったが, **羅城**は発達しなかった。　　(東京学芸大)
a 長安 (城)
b 都城制

☑ 03 **平城京**は, 内裏・朝堂院・官庁などの集中する**平城宮**を中
心に, □ a □ が南北に走っていた。また, **左京の北部**は東
に向かって広がり, □ b □ と呼ばれた。　　　　(早稲田大)
a 朱雀大路
b 外京

☐04 平城京跡の 〔　　　〕 **邸宅跡**から発見された**大量の木簡**は、その権勢や生活の実態が詳しくわかる貴重な史料である。 （学習院大）

長屋王邸宅跡

☐05 708 年、〔　　　〕**国**秩父郡より自然銅が献上され、これを記念して元号は**和銅**と改められた。 （西南学院大）

武蔵国

☐06 **史料** 和銅 4 年 10 月の勅では、〔　　　〕の使用は「財を通して有無を貿易する所以」であり「百姓 (多くの人々)」が「未だ其の理を解せず。僅に売買すと雖も、猶ほ 〔　　　〕 を蓄ふる者無し」とし、銭を蓄えた者には「其の多少」によって**位**を与えることと示した。 （東京学芸大）

銭

☐07 **724 年**、多賀城に**陸奥国府**と 〔　　　〕 が置かれた。 （同志社大）

鎮守府

☐08 **遣唐使**は 669 年以降断絶し、**天武・持統朝**にも**派遣されず**、〔　　　〕**年** (大宝 2 年) に再開された。 （早稲田大）

702 年

☐09 **630 年**に**犬上御田鍬**を派遣したのは 〔　　　〕 **天皇**である。 （関西大）

舒明天皇

☐10 大化改新政府の**国博士**でもあった 〔　　　〕 は、654 年、遣唐使として唐に赴いたが、客死した。 （法政大）

高向玄理

☐11 **頻出** 大宝 2 年 (702 年) の遣唐使は、**大宝律令**の作成に携わった 〔　a　〕 や、歌人として有名な 〔　b　〕 らが任命された。 （学習院大）

a 粟田真人
b 山上憶良

☐12 遣唐使は 8 世紀以降、ほぼ 〔　　　〕 **年**に 1 度の派遣を原則とするようになった。 （駒澤大）

20 年

☐13 **頻出** 717 年の遣唐使では、式家の**藤原宇合**や、**玄昉・吉備真備・**〔　　　〕 が入唐した。 （明治大）

阿倍仲麻呂
×安倍×阿部

☐14 752 年には**藤原房前**の子の**藤原清河**や、2 度目の遣唐使となる 〔　　　〕 が入唐した。 （京都府立大）

吉備真備

☐15 804年には 〔　　　〕・**最澄・空海**らが入唐した。 （同志社大）

橘逸勢

☐16 838 年には、『**入唐求法巡礼行記**』を残した 〔　　　〕 が入唐している。 （慶應義塾大）

円仁

☐17 **頻出** **菅原道真**が、遣唐使派遣の停止を**宇多天皇**に建言した文章は、その文集である『 〔　　　〕 』に収められている。 （青山学院大）

菅家文草

☐ 18 **779 年**を最後に ☐ a ☐ との正式国交は途絶えたが、 ☐ b ☐ からの使節は **919 年まで**計 34 回を数えた。

（学習院大）

a 新羅（しらぎ）
b 渤海（ぼっかい）

☐ 19 **光明子**は首皇子（聖武天皇）の夫人となり、**729 年の長屋王の変**を契機に ☐ ☐ になった。

（明治大）

皇后（こうごう）

☐ 20 **頻出** **737 年**の天然痘の流行で、不比等の子ら、**南家**の祖 ☐ a ☐ 、**北家**の祖**房前**、 ☐ b ☐ の祖**宇合**、**京家**の祖**麻呂**が、相次いで没した。

（法政大）

a 武智麻呂（むちまろ）
b 式家（しきけ）

☐ 21 **史料** 天平 13 年（**741 年**）3 月、 ☐ ☐ 天皇は、諸国に「金光明最勝王経・妙法蓮華経各一部」を写すこと、国ごとの僧寺に「封五十戸、水田十町」、尼寺には「水田十町」を与えることを命じた。

（近畿大）

聖武天皇（しょうむ）

☐ 22 **史料** また、**僧寺**の正式名称は「 ☐ ☐ 」、**尼寺**の正式名称は「**法華滅罪之寺**」とすることとされた。

（上智大）

金光明四天王護（こんこうみょうしてんのうご）国之寺（こくのてら）

☐ 23 **頻出** **史料** 天平 15 年（**743 年**）、天皇は「 ☐ ☐ の金銅像」の造立を命じた。

（明治学院大）

盧舎那仏（るしゃなぶつ）

☐ 24 **史料** その中には、「夫れ**天下の富**を有つ者は朕なり。天下の勢を有つ者も朕なり。此の富勢を以てこの尊像を造る」とある。この「朕」とは ☐ ☐ 天皇のことである。 （日本大）

聖武天皇（しょうむ）

☐ 25 **頻出** 749 年、 ☐ a ☐ 国から**黄金**が朝廷に献上され、これを機に聖武天皇は娘の阿倍内親王に譲位し、内親王は ☐ b ☐ 天皇となった。

（立命館大）

a 陸奥国（むつのくに）
b 孝謙天皇（こうけん）

☐ 26 唐で ☐ a ☐ が起こると、**藤原仲麻呂**は ☐ b ☐ 征討計画を立てたが、実現には至らなかった。

（同志社大）

a 安史の乱（あんしのらん）
b 新羅征討計画（しらぎせいとうけいかく）

☐ 27 **藤原仲麻呂**は ☐ a ☐ 天皇を立て、天皇から ☐ b ☐ の名を賜った。

（中央大）

a 淳仁天皇（じゅんにん）
b 恵美押勝（えみのおしかつ）

☐ 28 **孝謙太上天皇**は、重祚して**称徳天皇**となり、765 年には道鏡を ☐ a ☐ 、翌年には ☐ b ☐ とした。 （北海道大）

a 太政大臣禅師（だいじょうだいじんぜんじ）
b 法王（ほうおう）

☐ 29 **史料** 山上憶良は農民の厳しい生活を歌った「 ☐ ☐ 」を『**万葉集**』に残している。その中には、「楚取る 五十戸良（さとおさ）が声は 寝屋戸（ねやど）まで 来立ち呼びぬ 斯くばかり 術無（すべな）きものか 世間（よのなか）の道」という部分がある。

（東海大）

貧窮問答歌（ひんきゅうもんどうか）

☑ 30 **史料** ｜ **a** ｜ **年の格**では「新たに溝池を造り，開墾を営む 者有らば，多少を限らず，給ひて ｜ **b** ｜ に伝へしめん。若 し旧き溝池を逐はば，其の**一身**に給せん」とした。

(関西学院大)

a 養老 7 年の格
b 三世

☑ 31 **史料** ｜ **a** ｜ **年の格**では，開墾を進めても荒廃すること理由 に「今より以後，任に**私財**と為し， ｜ **b** ｜ を論ずるこ と無く，咸悉くに**永年**取る莫れ」とした。 (北海道大)

a 天平 15 年の格
b 三世一身

☑ 32 **初期荘園**は ｜ **a** ｜ で，大社寺や高級貴族が**国司・郡司**の 協力を得ながら経営されたが，実際の運用は ｜ **b** ｜ の形 式で，律令農民の労働力に依存するものが多かった。

(明治大)

a 輸租田
b 賃租

☑ 33 称徳天皇の **765 年**， ｜＿＿＿＿｜ によって墾田永年私財法は一 時停止されたが，**光仁天皇**が即位すると復活した。 (関西大)

加墾禁止令

天平文化

☑ 34 「**天平**」とは， ｜＿＿＿＿｜ **天皇**の時代の元号である。 (関西大)

聖武天皇

☑ 35 **天平文化**は，中国の ｜＿＿＿＿｜ **文化**の影響を受けた。 (新潟大)

盛唐文化

☑ 36 **南都六宗**とは， ｜＿＿＿＿｜ **宗・成実宗・法相宗・倶舎宗・華厳 宗・律宗**の総称である。 (東京女子大)

三論宗

☑ 37 **頻出** ｜ **a** ｜ **宗**は，**道昭**が中国から持ち帰り，**義淵・玄昉** などが学んだ。 ｜ **b** ｜ **宗**は，**東大寺**の整備を進めた**良弁**な どが受容した。 ｜ **c** ｜ **宗**は，**鑑真**が日本に伝えた。

(東京学芸大)

a 法相宗
b 華厳宗
c 律宗

☑ 38 国家仏教の中心は， ｜ **a** ｜ **寺・薬師寺・元興寺・興福寺・ 法隆寺・東大寺・** ｜ **b** ｜ **寺**の**南都七大寺**である。

(関西学院大)

a・b 大安寺・西 大寺（順不同）

☑ 39 僧侶に戒律を与え，正式な僧侶として認める施設を ｜＿＿＿＿｜ と呼ぶ。754 年，**鑑真**により**東大寺**大仏殿前に築か れたものが最初である。 (京都府立大)

戒壇

☑ 40 **頻出** **天下の三戒壇**とは，**東大寺**の戒壇院と，**下野**の ｜ **a** ｜ **寺**と筑紫の ｜ **b** ｜ **寺**の戒壇を指す。 (青山学院大)

a 薬師寺
b 観世音寺

☑ 41 東大寺と大仏建立の中心は，初代別当の ｜＿＿＿＿｜ である。

(専修大)

良弁

☑ 42 **行基**は **717 年**，　a　に違反したとして弾圧を受けたが，**大仏造立**に協力し，**745 年**には　b　となった。また，**行基**は旅人の救護などのための　c　を設けた。(愛知教育大)

a 僧尼令
b 大僧正
c 布施屋

☑ 43 **頻出**　a　は，自らが収集した仏教以外の書物を公開して，　b　という日本初の公開図書館を営んだ。(千葉大)

a 石上宅嗣
b 芸亭×芸

☑ 44 **『古事記』**は，神代から　　　天皇の時期を扱った，**漢字の音訓を用いた**日本語表記の史書である。　　(津田塾大)

推古天皇

☑ 45 **『日本書紀』**は，**神代**から　　　**天皇**の時期を扱っている。

(関西大)

持統天皇

☑ 46 **頻出** その編纂の中心は天武天皇の子の　　　**親王**である。

(関西学院大)

舎人親王

☑ 47 **『風土記』**は多くが失われたが，**出雲・常陸・播磨・豊後・肥前**のものは遺されており，**五風土記**と呼ぶ。このうち，最も**完全な形に近い**ものは　　　**国風土記**である。

(高崎経済大)

出雲国風土記

☑ 48 寺院の建築物の配置を**伽藍配置**と呼ぶ。これは，次の①〜⑤の順に変遷を遂げた。　　(早稲田大)

a 飛鳥寺式
b 法隆寺式
c 薬師寺式

① 　a　式
② 四天王寺式
③ 　b　式
④ 　c　式
⑤ 東大寺式

☑ 49 伽藍配置は　　　（釈迦の遺骨）を安置する**塔中心**から，仏像などを安置する**金堂中心**へと変わっていった。

(新潟大)

仏舎利

☑ 50 **恵美押勝の乱後**，　a　**天皇**は戦没者を弔うため木製の百万基の小塔を作った。その中に収められた　b　**経**は，**世界最古の**，年代の明白な印刷物とされる。(関西大)

a 称徳天皇
b 陀羅尼経

平安京と弘仁・貞観文化

平安京

☑01 **頻出** **桓武天皇**は □□□□ の建議で，**794 年**，**平安京**に遷都
した。 　　　　　　　　　　　　　　　　　　　(立教大)
和気清麻呂

☑02 その際，**山背国**は □□□□ **国**と改められ，また，平城京およ
びその周辺の南都の寺院の移転は禁じられた。 　　(東洋大)
山城国

☑03 **藤原種継暗殺事件**に関わったとして，桓武天皇の弟で皇太
子であった □□□□ **親王**は**廃太子**とされた。 　　(早稲田大)
早良親王

☑04 桓武天皇は，六年一班の班田を一紀（□□□□ **年**）一班に改
めた。 　　　　　　　　　　　　　　　　　　　(京都府立大)
12 年

☑05 **頻出** **征東大使**の □a□ は，蝦夷の族長 □b□ の乱を平定
しようとして失敗した。 　　　　　　　　　　　　(法政大)
a 紀古佐美
b 阿弖流為

☑06 この反乱は，□□□□ に任ぜられた**坂上田村麻呂**が鎮定し
た。 　　　　　　　　　　　　　　　　　　　　(学習院大)
征夷大将軍

☑07 802 年に**胆沢城**が築かれると，**多賀城**にあった □□□□ が
ここに移された。 　　　　　　　　　　　　　　　(同志社大)
鎮守府

☑08 **頻出** **嵯峨天皇**の **811 年**，東北地方に □□□□ が派遣され，
東北支配の整備が進められていった。 　　　　　(立命館大)
文室綿麻呂

☑09 **勘解由使**とは，**国司交代**の際，新任者が前任者に引き継ぎ
を承認する文書，□□□□ を審査する役所である。
　　　　　　　　　　　　　　　　　　　　　　　(京都府立大)
解由状

☑10 **史料** □□□□ **天皇**の **792 年**，諸国の「兵士」は「**辺要の地（東
北地方や九州）**を除くの外，皆停廃に従へ」とされた。
　　　　　　　　　　　　　　　　　　　　　　　　　　(中央大)
桓武天皇

☑11 **史料** また「□a□ を差して以て守衛に充つべし」とし，
□a□ は「□b□ の子弟を簡び差し」とされた。 　(関西大)
a 健児
b 郡司

☑12 **史料** 805 年，桓武天皇は，**藤原緒嗣**と □a□ に対して天
下の「□b□ 」を論ぜさせた。 　　　　　　　　　(明治大)
a 菅野真道
b 徳政

☑ 13 **史料** **藤原緒嗣**は,「方今, 天下の苦しむ所は [a] (東北
経営の軍事活動) と [b] (平安京造営事業) となり。此
の両事を停めば百姓安んぜむ」とし, **桓武天皇**はこの策に
従った。 (日本女子大)

a 軍事
b 造作

☑ 14 **平城天皇**は弟の**嵯峨天皇**に譲位したが, その後再び天皇の
位を狙い, 都を**平城京に戻す**ことを主張し, 朝廷が二分さ
れて, いわゆる「[   ]」という状況が生じた。 (立命館大)

二所朝廷

☑ 15 **頻出** 平城太上天皇の重祚と平城京遷都を目指す [a] と,
その妹 [b] の企ては, **蔵人頭**となった**藤原冬嗣**らに阻
止された。これが**平城太上天皇の変**である。 (中央大)

a 藤原仲成
b 藤原薬子

☑ 16 嵯峨天皇が**蔵人頭**に任命したのは藤原冬嗣と [   ] で,
蔵人には清原夏野らが任ぜられた。 (早稲田大)

巨勢野足

☑ 17 **頻出** **三代格式**とは, [a]・[b]・**延喜格式**で, それ
ぞれ**嵯峨・清和・醍醐**の 3 代の天皇のもとで編纂された。
(関西学院大)

a 弘仁格式
b 貞観格式

☑ 18 833 年, [   ] らによって**養老令の官撰注釈書**の『**令義解**』
が成立した。 (明治大)

清原夏野

☑ 19 **頻出** 9 世紀後半には, 惟宗直本が**養老令の私撰注釈書**の
『[   ]』を著した。 (立教大)

令集解

☑ 20 **格**については, 院政期に『[   ]』がまとめられた。
(関西学院大)

類聚三代格

☑ 21 8 世紀後半から 9 世紀, 天皇の命で設置された田として
[   ] がさかんに設定された。 (東海大)

勅旨田

☑ 22 平安時代に入ると,「[   ]」と呼ばれる少数の皇族や貴
族らが,「**富豪の輩**」と呼ばれる有力農民を通じて大土地所
有を進めた。 (北海道大)

院宮王臣家

弘仁・貞観文化

☑ 23 **弘仁・貞観文化**という呼称は, それぞれ [a] **天皇**の治
世と [b] **天皇**の治世の**元号**にちなむものである。
(同志社大)

a 嵯峨天皇
b 清和天皇

☑ 24 **文章経国**の思想に伴い, 大学で学ぶ学問は漢文学・史学を
扱う [   ] が中心となった。 (学習院大)

紀伝道

☑25 **最初の勅撰漢詩文集**は**嵯峨天皇**による『 a 』，続いて
同天皇による『 b 』，そして，**淳和天皇**の勅撰として
『 c 』が続いた。 (中央大)

a 凌雲集
×凌
b 文華秀麗集
c 経国集

☑26 頻出 **大学別曹**では，藤原氏の a ，橘氏の b ，皇
族出身の**在原氏**などの c ，和気氏の d が代表的
なものである。 (青山学院大)

a 勧学院
b 学館院
c 奨学院
d 弘文院

☑27 頻出 他の教育施設としては，**空海**がすべての人に開かれ
た学校として営んだ が ある。 (東京学芸大)

綜芸種智院

☑28 現存する最古の**説話集**は，**景戒**の『 』である。
(上智大)

日本霊異記

☑29 空海の作品には，書道では『 a 』，詩文集では『 b 』
がある。他に，漢詩を論じた文学書である『**文鏡秘府論**』が
ある。 (同志社大)

a 風信帖
b 性霊集

☑30 頻出 **最澄**は，南都仏教とは別に，**大乗戒壇**の設立を求めた
が，**南都**の反対にあい，反論の書として『 』を著した。
(法政大)

顕戒論

☑31 頻出 **天台宗**の密教化を進めた**円仁**には，遣唐使の一員と
して入唐した時の記録『 』がある。 (同志社大)

入唐求法巡礼行記

☑32 **天台宗**の密教を，**真言密教**に対して と呼ぶ。
(札幌大)

台密

☑33 **空海**が，嵯峨天皇から京都の**東寺**を与えられたことにより，
真言宗の密教は と呼ばれる。 (同志社大)

東密

☑34 **円仁**（慈覚大師）の系統は a 派と呼ばれ，対して**円珍**
（智証大師）の系統は**園城寺**を拠点とし， b 派と呼ば
れる。 (慶應義塾大)

a 山門派
b 寺門派

☑35 この両派は，**延暦寺**の最高位である の地位を争った。

天台座主

☑36 **神仏習合**は，8世紀以降，**神社**の中に a が建てられ，
僧侶が神に経典を読み上げる b などのかたちで具現
化した。 (中央大)

a 神宮寺
b 神前読経

☑37 力強い**唐風**の書道の名人である**三筆**とは，**嵯峨天皇**，
a ， b の3名である。 (明治大)

a・b 空海・橘逸
勢（順不同）

☑ 38 **両界曼荼羅**の両界とは，□□□□・**金剛界**の 2 つを指す。

胎蔵界

（中央大）

☑ 39 **密教**に関わる**仏像**は，**肉感的**で**彩色**された**河内**の□□□□

像など，独特の表現様式を特徴とする。　　（早稲田大）

観心寺如意輪
観音像

摂関政治と国風文化

摂関政治

☑ 01 **頻出 842 年，嵯峨上皇の没後**起こった**承和の変**では，
□ a □・**橘逸勢**らが流罪とされ，藤原良房の妹の**順子**を
母とする□ b □**親王**（後の**文徳天皇**）が皇太子となった。

（新潟大）

a 伴健岑
b 道康親王

☑ 02 **藤原良房**の娘□ a □は，**文徳天皇**との間に後の**清和天皇**
を産んだ。857 年，**文徳天皇**のもとで良房は□ b □となり，
翌年文徳天皇が没すると 9 歳の**清和天皇**が誕生し，事実上
の摂政の役割を果たすようになった。　　（法政大）

a （藤原）明子
b 太政大臣

☑ 03 **頻出 応天門の変**では**大納言**□ a □や**紀豊城**らが排斥され
た。この応天門の変を題材とする『□ b □』は，**院政期**を
代表する絵巻物の 1 つである。　　（中央大）

a 伴善男
b 伴大納言絵巻

☑ 04 **頻出 藤原基経**は□ a □**天皇**が 9 歳で即位すると**摂政**とな
り，さらに□ b □**天皇**を擁立し事実上の**関白**となった。

（学習院大）

a 陽成天皇
b 光孝天皇

☑ 05 **藤原基経**が没すると，□□□□と呼ばれる**宇多天皇の親政**
が開始され，**菅原道真**などが登用された。　　（学習院大）

寛平の治

☑ 06 **醍醐天皇**の治世を支えた**左大臣**□ a □は，901 年，**右大臣**
菅原道真を排斥した。この事件は，当時の元号から□ b □
と呼ばれる。　　（法政大）

a 藤原時平
b 昌泰の変

☑ 07 **昌泰の変**の菅原道真や，**安和の変**の源高明は，□□□□とい
う役職への左遷を名目とする事実上の流罪であった。

（立教大）

大宰権帥
×太　×師

☑ 08 **醍醐天皇**の 902 年，最初の**荘園整理令**とされる□□□□が
発せられた。　　（東京学芸大）

延喜の荘園整理令

☐ 09 **頻出** この時期には，**最後の六国史**の『 a 』，**最後の格・式**である**延喜格・延喜式**，**最初の勅撰和歌集**である『 b 』も成立している。 （津田塾大）

a 日本三代実録
b 古今和歌集

☐ 10 a が摂関の地位にあった**朱雀天皇**の時期には，列島の東西で**武士の反乱**である b が起こっている。 （北海道大）

a 藤原忠平
b 承平・天慶の乱

☐ 11 **頻出** **天暦の治**と呼ばれる**村上天皇**の時期には，958 年に**最後の皇朝十二銭**となる □□□□ が発行された。 （立教大）

乾元大宝

☐ 12 **頻出** a 天皇の 969 年，藤原実頼が関白の時，**安和の変**で左大臣 b が**大宰権帥**に左遷された。 （明治大）

a 冷泉天皇
b 源高明

☐ 13 この事件で左大臣を密告したのは □□□□ である。 （明治大）

源満仲

☐ 14 **安和の変**以降，藤原氏の頂点の地位となる，□□□□ をめぐる争いが激しくなった。 （早稲田大）

氏（の）長者

☐ 15 摂関家内部の争いでは， a と**兼家**の兄弟の争い，**藤原道長**と甥の b の争いなどが典型的な例である。 （立教大）

a （藤原）兼通
b （藤原）伊周

☐ 16 **藤原道長**は，兄 a の娘**定子**が b **天皇**の中宮であったことに対し，娘**彰子**を同じ天皇の**中宮**とし，定子を**皇后**とした。 （青山学院大）

a （藤原）道隆
b 一条天皇

☐ 17 **史料** 「此の世をば　我が世とぞ思ふ　**望月の**　かけたることも　無しと思へば」という歌は， a の日記『 b 』に記されている。 （関西大）

a 藤原実資
b 小右記

☐ 18 a **寺**は**御堂**と呼ばれ，道長は**御堂関白**と称された。平等院鳳凰堂を建てた**頼通**は b と称された。 （東京学芸大）

a 法成寺
b 宇治関白

☐ 19 960 年に中国に成立した □□□□ との間で貿易が行われたが，正式国交はなく民間貿易であった。 （同志社大）

宋〔北宋〕

☐ 20 この貿易の輸入品は**宋銭・陶磁器・薬品**など，輸出品は，a ・ b ・**水銀**などが中心であった。 （立命館大）

a・b 砂金〔金〕・硫黄（順不同）

国風文化

☐ 21 930 年代，**源順**が編纂した『 □□□□ 』という百科漢和辞書が成立した。 （学習院大）

和〔倭〕名類聚抄

☑ 22 11世紀初め，**藤原公任**により和歌・漢詩の傑作を集めた『　　　』が編まれた。　(法政大)　　和漢朗詠集

☑ 23 紫式部は一条天皇の**中宮** [a] に仕え，清少納言は**一条天皇の皇后（中宮）** [b] に仕えた。　(立命館大)
a 彰子
b 定子

☑ 24 『**伊勢物語**』は六歌仙の一人 [　　　] を主人公とする。　(同志社大)　　在原業平

☑ 25 頻出 日記文学では，**藤原道綱の母**が夫兼家との結婚生活などを自叙伝風に描いた『 [a] 』や，**菅原孝標の女**による『 [b] 』などがある。　(中央大)
a 蜻蛉日記
b 更級日記

☑ 26 **本地垂迹説**では，仏を [a] とし，神はその権現（仮の姿），[b] 神と位置づけた。例えば [c] を本地とし，その仮の姿，「権現」を天照大神とするといった理論である。　(津田塾大)
a 本地（仏）
b 垂迹神
c 大日如来

☑ 27 死後，[　　　] とされた菅原道真は**北野神社**に祀られた。　(京都府立大)　　怨霊

☑ 28 **浄土教**の中心は，**来世**で [　　　] の浄土に**極楽往生**することであった。　(北海道大)　　阿弥陀仏〔如来〕

☑ 29 **修験道**の中心となった山岳には大和の [a]，加賀・飛騨の国境の [b]，**出羽三山**や**熊野山**などがある。　(早稲田大)
a 大峰山
b 白山

☑ 30 頻出 史料 **源信**は『 [　　　] 』で「夫れ**往生極楽**の教行は，濁世末代の目足なり」，「是の故に**念仏**の一門によりて」と**念仏を唱える**ことで**極楽往生**できると説いた。　(明治学院大)　　往生要集

☑ 31 頻出 最初の往生伝は，985年ごろに成立した**慶滋保胤**の『 [　　　] 』であるとされる。　(学習院大)　　日本往生極楽記

☑ 32 **末法思想**とは，釈迦入滅後を [a]・[b]・**末法**の3段階に分け，末法の世には仏法は完全に衰え，乱世となるとする考え方で，**末法第1年**とされる [c] 年の翌年，藤原頼通は**平等院鳳凰堂**の阿弥陀仏を完成させた。　(中央大)
a 正法
b 像法
c 1052〔永承7〕年

☑ 33 **寝殿造**は白木造で，屋根は [　　　] であった。　(専修大)　　檜皮葺

☑ 34 9世紀前半，**百済河成**という画家が現れたとされ，また，9世紀中期には [　　　] が現れ，後世，**大和絵**の祖とされた。　(関西大)　　巨勢金岡

☑ 35 大和絵に対し，中国風の絵画を◻◻◻と呼ぶ。　（東洋大）　　唐絵

☑ 36 **頻出** **三蹟（跡）**と呼ばれる**和様**の書の名人は，**小野道風・**
◻a◻・そして和様の書を完成させた◻b◻の３名である。
（関西学院大）
a 藤原佐理
b 藤原行成

☑ 37 公家の男性の**平常服**は直衣・◻a◻，武士などの服装は
◻b◻で，◻b◻は鎌倉時代には武家の通常服となった。
（青山学院大）
a 狩衣
b 直垂

☑ 38 庶民の男性の服は◻◻◻と呼ばれた。　（近畿大）　　水干

☑ 39 **頻出** **有職故実**に対する関心が高まり，左大臣◻a◻の
『**西宮記**』，◻b◻の『**北山抄**』，◻c◻の『**江家次第**』などが著された。
（関西学院大）
a 源高明
b 藤原公任
c 大江匡房

☑ 40 平安時代には**占い**がさかんで，◻◻◻たちの占いが，貴族
たちの日常生活にも影響を与えた。　（関西学院大）
陰陽師

荘園と武士

摂関期の地方社会

☑ 01 902 年，◻◻◻**天皇**は**延喜の荘園整理令**を発し，勅旨開田
など有力者による直営田の禁止を命じた。　（東京学芸大）
醍醐天皇

☑ 02 **田堵**の中には，多くの名田を経営する◻◻◻と呼ばれる
ものも現れた。　（慶應義塾大）
大名田堵

☑ 03 **頻出** 914 年，**醍醐天皇**に対し，◻◻◻という**意見書**が出
された。　（立教大）
三善清行意見封
事十二箇条

☑ 04 **史料** その意見書では，**備中国下道郡邇磨郷**の人口は，かつ
て「皇極天皇（斎明天皇）」が◻◻◻再建のための兵士を
集めた時には「二万人」が集まったが，その後減り続け，延
喜 11 年（911 年）には「一人もあることなし（人口は 0 で
ある）」とし，**戸籍制度の崩壊**を指摘している。　（法政大）
百済

☑ 05 **遥任国司**が一般化すると，**国衙**は◻◻◻と呼ばれ，**目代**と
在庁官人たちが実務を担うようになった。　（神戸女子大）
留守所

☑ 06 **頻出** **尾張国郡司百姓等解文**で訴えられている尾張守は
◻◻◻である。　（立教大）
藤原元命

☐ 07 **史料** この尾張守は、「非法の **a** 」を徴収し、その他さまざまな悪政を行って人々を苦しめたという。また、解文は **b** が受け付け、尾張守はその職を解かれた。

(学習院大)

a 官物
b 太政官

☐ 08 **頻出** **平将門**は一族の内紛から、やがて**常陸・下野・上野**の国衙を占拠し、 ☐ と称し公然と政府に反抗した。

(中央大)

新皇

☐ 09 **頻出** **将門の乱**は、940年、**下野押領使**の **a** や、将門に殺された平国香の子の **b** によって平定された。

(青山学院大)

a 藤原秀郷
b 平貞盛

☐ 10 ☐ の国司（掾）であったとされる**藤原純友**は、**海賊**たちを率いて反乱を起こし、**大宰府**を焼き討ちにするなど、**瀬戸内海沿岸地域**を荒らした。

(明治大)

伊予

☐ 11 **頻出** **藤原純友の乱**は、 ☐ や**小野好古**らによって平定された。

(立命館大)

源経基

荘園と武士

☐ 12 **史料** 肥後国 **a** 荘は、「**開発領主**」の寿妙の地位を継いだ子孫の高方が大宰大弐藤原実政の権威をかり、「 **b** 」と仰いで「**年貢四百石**」を寄進し、高方本人は「庄家領掌進退の **c** 職」とされたことにより成立した。

(中央大)

a 鹿子木荘
b 領家
c 預所職

☐ 13 **史料** さらに、実政の子孫の願西は「**国衙の乱妨**」を防ぐことができず、「 **a** の**得分**二百石」を高陽院内親王に寄進し「 **b** 」と仰いだ。

(中央大)

a 領家
b 本家

☐ 14 この荘園の成立の経緯を示す文書は、 ☐ **文書**に収められている。

(学習院大)

東寺百合文書

☐ 15 **頻出** **寄進地系荘園**において、本家・領家などの**荘園領主**のうち、実質的な支配権を保持するものを ☐ と呼ぶ。

(立命館大)

本所

☐ 16 荘官の名称には ☐ ・**公文・預所**などがある。

(西南学院大)

下司

☐ 17 ☐ とは、**太政官符・民部省符**によって**不輸**の権を得た荘園のことを指す。

(学習院大)

官省符荘

☑18 1028 年，安房の国司の殺害から始まった**平忠常の乱**は，□□□によって鎮圧された。　（京都府立大）

　源頼信

☑19 陸奥の豪族□a□とその子□b□の反乱である**前九年合戦**は，**源頼義・義家**父子によって鎮定された。　（京都産業大）

a 安倍頼時
　×阿倍×阿部
b 安倍貞任

☑20 源頼義・義家父子はこの時，出羽の豪族の□□□の援助を受けた。　（立命館大）

　清原武則

☑21 **頻出** □a□氏の内紛に陸奥守□b□が介入した戦いを，**後三年合戦**と呼ぶ。　（関西大）

a 清原氏
b 源義家

☑22 安倍頼時の娘を母とする**藤原清衡**は，□a□で**源義家**に協力し，その後，陸奥・出羽にまたがる大豪族に成長，現在の岩手県の□b□を根拠地とし全盛を誇った。　（青山学院大）

a 後三年合戦
　〔後三年の役〕
b 平泉

☑23 **藤原清衡**の子□a□，そして孫の□b□までの 3 代を**奥州藤原氏三代**と呼ぶ。　（同志社大）

a 藤原基衡
b 藤原秀衡

☑24 この奥州藤原氏は，1189 年の**奥州合戦**で **4 代目**の**藤原泰衡**が□□□によって滅ぼされるまで続いた。　（関西学院大）

　源頼朝

☑25 藤原**清衡**が**平泉**に建立した□□□**寺**には，現在，**金色堂**が遺されている。　（学習院大）

　中尊寺

院政期の社会と文化

院政と平氏政権

☐ 01 **史料** 延久の荘園整理令は「□□□□年（**1045年**）以後の新 立荘園を**停止**すべし」とし，またこれ以前でも，正式な許 可がない荘園の**不輸の特権**を否定した。 （津田塾大）

寛徳二年

☐ 02 **史料** 慈円の『**愚管抄**』には，「**延久ノ** a トテハジメテ ヲカレタリケルハ，諸国七道ノ所領ノ**宣旨・官符**モナクテ b ヲカスムル事，一天四海ノ巨害ナリ」とある。 （京都産業大）

a 記録所
b 公田

☐ 03 **史料** さらに「**宇治殿ノ時，一ノ所ノ御領御領トノミ云テ， 庄園諸国ニミチテ** a **ノツトメタヘガタシ**」と， b の時期に**摂関家への荘園の寄進**が相次ぎ， a の徴税 が困難になったとある。 （中央大）

a 受領
b 藤原頼通

☐ 04 **後三条天皇**は度量衡の乱れを正すため，1072年にいわゆ る□□□□と呼ばれる**公定の枡**を決めたとされる。 （同志社大）

（延久の）宣旨枡

☐ 05 院政の主は□□□□と呼ばれた。また院近臣には，院の**乳母** の血縁者や**受領層**などの出身者が多かった。 （上智大）

治天の君

☐ 06 鎌倉時代，八条院領は a **統**の経済基盤に，長講堂領は b **統**の経済基盤になった。 （法政大）

a 大覚寺統
b 持明院統

☐ 07 **頻出 南都**と呼ばれた□□□□寺の僧兵は**奈良法師**と呼ばれ， **春日神社の神人**と共に**神木**をささげて**強訴**を行った。 （青山学院大）

興福寺

☐ 08 **頻出 北嶺**と呼ばれた□□□□寺の僧兵は**山法師**と呼ばれ， 比叡山の地主神の**日吉神社の神人**と共に**神輿**を担いで**強訴** した。 （立教大）

延暦寺

☐ 09 平氏三代とは， a を鎮定した**平正盛**， b **上皇**に 仕えた**平忠盛**，そして**平清盛**の3代をいう。 （学習院大）

a 源義親の乱
b 鳥羽上皇

☑10 **保元の乱**では，**後白河天皇方**に関白 ___a___ ，源義朝，平
清盛ら，**崇徳上皇方**には ___a___ の弟である**左大臣** ___b___ ，
源義親の子 ___c___ とその子**源為朝**，清盛の叔父の**平忠正**
がついた。 　　　　　　　　　　　　　　　　　　　（立命館大）

a 藤原忠通
b 藤原頼長
c 源為義

☑11 **史料** 慈円の『**愚管抄**』には，「 ___a___ ウセサセ給テ後，日
本国ノ乱逆ト云フコトハヲコリテ後，**ムサ**ノ世ニナリニケル
也」と， ___b___ 以降は武士の世になったとある。 　（福井大）

a 鳥羽院
b 保元の乱

☑12 **頻出** **保元の乱**後，院近臣 ___a___ と**平清盛**に対し，**源義朝**
が院近臣 ___b___ と組んで， ___a___ を討ったが清盛に敗れ
たのが**平治の乱**である。 　　　　　　　　　　　（青山学院大）

a 藤原通憲〔信西〕
b 藤原信頼

☑13 **平治の乱**の後，源義朝の子の _____ は**伊豆**の**蛭島**に流さ
れた。 　　　　　　　　　　　　　　　　　　　　（東京学芸大）

源頼朝

☑14 **史料** 『**平家物語**』には，「**入道相国**のこじうと**平大納言時忠**
卿ののたまひけるは，『**此一門にあらざらむ人は皆人非人
なるべし**』」とあるが，この「**入道相国**」とは _____ のこと
である。 　　　　　　　　　　　　　　　　　　　　（関西大）

平清盛

☑15 **治承元年（1177年）**に起こった**鹿ヶ谷の陰謀**の首謀者は，
___a___ や僧の ___b___ であった。 　　　　　　　　（同志社大）

a 藤原成親
b 俊寛

院政期の文化

☑16 **頻出** **六勝寺**には，**白河天皇**による ___a___ 寺，堀河天皇に
よる ___b___ 寺などがある。 　　　　　　　　　　（青山学院大）

a 法勝寺
b 尊勝寺

☑17 **頻出** 歴史物語では，藤原**道長**の**栄華**を賛美する『 ___a___ 』
や，仮名による紀伝体で書かれた『 ___b___ 』がある。

a 栄花〔華〕物語
b 大鏡

　　　　　　　　　　　　　　　　　　　　　　　　　（中央大）

☑18 漢文体の**最初の軍記物語**は『 ___a___ 』とされる。その後，
院政期には**前九年合戦**を描いた『 ___b___ 』が現れた。

a 将門記（まさかどき）
b 陸奥話記

　　　　　　　　　　　　　　　　　　　　　　　　（京都府立大）

☑19 **頻出** **豊後（大分県）**の ___a___ や，**福島県**いわき市の
___b___ は，地方における国風文化の建築物である。（中央大）

a 富貴寺大堂
b 白水阿弥陀堂

☑20 **藤原基衡**が建立した _____ 寺には，**庭園跡**が遺されている。

毛越寺

　　　　　　　　　　　　　　　　　　　　　　　　（青山学院大）

☑ 21 **頻出** 朝護孫子寺に伝わる『 **a** 』や、**鳥羽僧正覚猷**の作とされる『 **b** 』も、**院政期**の代表的な**絵巻物**である。
（立教大）

a 信貴山縁起絵巻
b 鳥獣戯画
×劇

☑ 22 **平氏一門**による『**平家納経**』や、大阪の**四天王寺**に残された『＿＿＿』は代表的な**装飾経**である。
（上智大）

扇面古写経

☑ 23 **史料**「遊びをせむとや生まれけむ、戯れせむとや生まれけむ」などの**今様**は『＿＿＿』に収められている。
（成城大）

梁塵秘抄

☑ 24 **有職故実**の分野では、**大江匡房**により『＿＿＿』が著されている。
（関西大）

江家次第

鎌倉幕府の成立

☑ 01 **源頼朝**は伊豆国の目代**山木兼隆**を討ち挙兵したが、相模国の＿＿＿の**戦い**に敗れ、一時、**房総**に逃げた。（大阪学院大）

石橋山の戦い

☑ 02 **頼朝**は態勢を立て直し**鎌倉**に入り、**駿河**の **a** の**戦い**で平家軍を撃退し、鎌倉に戻り **b** を設置した。
（明治大）

a 富士川の戦い
b 侍所

☑ 03 1181年に**平清盛**が没し、さらに西国を中心に＿＿＿が発生したため、平氏方は態勢を立て直せなかった。（学習院大）

養和の大飢饉

☑ 04 **頻出** 1183年、源頼朝はいわゆる＿＿＿で、**東海道・東山道**の国衙に対する指揮権を認められた。
（中央大）

寿永二年十月宣旨

☑ 05 **源義経**は摂津の**一の谷の戦い**、讃岐の＿＿＿の**戦い**で平氏を倒し、**長門**の**壇の浦の戦い**で平氏を滅ぼした。
（立命館大）

屋島の戦い

☑ 06 **史料** 『**吾妻鏡**』には、**文治元年**（1185年）11月、「諸国平均に**守護・地頭**を補任し、**権門勢家**、庄公を論ぜず、＿＿＿**段別五升**、を宛て課すべきの由、今夜**北条殿**、藤中納言経房卿に謁し申すと云々」とある。
（関西大）

兵粮米

☑ 07 **頻出** **史料** **九条兼実**の日記『＿＿＿』には、文治元年11月、「件の**北条丸**（北条時政）以下の郎従等、相分ちて五畿・**山陰・山陽・南海・西海**の諸国を賜はり、庄公を論ぜず、**兵粮段別五升**を宛て催すべし」とある。
（関西大）

玉葉

☑ 08 国を単位に設置された**守護**は、当初、 **a** あるいは **b** と呼ばれていた。
（早稲田大）

a・b 惣追捕使・
国地頭（順不同）

☑09 源頼朝は，**源頼義**が京都の**石清水八幡宮**を勧請した八幡社を整備し，□□□を鎌倉の中心に据えた。　(同志社大)　鶴岡八幡宮

☑10 **大犯三カ条**とは**大番催促**，□□□・殺害人の逮捕を指す。　(北海道大)　謀叛人

☑11 **源義経**は兄頼朝と不和になり，奥州へ移ったが，**藤原秀衡**の死後，その子の□□□に攻められ敗死した。　(法政大)　藤原泰衡

☑12 **奥州合戦**で奥州藤原氏を討滅した源頼朝は，翌**1190年**に**上洛**し，□□□に任ぜられた。　(早稲田大)　右近衛大将

☑13 1185年，**源頼朝**の要請で，**九条兼実**らが□□□に任ぜられた。　(獨協大)　議奏公卿

☑14 頻出 御家人の**奉公**のうち重要なものには，京都に赴きその警備にあたる□□□があった。　(津田塾大)　京都大番役

☑15 頻出 1180年，**侍所**が設置され，長官の**別当**に□a□が就いた。この職は1213年の**和田合戦**の後，□b□が継いだ。　(関西学院大)　a 和田義盛　b 北条義時

☑16 頻出 **公文所**の長官である**別当**には，京都から□□□が招かれて就任した。公文所は1191年，**政所**に代わるが，□□□は留任している。　(中央大)　大江広元

☑17 **問注所**の長官の**執事**には□□□が任ぜられた。　(学習院大)　三善康信

☑18 将軍との間に主従関係を結ばなかった一般的な武士は□a□，商工業者や農民などは□b□と称された。　(慶應義塾大)　a 非御家人　b 凡下(之輩)

執権政治

執権政治

☑01 源頼朝が没した翌1200年，□□□が排斥された。　(西南学院大)　梶原景時

☑02 源頼朝没後，**北条時政**ら□□□人の**有力御家人の合議**によって幕政は運営され，将軍**源頼家の親裁は停止**された。　(同志社大)　13人

☑03 3代将軍**源実朝**は，右大臣拝賀のため鶴岡八幡宮に参拝したところを源頼家の遺児□□□に襲われ殺された。(同志社大)　公暁

☑ 04 **頻出** その後，北条氏らは**九条道家**（みちいえ）の３男 ＿＿＿＿＿ を主人として鎌倉に迎えた。 (学習院大)

藤原〔九条〕頼経（ふじわら くじょう よりつね）

☑ 05 **後鳥羽上皇**の ＿a＿ 追討の命に対し， ＿b＿ は御家人に奮起を促す演説をしたという。 (法政大)

a 北条義時
b 北条政子（まさこ）

☑ 06 **史料** 『＿＿＿＿＿』によればその演説は，「故**右大将軍**（こうだいしょうぐん）（頼朝）朝敵（ちょうてき）を征罰（せいばつ）し，**関東**を草創（そうそう）してより以降，官位と云ひ，俸禄（ほうろく）と云ひ，其の恩既に山岳よりも高く」として，幕府創設の意義を強調するものだった。 (関西大)

吾妻鏡（あずまかがみ）

☑ 07 **頻出** **承久の乱**では， ＿a＿ と**北条義時**の弟 ＿b＿ が**幕府軍**を率いて後鳥羽方（京方）を破った。 (立教大)

a 北条泰時（やすとき）
b 北条時房（ときふさ）

☑ 08 **承久の乱**に敗れた ＿a＿ 上皇は隠岐へ， ＿b＿ 上皇は佐渡へ，**土御門上皇**（つちみかど）は**土佐**に配流された。また ＿c＿ **天皇**も廃され**後堀河天皇**（ごほりかわ）が立てられた。 (関西大)

a 後鳥羽上皇
b 順徳上皇（じゅんとくじょうこう）
c 仲恭天皇（ちゅうきょうてんのう）

☑ 09 **史料** **新補率法**で決められた**地頭の得分**は，「田畠各**拾一町**の内，**十町**は ＿a＿ ＿b＿ の分，**一町**は**地頭の分**」，「**加徴**（か）は ＿c＿ 」であった。 (日本大)

a 領家（りょうけ）
b 国司（こくし）
c 段〔反〕別五升（たん たん べつごしょう）

☑ 10 **史料** **御成敗式目**について，北条泰時が六波羅探題の弟重時（しげとき）に送った書状では，この式目は「たゞ＿＿＿＿＿のおすところを記され候者也」としている。 (立教大)

どうり〔道理〕

☑ 11 **史料** また，「武家の人へのはからひのためばかりに候。これによりて，京都の御沙汰（ごさた），＿＿＿＿＿のおきて，聊（いささか）もあらたまるべきにあらず候也」としている。 (立教大)

律令（りつりょう）

☑ 12 **史料** **御成敗式目第３条**は，「諸国守護人奉行（ぶぎょう）の事」として，「右大将家の御時（おんとき）定め置かるる所は， ＿a＿ ・謀叛・殺害人（せつがい）」と，いわゆる ＿b＿ を規定している。 (札幌大)

a 大番催促（おおばんさいそく）
b 大犯三カ（たいぼんさんか）〔箇〕条（じょう）

☑ 13 鎌倉時代の法には大きく分けて，**朝廷**が用いた ＿a＿ ，荘園領主がその支配地で用いた法の ＿b＿ ，幕府が制定する**武家法**がある。 (慶應義塾大)

a 公家法（くげほう）
b 本所法（ほんじょほう）

☑ 14 **御成敗式目第23条**は，**公家法**では ＿＿＿＿＿ が養子を取り，所領などを相続させる事は不可能だが，**武家社会**では許可されるとし，**公家法**と**武家法**が相違する例が示されている。 (千葉大)

女人〔女性〕（にょにん）

☑ 15 **御成敗式目以外**の幕府の法を ＿＿＿＿＿ と呼ぶ。 (福岡大)

式目追加（しきもくついか）

□ 16 **後嵯峨天皇**は 1246 年，後深草天皇に位を譲った後**院政**を
行い，幕府にならって院に _____ を置くなど，その支配体
制を整えた。 (中央大)

武士の生活

□ 17 頻出 _____ ・**笠懸**・**犬追物**を騎射三物と呼ぶ。 (同志社大)
流鏑馬

□ 18 武士は武芸の訓練を兼ねて狩猟を行ったので，_____ や
鷹狩がさかんであった。 (法政大)
巻狩

□ 19 地頭などの荘官は居住地の近辺に ▭ a ▭ ・**佃**・▭ b ▭ ・
用作などと呼ばれる**直営地**を持っていた。 (学習院大)
a・b 門田・正作
（順不同）

□ 20 荘官は直営地を _____ や所領内の農民に耕作させた。
(青山学院大)
下人

□ 21 **所領の細分化**に伴い，**女子の財産相続権**が**制限**され，一代
に限って職の得分を得ることのできる女子の _____ も多
くなった。 (中央大)
一期分

□ 22 史料 紀伊国 ▭ a ▭ 荘の農民の訴状は地頭の ▭ b ▭ 氏の
非法を訴えたもので，「ミ丶（耳）ヲキリ，ハナ（鼻）ヲソ（削）
キ」と，たどたどしい文章で書かれている。 (青山学院大)
a 阿氐河荘
b 湯浅氏

□ 23 伯耆国 _____ 荘の史料の中には**下地中分**の図があり，**地
頭分**と**領家分**に 2 分されていた様子が示されている。
(青山学院大)
東郷荘

蒙古襲来と幕府の衰退

蒙古襲来

□ 01 **フビライ**はモンゴル帝国を築いた _____ の孫である。
(駒澤大)
チンギス゠ハン

□ 02 頻出 **元の都**は現在の**北京**で，_____ と名付けられた。
(関西大)
大都

□ 03 **元**の侵攻に対し，朝鮮の _____ **王朝**は長い間抵抗したが
屈服した。 (立教大)
高麗王朝

□ 04 その後も _____ **の乱**などの抵抗が続いたが，1273 年，こ
れが終息すると，翌年には**文永の役**が起こった。 (南山大)
三別抄の乱

☐ 05 **文永の役**では，元軍が，□□□□と呼ばれる**火薬**を使った武器を使用したことが知られている。 (明治大)

てつはう

☐ 06 **頻出** **文永の役後**，幕府は御家人らに命じて敵の**上陸を防ぐ**ための□□□□を築かせた。 (同志社大)

防塁
〔石築地・石塁〕

☐ 07 元寇に際し，幕府は御家人だけでなく，□□□□をも防衛戦に動員することになった。 (早稲田大)

非御家人

☐ 08 **頻出** 『□a□』は，**肥後の御家人**□b□が，**文永の役**での自らの活躍などを後世に残すために描かせたものである。 (同志社大)

a 蒙古襲来絵巻〔詞〕
〔竹崎季長絵詞〕
b 竹崎季長

☐ 09 **北条時宗**が没した後，**執権**の地位に就いた□□□□は，鎮西奉行に代えて新たに**鎮西探題**を置いた。 (関西学院大)

北条貞時

☐ 10 **得宗**という名称は，□□□□の法名「徳宗 (崇)」に由来するとされる。 (関西大)

北条義時

☐ 11 **得宗家**の家政を担う家臣を□a□と呼んだ。得宗の専制的な支配が確立すると，幕政の実権は□a□の代表である□b□が握るようになった。 (中央大)

a 御内人
b 内管領

☐ 12 **頻出** **北条貞時**が執権に就任すると，その**外祖父**にあたる□a□と，**御内人**の代表□b□の対立が顕在化し，1285年には**霜月騒動**が起こり，□b□が勝利した。 (法政大)

a 安達泰盛
b 平頼綱

☐ 13 **北条貞時**は，1293年には**内管領平頼綱**を滅ぼした。この事件を□□□□と呼ぶ。 (摂南大)

平禅門の乱
〔平頼綱の乱〕

☐ 14 **史料** 1297年の永仁の徳政令は，「地頭□a□の買得の地に於いては，本条 (□b□第8条を指す) を守り，**廿箇年**を過ぐるは，**本主** (元の持ち主である御家人) 取り返すに及ばず」としている。 (同志社大)

a 御家人
b 御成敗式目
〔貞永式目〕

☐ 15 **史料** また，「□a□并びに□b□の輩買得の地に至りては，**年紀** (売買や質入れが行われた期間) の遠近を謂はず，**本主**これを取り返すべし」としている。 (慶應義塾大)

a 非御家人
b 凡下

☐ 16 **永仁の徳政令**では，他に，**再審請求**である□□□□の禁止や，今後の土地の**質入れ・売買**の禁止も命ぜられた。ただし，御家人の所領取り戻し以外の部分は，翌年廃止された。 (学習院大)

越訴

☑17 **得宗北条高時**の時期には, 政治の実権を**内管領**の□□□□ が握った。　　　　　　　　　　　　　　　　（青山学院大）

長崎高資 _{ながさきたかすけ}

鎌倉時代の社会経済

☑18 **二毛作**では, **米**の裏作に□□□□が栽培された。　（上智大）

麦

☑19 頻出 **肥料**としては, 草葉を田に敷き込む□ a □や, **草や木**を焼いた**灰**を使う□ b □があった。　（中央大）

a 刈敷 _{かりしき}
b 草木灰 _{そうもくばい}

☑20 **牛耕**・**馬耕**では□□□□が使われ, **深耕**が可能となった。　　　　　　　　　　　　　　　　　　　　　（京都大）

犂〔唐鋤〕 _{かりき〔からすき〕}

☑21 頻出 中世には**染料**としての**藍**, 糸の材料となる**苧**, **灯油**の材料となる□□□□などの栽培がさかんに行われた。　　　　　　　　　　　　　　　　　　　　　　　　（上智大）

荏胡麻 _{えごま}

☑22 **鍋**や**釜**をつくる手工業者を□□□□と呼ぶ。　（中央大）

鋳物師 _{いもじ}

☑23 **農具**や**武器**などの**鍛造**を行った金属加工業者は□□□□と呼ぶ。この中から, やがて刀を専門に製作する**刀鍛冶**が現れた。　　　　　　　　　　　　　　　　　　　　　（駒澤大）

鍛冶（師） _{かじ}
×治

☑24 『**一遍上人絵伝**』の一場面である**備前**□□□□には掘立柱の店が並び, 人々が活発に商業活動を行う様子が描かれている。　　　　　　　　　　　　　　　　　　　　　　（東海大）

福岡市 _{ふくおかいち}

☑25 頻出 **遠隔地取引**で使われた金銭などの預り証書は□□□□と呼ばれ, これを扱う□□□□**屋**なども現れた。（青山学院大）

割符 _{さいふ}
わりふ

☑26 **陸上**の**輸送**を担ったのは□□□□や**車借**であった。　（九州大）

馬借 _{ばしゃく}

鎌倉文化

仏教・信仰

☑01 **法然**は□ a □の求めに応じ, **浄土宗**の教義を『□ b □』で示した。　　　　　　　　　　　　　　　　　　（学習院大）

a 九条〔藤原〕兼実 _{くじょう ふじわら かねざね}
b 選択本願念仏集 _{せんちゃくほんがんねんぶつしゅう}

☑02 **法然**の活動の拠点は, 京都の□□□□である。　　（関西大）

知恩院 _{ちおんいん}

☑03 頻出 **親鸞**の教義書は『□ a □』である。また, **親鸞**の**悪人正機説**が世間に誤って伝わっているとし, これをただそうとしたのが弟子**唯円**が著した『□ b □』である。　（法政大）

a 教行信証 _{きょうぎょうしんしょう}
b 歎異抄 _{たんにしょう}

☑ 04 **史料** この書では「 a なをもちて往生をとぐ，いはん a 善人
や b をや。しかるを，世のひとつねにいはく，『 b b 悪人
なを往生す，いかにいはんや a をや』と」としている。
（京都府立大）

☑ 05 **一遍**は，布教のために諸国を巡歴したことから， a と a 遊行上人
呼ばれた。また，その活動の様子は，『 b 』に描かれて b 一遍上人絵伝
いる。 （青山学院大）

☑ 06 **時宗**の拠点は，神奈川県の □□□ 寺であるが，同寺は**遊行** 清浄光寺
寺とも呼ばれた。 （駒澤大）

☑ 07 **日蓮宗**では，□□□ が重んぜられた。日蓮はその教えを**辻** 題目唱和
説法で広め，**他宗**を厳しく**批判**した。 （関西大）

☑ 08 **頻出 史料** **日蓮**は**北条時頼**への意見書『□□□』で，「速か 立正安国論
に情慮を廻らし，悹いで対治を加へよ」と**法華経**信仰を勧
め，またこれに背くと「所以**『他国侵逼の難**，自界叛逆の難』**
なり」とした。 （関西大）

☑ 09 **日蓮宗**の中心は，甲斐（山梨県）の □□□ 寺である。 久遠寺
（専修大）

☑ 10 **臨済宗**では，□□□ を解決し，悟りに至ることが重視され 公案
た。 （津田塾大）

☑ 11 **栄西**は 2 度入宋した。また旧仏教の非難に対しては禅宗の 興禅護国論
本質を説明するため『□□□』を著した。 （関西大）

☑ 12 **頻出 栄西**は，**北条政子・源頼家**らの協力で鎌倉に a a 寿福寺
寺を開いた。京都では**源頼家**を開基として b **寺**を建 b 建仁寺
立した。 （学習院大）

☑ 13 **頻出 曹洞宗**では，**坐禅**にのみ集中する**只管打坐**を重視し a 永平寺
た。**道元**は越前の a **寺**を**道場**とし，また，その主著は b 正法眼蔵
『 b 』である。 （中央大）

☑ 14 **史料** 『 a 』は，道元の弟子の**懐奘**が師の言行を筆録し a 正法眼蔵随聞記
たもので，「一日奘問云，叢林ノ勤学ノ行履ト云ハ如何。示 b 只管打坐
云， b 也」とある。 （法政大） ×座

☑15 [頻出] **叡尊**は □ a □ 寺を中心に**戒律**の復興に努めた。弟
子の**忍性**は鎌倉の □ b □ 寺に常住した。また，**奈良**に
□ c □ と呼ばれる**病人・非人**の**救済施設**を営んだとされる。

(立命館大)

a 西大寺
b 極楽寺
c 北山十八間戸

☑16 **度会家行**は**伊勢神道**の理論を主著『□ a □』で展開し，神
を**本地**，仏を**垂迹**とする □ b □ 説を唱えた。 (関西学院大)

a 類聚神祇本源
b 神本仏迹説
〔反本地垂迹説〕

学問・文学

☑17 **順徳天皇**が著した有職故実書は『□□□□□』である。

(京都大)

禁秘抄

☑18 [頻出] **西行**の歌集は『□□□□□』である。 (法政大)

山家集

☑19 [頻出] □□□□□ の『**金槐和歌集**』は，師である**藤原定家**に示し
た自作の歌集であるとされる。 (津田塾大)

源実朝

☑20 **紀行文**の『□□□□□』の著者は諸説あるが，**源光行**およびそ
の子**源親行**の作とする説が有力である。 (同志社大)

東関紀行

☑21 □ a □ が撰した説話集は『**古今著聞集**』，□ b □ によるも
のが『**沙石集**』である。 (高崎経済大)

a 橘成季
b 無住〔一円〕

☑22 『**平家物語**』の著者には諸説あり，『**徒然草**』では □□□□□ で
あるとしているが，確証はない。 (名城大)

信濃前司行長

☑23 **平家物語**の異本の１つが『□□□□□』である。 (法政大)

源平盛衰記

☑24 [史料] **慈円**の『□ a □』の冒頭には，「**年ニソヘ日ニソヘテハ**，
物ノ □ b □ **ヲノミ思ツヾケテ**，老ノネザメヲモナグサメツヽ，
イトヾ，年モカタブキマカルマヽニ」とあり，□ b □ という
概念が示されている。 (中央大)

a 愚管抄
b 道理

☑25 [史料] また，「□□□□□ **以後ノコトハミナ乱世ニテ侍レバ**」と
□□□□□ **の乱**を重視し，以後は「乱世」となったと考えてい
る。 (早稲田大)

保元

☑26 **臨済宗**の僧である**虎関師錬**が著した本格的な**仏教史**の著作
は『□□□□□』である。 (法政大)

元亨釈書
×享

☑27 鎌倉時代の古典研究では，**仙覚**の『□ a □』や，**卜部兼方**
の『□ b □』が著名である。 (九州大)

a 万葉集註釈
b 釈日本紀

☑28 **1180 年,** [＿＿＿] **は対立する東大寺・興福寺などを焼打ち**
した。 （学習院大）
平重衡

☑29 頻出 その**東大寺の再建**に活躍した宋人は [＿＿＿] である。
陳和卿
（立教大）

☑30 **三十三間堂**の名で有名な [＿＿＿] は，**後白河法皇**が**平清盛**
に命じて建立させたもので，13 世紀半ばに再建されている。
蓮華王院本堂
（関西学院大）

☑31 興福寺を拠点として活躍した彫刻師の一派である**奈良仏師**
は，[＿＿＿] とも呼ばれる。 （専修大）
慶派

☑32 興福寺にあるこの代表作が [＿＿＿] **像**である。 （関西大）
無著・世親像

☑33 **奈良仏師**の**神像彫刻**では**東大寺** [＿＿＿] **像**が知られる。
僧形八幡神像
（立教大）

☑34 **写実的**な**肖像彫刻**での奈良仏師の代表作には，**六波羅蜜寺**
の [＿＿＿] **像**がある。作者は運慶の第 4 子，**康勝**である。
空也上人像
（東海大）

☑35 **鎌倉新仏教の開祖**の業績を伝える**絵巻物**として，『[＿＿＿]』
や『**一遍上人絵伝**』が知られている。 （上智大）
法然上人絵伝

☑36 頻出 『**蒙古襲来絵巻**』は，肥後の御家人 [＿＿＿] が描かせた
ものである。 （同志社大）
竹崎季長

☑37 **武蔵国**の**武士**の兄弟の物語『[＿＿＿]』は，その中の笠懸の
図などで有名である。 （京都府立大）
男衾三郎絵巻

☑38 **青蓮院流**を開いたとされる [＿＿＿] には，『**鷹巣帖**』という
作品が遺されている。 （早稲田大）
尊円入道親王

☑39 **刀鍛冶**では京都の [a]，相模 (鎌倉) の [b]，備前の
長船長光などが有名である。 （関西学院大）
a 粟田口〔藤四
郎〕吉光
b 岡崎正宗

建武の新政と南北朝の動乱

☑01 **後深草天皇**に始まる**持明院統**の経済基盤は [＿＿＿] である。
長講堂領
（京都大）

☑ 02 **亀山天皇**(かめやま)に始まる**大覚寺統**の経済基盤は □ である。

(日本女子大)　八条院領(はちじょういんりょう)

☑ 03 **得宗**(とくそう)の**北条高時**(たかとき)は田楽や闘犬に熱中し，政治を**内管領**(うちかんれい)の □ に任せていたとされる。

(青山学院大)　長崎高資(ながさきたかすけ)

☑ 04 **頻出** **後醍醐天皇**の側近**日野資朝**(ひ の すけとも)・**俊基**(としもと)らが企てた幕府転覆計画は未然に発覚した。これを □ と呼ぶ。(学習院大)

正中の変(しょうちゅう へん)

☑ 05 **元弘の変**で**後醍醐天皇**を □ a へ流した幕府は，代わって持明院統の □ b **天皇**を擁立した。

(同志社大)　a 隠岐(おき)　b 光厳天皇(こうごん)

☑ 06 **後醍醐天皇**が京を目指し配流先を脱出すると，**伯耆**(ほうき)では □ らがこれを迎えた。

(慶應義塾大)　名和長年(な わ ながとし)

☑ 07 **河内の悪党**の代表である**楠木正成**(くすのき まさしげ)も，□ **親王**と共に反幕府の挙兵に踏み切った。

(関西学院大)　護良親王(もりよししんのう/もりなが)

☑ 08 **足利氏**は**清和源氏**の出身で，□ a **国**の足利荘を本拠地としていた。同じ**清和源氏**の □ b **氏**は，**上野国**(こうずけのくに) □ b 荘を拠点とする御家人であった。

(甲南大)　a 下野国(しもつけのくに)　b 新田(にった)

☑ 09 **史料**『 □ 』は，**建武の新政**を，「古(いにしえ)の興廃を改て，今の例は昔の新儀也。朕(ちん)が**新儀は未来の先例**たるべしとて，新なる勅裁漸々(ようよう)きこえけり」と批判している。

(慶應義塾大)　梅松論(ばいしょうろん)

☑ 10 **頻出** **史料** **二条河原落書**(に じょうがわらのらくしょ)には，「此比(このごろ)都ニハヤル物。**夜討**，**強盗**，謀 □ a 。召人，早馬，虚騒動。生頸，還俗，自由出家」，「 □ b スル成出者(なりでもの)。器用ノ堪否沙汰(かんぶ さ た)モナク。モルヽ人ナキ**決断所**」と，後醍醐天皇の偏った政治の様子が庶民の側から批判・風刺されている。

(法政大)　a 綸旨(りんじ)　b 下克上(げこくじょう)

☑ 11 **建武政権**での**鎌倉将軍府**は □ a **親王**を奉じ，□ b がその中心となった。

(慶應義塾大)　a 成良親王(なりよししんのう)　b 足利直義(あしかがただよし)

☑ 12 **陸奥将軍府**には □ a **親王**が派遣され，□ b がこれを支えた。

(慶應義塾大)　a 義良親王(のりよししんのう)　b 北畠顕家(きたばたけあきいえ)

☑ 13 **中先代の乱**を機に建武政権に反旗を翻した**足利尊氏**は，いったん**九州**まで逃れ，その後再起して**京都**を目指し，**摂津**の □ の戦いで**楠木正成**(くすのき まさしげ)らを破り京に入った。

(明治学院大)　湊川の戦い(みなとがわ)

☑ 14 **史料** **建武式目**の冒頭では,「□□□元の如く柳営たるべきか,他所たるべきや否やの事」と,幕府の根拠地を□□□か他所(京都など)に求めるべきかを,中原章賢(是円)らに問いかけている。 (早稲田大)

かまくら
鎌倉

☑ 15 **頻出** 1342 年に**九州**に上陸した□□□**親王**は征西将軍と呼ばれ,**大宰府**を拠点に一時,九州の**南朝**勢力の糾合に成功した。 (同志社大)

かねよししんのう
懐良親王

☑ 16 **頻出** 初期の室町幕府は,**足利尊氏**が軍事面を,□□□が一般政務を統轄する**二頭政治**であった。 (慶應義塾大)

あしかがただよし
足利直義

☑ 17 □□□**権**とは,幕府裁判の**判決**を**現地**で**執行**するものである。 (京都府立大)

し せつじゅんぎょうけん
使節遵行権

☑ 18 □□□とは係争地の稲を一方的に刈り取る行為で,鎌倉以来,犯罪行為とされていた。 (北海道大)

かり た ろうぜき
刈田狼藉
×浪×籍

☑ 19 **史料** 1352 年,**足利尊氏**が出した□**a**□の半済令は,「**近江・美濃・尾張**三ヶ国の□**b**□半分の事,□**c**□として,当年一作,軍勢に預け置くべきの由,守護人等に相触れ訖んぬ」とし,3 カ国に限り,□**b**□の年貢の半分を 1 年限りで守護が徴収することを認めるものであった。 (法政大)

a 観応の半済令
かんのう はんぜいれい
b 本所領
ほんじょりょう
c 兵粮料所
ひょうろうりょうしょ

☑ 20 **1368 年**の□□□の半済令では,皇室領などを除いた**土地そのものの半分**を**守護**が支配することを認めた。 (慶應義塾大)

おうあん はんぜいれい
応安の半済令

室町幕府と室町時代の外交

室町幕府と守護大名

☑ 01 **足利義満**が将軍に就任した **1368 年**,中国では□□□(**洪武帝**)によって**明**が建国された。 (関西学院大)

しゅげんしょう
朱元璋

☑ 02 **足利義満**が京都の北に営んだ邸宅は□**a**□と呼ばれ,義満の没後,□**b**□**寺**となった。 (立命館大)

a 北山殿[北山山荘]
きたやまどの きたやまさんそう
b 鹿苑寺
ろくおん じ

☑ 03 **足利義満**は 1390 年,□□□で美濃の有力守護を討った。 (同志社大)

と き やすゆき
土岐康行の乱

☑ 04 □□□と呼ばれたのは**山名氏清**とその一族で,11 カ国の守護を一族で占めていたという。 (早稲田大)

ろくぶんのいちどの
六分一殿
〔六分一衆〕
しゅう

☑ 05 **頻出** 1399 年，6 カ国の守護であった [a] は反義満勢力
の中心となり，鎌倉公方とも呼応し幕府に反抗したが，**和
泉国の** [b] の戦闘，**応永の乱**で敗死した。　(早稲田大)

a 大内義弘
b 堺

☑ 06 **九州探題**に任命された [a] は，九州地方で勢力を蓄え
ていた**征西将軍の** [b] **親王**と**南朝**勢力の排除に成功し，
幕府の九州支配を確立した。　(明治大)

a 今川貞世〔了俊〕
b 懐良親王

☑ 07 **鎌倉府**の支配領域は，**関八州**に [a]・[b] を加えた
10 カ国であった。後に**陸奥・出羽**も加えられた。
　(東洋大)

a・b 伊豆・甲斐
(順不同)

室町時代の外交

☑ 08 **得宗北条高時**の時期，幕府は**元**に [a] 船を派遣した。ま
た，足利尊氏は**夢窓疎石**の勧めで**後醍醐天皇**の菩提を弔う
寺院を建立するため，[b] 船を派遣した。　(高崎経済大)

a 建長寺船
b 天竜寺船

☑ 09 **前期倭寇**は [a]・[b]・**肥前松浦**の 3 島を主な拠点
とし，「**三島の倭寇**」と呼ばれた。　(上智大)

a・b 壱岐・対馬
(順不同)

☑ 10 明の建国者は後に**太祖** [ ] と呼ばれた。　(津田塾大)

洪武帝

☑ 11 **史料** 瑞溪周鳳の編纂した**外交史**『[a]』によれば，足
利義満は「**日本准三后某**」と称し，「**大** [b] **皇帝陛下**」に
書を奉るとして国交を結んだ。　(同志社大)

a 善隣国宝記
b 明

☑ 12 **史料** また「[a] をして [b] に相副へしめ，好を通じ
て方物を献ず」とあり，[b] を正使としている。
　(日本女子大)

a 肥富
b 祖阿

☑ 13 **頻出** **日明貿易**は明の指定する [ ] に入港することとさ
れ，**朝貢**形式だったため**無関税**とされ，莫大な**利益**をもた
らした。　(北海道大)

寧波

☑ 14 **日明貿易**の主な**輸出品**は銅・発火剤の [a]・**武器**の
[b] で，**輸入品**は**明銭**や**生糸**であった。　(青山学院大)

a 硫黄
b 刀剣

☑ 15 **頻出** **日明貿易**は，4 **代将軍** [a] が **1411 年**に中断した後，
6 **代将軍** [b] によって **1432 年**に再開された。(学習院大)

a 足利義持
b 足利義教

☑ 16 幕府による日明貿易の直営が不可能になった後，貿易は，
大内氏と組む [a] **商人**と**細川氏**と組む [b] **商人**の，
2 つの勢力が担うようになった。　(立命館大)

a 博多商人
b 堺商人

☐17 乃而浦・富山浦・塩浦の3つの港を [____] と呼び，倭館が置かれ，恒居倭人と呼ばれた日本人が常住した。（法政大）

三浦

☐18 **日朝貿易**の主な輸出品は，日明貿易と同様の**銅・硫黄**に加えて漆器や琉球から得た**南海の産物**もあった。主な輸入品では，[a] や高麗版 [b] があった。（明治大）

a 木綿〔綿布〕
b 大蔵経

☐19 頻出 **12世紀の沖縄**には，[a] と呼ばれる在地豪族が割拠し，[b] と呼ばれる拠点が築かれていった。（立教大）

a 按司
b グスク〔城〕

☐20 頻出 **沖縄**では，**14世紀**中ごろ，山北（北山）・[____]・山南（南山）のいわゆる**琉球三山**という3つのグループが成立した。（青山学院大）

中山

☐21 [a] の**尚巴志**は**琉球王国の統一**に成功し，**首里を王府**とし，[b] を国際貿易港として発展させた。（法政大）

a 中山王
b 那覇

☐22 琉球船がもたらす [a] とは，**胡椒・蘇木・香木・薬種**などで，これらは明だけでなく薩摩半島西南端の [b] などにももたらされた。（関西大）

a 南海の産物
b 坊津

☐23 現在の**北海道**およびその周辺では，本州南部の弥生・古墳文化の時期に [a] 文化が発達し，さらに7世紀から13世紀にかけては [b] 文化やオホーツク文化が加わり，中世には**アイヌ文化**が成立した。（関西学院大）

a 続縄文文化
b 擦文文化

☐24 頻出 蝦夷ヶ島と本州をつなぐ重要な**港**が，津軽の豪族 [a] 氏の支配下にあった [b] である。（北海道大）

a 安藤〔東〕氏
b 十三湊×港

☐25 **渡島半島**に築かれた和人勢力の拠点である**館**は，[____] と総称される。（立教大）

道南十二館

☐26 **コシャマインの戦い**で次々と館が攻め落とされるなか，残った館のうちの花沢館の主が [____] 氏であったという。（早稲田大）

蠣崎氏

幕府の衰退と庶民の台頭

惣の形成

☐01 **惣**では「おとな」などを中心に，共同利用地である [a] の公平な利用や農業のための [b] の管理を行った。（明治大）

a 入会地
b 用水

☑02 滋賀県東近江市の**今堀**の [____] には，他所の者の惣への
侵入の拒絶や，内部紛争は通貨で解決することとしている。

（南山大）

惣掟〔地下掟〕

☑03 **史料** 『**大乗院日記目録**』は，**正長の徳政一揆**について，「一
天下の土民蜂起す。[a] と号し，酒屋，[b]，**寺院**
等を破却」とあり，これを「**日本開白以来，土民蜂起是れ初**
めなり」としている。

（九州大）

a 徳政
b 土倉

☑04 **史料** 大和の [____] **郷の徳政碑文**には，「**正長元年（1428**
年）ヨリサキ者，カンへ（神戸）四カンカウ（箇郷）ニヲメ（負
目〈債務〉）アルヘカラス」とある。

（和歌山大）

柳生郷

☑05 1429 年には，**播磨国で土民が守護の赤松氏の軍勢の排除**
を目指した [____] が起こっている。

（近畿大）

播磨の土一揆

☑06 **史料** 『**建内記**』は [a] について，「近日，四辺の**土民蜂**
起す。土一揆と号し，御 [b] と称して，借物を破り」と，
京都周辺の土民の蜂起を記している。

（京都大）

a 嘉吉の徳政一揆
〔嘉吉の土一揆〕
b 徳政

☑07 **史料** また，「今**土民**等，**代始**に**此の沙汰**は**先例**と称すと
云々」とある。この**代始**とは，[a] で殺された**足利義教**
の長男の [b] の将軍就任を指す。

（早稲田大）

a 嘉吉の乱〔変〕
b 足利義勝

☑08 幕府は**徳政**での**債務の破棄**を認める場合に [____] を納入
させるようになった。また，債権者もこれを幕府に支払い，
徳政の効力の排除を予め幕府に認めさせることもあった。

（関西大）

分一銭

幕府の衰退

☑09 **頻出** **4 代将軍** [a] は一時**勘合貿易を中止**した。また
1416 ～ 17 年に前関東管領が起こした [b] を鎮圧した。

（同志社大）

a 足利義持
b 上杉禅秀〔氏
憲〕の乱

☑10 **頻出** 足利義量の没後，将軍空位のまま足利義持が実権
を握っていたが，義持が没し，**くじ（籤）**で次の将軍が
[____] に決まると徳政を求める正長の土一揆が起こった。

（青山学院大）

足利義教

☑11 **永享の乱**が起こると，**6 代将軍義教**は**関東管領** [____] を支
持し，**鎌倉公方**の**足利持氏**を討った。

（慶應義塾大）

上杉憲実

☑ 12 1440年，下総で結城氏朝が□□□□の遺児を担いだ**結城合戦**が起こったが，氏朝は幕府・上杉軍に屈服した。(京都大)

足利持氏

☑ 13 **史料**『**看聞御記**』には□a□について，「武士数輩出て則ち**公方**を討ち申す」，「将軍此の如き**犬死**」とある。この公方とは□b□のことである。　(南山大)

a 嘉吉の乱〔変〕
b 足利義教

☑ 14 応仁の乱の直前，細川方は足利義政の弟の足利**義視**を将軍継嗣とした。**東軍**には□□□□・斯波義敏が属した。(同志社大)

畠山政長

☑ 15 **頻出** **西軍の山名方**は，義政と□a□の子の足利義尚を将軍継嗣とし，□b□・斯波義廉がこれに属した。　(中央大)

a 日野富子
b 畠山義就

☑ 16 **頻出** 1473年，**西軍の山名持豊**と**東軍の細川勝元**が病死し，将軍の義政もその職を□□□□に譲ったが，1477年に停戦が合意されるまで，戦闘は続いた。　(上智大)

足利義尚

☑ 17 **史料** □□□□の『**樵談治要**』には「**足かる**といふ者，長く停止せらるへき事」とあり，**足軽**の登場による京都の荒廃を止めることが主張されている。　(関西大)

一条兼良

☑ 18 **山城の国一揆**は**畠山義就・政長**軍を追放し，以後□□□□年間，国人を中心に土民も加わる**自治**を実現した。(東洋大)

8年間

☑ 19 **史料**『**大乗院寺社雑事記**』には□a□について「今日山城□b□集会す」，「一国中の□c□等群集。今度両陣の時宜を申し定めんがための故」とある。筆者の**尋尊**はこれを「**下極上のいたりなり**」としている。　(駒澤大)

a 山城の国一揆
b 国人
c 土民

☑ 20 **史料** さらに「**自今以後**に於ては両□a□方は国中に入るべからず。本所領共は各本の如くたるべし。□b□等一切これを立つべからず」とある。　(立命館大)

a 畠山
b 新関

☑ 21 **史料** また，「今日**山城国人**，□□□□に会合す。国中の掟法なお以てこれを定むべしと云々」とある。　(慶應義塾大)

平等院

☑ 22 **一向宗**とは**浄土真宗の本願寺派**のことで，信者は□a□，指導者は□b□と呼ばれた。　(東京外国語大)

a 門徒
b 坊主

☑ 23 **史料** 相国寺鹿苑院の『**蔭凉軒日録**』には，□a□について，守護の□b□が「一揆衆二十万人」に城を囲まれ全滅したと記されている。　(成城大)

a 加賀の一向一揆
b 富樫政親

☑ 24 **史料**『**実悟記拾遺**』には，加賀の支配状況について「近年ハ□□□□ノ持タル国ノヤウニナリ行キ候」とある。　(駒澤大)

百姓

☐ 25 稲の品種改良により, ___a___ ・**中稲・晩稲**の別が明確となった。また虫害や干害に強い**多収穫米**の ___b___ の栽培が本格化した。 (上智大)

a 早稲
b 大唐米

☐ 26 **三毛作**では, 米とその裏作の**麦**に加えて, ___ ___ などが初秋に栽培されるようになった。 (南山大)

そば

☐ 27 動力や用水の汲み入れのために ___a___ が用いられるようになった。蛇腹のように箱を重ねて水を汲み上げる ___b___ も明から伝わったとされる。 (立命館大)

a 水車
b 龍骨車

☐ 28 西日本の漁業では, ___ ___ が始まった。**揚浜式**の塩田も広まった。 (慶應義塾大)

地曳〔引〕網

☐ 29 **紙**の使用量が増えた結果, 美濃の**美濃紙**, 播磨の ___a___ , 越前の ___b___ など, 高級紙が生産された。 (明治大)

a 杉原紙
b 鳥の子紙

☐ 30 **鍛冶**の中でも, 特に**刀剣**を製作する ___ ___ は, **備前長船**や**美濃の関**がその中心地となった。 (立教大)

刀鍛冶
×治

☐ 31 **鍋**や**釜**を製作する ___ ___ もさかんな活動を行った。 (中央大)

鋳物師

☐ 32 商人では, **背負い道具**に商品を入れて行商する ___a___ や**天秤棒**の両端に商品を入れて売り歩く ___b___ が活躍した。京都の近郊では**薪**や**炭**を売る ___c___ , 鮎や飴などを売る ___d___ など**女性**の行商人が現れた。 (明治大)

a 連雀商人
b 振売
c 大原女
d 桂女

☐ 33 頻出 **大山崎油座**における ___a___ など, 座の特権を保護し**座衆**から**座役**を得たのが ___b___ である。座には他にも**北野神社**の ___c___ , 祇園社の**綿座**などがある。 (立教大)

a 石清水八幡宮
b 本所
c 麴〔麹〕座

☐ 34 頻出 代表的な**明銭**には**洪武通宝**・ ___ ___ ・**宣徳通宝**がある。 (学習院大)

永楽通宝

戦国大名と都市の発展

戦国大名の興亡

☐ 01 応仁の乱後, 京都の支配権は管領の**細川氏**が握ったが, その権力もやがて家臣の ___ ___ が握った。 (上智大)

三好長慶

☐ 02 頻出 13代将軍 ___a___ は京で ___b___ や三好三人衆の軍により自害に追い込まれた。 (法政大)

a 足利義輝
b 松永久秀

☑ 03 **享徳の乱**は，鎌倉公方 [a] が関東管領 [b] を謀殺したことに始まる。 （同志社大）

a 足利成氏（しげうじ）
b 上杉憲忠（うえすぎのりただ）

☑ 04 享徳の乱を機に，鎌倉公方足利成氏は下総 [a] に移り [a] **公方**と呼ばれた。幕府はこれに対して足利義政の兄弟の**足利政知**（まさとも）を新公方とし，政知は**伊豆** [b] を拠点とし [b] **公方**と呼ばれた。 （東京学芸大）

a 古河（こが）
b 堀越（ほりごえ）

☑ 05 今川氏の内紛に介入し権力を握った [a] は [b] 足利茶々丸（ちゃちゃまる）を滅ぼし，**伊豆**を占領した。 （中央大）

a 北条早雲（ほうじょうそううん）〔伊勢宗瑞（いせそうずい）〕
b 堀越公方（ほりごえくぼう）

☑ 06 **頻出** 早雲の孫の北条氏康は，山内・扇谷両上杉氏を倒し，武蔵から上野方面にまで領域を拡大，全盛期を現出した。氏康は相模の [＿＿＿] **城**を築いた。 （立教大）

小田原**城**（おだわら）

☑ 07 **甲斐**（かい）**の武田信玄**（たけだしんげん）**と越後**（えちご）**の上杉謙信**（うえすぎけんしん）は信濃の支配を巡りたびたび戦ったが，その代表的な合戦が [＿＿＿] である。 （松山大）

川中島の戦い（かわなかじま）

☑ 08 **フランシスコ＝ザビエル**に**山口**での布教を許した [a] は家臣の [b] により滅ぼされたが， [b] もまた**毛利元就**に敗れた。 （立命館大）

a 大内義隆（おおうちよしたか）
b 陶晴賢（すえはるかた）

☑ 09 **武田信玄**は釜無川（かまなしがわ）と御勅使川（みだいがわ）の合流点に [＿＿＿] を築いた。 （明治学院大）

信玄堤（しんげんづつみ）

☑ 10 **関東管領**（かんとうかんれい）であった [a] は，その地位と上杉姓を越後の守護代**長尾景虎**に譲った。長尾景虎はやがて上杉謙信を名乗り， [b] を拠点とした。 （関西大）

a 上杉憲政（うえすぎのりまさ）
b 春日山（かすがやま）

☑ 11 **頻出** 駿河・遠江を支配した今川氏の**城下町**は現在の静岡で，当時は [＿＿＿] と呼ばれた。 （法政大）

府中〔駿府〕（ふちゅう〔すんぷ〕）

☑ 12 **出雲**の守護代から**戦国大名**に成長した [＿＿＿] **氏**は，一時富強を誇ったが，やがて**毛利氏**に降伏した。 （早稲田大）

尼子氏（あまご）

☑ 13 四国では，豪族から成長した [＿＿＿] が**土佐**を支配し，やがて**阿波・讃岐**にまで力を伸ばした。 （東海大）

長宗我部元親（ちょうそがべもとちか）

☑ 14 **頻出** 鎌倉以来の名門の**島津氏**は [＿＿＿] を**城下町**とし，その後もその勢力を保って江戸時代の末期に至った。 （京都大）

鹿児島（かごしま）

☑ 15 『**塵芥集**』の中には，盗賊について**親**がその罪に問われた場合，その**子**にも刑を科す [＿＿＿] の規定が見える。 （明治大）

縁坐（えんざ）

☑ 16 **史料** 『　　　　』には，「**駿・遠両国の輩**，或はわたくしとして**他国**より**嫁**をとり，或は**婿**にとり，娘をつかはす事，自今已後停止し畢ぬ」と，**婚姻の規制**が示されている。

（昭和女子大）

今川仮名目録

☑ 17 **史料** 『**甲州法度之次第**』には，「　a　の事，是非に及ばず**成敗**を加ふべし」という，　b　が規定されている。

（東海大）

a 喧嘩
b 喧嘩両成敗（法）

☑ 18 **史料** 『**朝倉孝景条々**』には，「朝倉が館之外，国内□城郭を為し構ましく候。惣別分限あらん者，　a　へ引越，郷村には代官許し被し置事」と，　b　が規定されている。

（東洋大）

a 一乗谷
b 城下町集住

☑ 19 **分国法**の中でも最も新しいものとしては，1596 年の土佐の『　　　　』がある。　　　　（立教大）

長宗我部氏掟書
〔長宗我部元親百箇条〕

☑ 20 戦国大名の**家臣団**は，血縁的につながっている**一門（一族衆）**，　a　と呼ばれる**重臣層**，新しく**家臣団**に加わった　b　などで構成されていた。　　（上智大）

a 譜代衆
b 外様衆〔国衆〕

☑ 21 **頻出** **戦国大名**は**一般農民**を兵として徴発し，　　　　として組織し**長槍隊**などとして**集団戦法**をとった。（青山学院大）

足軽

☑ 22 **鉄砲の普及**に伴い登場した　　　　は，戦国時代の合戦に決定的な変化をもたらした。　　（同志社大）

足軽鉄砲隊

☑ 23 **博多**の商人**神谷寿禎**により朝鮮から伝わったという**精錬方法**，　　　　によって，日本は**銀**の産出高を伸ばした。（立教大）

灰吹法

都市の発展

☑ 24 **京都**の**町衆**は**日蓮宗**に帰依し，　　　　を結んだ。また，彼らは中絶していた**祇園祭**を復活した。　　　（同志社大）

法華一揆

☑ 25 **頻出** **港町**では，**蝦夷地**と**日本海海運**との結節点となった**津軽半島**の　a　，**若狭湾**の**敦賀・小浜**，**琵琶湖**畔の**港町**で**園城寺**の**門前町**でもある　b　や，**延暦寺・日吉神社**の**門前町**でもある　c　などがあった。（学習院大）

a 十三湊×港
b 大津
c 坂本

☑ 26 **瀬戸内海航路**の重要な**港町**としては，**日宋・日明貿易**の拠点となった　a　・**尾道**があった。また，**琉球**との交易の拠点となったのは**薩摩半島**の　b　である。　　（明治大）

a 兵庫
b 坊津

☑27 堺の**会合衆**は[____]人の豪商で構成された。　（東京学芸大）　36人

☑28 長良川の河口にある**伊勢湾の**[a]や，**伊勢神宮**の門前町
である**宇治・山田**の外港の[b]も代表的な中世の港町
である。　（中央大）

a 桑名
b 大湊

☑29 [____]**遺跡**は，**広島県福山市**の近郊を流れる**芦田川**の中
洲から発掘された，中世の港町の遺跡である。　（慶應義塾大）

草戸千軒町遺跡

☑30 **史料**『**耶蘇会士日本通信**』の**ヴィレラ**の書簡には，[a]
について，「此の町は[b]市の如く執政官に依りて治め
らる」と，その**自治**を表現している。　（早稲田大）

a 堺
b ベ〔ヴェ〕ニス

☑31 **史料**　また，「**日本全国，当**[____]**の町より安全なる所なく，**
他の諸国において動乱あるも，此の町にはかつてなく，敗
者も勝者も，此の**町**に来住すれば皆**平和に生活**し，諸人相
和し，他人に害を加ふる者なし」とある。　（駒澤大）

堺

☑32 しかし，その自治は，[____]に軍事費などを課税され，こ
れを受け入れたことによって破られた。　（同志社大）

織田信長

☑33 **頻出 門前町**では，**善光寺**の[a]や，**伊勢神宮の宇治・**
山田，延暦寺・日吉神社の[b]などがある。（関西学院大）

a 長野
b 坂本

☑34 **頻出 寺内町**では，**越前**の[a]や**山城**の[b]など，**浄**
土真宗の道場や寺院を核としたものが有名である。（明治大）

a 吉崎（道場）
b 山科（本願寺）

☑35 また，[a]は，現在の大阪に連なる大都市の起源となっ
た。**河内**の[b]，**大和の今井**などの**寺内町**も知られる。
　（関西大）

a 石山（本願寺）
b 富田林

☑36 **宿場町**では，**近江**の[____]**宿**などがその代表である。
　（青山学院大）

草津

室町文化

美術

☑01 南北朝期の新興の武士らは，**新奇**で**派手**な贅沢を好む気質
を持つものが多く，その風潮を[____]と呼んだ。（慶應義塾大）

婆娑羅〔バサラ〕

☑02 南北朝期には**史書**としての『**神皇正統記**』や，[____]の『**太**
平記』などが著された。　（京都府立大）

軍記物語

☑03 **連歌**や**喫茶**もさかんとなった。これらは多数の人が集う □□□□ であり，この時期の文化の特徴とされる。　　集団の芸能

☑04 **頻出** **北山文化**の**北山**とは**足利義満**の □a□ から来る名称 である。この建物は義満の死後，□b□ **寺**とされた。(立教大)

　a 北山殿〔北山山荘〕
　b 鹿苑寺

☑05 **銀閣**は □□□□ **寺**の**観音殿**のことで，**2層**の建築である。　　慈照寺
　　　　　　　　　　　　　　　　　　　　　　　　　　(法政大)

☑06 **東求堂**は，東山山荘の □□□□ である。　(京都大)　　持仏堂

☑07 **東求堂同仁斎**は □□□□ ・**付書院**があり，**畳**を敷き，**明障子** や**襖**などの設備を伴う初期の代表的な**書院造**の建築である。　　違い棚
　　　　　　　　　　　　　　　　　　　　　　　　　　(上智大)

☑08 **枯山水**の庭園では，**苔寺**と呼ばれる □a□ **寺庭園**，**夢窓疎 石**が作ったとされ，**五山の第1位**とされた □b□ **寺**の庭 園が有名である。　(青山学院大)

　a 西芳寺
　b 天竜寺

☑09 庭師の集団である □a□ の中でも，**足利義政**に仕え，天下 第一の**作庭師**といわれたのが □b□ である。　(同志社大)

　a 山水河原者
　b 善阿弥

☑10 **頻出** 初期の**水墨画**の画家としては，兆殿司と呼ばれ『**五百 羅漢図**』を描いた □a□ ，『**瓢鮎図**』を描いた □b□ が有 名である。そして □b□ の後を継いだのが周文である。
　　　　　　　　　　　　　　　　　　　　　　　　　　(学習院大)

　a 明兆
　b 如拙

☑11 **雪舟**は □a□ **氏**の庇護を受け □b□ で活躍した。また， 入明し帰国後は各地をまわった。　(青山学院大)

　a 大内氏
　b 山口

☑12 **雪舟**の代表的な水墨画としては，『□□□□』や『**秋冬山水 図**』，『**天橋立図**』などがある。　(明治学院大)

　四季山水図巻
　〔山水長巻〕

☑13 **彫金家**では**足利義政**に仕えた □□□□ が現れ，同家はやが て武家政権の金工師としての地位を確立した。　(法政大)　　後藤祐乗

宗教

☑14 **夢窓疎石**の勧めで，**足利尊氏**は**後醍醐天皇**を弔うための □a□ **寺**を建立しただけでなく，**元弘の変**以来の戦没者 の霊を慰めるため諸国に □b□ **寺**・**利生塔**を建立させた。
　　　　　　　　　　　　　　　　　　　　　　　　　　(青山学院大)

　a 天竜寺
　b 安国寺

☑15 **頻出** 五山の上に `a` 寺が置かれ，その下に**京都五山**と
して**天竜寺**・`b` 寺・**建仁寺**・**東福寺**・**万寿寺**が置かれた。

（法政大）

a 南禅寺
b 相国寺

☑16 **建長寺**・**円覚寺**・`　　` 寺・**浄智寺**・**浄妙寺**が**鎌倉五山**
と定められた。

（関西学院大）

寿福寺

☑17 **頻出** `a` 宗の禅院は**五山**・**十刹**には加わらず，臨済宗
の `b` 寺・**妙心寺**などとともに**林下**と呼ばれた。（法政大）

a 曹洞宗
b 大徳寺

☑18 **応仁の乱**で焼失した**大徳寺**を再建した `　　` は『**狂雲集**』を
残している。彼はまた**後小松天皇**の子ともされる。（立命館大）

一休宗純

☑19 本願寺の8世**蓮如**は東山の本願寺を焼打ちで追われた後，
越前の `　　` などを拠点に**北陸**で布教した。蓮如はやが
て畿内に戻り，**山科**に**本願寺**を再建した。 （同志社大）

吉崎道場

☑20 『 `a` 』を著した**日蓮宗**の `b` は，**足利義教**に法華信
仰を勧めたが逆に拷問を受け，後に**鍋冠上人**と呼ばれた。

（京都府立大）

a 立正治国論
b 日親

☑21 **京都吉田神社**の神官**吉田兼倶**が創始した `　　` **神道**はや
がて朝廷・幕府の支持を得て，江戸時代には全国の神社に
大きな影響力を与えた。 （同志社大）

唯一〔吉田〕神道

学問・教育・文学

☑22 **頻出** `a` は**常陸**の**小田城**で『**神皇正統記**』と，律令官職
の由来などを説明する『 `b` 』を著した。 （中央大）

a 北畠親房
b 職原抄

☑23 『**太平記**』は語り物の文芸で， `　　` と呼ばれる芸能者が
人々の間に広めていった。 （関西学院大）

太平記読み

☑24 **後醍醐天皇**による有職書は，『 `　　` 』である。（青山学院大）

建武年中行事

☑25 **一条兼良**の有職書は『 `a` 』である。彼はまた，『**源氏物
語**』の注釈書『 `b` 』も著している。 （早稲田大）

a 公事根源
b 花鳥余情

☑26 **頻出** 『**古今和歌集**』の解釈などの学問が進み， `a` はこ
れを秘伝として伝える**古今伝授**を創始し， `b` に伝え
られた。

（関西大）

a 東常縁
b 宗祇

☑27 **五山文学**の最高峰と位置づけられる禅僧は， `a` や
`b` である。 （慶應義塾大）

a・b 絶海中津・義
堂周信（順不同）

☑28 近世の土佐に興る**南学（海南学）派**の祖とされるのが □ である。 （関西学院大）

南村梅軒

芸能

☑29 〔頻出〕 a の庇護を受けた**観阿弥・世阿弥父子**によって， b に**田楽**などを取り入れた**能**が成立した。 （法政大）

a 足利義満
b 猿楽

☑30 歌舞中心の幽玄能を完成させた**世阿弥**による秘伝書は『 a 』である。また，**観世元能**が父**世阿弥**の談話を記録し，芸道論を伝えた著作が『 b 』である。 （関西大）

a 花鏡
b 申楽談儀

☑31 □ とは**観世・宝生・金剛・金春座**である。 （中央大）

大和猿楽四座

☑32 観阿弥・世阿弥をはじめとして，将軍や大名に**近仕**し，芸能・雑役などに従事した人々を □ と呼ぶ。 （同志社大）

同朋衆

☑33 **連歌の寄合**で指導者的な役目を果たし，また各地を遍歴したのが □ である。 （青山学院大）

連歌師

☑34 〔頻出〕『**菟玖波集**』を**準勅撰**とし，その地位を確立した a が，**連歌の規則を集大成**した著作が『 b 』である。また，『 c 』は，**宗祇・肖柏・宗長**の３人による連歌百句で，連歌の規範とされる傑作である。 （津田塾大）

a 二条良基
b 応安新式
c 水無瀬三吟百韻

☑35 **村田珠光**は，**大徳寺**の □ に参じて**禅**を学び，その精神を茶の湯に取り入れたとされる。 （立命館大）

一休宗純

☑36 **座敷**を飾る生花である a は，室町後期に b により確立され，芸術性の高い花道となった。また，**香**をたき，その香りを楽しむ c もこの時期さかんとなった。 （同志社大）

a 立花
b 池坊専慶
c 香道

☑37 応仁の乱以降中絶していた □ を再興したのは，**京**の**町衆**たちであった。 （南山大）

祇園祭

☑38 **一遍上人**に始まるとされる a と，華美な服装や仮装で踊る b が合体して，**盆踊り**が成立した。 （同志社大）

a 念仏踊り
b 風流（踊り）

☑39 越前国から広がった □ は，語り物の芸能で，後に**織田信長**が愛好したことでも注目されている。 （同志社大）

幸若舞

3章 近世

ヨーロッパ人の来航

☑01 **頻出** **ポルトガル**はインドの ___a___ , **マラッカ**を経て中国の ___b___ に拠点を築き，日本に来航した。**スペイン**は南北**ア メリカ大陸**に進出した後，太平洋に進出し，**フィリピン**の ___c___ に拠点を築いた。 （関西学院大）

a ゴア
b マカオ
c マニラ

☑02 **史料** 『**鉄炮記**（てっぽうき）』は，「___a___ 癸卯（きぼう）秋八月二十五日丁酉（ていゆう），我 が西村の小浦に一大船有り，何れの国より来れるかを知ら ず」と，異国船の到来を記し，また，___b___ 人が「手に一 物を携ふ。長さ二三尺，其の体為るや中は通り外は直（なお）くし て，重きを以て質と為す」と**鉄砲**を所持していたことを記 している。 （青山学院大）

a 天文（てんぶん）
b ポルトガル人

☑03 **史料** さらに，「其の価の高くして及び難きを言はず，而ち 蛮種（ばんしゅ）の二鉄炮（てっぽう）を求め以て家珍と為す」と，種子島家の当主 _____ が鉄砲を買ったことを記している。 （青山学院大）

種子島時堯（たねがしまときたか）

☑04 **鉄砲の国産**は中世以来の**刀鍛冶**（かたなかじ）**の技術**で早期に可能となり， 和泉の**堺・紀伊**の ___a___ ・**近江**の ___b___ などで本格化した。 （学習院大）

a 根来（ねごろ）
b 国友（くにとも）

☑05 南蛮人が**銀**を求めた背景には，_____ の導入などによる 日本の産出量の飛躍的な増大があった。 （立教大）

灰吹法（はいふきほう）

☑06 **1549 年**，**フランシスコ = ザビエル**は_____に来航し，**島津** 貴久（たかひさ）の許可を得て上陸後，京に向かった。 （関西大）

鹿児島（かごしま）

☑07 ザビエルは ___a___ を訪ね，**大内義隆**（おおうちよしたか）から布教の許可を得た。 その後，豊後の**大友義鎮（宗麟）**（よししげ／そうりん）に招かれて ___b___ を訪れ， この地から **1551 年**，中国へ向かった。 （青山学院大）

a 山口（やまぐち）
b 府内（ふない）

☑08 イエズス会の宣教師_____は京に上り，将軍**足利義輝**（よしてる）から **京・畿内での布教**を許された。 （駒澤大）

ガスパル = ヴィ レラ

☑09 **頻出** イエズス会の巡察師_____は，**大友・大村・有馬**の **キリシタン大名**支配下の少年 4 人をローマ教皇のもとに派 遣した。これが**天正遣欧使節**である。 （青山学院大）

ヴァリニャーニ

☐ 10 **天正遣欧使節**とは，_____・**千々石ミゲル・中浦ジュリアン・原マルチノ**の**4人**の少年使節である。 （東京外国語大）

伊東マンショ

☐ 11 _____は当時の日本についての詳細な記録，『**日本史**』を著した。 （立教大）

ルイス＝フロイス

☐ 12 来日した宣教師が，**堺**の町の繁栄など，**日本の現状**を本国へ知らせた書簡は，_____として遺されている。 （高崎経済大）

耶蘇会士日本通信

☐ 13 日本の**寺院建築**の技術で建てられたキリスト教の教会堂のことを，_____と呼んだ。 （同志社大）

南蛮寺

☐ 14 頻出 肥前の**大村純忠**が長崎をイエズス会へ寄進したことが発覚したため，豊臣秀吉は_____を発令した。 （明治大）

バテレン〔伴天連〕追放令

☐ 15 日本への布教はイエズス会が中心であったが，やがて1593年には_____も加わった。 （関西学院大）

フランシスコ会

織田信長

☐ 01 **桶狭間の戦い**の後，今川の支配下にあった**三河**の_____は自立し，信長と同盟関係を結び**遠江**に進出した。 （学習院大）

徳川家康

☐ 02 1567年，**美濃の斎藤竜興**を破った信長は，斎藤氏の居城の稲葉山城を a とした。また城下の**加納**に**楽市令**を出し，b の印文を持つ印章を使い，武力での天下統一を宣言した。 （中央大）

a 岐阜（城）
b 天下布武

☐ 03 頻出 信長に最も長く抵抗したのは，**石山本願寺**を拠点とした a であった。**1570年**に始まった b は，**1580年，正親町天皇**の仲介で講和が実現，a は本願寺を退去した。 （明治大）

a 顕如
b 石山戦争〔合戦〕

☐ 04 **越前**の a と**北近江**の b は，**姉川の戦い**で信長に敗れた。 （上智大）

a 朝倉義景
b 浅井長政

☐ 05 信長に抵抗した各地の**一向一揆**も，**1574年**に_____の一向一揆，翌年に**越前の一向一揆**が屈服した。 （東洋大）

伊勢長島の一向一揆

☐06 **甲斐の** a **は 1572 年遠江に侵攻し，三方ヶ原の戦い** で信長と組む b **を破ったが，その直後に病没した。**
(関西大)

a 武田信玄
b 徳川家康

☐07 **武田信玄の子**_____は，**1575 年の長篠合戦に敗れ，1582 年，武田氏は滅亡した。**
(上智大)

(武田) 勝頼

☐08 **史料 安土山下町に出された**_____**令には，**「定 **安土山** 下町中 一，当所中_____**として仰せ付けらるるの上は，諸座・諸役・諸公事等，ことごとく免許の事」とある。**
(福井大)

楽市

☐09 **史料** また，「一，往還の商人，**上海道**は之を相留め，上下共当町に至り**寄宿**すべし」と，後の_____にあたる**上海道** を統制下におき，商人らは安土山下町に必ず立ち寄ることを命じた。
(福井大)

中山道

豊臣秀吉

☐01 **1583 年，信長の 3 男織田信孝と結んだ**_____**を，秀吉が破った戦いが，近江の賤ヶ岳の戦いである。**
(立教大)

柴田勝家

☐02 **徳川家康と信長の次男**_____**が，秀吉に敵対したが和睦に至った戦いが，小牧・長久手の戦いである。**
(立教大)

織田信雄
のぶお

☐03 **頻出** 1585 年，秀吉は**藤原氏**の養子になるかたちで a **天皇から関白の地位を与えられた。次いで秀吉に豊臣姓と太政大臣の地位を与えたのは，** b **天皇であった。**
(慶應義塾大)

a 正親町天皇
b 後陽成天皇

☐04 **秀吉に屈服した四国最大の戦国大名**_____**は，土佐一国の支配を認められた。**
(東海大)

長宗我部元親

☐05 **1587 年に九州の** a **が秀吉に降伏，1590 年の小田原攻めでは** b **が降伏して自決し，その子氏直も追放となり，後北条氏は滅んだ。**
(中央大)

a 島津義久
b 北条氏政

☐06 **頻出** その前後には**東北最大**の大名_____も降伏した。(近畿大)

伊達政宗

☐07 **史料 太閤検地**の際に発せられた検地条目では，「 a の棹を以て，**五間六拾間**， b **歩壱反ニ相極むる事**」と決めている。
(関西大)

a 六尺三寸
b 三百歩壱反

☑08 **史料** そして，「田畠弁在所（ならびにざいしょ）の上中下見届け，斗代（とだい）（□□□□
のこと）相定むる事」と，□□□□を厳密に決定するよう命
じている。 （関西大）　石盛（こくもり）

☑09 **史料** また「□□□□を以て**年貢**を納所（なっしょ）致すべく候」と，**枡**（ます）
を統一することが命ぜられている。 （関西大）　京枡（きょうます）

☑10 **太閤検地**は **1582 年**，秀吉が京に入ってまもなく，□□□□
国を対象に着手された。 （東洋大）　山城（やましろの）国（くに）

☑11 **史料** 秀吉が**奥州検地**（おうしゅうけんち）の際に□□□□に出した書簡では，少
しでも抵抗する村があれば「一人も残し置かず，**なでぎり**
ニ申し付くべく候」と命じられている。 （中央大）　浅野長政（あさの ながまさ）

☑12 **史料** **刀狩令**（かたながりれい）では，「諸国百姓，□□□□，脇指（わきざし），弓，やり，
てつはう，其外**武具**（そのほか）のたぐひ所持（しょじ）候事，堅（かた）く御停止（ごちょうじ）候」と，
百姓の武器携帯の禁止が命じられている。 （上智大）　刀（かたな）

☑13 **頻出** **五大老**とは，**徳川家康**・□ a □・□ b □・**宇喜多秀**（う き た ひで）
家・**小早川隆景**（こばやかわたかかげ）・**上杉景勝**（うえすぎかげかつ）の 6 人のうち，小早川隆景の死
後に残った 5 人を指す言葉である。 （中央大）　a・b 前田利家（まえだ としいえ）・毛利輝元（もうり てるもと）（順不同）

☑14 **五奉行**とは，**浅野長政**・**前田玄以**（まえ だ げんい）・□□□□・**増田長盛**（ましたながもり・な）・**長**
束正家（つかまさいえ）の 5 人の秀吉腹心の部下たちである。 （関西大）　石田三成（いしだ みつなり）

☑15 **史料** **バテレン追放令**では，「日本ハ□□□□たる処（ところ），**きりし**
たん国（じほう）より邪法（さず）を授け候儀（はらはもっ・しか），太以て然るべからず候事」と，
キリスト教を邪教として否定している。 （上智大）　神国（しんこく）

☑16 **史料** また「□□□□の儀，日本の地ニハおかせられ間敷候（まじく）
間，今日より**廿日**（にじゅう）の間ニ用意仕り**帰国**（つぶき）すべく候」とした。
ただし**貿易**は**統制**せず，禁教は徹底しなかった。 （中央大）　伴天連（ば て れん）

☑17 1596 年，**スペイン船** □ a □ 号の事件を契機に，秀吉が宣
教師や信者を捕らえ処刑する □ b □ が起きた。（京都府立大）　a サン＝フェリペ号　b 26 聖人殉教（せいじんじゅんきょう）

☑18 秀吉はゴアの**ポルトガル政庁**や**マニラ**の**スペイン政庁**，現在
の台湾である□□□□へも入貢と服属を求めた。 （立教大）　高山国（こうざんこく）

☑19 **文禄**（ぶんろく）・**慶長**（けいちょう）の役を**朝鮮**では□□□□と呼ぶ。 （明治大）　壬辰（じんしん）・丁酉倭乱（ていゆう わ らん）

☑20 **頻出** **文禄の役**で，秀吉は肥前の □ a □ を本陣（ほんじん）とし，先鋒（せんぽう）と
して □ b □ や，**小西行長**（こにしゆきなが）らの大軍を朝鮮に送った。（関西大）　a 名護屋（な ご や）　b 加藤清正（か とうきよまさ）

☑21 文禄の役で日本は漢城・平壌を占領し朝鮮半島の大半を支配したが，□□□の抵抗は続き，明の援軍が来ると戦局は不利となり，講和交渉が始まった。　　　　　　　（中央大）

義兵〔義民軍〕

桃山文化

☑01 中世の□a□に代わり，平地に平城や小高い丘に平山城が築かれた。最初の大規模なものが織田信長の□b□である。　　　　　　　　　　　　　　　　　　　　　（立命館大）

a 山城
b 安土城

☑02 建築では，秀吉が築いた聚楽第の遺構とされる□□□や，大徳寺唐門などが遺されている。　　　　　　　　　（関西大）

（西本願寺）飛雲閣

☑03 頻出 都市の発展で風俗画の『□a□』がさかんに描かれた。□b□の作で信長が上杉謙信に贈ったものが代表作である。　　　　　　　　　　　　　　　　　　　　　（中央大）

a 洛中洛外図屏風
b 狩野永徳

☑04 千利休が茶道の精神を具現化した茶室が□□□である。　　　　　　　　　　　　　　　　　　　　　　　　　（早稲田大）

妙喜庵待庵

☑05 1587年，秀吉が催した□□□には，千利休ら茶人を中心に，身分を問わずすべての人が参加できた。　　　（立命館大）

北野大茶湯〔会〕

☑06 琉球から渡来した三線（蛇皮線）を改良した三味線の伴奏にあわせる操り人形の劇である□a□も成立した。また，小歌に節をつけた高三隆達の□b□も流行した。　（東洋大）

a 人形浄瑠璃
b 隆達節

☑07 頻出 □a□が活字印刷機を日本にもたらし，刊行されたキリシタン版には，天草版『□b□』・『伊曽保物語』などがある。　　　　　　　　　　　　　　　　　　　（青山学院大）

a ヴァリニャーニ
b 天草版『平家物語』

☑08 朝鮮出兵でもたらされた朝鮮の木活字印刷術によって，後陽成天皇の命で□□□が出版された。　　　　　　（中央大）

慶長勅版

☑09 いわゆる鎖国政策により□□□の影響は減じたが，カステラ・カルタ・タバコなどの□□□語が日本語として残った。　　　　　　　　　　　　　　　　　　　　　（青山学院大）

ポルトガル

☑10 服装では□□□が一般化し，男性は袴をつけるようになった。また，礼服として肩衣と袴が成立した。　　（関西学院大）

小袖

幕藩体制の成立

政治体制

☐01 **1590 年**，**徳川家康**は秀吉により**関東に移封**され，**約 250 万石**を与えられ，☐☐☐に拠点を据えた。 (南山大)
江戸

☐02 **1600 年**，**関ヶ原の戦い**で東軍の徳川家康を倒そうとした**五奉行の一人** a は，**西軍の盟主**に五大老の一人， b を立てた。 (関西大)
a 石田三成
b 毛利輝元

☐03 家康は☐☐☐**天皇**から**征夷大将軍**に任ぜられた。 (同志社大)
後陽成天皇

☐04 大坂の陣のきっかけとなった☐☐☐**問題**（事件）とは，**豊臣秀頼**が再建した**方広寺の鐘銘**に「**国家安康**」・「**君臣豊楽**」という文字があったことから生じた。 (佛教大)
方広寺鐘銘問題

☐05 **江戸幕府の支配地**は総計**約 700 万石**で，そのうち， a が **400 万石**， b が **300 万石**である。 (慶應義塾大)
a 幕領〔天領〕
b 旗本知行地

☐06 **頻出** **側用人**は将軍の意を直接老中などに伝える役目であった。 a は**老中の配下で大名を監察**， b は**若年寄**の配下で**旗本・御家人を監察**する役職であった。 (立命館大)
a 大目付
b 目付

☐07 幕府の役職の特色は，各役職に**複数の大名・旗本**を任じ，☐☐☐**交代**で執務することであった。 (法政大)
月番交代

☐08 **遠国奉行**には**伊勢神宮**を管轄する a **奉行**，**日光東照宮**を管轄する**日光奉行**，**長崎**の**長崎奉行**，金山や流人を管理する b **奉行**などがあった。 (東海大)
a 山田奉行
b 佐渡奉行

☐09 **旗本**とは☐☐☐を許される将軍**直属の家臣**である。 (東京学芸大)
御目見得

☐10 **頻出** **御三家**とは a ・**紀伊・水戸**の徳川家である。また， b は**中小藩**が多く，**要地**に配され， c は**大藩**が多く，遠隔地に配された。 (駒澤大)
a 尾張
b 譜代（大名）
c 外様（大名）

☐11 **史料** 家康が**南禅寺**の a に命じて起草させた**武家諸法度元和令**は，第 1 条に「 b ノ道，専ラ相嗜ムベキ事」とある。 (関西大)
a 金地院崇伝〔以心崇伝〕
b 文武弓馬

☑12 **史料** また「諸国ノ＿＿＿修補ヲ為スト雖モ，必ズ言上スベシ。況ンヤ新儀ノ構営堅ク停止令ムル事」など，大名を強く統制するものであった。 （聖心女子大）

居城

☑13 **史料** ＿a＿ が起草した**武家諸法度** ＿b＿ **令**は，第１条は元和令と同様だが，第２条で「大名小名，**在江戸交替**，相定ル所也。毎歳夏 ＿c＿ 中**参勤**致スベシ」と，参勤交代を義務化した。また，「＿d＿以上ノ船停止ノ事」と，**大船の建造の禁止**を大名に命じた。 （首都大学東京）

a 林羅山〔道春〕
b 寛永令
c 四月
d 五百石

☑14 大名は江戸城の修築や河川の改修工事などの＿＿＿を課され，重い経済的負担となった。 （東京女子大）

手伝普請〔お手伝い普請〕

☑15 **史料** ＿a＿ らが起草した**禁中並公家諸法度**では，「天子諸芸能の事，第一御＿b＿也」と，天皇が政治に関わることを禁止した。また摂関家や公家への統制，天皇が**元号**を制定する権限の制限などもあった。 （学習院大）

a 金地院崇伝〔以心崇伝〕
b 学問

☑16 **史料** また「＿＿＿の寺，住持職，先規希有の事也。近年猥りに**勅許**の事……甚だ然るべからず」と，＿＿＿を天皇が与える権限も制限した。 （中央大）

紫衣

☑17 1611年，家康は**後水尾天皇**を擁立した。この天皇には，秀忠の娘＿＿＿が**中宮**として入内した。 （法政大）

（徳川）和子

☑18 **紫衣事件**で反抗した＿＿＿は**出羽**に流された。 （同志社大）

沢庵宗彭

☑19 **頻出** ＿a＿ **天皇**は**紫衣事件**を機に突然退位し，彼と徳川秀忠の娘徳川**和子**との間の娘 ＿b＿ **天皇**に位を譲った。 （同志社大）

a 後水尾**天皇**
b 明正**天皇**

☑20 **頻出** 1613年，**全国**に**禁教令**が出され，翌年＿＿＿ら300余名のキリシタンがマニラ・マカオに**追放**された。 （立命館大）

高山右近

☑21 また，秀忠は1622年，「＿＿＿」と呼ばれるキリスト教徒弾圧を行った。 （立教大）

元和(の)大殉教

☑22 **島原の乱**で ＿a＿ **跡**の一揆軍を攻めた幕府の指揮者**板倉重昌**は戦死し，徳川家光の腹心で老中の ＿b＿ が派遣され一揆を鎮圧した。 （学習院大）

a 原城**跡**
b 松平信綱

☑23 江戸時代の人々は婚姻や旅行などの際，**檀那寺**から＿＿＿という証明書を取得する必要があった。（愛知教育大）

寺請証文

☑24 キリスト教以外にも，**日蓮宗**☐**派**なども宗教活動を禁止された。 (早稲田大)

日蓮宗不受不施派

☑25 明から来日した**隠元隆琦**は☐**宗**を伝えた。 (法政大)

黄檗宗
×壁

社会体制

☑26 農村にも商工業者が集住する☐が現れた。 (早稲田大)

在郷町

☑27 江戸時代の村は多くが a を持ち，用水などと共に**自治的に利用**した。また，村役人の給料や用水の管理費などは b と呼ばれ，**農民が分担して納入**した。 (立教大)

a 入会地
b 村入用

☑28 村では a を定め，これに違反するなど自治を乱すものには「 b 」という制裁も加えられた。 (南山大)

a 村法〔村掟〕
b 村八分

☑29 村役人のうち，**名主**は地域によっては☐・**肝煎**などとも呼ばれた。 (立命館大)

庄屋

☑30 村政に参画した**本百姓**は a とも呼ばれた。また，有力農民のもとに従属する b なども存在した。 (早稲田大)

a 高持百姓
b 名子〔被官〕

☑31 [頻出] **年貢の徴収方法**には，一部の稲を刈り取って**豊凶を判定し，その年の年貢を決定する** a と，**一定期間の年貢量を固定する** b があった。 (愛知教育大)

a 検見法
b 定免法

☑32 [頻出] 1641～42年に起こった☐では，5万～10万人の餓死者が出たといわれる。 (同志社大)

寛永の飢饉

☑33 [史料] 翌1643年の a には，「身体成らざる者は b を沽却せしめ，猶々身上成るべからざるの間，向後 b 売買停止たるべき事」とある。 (西南学院大)

a 田畑永代売買禁止令
b 田畠

☑34 [史料] **1673年の分地制限令**では，「名主，百姓，田畑持候大積り，名主 a 石以上，百姓は b 石以上」と**分割相続**の許される限度を示している。 (同志社大)

a 弐拾石
b 拾石

☑35 漁業経営者の a のもとで漁業労働に従事した零細な漁民は b などと呼ばれた。 (札幌大)

a 網元〔網主〕
b 網子

☑36 江戸時代の**人口構成**は，農民・漁業者・林業に従事する人々などが，**約**☐**割**を占めていたと考えられている。 (駒澤大)

約8割

☑37 将軍の家臣である**旗本・御家人**は□□□と呼ばれる。その各々に臣従する家臣は将軍から見て**陪臣**と位置づけられる。　　　　　　　　　　　　　　　　　　　　　　（明治大）

直参（じきさん）

☑38 **頻出** 一般でも□□□の権限が強くなり，多くの場合，□□□の**財産**や**家業**は**長子**が**単独**で相続した。　（中央大）

家長〔戸主〕（かちょう〔こしゅ〕）

☑39 **女性**からの離婚請求は認められなかったが，鎌倉の□ a □寺や上野の満徳寺などのいわゆる□ b □寺に駆け込み，**例外的に成立する**ことがあった。　（立命館大）

a 東慶寺（とうけいじ）
b 縁切寺〔駆込寺〕（えんきりでら〔かけこみでら〕）

☑40 **史料** 1642 年に出された農村法令では，一般の百姓の衣料は「**布**（**麻布**），**もめん**」を着用することとし，**庄屋**以外の農民が絹・紬を着ることは禁止された。また，「本田畑」での「□□□□」の作付けも禁止された。　（昭和女子大）

たばこ

☑41 商人などには**冥加**（みょうが）・**運上**（うんじょう）の他，□□□も課された。　　　　　　　　　　　　　　　　　　　　（学習院大）

御用金（ごようきん）

江戸初期の外交

☑01 **田中勝介**は，1610 年□□□□に渡航し，**スペイン**との交易開始を目指したが実現せず，翌年帰国した。　（慶應義塾大）

ノビスパン〔メキシコ〕

☑02 **フランシスコ会**の□□□の勧めにより**伊達政宗**は家臣の**支倉常長**をスペインに派遣した。　　　　　　　（関西大）

ソテロ

☑03 **三カ所商人**とは，京都・□□□・長崎の商人で，まもなく**江戸**と**大坂**が加わり**五カ所商人**となった。　（明治大）

堺（さかい）

☑04 **バタビア**（現ジャカルタ）に政庁を置いた**オランダ**の□□□は対日貿易に乗り出した。　　　　　　　　（立教大）

東インド会社（ひがしインドがいしゃ）

☑05 **イギリス**は 1613 年□ a □に**商館**を開いたが 1623 年に退去した。**オランダ**は 1609 年には□ a □に**商館**を開いていたが 1641 年□ b □の**出島**に移転を命ぜられた。　（立教大）

a 平戸（ひらど）
b 長崎（ながさき）

☑06 2 代将軍秀忠は□□□□年，**中国船**以外の外国船の来航地を**平戸**と**長崎**に限定することを命じた。　（大妻女子大）

1616 年

☑07 **明**とは正式国交が結べなかったので，日本の貿易商人は□□□□**貿易**という形の貿易を**台湾**などで行った。（同志社大）

出会貿易（であいぼうえき）

☐ 08 **頻出** **朱印船**の渡航先は ___a___ ・**アンナン（安南）・カンボジア・シャム**（暹羅・タイ）など広い範囲にわたった。代表的な朱印船貿易家には，**京都**の ___b___ ・**茶屋四郎次郎**，**摂津平野**の ___c___ ，**長崎**の**末次平蔵**などがいる。
(同志社大)

a ルソン〔呂宋〕
b 角倉了以
c 末吉孫左衛門

☐ 09 **頻出** **ツーラン・フェフォ・プノンペン**など各地に**日本町**が形成されるなか，_____のように**アユタヤ朝**の王室に重用される人物も現れた。
(学習院大)

山田長政

☐ 10 **頻出** **鎖国**という言葉は，1801 年，_____が**ケンペル**の『**日本誌**』の抄訳に「**鎖国論**」と名付けたことによる。
(青山学院大)

志筑忠雄

☐ 11 **史料** **寛永 10 年（1633 年）**の**鎖国令**には，「異国え_____の外，舟遣すの儀，堅く停止の事」とある。
(佛教大)

奉書船

☐ 12 **史料** また「異国舟につミ来り候**白糸**，直段を立候て，残らず**五ヶ所**へ**割符**仕るべき事」と，_____による**生糸**輸入価格の決定を命じている。
(佛教大)

五カ所商人

☐ 13 **史料** **寛永 12 年（1635 年）**の**鎖国令**には，「異国江_____の船遣すの儀，堅く停止の事」とある。
(大阪経済大)

日本

☐ 14 **史料** **寛永 16 年（1639 年）**の**鎖国令**には，「自今以後，**かれうた（_____船を指す）**渡海の儀，之を停止せられ訖」とある。
(関西大)

ポルトガル船

☐ 15 **1633 年**，___a___ が**江戸**に参府し，以後これが定例化した。また，**長崎貿易**の**輸入品**は中国産の ___b___ ，ヨーロッパ産の綿織物・毛織物，**南海の産物**とも呼ぶ砂糖・蘇木・香木など，**輸出品**は ___c___ ・銅・海産物などであった。
(九州大)

a オランダ商館長
b 生糸〔白糸〕
c 銀

☐ 16 **頻出** **1609 年**，**対馬藩主**の**宗義智**は**朝鮮**と ___a___ （**己酉約条**）を結び，**歳遣船**を **20 艘**とし，**釜山**に ___b___ を設置することを許された。
(明治大)

a 慶長条約
b 倭館

☐ 17 **1609 年**，___a___ の武力侵攻により**琉球王国**は屈服し，___b___ （**王**）は石高 8 万 9000 石余りの王位についた。
(同志社大)

a 島津家久
b 尚寧（王）

☐ 18 **アイヌ民族**の叙事詩を_____と呼ぶ。
(上智大)

ユーカラ

☑19 和人商人の進出に伴い，アイヌの隷属化が進み，略奪と過酷な労働への反発から **1789 年**に ⬚ が起こった。
(立教大)

クナシリ島の蜂起〔クナシリ・メナシの蜂起〕

寛永期の文化

☑01 **頻出** **林羅山**とその子**林鵞峰**は幕政を補佐し，歴史書『⬚』を著すなどして，林家の地位を確立した。(学習院大)

本朝通鑑

☑02 **後水尾上皇**の ⬚ は**数寄屋造**の遺構である。(関西学院大)

修学院離宮

☑03 狩野探幽の門人であった a は『**夕顔棚納涼図屛風**』など**庶民的**な画題の作品を遺した。また，**本阿弥光悦**の**蒔絵**の作品『 b 』も遺されている。
(同志社大)

a 久隅守景
b 舟橋蒔絵硯箱

☑04 **朝鮮人陶工**による陶磁器が各地で発達し，鍋島氏の**有田焼**（**伊万里焼**），島津氏の ⬚ ，毛利氏の**萩焼**，松浦氏の**平戸焼**などが，各地でさかんに生産された。
(法政大)

薩摩焼

☑05 京の**楽長次郎**に始まる ⬚ は**茶碗**として注目された。
(関西学院大)

楽焼

☑06 **女歌舞伎**は幕府によって禁止され，代わって ⬚ が人気を博したが，これも，まもなく禁止された。
(関西学院大)

若衆歌舞伎

☑07 **俳諧**では，⬚ に始まる**貞門派**に続き，**西山宗因**の**談林派**が現れた。
(津田塾大)

松永貞徳

文治政治

☑01 **頻出** 4 代将軍徳川**家綱**を補佐したのは，秀忠の子で叔父にあたる**会津藩主** a で， b を重用するなど，学問を好む大名の一人であった。
(京都府立大)

a 保科正之
b 山崎闇斎

☑02 元禄期には，**異様な風体**で町を闊歩する，⬚ と呼ばれる無頼の徒などが現れた。
(東京学芸大)

かぶき者

☑03 **史料** **末期養子の禁止の緩和**の条文には，「跡目の儀，ａ は存生の内言上致すべし」，「然りと雖も，其父年 ｂ 以下の輩は，ｃ 為りと雖も，其品に依り之を立つべし」とある。
(東北福祉大)

a 養子
b 五拾以下
c 末期

☐ 04 **4代将軍家綱**の治世には，大名だけでなくその重臣たちからも人質をとり**江戸に居住**することを強制した□□□**制**も廃止された。 (同志社大)

（大名）証人制

☐ 05 頻出 岡山藩の**池田光政**は一時，学者の□□□を藩政の重要なポストにつけたことがあった。 (同志社大)

熊沢蕃山

☐ 06 **池田光政**は，地方に置く**郷校（郷学）**として□□□を設置した。 (学習院大)

閑谷学校

☐ 07 水戸藩の**徳川光圀**は**明**からの亡命学者 **a** を迎え，**b** を設けて『**大日本史**』の編纂に着手した。 (関西学院大)

a 朱舜水
b 彰考館

☐ 08 頻出 加賀藩の**前田綱紀**は□□□などの学者を重用し，また，**稲生若水**に命じて『**庶物類纂**』を編纂させた。 (法政大)

木下順庵

☐ 09 **徳川綱吉**の時代の前半は**天和の治**と呼ばれ，大老□□□のもとで緊張感のある政治が行われた。 (同志社大)

堀田正俊

☐ 10 史料 武家諸法度・天和令の第1条は，「 **a** を励し，**b** を正すべき事」とされた。 (愛知大)

a 文武忠孝
b 礼儀

☐ 11 **貞享暦**を完成させて幕府の **a** に任ぜられたのは，**b** である。 (同志社大)

a 天文方
b 渋川春海
〔安井算哲〕

☐ 12 **林羅山**が**上野**の**忍ヶ岡**に開いた□□□は，**湯島聖堂**の建設とともに**聖堂学問所**となった。 (上智大)

弘文館

☐ 13 **赤穂事件**で，赤穂浪士の**大石良雄**らに襲撃され殺されたのは，幕府の**儀式・典礼**を司る **a** の筆頭 **b** である。 (立教大)

a 高家
b 吉良義央

☐ 14 金銀貨幣の改鋳を建言した**荻原重秀**は，当時□□□であった。 (愛知教育大)

勘定吟味役

☐ 15 頻出 綱吉による□□□**寺**の建立や，**寛永寺・増上寺**の改築は，**幕府の財政難**の一因となった。 (学習院大)

護国寺

☐ 16 **1707年**，**富士山大噴火**で駿河・相模一帯が降灰による被害を受け，復興のため全国に□□□として「**諸国高役金**」が課された。 (立命館大)

国役

☐ 17 家光の孫にあたる□□□は甲府藩主であったが，**綱吉の養子**となって**6代将軍**を継いだ。 (学習院大)

徳川家宣

☑ 18 **5代将軍綱吉**が没すると，**6代将軍**のもとでただちに □□□ が廃止された。 (南山大)

生類憐みの令

☑ 19 **6代将軍**が若死にすると，その子の □□□ が3歳で**7代将軍**に就任したが，わずか8歳で死去した。 (中央大)

徳川家継

☑ 20 **頻出** この間，この**正徳の治**を支えたのは，学者の**新井白石**と側用人 □□□ であった。 (関西大)

間部詮房

☑ 21 **頻出** 1711年，白石は**朝鮮通信使**のもたらす国書にある**将軍の称号**を，「**日本国** □□□ **殿下**」から「**日本国王**」に改めさせたが，**8代将軍**以降はもとの称号に戻った。 (明治大)

大君

☑ 22 **頻出** これは白石の意見によるもので，白石と同門で**対馬藩**に仕えていた □□□ らはこれを批判した。 (明治大)

雨森芳洲

☑ 23 白石は**通信使の待遇**そのものの □□□ 化も図った。いずれも将軍権威の上昇を実現しようとする施策とされている。 (一橋大)

簡素化

☑ 24 **史料** **海舶互市新例**では，**中国船**について，「唐人方商売の法，凡一年の船数，口船，奥船合せて □ a □ 艘，すべて銀高 □ b □ 貫目に限り，其内銅三百万斤を相渡すべき事」と，船数と取引額の限度が定められた。 (昭和女子大)

a 三拾艘
b 六千貫目

☑ 25 **史料** また，**オランダ船**については，「阿蘭陀人商売の法，凡一年の船数 □ a □ 艘，凡て銀高 □ b □ 貫目限り，其内銅百五拾万斤を渡すべき事」とされた。 (佛教大)

a 弐艘
b 三千貫目

江戸時代の経済

産業

☑ 01 **町人請負新田**の代表例には，**越後**の**紫雲寺潟新田**や，**河内**の □□□ などがある。 (京都産業大)

鴻池新田

☑ 02 大規模な用水路の開削も進んだ。**箱根芦ノ湖**を利用した，**1670年**完成の □ a □，**利根川**を利用した1728年完成の □ b □ などがこれを可能とした。 (青山学院大)

a 箱根用水
b 見沼代用水

☑ 03 中世以来の □□□ に代わり，**深耕用**の備中鍬が発達した。 (慶應義塾大)

風呂鍬

☑ 04 **脱穀**は**扱箸**に代わって**千歯扱**などが用いられるようになった。**千歯扱**は別名「　a　」と呼ばれた。**篩**を使った**選別具**では**千石簁**が発達した。**手廻しの翼で風**を発生させて籾殻などを飛ばす　b　も普及した。　(駒澤大)

a 後家倒し
b 唐箕

☑ 05 明から伝わった室町以来の　a　と呼ばれる**揚水具**に代わり，簡便な　b　が普及していった。　(立命館大)

a 龍骨車
b 踏車

☑ 06 **上方漁法**のうち，**地曳網**が　　　で成功し，大量の**鰯**が獲れ，加工した**干鰯**は**金肥**として西日本にも普及した。　(札幌大)

九十九里浜

☑ 07 〔頻出〕**宮崎安貞**は，明の徐光啓の『**農政全書**』をもとに日本の独自の農業技術をまとめ上げた『　　　』を著した。　(関西学院大)

農業全書

☑ 08 〔頻出〕代表的な**特産物**には，　a　の**村山郡**の**紅花**や，　b　の**藍**がある。　(中央大)

a 出羽
b 阿波

☑ 09 **漆器**では，**堺**や**飛騨**で発達した　a　，能登の　b　，**会津塗**や**南部塗**などが登場した。　(関西学院大)

a 春慶塗
b 輪島塗

☑ 10 **紀伊**や**土佐**では　a　業が発達，また**土佐**では　b　漁，**蝦夷地**では**鰊**や**昆布漁**がさかんとなった。　(青山学院大)

a 捕鯨業
b 鰹漁

☑ 11 従来の製塩法である　　　は，やがて**入浜式塩田**に代わっていった。　(早稲田大)

揚浜（式）塩田

☑ 12 **幕府直轄**の**金山**としては，**佐渡**の他，　　　の**土肥・湯ヶ島・縄地**，**甲斐**があった。　(千葉大)

伊豆

☑ 13 **幕府直営**の鉱山以外にも，**秋田藩**の　a　銀山や　b　銅山のような，大規模な鉱山もあった。　(早稲田大)

a 院内銀山
b 阿仁銅山

☑ 14 **紙**では，**越前**の　a　や**鳥の子紙**，**播磨**の　b　，**讃岐**の**檀紙**，日用紙として大量生産された**美濃**の**美濃紙**，**土佐**の**土佐紙**などが代表的なものであった。　(明治大)

a 奉書紙
b 杉原紙

☑ 15 **有田焼**は積出した港の名前から　　　とも呼ぶ。　(立命館大)

伊万里焼

☑ 16 **絹織物**では北関東の　a　・**桐生・伊勢崎**，他にも**丹後縮緬**や**上田紬・結城紬**など，**綿織物**では**九州**の　b　・　c　，**名古屋近郊**の**有松絞**などが代表的なものであった。　(法政大)

a 足利
b・c 久留米絣・小倉織（順不同）

☐ 17 **麻織物**にも特産品が生まれた。 a や奈良の b ，
近江の蚊帳などがその代表的なものである。　　（早稲田大）

a 越後〔小千谷〕縮
b 晒

交通

☐ 18 **五街道**は，江戸 a を起点とした。主要な**関所**は**東海道**
の b ・**新居 (今切)**，中山道の c ・**木曽福島**，甲
州道中の d ，さらに**日光・奥州道中**共通の**栗橋**にあっ
た。　　（関西学院大）

a 日本橋
b 箱根
c 碓氷
d 小仏

☐ 19 **脇街道**には，**江戸と佐渡**を結ぶ や，**伊勢街道・中国
街道・長崎街道**などがあった。　　（高崎経済大）

北国街道

☐ 20 **関所**を通るためには a が必要で，特に**箱根の関所**な
どでは「 b に出女」，すなわち**江戸**に入る**鉄砲**や**江戸**
から出て行く**女性**が厳しくチェックされた。　　（近畿大）

a 関所手形
〔通行手形〕
b 入鉄砲

☐ 21 **問屋場**では，次の宿場に向けて，前の宿場から来た人や馬
から荷物などを乗せ替える が行われた。　　（上智大）

人馬の継立て

☐ 22 沿岸航路では， 年に**東廻り航路**が，翌年には**西廻り
航路**が整備された。　　（京都産業大）

1671 年

☐ 23 江戸中期以降には**地方廻船**が発達した。代表的なものとし
て**尾張の知多半島**に拠点を置いた がある。
　　（青山学院大）

内海船
〔尾州廻船〕

☐ 24 18 世紀前半には，**江戸の人口は約** **万人**を数えるよ
うになった。このうちの半分は**町方**の人口であった。
　　（北海道大）

約 100 万人

☐ 25 18 世紀前半の**大坂**の人口は**約 35 万人**，京都は**約**
万人と推定されている。　　（青山学院大）

約 40 万人

経済

☐ 26 **朱印船貿易**や遠隔地との取引で莫大な利益を得たいわゆる
の多くは，やがて衰退していった。　　（青山学院大）

初期豪商

☐ 27 **泉屋**の屋号を持つ**大坂の** **家**は，**南蛮吹**と呼ばれる
銅の精錬法を採用し，商人として成長した。　　（関東学院大）

住友家

☐ 28 両替商の中には，財政難に陥った大名に融資する
を行うものも多かった。　　（関西学院大）

大名貸

☐29 **江戸の十組問屋**は**大坂**からの荷物を受けとったので　　 a 荷受問屋
　　 a　 と呼ばれ，これに対して**大坂の二十四組問屋**は荷　　 b 荷積問屋
物を江戸に向け積み出したので　 **b**　 と呼ばれる。

(九州大)

☐30 零細な商人の中には，中世以来の**振売**と同様に商品を**天秤**　　棒手振
棒にかかげて肩に担ぐものがあり，　　　　　と呼ばれた。

(慶應義塾大)

☐31 **伊勢松坂の三井家**は，　　　　　の時，江戸に**越後屋呉服店**を　　三井高利
開業した。

(法政大)

☐32 [史料] **井原西鶴**は『　 **a**　』で，「**三井九郎右衛門といふ男**，　　 a 日本永代蔵
……棟高く長屋作りして新棚を出し，『**万現銀売りに掛値**　　 b 三井高利
なし』と相定め」と，　 **b**　 をモデルとした主人公の成功
を描いている。

(甲南大)

☐33 **大坂**の豪商で派手な生活ぶりが話題となった　　　　　は　　淀屋辰五郎
1705 年，**全財産を没収**された。

(上智大)

☐34 **江戸の材木商**であった　　　　　は，**柳沢吉保**や**荻原重秀**と　　紀伊国屋文左衛
結び巨利を得た。

(明治大)　　門

☐35 現在確認されている最も古い**藩札**は，1661 年，　　　　　**藩**　　越前藩〔福井藩〕
が発行したものとされている。

(大阪経済大)

元禄文化

学問

☐01 [頻出] **林羅山**・　 **a**　 父子が幕命を受け編纂した**歴史書**は　　 a 林鵞峰〔春斎〕
『　 **b**　』である。また　 **c**　 は**湯島聖堂**の完成とともに　　 b 本朝通鑑
大学頭になり，幕府教学の中心を担った。　　(関西大)　　 c 林鳳岡〔信篤〕

☐02 **新井白石**による**古代史**研究書『　　　　　』は，**朱子学的な合**　　古史通
理主義により古代史を解釈しようとしたものである。

(明治大)

☐03 白石は自叙伝『　　　　　』も残している。　　(中央大)　　折たく柴の記

☐04 [頻出] 　　　　　は**前田綱紀**に仕えていたが，後に **8 代将軍吉**　　室鳩巣
宗に信任され，その命で『**六諭衍義大意**』を著した。

(上智大)

☑ 05 頻出 **木下順庵**の弟子□□□は，**対馬藩の宗氏**に招かれ朝 **雨森芳洲**

鮮外交で活躍した。 （明治大）

☑ 06 「**近江聖人**」と呼ばれ，□□□を開いた**中江藤樹**は日本の **藤樹書院**

陽明学の祖とされる。その主著は『**翁問答**』である。

（成蹊大）

☑ 07 **熊沢蕃山**は『□□□』で幕政を批判したとされ，**下総の古** **大学或問**

河に幽閉された。 （同志社大）

☑ 08 □ a □を唱えた**山鹿素行**は『□ b □』などで朱子学を批 a **聖学**

判したとされ，**播磨の赤穂**に配流された。 （上智大） b **聖教要録**

☑ 09 **山鹿素行**は赤穂配流中に，**日本こそが中華**（世界の中心の **中朝事実**

国）であるとする『□□□』を著した。 （明治大）

☑ 10 **伊藤仁斎**が経営した**京都**の□□□では，日常生活での倫 **古義堂〔堀川塾〕**

理の実践が重視された。 （駒澤大）

☑ 11 頻出 □ a □に仕え，その後**古文辞学**を確立した**荻生徂徠** a **柳沢吉保**

は，江戸で私塾□ b □を開いた。 （早稲田大） b **蘐園塾**

☑ 12 史料 **荻生徂徠**は，8代将軍□ a □に上呈した『□ b □』 a **徳川吉宗**

の中で，「**元禄ノ頃ヨリ田舎ヘモ銭行渡テ**」と，貨幣経済の b **政談**

発展を指摘している。 （中央大）

☑ 13 史料 **太宰春台**は，『□ a □』で「諸侯として市価の利を求 a **経済録拾遺**

むるは，国家を治むる上策にはあらねども，当時の急を救 b **藩専売制**

ふ一術なり」と，□ b □の導入を主張した。 （関西大）

☑ 14 □□□は角倉素庵（了以の子）の協力を得て『**塵劫記**』を **吉田光由**

著した。 （関西大）

☑ 15 和算の水準を著しく高めた**関孝和**の著作は『□□□』であ **発微算法**

る。 （東洋大）

☑ 16 □ a □の依頼で**下河辺長流**が始めた**万葉集**研究は，**契沖** a **徳川光圀**

によって完成し，『□ b □』と名付けられた。 （京都府立大） b **万葉代匠記**

文学・芸能

☑ 17 頻出 **俳諧**では，江戸初期以来の**松永貞徳**に始まる**貞門派** **西山宗因**

に加え，□□□の**談林派**が台頭した。 （立命館大）

☑ 18 **松尾芭蕉**の『□□□』は，1689年に**江戸**を出発し，**奥羽**・ **奥の細道**

北陸をまわり，**大垣**に至る**紀行文**である。 （学習院大）

☑ 19 **井原西鶴**の作品は，大きく分けて，『**好色一代男**』に始まる
　　a　，『**日本永代蔵**』・『**世間胸算用**』などの　**b**　，『**武
道伝来記**』などの　**c**　の３つがある。　　　　（専修大）

a 好色物
b 町人物
c 武家物

☑ 20 <u>頻出</u> **人形浄瑠璃**は　**a**　の伴奏で**浄瑠璃節**を語る芸で，
近松門左衛門の『　**b**　』などで人気の芸能となった。
　　　　　　　　　　　　　　　　　　　　　　　（同志社大）

a 三味線
b 曽根崎心中

☑ 21 近松の作品には　**a**　と，**明**の遺臣**鄭成功**の活躍を描い
た『　**b**　』などの　**c**　に大きく区分される。
　　　　　　　　　　　　　　　　　　　　　　　（立命館大）

a 世話物
b 国性〔姓〕爺合戦
c 時代物

☑ 22 <u>頻出</u> **歌舞伎**は，**阿国歌舞伎**・　**a**　・　**b**　を経て，元
禄期の**野郎歌舞伎**となって完成した。　　（関西学院大）

a 女歌舞伎
b 若衆歌舞伎

☑ 23 　**a**　では**荒事**の名優**市川団十郎**が勇壮で派手な演技で
人気を博し，　**b**　では**和事**の**坂田藤十郎**が**写実的**な芸
で人気を集め，名**女形**の　**c**　も登場した。
　　　　　　　　　　　　　　　　　　　　　　　（同志社大）

a 江戸
b 上方
c 芳沢あやめ

美術・工芸

☑ 24 土佐派の　　　　　は京で**宮廷絵所預**として活躍した。
　　　　　　　　　　　　　　　　　　　　　　　（関西学院大）

土佐光起

☑ 25 『**燕子花図屏風**』・『**紅白梅図屏風**』は，　　　　**中興の祖**と
される**尾形光琳**の代表作である。　　　　　（関東学院大）

琳派

享保の改革・田沼時代

享保の改革

☑ 01 「**米価安の**　　　　」という傾向が続き，幕藩領主の**財政赤
字**は累積していった。　　　　　　　　　　　　（早稲田大）

諸色高

☑ 02 <u>頻出</u> 　**a**　後，幕府は**旗本**に命じて**定火消**を組織させ，同時
に延焼を防止するために　**b**　や**広小路**を設けた。（明治大）

a 明暦の大火
b 火除地

☑ 03 **徳川吉宗**は，**年貢増徴**と**米価の安定**施策に取り組んだこと
から，「　　　　」などと俗称されている。　　　（明治大）

米将軍〔米公方〕

☑ 04 **吉宗**の子に始まる**田安家・一橋家**，孫に始まる　**a**　家
の３つの家は　**b**　と総称される。　　　　　（成城大）

a 清水家
b 御三卿

☑ 05 **史料** **相対済し令**では，金銀貸借に関する訴訟（　**a**　）が増え「　**b**　寄合の節も此儀を専ら取扱」うこととなっているので，「借金銀・買懸り等の儀ハ，人々**相対**（話し合い）の上の事」，当事者間の問題だとして「自今は　**c**　ニて済口の取扱い致す間敷候」と訴訟を受け付けないと宣言した。　　　　　　　　　　　　　　　　　　　　　　（同志社大）

a 金公事
b 評定所
c 三奉行所

☑ 06 **史料** **上げ米**では，「万石以上の面々より**八木**（　**a**　を指す）差し上げ候様ニ仰せ付けらるべし」とし，「**高壱万石ニ付八木　b　**石積り」と比率を決めた。　（昭和女子大）

a 米
b 百石

☑ 07 **史料** また，代わりに「**在江戸　　　年**充御免成され候間」と，**参勤交代**の在府期間を**半減**するとした。　（西南学院大）

半年

☑ 08 **上げ米**は　　　　年から **1730 年**まで実施された。　（神戸学院大）

1722 年

☑ 09 享保の改革期には**年貢増徴**が実現し，**四公六民**であったものが，ほぼ　　　　になった。　（関西学院大）

五公五民

☑ 10 1722 年，幕府は　　　　で土地を**質入れ**のかたちで**売買**することを禁止し，すでに売却した土地の取り戻しを命じたため，紛争が頻発し，翌年には**撤回**した。　（大阪大）

質流し〔れ〕禁令

☑ 11 **史料** 人材登用策としては，「諸役人役柄に応ぜざる**小身**の面々」，「**御役勤候内御　　　**仰せ付けられ」とし，禄高の低い旗本などが高い地位についた場合，**在職中に限り不足高**を　　　　として支給することとした。　（駒澤大）

足高

☑ 12 **頻出** 享保の改革期には，『**民間省要**』を著した**川崎宿**の名主の　　　　が幕臣に登用された。　（立教大）

田中丘隅

☑ 13 最初に成立した**御触書集成**は，　　　　である。　（早稲田大）

御触書寛保集成

☑ 14 **頻出** 吉宗は，**大岡忠相**に見出された　　　　や，**野呂元丈**に蘭語学習を命じた。これは後の蘭学成立の契機となった。　（学習院大）

青木昆陽

☑ 15 殖産興業政策としては，　　　　（さつまいも）・**朝鮮人参**・**櫨**などの栽培を奨励した。　（首都大学東京）

甘藷

☑ 16 1733 年，前年発生した　　　　をうけて**江戸**で**初めての打ちこわし**が起こった。　（同志社大）

享保の飢饉

☐ 17 **吉宗**は 1745 年，子の _____ に将軍職を譲ったが，1751　　徳川家重
年に没するまで**大御所**として幕政を主導した。　　(同志社大)

田沼時代

☐ 18 **田沼意次**は 10 代将軍徳川**家治**のもと，_____ から**老中**と　　側用人
なり，政治を主導した。　　(関西大)

☐ 19 田沼は ___a___ 制を敷くとともに，___b___ 座・銅座・真鍮座・　　a 専売制
鉄座などを設けた。　　(京都大)　　b 朝鮮人参座

☐ 20 **俵物**とは，_____ ・干しあわび・ふかひれなど，**長崎**にお　　いりこ
ける**対中国輸出品**の中心とされた海産物である。　　(学習院大)

☐ 21 頻出 仙台藩の医師 _____ の『**赤蝦夷風説考**』は，田沼が**ロ**　　工藤平助
シアとの交易を目指す契機となった。　　(京都府立大)

☐ 22 頻出 1783 年，**天明の飢饉**の 2 年目には _____ が大噴火　　浅間山
した。　　(同志社大)

☐ 23 田沼意次の子，_____ は**若年寄**にまで出世したが，1784　　田沼意知
年，私的な恨みから**旗本**の**佐野政言**によって江戸城内で切
り殺された。　　(同志社大)

宝暦・天明期の文化

学問・教育

☐ 01 **本居宣長**は『**古事記伝**』で儒教的な _____ を排し，日本の　　漢心〔漢意〕
古典に示される古来の精神に戻ることを主張した。(南山大)

☐ 02 **塙保己一**の設立した _____ が『**群書類従**』を刊行していっ　　和学講談所
た結果，多くの文献が今日まで伝わっている。　　(学習院大)

☐ 03 長崎出身の _____ は，1695 年，『**華夷通商考**』を著し，世　　西川如見
界各国の情報をまとめ，出版した。　　(立命館大)

☐ 04 頻出 **屋久島**に潜入した ___a___ を尋問した**新井白石**はその　　a シドッチ
成果をもとに『___b___』や『**采覧異言**』を著した。　　(中央大)　　b 西洋紀聞

☐ 05 _____ は**古医方**を学び，屍体の**解剖**を行って，その成果と　　山脇東洋
して『**蔵志**』を刊行した。　　(早稲田大)

☐ 06 ドイツ人クルムスの『**解剖図譜**』のオランダ語訳『_____』を，　　ターヘル＝アナ
訳述したのが『**解体新書**』である。　　(青山学院大)　　トミア

☑ 07 『解体新書』の翻訳にも参加した□□□は，**大黒屋光太夫**から得た北方の情報を『**北槎聞略**』としてまとめた。(立教大)

桂川甫周

☑ 08 杉田玄白は『解体新書』翻訳の実際やその苦労などをまとめた回想記『□□□』を著した。　　　　　(学習院大)

蘭学事始

☑ 09 **大槻玄沢**が江戸で開いた□□□からは多くの蘭学者が誕生した。　　　　　　　　　　　　　　　(学習院大)

芝蘭堂

☑ 10 **大槻玄沢**に学んだ□□□は，**西洋医学**の**内科書**を訳し『**西説内科撰要**』を著した。　　　　　(慶應義塾大)

宇田川玄随

☑ 11 頻出 **細川重賢**によって設立された**熊本藩**の藩校□□□では庶民にも聴講が許された。　　　　(法政大)

時習館

☑ 12 頻出 **上杉治憲**が 1776 年に開設した□□□は，藩の人材育成に成果をあげた。　　　　　　(中央大)

興譲館

☑ 13 **懐徳堂**に学んだ□□□は，『**出定後語**』を著し，仏教を仏典から解釈することで**大乗仏教**を否定した。　(同志社大)

富永仲基

☑ 14 頻出 **懐徳堂**出身の□□□は 1820 年，**地動説**などを取り入れ，**無神論（無鬼論）**を展開した『**夢の代**』を著した。(関西大)

山片蟠桃

☑ 15 **石田梅岩**が唱えた**心学**は，弟子の□ a □によって発展した。やがて□ b □によって**江戸**にも進出し，□ b □は江戸の**人足寄場**で人足たちに講話も行った。　　(学習院大)

a 手島堵庵
b 中沢道二

☑ 16 **寺子屋の教材**は，手紙のやり取りの文例を題材とする□□□と呼ばれるものであった。　　　(立命館大)

往来物

☑ 17 神道家の□□□の影響を受けた若手の公家が，天皇に直接神道説を講義したことを理由に，関白などに処罰されたのが**宝暦事件**で，□□□も追放された。　(専修大)

竹内式部

☑ 18 『**柳子新論**』などで尊王論を唱えていた□□□を死罪，竹内式部を遠島とした弾圧事件が**明和事件**である。(青山学院大)

山県大弐

☑ 19 史料 **安藤昌益**は『□□□』で，「各耕シテ子ヲ育テ，子壮ニナリ，能ク耕シテ親ヲ養ヒ子ヲ育テ，一人之ヲ為レバ万万人之ヲ為テ」と，**すべての人**が自ら**耕作者**となる，**万人直耕**の世，「**自然ノ世**」を理想とし，階級社会などを否定した。　　　　　　　　　　　　　(首都大学東京)

自然真営道

☑ 20 頻出 **林子平**は『□□□』でロシアの南下に備える必要を主張した。　　　　　　　　　　　　(法政大)

海国兵談

☑ 21 **頻出** 林子平は『　　　　』という蝦夷地・朝鮮・琉球の 3 国を対象とする地理書を刊行したが，『海国兵談』とともに発売を禁止され，禁錮刑を科された。　　(関西学院大)

三国通覧図説

☑ 22 尊王家で，**藤田幽谷**の影響を受けた　　　　は，**天皇陵**の調査に取り組み，『山陵志』を著した。　　(立命館大)

蒲生君平

☑ 23 尾藤二洲の弟子にあたる　　　　は，日本史の概説書で，幕末の**尊攘派**の志士に大きな影響を与えた『**日本外史**』を著した。　　(早稲田大)

頼山陽

文学・芸能

☑ 24 **頻出** 狂歌では，御家人であった　a　が，四方赤良などの戯号で**狂歌師**として活躍した。また，川柳は，　b　の『**誹風柳多留**』によって文芸として確立した。　　(同志社大)

a 大田南畝〔蜀山人〕
b 柄井川柳

☑ 25 多くの出版物は　　　　によって安い見料で貸し出され，多くの人々に提供された。　　(南山大)

貸本屋

☑ 26 **頻出** **山東京伝**は，**遊里**を描いた文学で**洒落本**の代表的作家となったが，江戸深川の遊女の物語『　　　　』などを理由に**寛政の改革**で処罰された。　　(関西大)

仕懸文庫

☑ 27 **黄表紙**は恋川春町の『　　　　』が先駆となった。　(法政大)

金々先生栄花夢

☑ 28 竹田出雲の没後，浄瑠璃作家として活躍した　　　　には，『**本朝廿四孝**』などの作品がある。　　(法政大)

近松半二

美術・工芸

☑ 29 **喜多川歌麿**や東洲斎**写楽**らの　　　　という技法は，人物の上半身や顔を大写しにして描くものである。　　(上智大)

大首絵

☑ 30 **喜多川歌麿**の美人画の代表作は『　　　　』である。(法政大)

婦女人相十品

☑ 31 『**十便十宜図**』は，文人画家**池大雅**と俳人画家　　　　の合作である。　　(関西学院大)

与謝蕪村

☑ 32 **円山応挙**の代表作は，写生画様式の『　　　　』である。　　(同志社大)

雪松図屛風

☑ 33 　　　　派の特徴は**平明な写生画**である。

円山派

☑ 34 **平賀源内**から西洋画の画法を教えられた　　　　は，やがて『**解体新書**』の挿絵も描いている。　　(慶應義塾大)

小田野直武

百姓一揆・寛政の改革

百姓一揆

☑ 01 **寛永の飢饉**後の **1643 年**，幕府は ◻︎ を出した。(法政大)

田畑永代売買禁止令

☑ 02 **頻出** 飢饉の時などには，◻︎ と呼ばれる定職や住居を持たない浮浪民が急増した。その多くは農村から都市に流入した細民であった。(東京外国語大)

無宿人〔者〕

☑ 03 **頻出** **天保の飢饉**の際，**1836 年**には，甲斐の ◻︎ a や三河の ◻︎ b が起こった。**幕領(天領)**で大規模な騒動が起こったことは，幕府にとって大きな衝撃となった。また **1837 年**，幕府の打倒を目指した ◻︎ c が起こった。(慶應義塾大)

a 郡内一揆〔騒動〕
b 加茂一揆
c 大塩(平八郎)の乱

☑ 04 代表的な**代表越訴型一揆**の中心人物としては，**下総**の ◻︎ a や**上野**の ◻︎ b が有名である。彼らは村民から**義民**と崇められた。(立教大)

a 佐倉惣五郎
b 磔茂左衛門

☑ 05 **惣百姓一揆**が藩全域に及ぶ場合には，◻︎ と呼ぶことがある。(早稲田大)

全藩一揆

☑ 06 百姓一揆の際に作成された ◻︎ は，円形に署名し，首謀者を隠そうとしたものと考えられている。(慶應義塾大)

傘連判(状)

☑ 07 **頻出** **村方騒動**の背景には，富農層が ◻︎ a や ◻︎ b として村政を牛耳り，大多数の「**小百姓**」と呼ばれる一般百姓と対立していたことがある。(津田塾大)

a・b 村役人・在郷商人
(順不同)

☑ 08 **史料** **国訴**では，**1823 年**(文政 6 年)，「**摂河両国在々のうち，綿作**重にいたし候**千七ケ村百姓共**」が，「◻︎ 綿問屋品々難渋申し懸け，手狭に相成候旨を以て，右問屋差し障り申さざる様致したき旨」と ◻︎ 町奉行所に訴え，「村々勝手次第」という判決を得た。(明治大)

大坂
×阪

寛政の改革

☑ 09 **(白河)楽翁**の号で知られる**松平定信**の自叙伝には『◻︎ 』，随筆には『**花月草紙**』がある。(青山学院大)

宇下人言

☑ 10 **寛政の改革**では**江戸町会所**が設置され，◻︎ a の**節約分**の ◻︎ b **割**が積み立てられた。(京都府立大)

a 町入用〔町費〕
b 7 割

☑ 11 頻出 隅田川河口の石川島に開設された□□□には，**無宿人**や**軽犯罪者**が収容され，職業訓練が行われた。　（法政大）

人足寄場

☑ 12 史料 **棄捐令**は，「御□a□・□b□共□c□より借入金利足の儀は，向後金壱両ニ付銀六分宛の積り，利下ケ申し渡し候間」と，利率を**月利1%，年利12%**に引き下げることとし，また「借り方の儀ハ，是迄の通□c□と□d□に致すべき事」としている。　（早稲田大）

a 旗本
b 御家人
c 蔵宿
d 相対

☑ 13 史料 さらに「旧来の借金は勿論，□a□**ヶ年**以前辰年まで二借請候金子は，古借・新借の差別無く，□b□の積り相心得べき事」とした。　（関西大）

a 六ヶ年
b 棄捐
　×損

☑ 14 史料 **寛政異学の禁**では，「□a□の儀は，慶長以来御代々御信用の御事」とし，「已ニ其方家」すなわち**林家**に「□b□」を維持し，「□c□」を禁じた。　（南山大）

a 朱学
b 正学
c 異学

☑ 15 寛政異学の禁を建言した□a□と，**尾藤二洲・岡田寒泉**の3名を「**寛政の三博士**」と呼ぶが，岡田寒泉が代官として江戸を離れると，□b□が加えられた。　（同志社大）

a 柴野栗山
b 古賀精里

☑ 16 頻出 風俗・出版統制では，**遊里**を舞台とし当世の風俗を描いた**洒落本**の作者の□a□や，**絵**の余白に**平仮名**を配した草双紙である**黄表紙**の作者□b□が弾圧された。　（関西大）

a 山東京伝
b 恋川春町

☑ 17 頻出 □a□は，**『海国兵談』**で幕府の**海防**の欠点を指摘し，1792年に処罰された。また，この年，ロシアの□b□が**根室**に来航した。　（法政大）

a 林子平
b ラ（ッ）クスマン

☑ 18 **尊号一件**とは，□□□**天皇**が実父**閑院宮典仁親王**に**太上天皇**の尊号を贈ろうとして起こった幕府との対立である。　（明治大）

光格天皇

☑ 19 江戸**中期**，**米沢藩主**の□□□は，藩校**興譲館**の再興と**米沢織**の開発などをすすめた。　（上智大）

上杉治憲〔鷹山〕

☑ 20 江戸**中期**には，**秋田藩主**□a□による**明徳館**，熊本藩主□b□による**時習館**創立などが注目される。　（上智大）

a 佐竹義和
b 細川重賢

列強の接近

☑01 **頻出** **ラクスマン**は，伊勢の船頭で，遭難しロシアに漂着した ﹇ a ﹈ らを送還するために，﹇ b ﹈ に来航した。
(京都府立大)

a 大黒屋光〔幸〕太夫
b 根室

☑02 **近藤重蔵**が**択捉島**に建てたと言われる標柱には，「﹇﹈」と記されていたとされる。
(明治大)

大日本恵登呂府

☑03 **レザノフ**の通商要求を拒んだ幕府は 1806 年，﹇﹈で，難破船には援助を与えて帰らせようとした。
(千葉大)

文化の薪水給与令〔撫恤令〕

☑04 **1807 年**，幕府は松前藩を転封し，﹇﹈を直轄し，全蝦夷地を支配下におき，**箱館奉行**を**松前奉行**と改称した。
(立教大)

西蝦夷地

☑05 **1821 年**にはロシアとの関係が安定し，幕府は**全蝦夷地**を，﹇﹈に**還付**した。
(京都府立大)

松前藩

☑06 **頻出** **ゴローウニン事件**の際，ロシアの捕虜となった ﹇﹈ は，解放後，ゴローウニンの解放を実現した。
(学習院大)

高田屋嘉兵衛

☑07 **史料** **異国船打払令**は，「﹇ a ﹈ の船，先年**長崎**において狼藉に及び」と，﹇ b ﹈ に触れている。
(千葉大)

a いきりす
b フェートン号事件

☑08 **史料** またこの国に限らず，西洋の国は**キリスト教国**だという理由で，今後は**異国船**を「**有無に及ばず**，一図ニ打払ひ」，「﹇﹈無く打払」えと命じた。
(近畿大)

二念

☑09 **モリソン号**は，﹇ a ﹈ に来航し砲撃されたあと，**薩摩**の ﹇ b ﹈ に至ったが，ここでも砲撃された。
(関西学院大)

a 浦賀
b 山川

☑10 **史料** **高野長英**は『﹇﹈』で，「今彼れ漂流人を憐れみ，仁義を名とし，態々送り来り候者を」と，**日本人漂流民**を送り返してきた船を打ち払ったことを批判した。
(神奈川大)

戊戌夢物語

☑11 **史料** ここで，**高野長英**は「イギリスは，日本に対し，敵国にては之れ無く」と，﹇﹈の商船**モリソン号**をイギリス人またはイギリス船と誤って記述している。
(近畿大)

アメリカ

☑12 **渡辺崋山**も『﹇﹈』で同じ誤った認識を示している。(明治大)

慎機論

☑13 **渡辺崋山**や**高野長英**が属した知識人の会合である ﹇﹈ のメンバーの洋学者は幕府の弾圧を受けた。
(早稲田大)

尚歯会

天保の改革

☑ 01 1836 年，**甲斐**で ┃ a ┃，**三河**では ┃ b ┃ が起こった。
(慶應義塾大)

a 郡内一揆〔騒動〕
b 加茂一揆

☑ 02 史料 ┃ a ┃ は檄文の中で，**大坂町奉行**などが米価高騰を無視し ┃ b ┃ への廻米のみを実施したため，「**下民**を悩し苦しめ候諸役人共を誅戮致し」と，**公然と幕府打倒を宣言**した。
(中央大)

a 大塩平八郎
b 江戸

☑ 03 頻出 大塩は大坂で ┃　　┃ という**陽明学**の塾を開いていた。
(同志社大)

洗心洞

☑ 04 頻出 ┃ a ┃ は，1838 年，12 代将軍 ┃ b ┃ に対する意見書の『**戊戌封事**』で，「**内憂と外患**」の 2 つを指摘した。(関西大)

a 徳川斉昭
b 徳川家慶

☑ 05 史料 そこでは「**参州・甲州の百姓一揆**徒党を結び，又ハ**大坂**の奸賊容易ならざる企仕り」と，**加茂一揆**や**郡内騒動**，┃　　┃ を「**内憂**」とし，「**夷賊日本**をねらひ候患」と，列強の接近を「**外患**」と指摘した。
(同志社大)

大塩(平八郎)の乱

☑ 06 史料 **株仲間解散令**は，**十組問屋**などに対し「是迄年々 ┃　　┃ 上納致し来り候処，問屋共不正の趣も相聞え候ニ付，以来上納ニ及ばず候」とした。
(中央大)

冥加

☑ 07 **株仲間解散令**はかえって経済の混乱を招き，1851 年には ┃　　┃ が命じられた。
(青山学院大)

株仲間再興(令)

☑ 08 **寛政の改革**の際，1789 年に発せられた ┃　　┃ は，天保の改革の時期にも同様の主旨で出されている。
(立教大)

棄捐令

☑ 09 **天保の改革**の最初の段階で，いわゆる ┃　　┃ が命令されたが，反発にあって**撤回**された。
(青山学院大)

三方領知〔地〕替え

☑ 10 この命令は，**武蔵**の ┃ a ┃ 藩は**出羽**の**庄内藩**へ，庄内藩は**越後**の ┃ b ┃ 藩へ，┃ b ┃ 藩は ┃ a ┃ 藩へ**転封**させるという内容であった。
(青山学院大)

a 川越藩
b 長岡藩

☑ 11 史料 ┃　　┃ は，最初に「**御料所**の内**薄地**多く，御収納免合相劣り」とある。
(中央大)

上知〔地〕令

☑ 12 史料 また「加削は当御代思召次第の処」と将軍の権限を強調した上で，「此度**江戸**・ ┃ a ┃ 最寄御取締りとして，┃ b ┃ 仰せ付けられ候」とした。
(明治大)

a 大坂
b 上知

☑ 13 **天保の改革**の文学統制では，**人情本**作者の ▢ **a** ▢ や，**合巻** (ごうかん) 作者の ▢ **b** ▢ らが弾圧を受けた。 (北海道大)

a 為永春水 (ためながしゅんすい)
b 柳亭種彦 (りゅうていたねひこ)

☑ 14 **アヘン戦争**をうけ，幕府は対外関係のトラブルを避けるため，**1842 年**に ▢▢▢▢ を出した。 (法政大)

(天保の)薪水給 (てんぽうの)(しんすいきゅう) 与令 (よれい)

☑ 15 **史料** この法令では，「二念無く打払ひ申すべき旨，**文政八年** (ぶんせい) 仰せ出され候」，すなわち ▢▢▢▢ を撤廃することとし，**文化の薪水給与令(撫恤令)** (ぶじゅつれい) に戻ることを命じている。 (慶應義塾大)

異国〔外国〕船 (いこく)〔がいこく〕(せん) 打払令〔無二念 (うちはらいれい)〔むにねん) 打払令〕 (うちはらいれい)〕

☑ 16 江戸後期の藩政改革では，土佐の ▢ **a** ▢，宇和島の (とさ) (うわじま) ▢ **b** ▢，福井の**松平慶永(春嶽)** (まつだいらよしなが)(しゅんがく) なども注目される。 (同志社大)

a 山内豊信〔容堂〕 (やまうちとよしげ)〔ようどう〕
b 伊達宗城 (だてむねなり)

☑ 17 **頻出** **長崎**の町年寄 ▢▢▢▢ は**オランダ人**に砲術を学び，**1841 年**に幕府に招かれ江戸郊外**武州徳丸ガ原**で砲術と練 (ぶしゅうとくまるがはら) 兵を披露した。 (学習院大)

高島秋帆 (たかしましゅうはん)

化政文化

学問・教育

☑ 01 **大槻玄沢**の蘭学塾，江戸の**芝蘭堂**では，**太陽暦**の**元旦**に集 (しらんどう) まって新年を祝う ▢▢▢▢ が催された。 (同志社大)

オランダ正月

☑ 02 蛮書和解御用に勤めた ▢▢▢▢ は，『**舎密開宗**』という**化学** (せいみかいそう) **書**を著すなど，自然科学の紹介で多くの業績を上げた。 (立教大)

宇田川榕庵 (うだがわようあん)

☑ 03 **頻出** 『▢ **a** ▢』を著した**志筑忠雄**は，▢ **b** ▢の『**日本誌**』 (れきしょうしんしょ) を抄訳し，「**鎖国論**」と題した。 (明治大)

a 暦象新書 (れきしょうしんしょ)
b ケンペル

☑ 04 ドイツ人医師の**シーボルト**は，日本のさまざまな情報を集め，『▢▢▢▢』などを著した。 (法政大)

日本 (にっぽん)

☑ 05 **豊後日田**で ▢▢▢▢ が開いた**咸宜園**では，**高野長英**や**大村** (かんぎえん) **益次郎**なども学んだ。ここは徹底した実力主義を貫き，当時の教育機関としても異色のものであった。 (中央大)

広瀬淡窓 (ひろせたんそう)

☑ 06 アメリカ密航に失敗した ▢ **a** ▢ は郷里の**萩**に送られ，叔父 (はぎ) が開いていた ▢ **b** ▢ で多くの維新の志士を育てた。 (松山大)

a 吉田松陰 (よしだしょういん)
b 松下村塾 (しょうかそんじゅく)

☑ 07 **本多利明**は，『＿＿＿＿』で西洋諸国を模範とし，日本もま
た蝦夷地や樺太の開発を進め，海外との貿易に乗り出すべ
きだと主張した。 （同志社大）

西域物語

☑ 08 [史料] **本多利明**はその著『＿＿＿＿』で，将軍が行うべき重
要な施策は「**万国**へ**船舶**を遣りて，国用の要用たる**産物**，
及び**金銀銅**を抜き取って日本へ入れ，国力を厚くすべきは**海
国具足**の仕方なり」と，**海外貿易の必要性**を主張した。

（法政大）

経世秘策

☑ 09 [頻出] 後期水戸学を完成させた ＿a＿ の著書には『**弘道館記
述義**』が，＿b＿ の著書には『**新論**』がある。 （東京外国語大）

a 藤田東湖
b 会沢安〔正志斎〕

☑ 10 [頻出] **高島秋帆**に砲術を学んだ ＿＿＿＿ は，伊豆韮山に塾を
開いた。 （明治大）

江川太郎左衛門
〔坦庵・英竜〕

☑ 11 彼に砲術を学んだ信濃松代藩出身の兵法家 ＿＿＿＿ は，江
戸で塾を開き，**吉田松陰**や**勝海舟**らに西洋兵学を伝えた。

（学習院大）

佐久間象山

文学・芸能

☑ 12 **小林一茶**の随筆や発句をまとめた著作は『＿＿＿＿』である。
（立教大）

おらが春

☑ 13 **越後**出雲崎の禅僧の ＿＿＿＿ は，万葉調の**童心**溢れる歌を
残した。 （関西学院大）

良寛

☑ 14 **越後**塩沢の縮商人であった ＿a＿ は，江戸の**山東京伝**ら
と交流し，その勧めもあって『＿b＿』という雪国の生活
や風俗・自然を描いた著作を残した。 （法政大）

a 鈴木牧之
b 北越雪譜

☑ 15 [頻出] 弥次郎兵衛・喜多八の旅を描いた**滑稽本**の代表作は
十返舎一九の『＿a＿』である。また，湯屋を舞台にした
式亭三馬の『＿b＿』も**滑稽本**の代表作である。 （法政大）

a 東海道中膝栗毛
b 浮世風呂

☑ 16 **天保の改革**で弾圧された**人情本**作者の**為永春水**の代表作は
『＿＿＿＿』である。 （近畿大）

春色梅児誉美
〔梅暦〕

☑ 17 [頻出] **読本**は勧善懲悪・因果応報という，封建道徳に則った
作品なので弾圧はされなかった。怪談小説 9 編をまとめた
上田秋成の『＿a＿』，曲亭（滝沢）**馬琴**の歴史伝奇小説
『＿b＿』などが代表作である。 （関西大）

a 雨月物語
b 南総里見八犬伝

☑18 **頻出** 曲亭（滝沢）馬琴の読本『＿＿＿』は，保元の乱後に
流罪となった**源為朝**を英雄として描き，その武勇伝を人々
に広めた。 （関西学院大）

椿説弓張月

☑19 **合巻**の作者であった**柳亭種彦**は，『＿＿＿』などを著した
が，**天保の改革**で弾圧を受けた。 （国士舘大）

偐紫田舎源氏

美術・工芸

☑20 **富士山**を画題とした一連の作品『＿＿＿』は，**葛飾北斎**の
代表作である。 （西南学院大）

富嶽三十六景

☑21 **文人画（南画）**の巨匠には**豊後**の＿＿＿がいる。 （上智大）

田能村竹田

☑22 **呉春**は円山派の作風に叙情的な要素を加味して＿＿＿**派**
と呼ばれた。 （西南学院大）

四条派

生活・信仰

☑23 **頻出** 信仰や社寺参詣のための少人数のグループを ＿a＿
と呼ぶ。代表的な社寺参詣の対象には，**伊勢神宮**や**信濃**の
＿b＿，讃岐の**金毘羅宮**がある。札所巡りでは弘法大師ゆ
かりの寺々を巡る四国の遍路は ＿c＿ と呼ばれた。
（関西大）

a 講
b 善光寺
c 四国八十八カ
所巡り

☑24 **春分・秋分の日前後** 7 日間の仏事は ＿a＿ と呼ばれた。
また陰暦 7 月 15 日，祖先の霊を祀る供養の ＿b＿ が行わ
れた。 （早稲田大）

a 彼岸会
b 盂蘭盆（会）

☑25 日常的な信仰では，神仏を拝み，**日の出**を待つ ＿a＿ や，
月の出を待つ ＿b＿ などの集会が流行した。 （東京経済大）

a 日待
b 月待

☑26 1 月・3 月・5 月・7 月・9 月に行う祝いの日，すなわち 5
月 5 日の端午の節句などを＿＿＿と呼ぶ。 （南山大）

五節句

開国と江戸幕府の滅亡

開国

☑01 1842 年の南京条約で，**清**は**イギリス**に対し□□□□を割譲
し，**上海**などの開港を認めた。 （慶應義塾大）

香港

☑02 **史料** アヘン戦争をうけ幕府は 1842 年，□ a □を出した。
そこでは，「**文政八年**（□ b □**年**）」の**異国船打払令**を撤回
し，「**文化三年**（□ c □**年**）異国船渡来の節，取計ひ方の儀
二付仰せ出され候趣二相復し候様二仰せ出され候」と**文化
の撫恤令**に戻ることとしている。 （慶應義塾大）

a （天保の）薪水
給与令

b 1825 年

c 1806 年

☑03 **史料** 1844 年，□ a □**国王ウィルレム二世**が幕府に提出
した開国勧告書は，幕府が「□ b □」で**アヘン戦争**を知っ
ていることを前提に，「□ c □」の登場で，世界情勢は鎖
国状態を不可能なものとしていると説いた。 （南山大）

a オランダ

b （オランダ）風説書

c 蒸気船

☑04 **アメリカ**が日本の港の使用を求めたのは，□ a □**業**と，
□ b □**貿易**のための**寄港地**を必要としたからである。
 （日本女子大）

a 捕鯨業

b 中国〔清国〕
貿易

☑05 **1853 年**，ペリーは**琉球王国**に至り，**那覇**を拠点として**浦
賀**に来航し，幕府に**大統領**□□□□の国書を受理させた。
 （同志社大）

フィルモア

☑06 **頻出** **史料** **日米和親条約**では，両国の平和的関係を前提に，
「**伊豆**□ a □，**松前地**□ b □」の開港，「**薪水・食料・石炭**」
などの欠乏品の提供を取り決めた。 （早稲田大）

a 下田

b 箱館
×函

☑07 **史料** また「**日本政府，外国人江当節亜墨利加人**江差し免さ
す候廉相免し候節ハ，**亜墨利加人**江も同様差し免し申すへ
し」と，**片務的**な□□□□を定めていた。 （名城大）

最恵国待遇

☑08 **史料** **日露和親条約**では，「**日本国と魯西亜国との境**，□ a □
島と□ b □**島との間ニあるへし**」と，□ a □**島以南を日
本領**，□ b □**島以北はロシア領**とした。 （東京外国語大）

a エトロフ〔択捉〕島

b ウルップ〔得撫〕島

☑ 09 **史料** 同条約では，「◻◻◻◻島ニ至りては，**日本国と魯西亜**
国の間ニおゐて，界を分たす。是迄仕来の通たるへし」と，
両国（民）の雑居とした。　　　　　　　　　　　（東京外国語大）

カラフト〔サハリ
ン〕島

☑ 10 **阿部正弘**は，◻◻◻◻を**海防参与**として幕政に参加させる
など開かれた姿勢をとり，**安政の改革**を実施した。（関西大）

徳川斉昭

☑ 11 **安政の改革**では，品川に◻◻◻◻が築かれた。また，**500 石**
以上の大船建造の禁止が解かれた。　　　　　　　（東京外国語大）

台場

☑ 12 **頻出** 安政の改革では他にも，**洋式軍備の充実のための**
◻ a ◻や**講武所**，洋学教授や翻訳のための**洋学所**（1856
年，◻ b ◻と改称）も設置された。　　　　　　　（慶應義塾大）

a 海軍伝習所

b 蕃書調所

☑ 13 **ハリス**はアメリカ◻◻◻◻として**下田**に着任した。（学習院大）

総領事

☑ 14 **頻出** **一橋派**は，水戸の**徳川斉昭**の子で一橋家を継いだ
◻◻◻◻を次期将軍とすることを望む一派で，**徳川斉昭**を
中心に**島津斉彬・松平慶永（春嶽）・山内豊信（容堂）**など
であった。　　　　　　　　　　　　　　　　　（青山学院大）

一橋〔徳川〕慶喜

☑ 15 **譜代大名**など保守派が中心となった**南紀派**が次期将軍に予
定したのは**紀州藩主**◻◻◻◻であった。　　　　　　（佛教大）

徳川慶福

☑ 16 **日米修好通商条約**では，外国人の居住・営業が許可された
◻ a ◻における**自由貿易**が認められ，関税は◻ b ◻制が
とられた。　　　　　　　　　　　　　　　　　（関西学院大）

a 居留地

b 協定関税制

☑ 17 **頻出** **史料** **日米修好通商条約**では，**下田・箱館**の他，
◻ a ◻**・長崎・新潟・**◻ b ◻の**開港**が決められ，「◻ a ◻
港を開く後六ケ月にして**下田港**は鎖すべし」とされた。

（近畿大）

a 神奈川

b 兵庫

☑ 18 **史料** また，「**別冊の通**，日本役所へ運上（関税）を納むべし」
とされ，◻◻◻◻と呼ぶ別冊で関税率が固定され，自由には
動かせないものとされた。　　　　　　　　　　　（慶應義塾大）

貿易章程

☑ 19 **史料** 第 6 条では，「**日本人**に対し，法を犯せる**亜墨利加人**
は，**亜墨利加コンシュル（領事）裁断所**にて吟味の上，**亜墨**
利加の法度を以て罰すべし」とされ，◻◻◻◻を認めた不平
等な内容であった。　　　　　　　　　　　　　　（学習院大）

領事裁判権
〔治外法権〕

☑ 20 **日米修好通商条約**の日本側の調印者は◻◻◻◻と**井上清直**
である。　　　　　　　　　　　　　　　　　　　（早稲田大）

岩瀬忠震

☑ 21 この条約の批准書交換に[___]を船長とする**咸臨丸**(かんりんまる)が随
行し、初めての太平洋横断に成功した。　　　(法政大)

勝義邦(かつよしくに)〔海舟(かいしゅう)〕

☑ 22 **条約勅許**は[a]年に実現したが、兵庫の開港の勅許は
[b]年5月に至って実現した。　　　(慶應義塾大)

a 1865年
b 1867年

☑ 23 **井伊直弼**を暗殺したのは主に[___]藩の浪士だった。
　　　(青山学院大)

水戸(みと)藩

江戸幕府の滅亡

☑ 24 **頻出** 幕末の**開港貿易**は、1859年に**神奈川・長崎・**[a]
で始まった。ただし、東海道の宿場町かつ港町だった**神奈
川**は開かれず、実際には[b]が開かれた。　　(中央大)

a 箱館(はこだて)
×函
b 横浜(よこはま)

☑ 25 **史料** **五品江戸廻送令**は「**雑穀**」「**水油**([a]**油**を指す)」
「**蠟**」「**呉服**」「**糸**([b]を指す)」の**横浜直送**を禁じた。
　　　(近畿大)

a 菜種(なたね)油(あぶら)
b 生糸(きいと)

☑ 26 幕末の**金銀比価**は日本が1:[a]、外国が1:[b]で、
銀が流入し金が流出する事態が進行した。　　(近畿大)

a 5
b 15

☑ 27 **攘夷運動**は外国人殺傷事件を多く引き起こし、1860年に
は、**米公使館の通訳**の[___]が殺された。　　(関西大)

ヒュースケン

☑ 28 1861年、イギリス仮公使館の[___]が焼かれた。　(立教大)

東禅寺(とうぜんじ)

☑ 29 **頻出** 1853年、12代将軍[a]が没すると13代将軍は
[b]となった。[b]の没後は1858年に**紀州藩主徳
川慶福**(よしとみ)が14代将軍となり、名を**家茂**(いえもち)と改めた。(関西学院大)

a 徳川家慶(いえよし)
b 徳川家定(いえさだ)

☑ 30 **島津久光**は藩主[___]の父で、**国父**と呼ばれ同藩の実権
を握っていた。　　　(青山学院大)

島津忠義(しまづただよし)

☑ 31 [a]**年5月10日**を期して**攘夷を決行**した**長州藩**に対
し、翌年、**イギリス・フランス・アメリカ・**[b]の連合艦
隊が**下関**を攻撃し、**長州藩**は屈服した。　　(日本女子大)

a 1863〔文久3〕(ぶんきゅう)年
b オランダ

☑ 32 1863年には[___]・**生野の変**(いくの)が、翌年にも**天狗党の乱**(てんぐとう)が
起こるなど、**尊王攘夷派の挙兵**が相次いだ。　　(京都府立大)

天誅組(てんちゅうぐみ)の変

☑ 33 1864年、京都で[a]が尊攘派志士を襲撃した[b]
が起こった。この尊攘派への弾圧に対し、長州藩は軍隊を
送り京都を攻めた。これが**禁門の変**である。　(京都府立大)

a 新撰組(しんせんぐみ)
b 池田屋事件(いけだや)

☑34 第1次長州征討に屈服した**長州藩**では，再び**高杉晋作**ら主 戦派が実権を握り，薩摩藩と京で**攻守同盟**，いわゆる**薩長 連合（同盟）**を結んだ。この密約は，薩摩の a ・**小松 帯刀**と長州の b を**坂本竜馬**らが仲介して実現した。

(法政大)

a 西郷隆盛
b 桂小五郎
〔木戸孝允〕

☑35 **坂本竜馬**は海運や貿易を行う a を率いた。また， b も陸援隊を率いた。

(学習院大)

a 海援隊
b 中岡慎太郎

☑36 頻出 **オールコック**に代わった**英公使** a は薩長を援助 した。対して**仏公使** b は15代**将軍慶喜**に援助を与え， c が実施され，**横須賀製鉄所**の設立などが実現した。

(同志社大)

a パークス
b ロッシュ
c 慶応の改革

☑37 頻出 **公武合体**策は，第2次長州征討の間の**1866年7月** に a が急死し，**12月**には b **天皇**も没し，不可能 となった。

(京都府立大)

a 徳川家茂
b 孝明天皇

☑38 **土佐藩**では， の建言を**前藩主山内豊信**が受け入れ， 豊信は**徳川慶喜**に**大政奉還**を建白した。

(法政大)

後藤象二郎
×次

☑39 史料 **大政奉還の上表**は，「臣 ，謹テ皇国時運ノ沿革 ヲ考候ニ」と始まり，その後の武家政権の経緯を述べた上 で，もはや自ら政権を維持することは困難だと表明し，「**政 権ヲ朝廷**ニ帰シ奉リ，広ク天下ノ公議ヲ尽シ，聖断ヲ仰キ」 と朝廷への政権返上を申し出た。

(法政大)

慶喜

☑40 薩長や公家の らは新政権における旧幕府勢力を除 去するため，1867年，**王政復古の大号令**を出した。

(立命館大)

岩倉具視

☑41 史料 **王政復古の大号令**は「**徳川内府（徳川慶喜）**」の政権 返上を受け入れたことを表明し，「 ，国威挽回ノ御 基立テサセラレ候間」とした。

(同志社大)

王政復古

☑42 史料 また「**摂関，幕府**等廃絶，即今先ズ仮ニ a ， b ， **参与ノ三職**ヲ置カレ」と臨時政府の発足を宣言し，「諸事**神 武**創業ノ始メニ原ツキ」と神武天皇にさかのぼって天皇に よる直接政治を進めることを宣言した。

(明治学院大)

a 総裁
b 議定

☑43 **王政復古の大号令**が出された日に行われた**小御所会議**では， 薩長側の主張どおり，**徳川慶喜**に の命を下すこと が決定された。

(津田塾大)

辞官納地

☑ 44 **奥羽越列藩同盟**の抵抗に対し，**若松城**が落城した ⬚a⬚ **戦争**などで**官軍側が勝利**し，最終的には **1869 年 5 月，榎本武揚**が降伏した ⬚b⬚ **戦争**で**戊辰戦争**は終結した。

(神戸学院大)

a 会津戦争
b 箱館（五稜郭）戦争

明治維新

政治

☑ 01 **頻出** **史料** **五箇条の（御）誓文**は， ⬚a⬚ の原案を ⬚b⬚ が修正し，さらに，これを ⬚c⬚ が誓文の形にしたもので，その際， ⬚b⬚ 案の「**列侯会議ヲ興シ**」は「**広ク会議ヲ興シ**」と改められた。

(北海道大)

a 由利公正
b 福岡孝弟
c 木戸孝允

☑ 02 **史料** また，5 条では「**智識ヲ世界ニ求メ大ニ皇基ヲ振起スベシ**」と ⬚⬚⬚ を宣言した。

(九州大)

開国和親

☑ 03 **史料** **五榜の掲示**の第 3 札では，「⬚⬚⬚ **邪宗門ノ儀ハ堅ク御制禁タリ**」としており，**江戸幕府**の**禁教策**を踏襲している。

(立命館大)

切支丹

☑ 04 **頻出** **史料** ⬚a⬚ ・ ⬚b⬚ が起草した**政体書**には，まず「**大ニ斯国是ヲ定メ制度規律ヲ建ツルハ，御誓文ヲ以テ目的トス**」とある。

(青山学院大)

a・b 福岡孝弟・
副島種臣
（順不同）

☑ 05 **史料** また，「**天下ノ権力総テコレヲ** ⬚a⬚ **ニ帰ス**」とし，「⬚a⬚ **ノ権力ヲ分ツテ，立法・行法・司法ノ三権トス**」と形式的ではあるが ⬚b⬚ を取り入れたことが示されている。

(明治大)

a 太政官
b 三権分立

☑ 06 **史料** **政体書**による立法機関は ⬚a⬚ で，これを**上局**と**下局**に分け，下局の議員は「**各府，各藩，各県，皆** ⬚b⬚ **ヲ出シ議員トス**」とされた。

(明治大)

a 議政官
b 貢士

☑ 07 1871 年，**廃藩置県**の後の官制改革で，中央政府の組織は ⬚⬚⬚ ・**左院・右院**の**三院制**となった。

(中央大)

正院

☑ 08 **史料** **廃藩置県の詔**では，版籍奉還で置かれた旧藩主ら ⬚⬚⬚ による統治を「**数百年因襲ノ久キ，或ハ其名アリテ其実挙ラサル者アリ**」と批判し，「**藩ヲ廃シ県ト為ス**」と宣言した。

(日本女子大)

知藩事

☑09 清国は琉球処分に異議を唱え，**琉球帰属問題**が起こった。これに対する**アメリカ前大統領**_____による仲介は失敗に終わった。　　　　　　　　　　　　　　　　　　　（法政大）

グラント

☑10 明治政府の軍隊制度は**1869年**，_____a_____の設置に始まる。軍隊組織は**1871年**以降_____b_____制がとられた。これは地域の**治安及び内乱**に対応する性格のものだった。（京都産業大）

a 兵部省
b 鎮台制

☑11 史料 **徴兵告諭**では，「我朝上古ノ制，海内挙テ兵ナラサルハナシ」と律令国家時代の兵役を指摘し，また「辛未ノ歳（_____a_____年を指す）ニ及ヒ遠ク郡県ノ古ニ復ス」と，_____b_____の断行をその前提としてあげた。　　（駒澤大）

a 1871年
b 廃藩置県

☑12 史料 また，「**西人（ヨーロッパ人）之ヲ称シテ**_____ト云フ」という言葉から，_____**一揆**が起こった。（京都府立大）

血税

☑13 史料 そして，「**全国四民男児**_____**歳ニ至ル者ハ尽ク兵**籍ニ編入シ」と宣言した。　　　　　　（京都府立大）

二十歳

☑14 頻出 近代的な軍事制度導入の中心は_____a_____だったが，その暗殺後は_____b_____が引き継いだ。徴兵制採用の背景には_____b_____も所属していた**奇兵隊**の成功があったとされる。
　　　　　　　　　　　　　　　　　　　　　　　（立教大）

a 大村益次郎
〔村田蔵六〕
b 山県有朋

☑15 徴兵令の免役規定では，_____a_____・**嗣子**あるいは_____b_____**270円の納入者**などがあった。　　　　　　（中央大）

a 戸主
b 代人料

☑16 **1888年，海外への派兵等を想定し，鎮台制は廃止**され，新たに_____**制**がとられた。　　　　　　　　（早稲田大）

師団制

☑17 山県有朋は統帥機構確立のため_____a_____を設置した。**1893年**には_____a_____から**海軍部**が独立し_____b_____が発足した。　　　　　　　　　　　　　　　　　　　（京都府立大）

a 参謀本部
b 海軍軍令部

☑18 明治政府はえた・非人などの呼称を1871年の_____で廃止したが，事実上の差別はその後も長く続いた。（和歌山大）

（身分）解放令

☑19 四民平等の建前から，平民でも苗字を名乗ることや，**通婚・**_____**・移住（居所）などの自由**などが認められた。
　　　　　　　　　　　　　　　　　　　　　　　（新潟大）

職業選択

☑20 経済的な保証を失った**士族**の就業を奨励する_____も行われたが，不十分なものに終わった。　　　　（和歌山大）

士族授産

☐ 21 秩禄処分・廃刀令に対し，1876 年，[a] を首謀者とする神風連の乱，これに呼応した宮崎車之助らの[b]，前参議[c] が首謀者とされた萩の乱が起こった。　（中央大）

a 太田黒伴雄
b 秋月の乱
c 前原一誠

☐ 22 **頻出** 1882 年の[　　　]では，軍人は天皇の軍人であることや，政治への関与の禁止などが，天皇の言葉で示された。
　（学習院大）

軍人勅諭

外交

☐ 23 岩倉遣外使節団の条約改正予備交渉は，最初の相手国[　　　]で失敗に終わった。　（法政大）

アメリカ

☐ 24 日清修好条規は[　　　]を相互に承認していた。　（立教大）

領事裁判権〔治外法権〕

☐ 25 **史料** 日朝修好条規の第一款には，「朝鮮国ハ自主ノ邦ニシテ，日本国ト平等ノ権ヲ保有セリ」とあり，それは清の朝鮮に対する[　　　]を否定するものであった。　（東京女子大）

宗主権

☐ 26 **頻出** 日朝修好条規は，[　　　]等の開港，関税の免除，片務的領事裁判権条項もある，朝鮮と不平等な条約であった。
　（法政大）

釜山

☐ 27 1871 年，琉球の船が遭難し，台湾南部へ漂着，乗組員が殺害された[　　　]事件が起こった。この報復に，1874 年，西郷従道を中心とする日本軍が台湾に派遣された。
　（関西学院大）

琉球漁民〔漂流民〕殺害事件

☐ 28 **頻出** 樺太・千島交換条約は黒田清隆の建議をもとに，[　　　]が実際の交渉にあたって締結された。　（学習院大）

榎本武揚
×楊

☐ 29 1875 年の江華島事件は，ソウル近郊の漢江河口の江華島に日本の軍艦[　　　]号が近づき砲撃を受けたとして反撃，隣接する永宗島を占領した事件である。　（南山大）

雲揚号

☐ 30 日朝修好条規で開かれた朝鮮の港は，釜山・[a]・[b]である。　（関西学院大）

a・b 仁川・元山
（順不同）

経済

☐ 31 明治政府は，1871 年に[　　　]を許可し，翌年には田畑永代売買の禁止を解禁した。　（甲南大）

田畑勝手作り

☐32 地租改正で**地券**を与えられたのは，江戸時代の**年貢納入者**で，[____]は対象外だった。その結果，**地主**が高率の**現物小作料**を得る状態が続いた。　　　　　　　　（明治大）

小作人

☐33 **史料** **地租改正**では，「土地ノ**代価**ニ随ヒ[____]ヲ以テ**地租ト相定ムヘキ旨**」とされ，その負担率はほぼ江戸時代と同水準であった。　　　　　　　　　　（明治大）

百分ノ三

☐34 **所有権**を証明できない[____]の多くは官有地となった。　　　　　　　　　　　　　　　　　　　（立教大）

入会地

☐35 大規模な**地租改正反対一揆**には，1876 年に**茨城県**で起こった[a]や，三重・愛知県などで起こった[b]がある。　　　　　　　　　　　　　　　　（同志社大）

a 真壁騒動〔暴動〕
b 伊勢暴動

☐36 地租軽減要求の高まりに対し，政府は **1877 年**，税率を **3%** から[____]%に減額した。　　　　　　（甲南大）

2.5%

☐37 **頻出** 殖産興業政策を推進した官庁は**工部省**と[a]省である。また，技術・学問導入のため，[b]が招かれた。　　　　　　　　　　　　　（明治大）

a 内務省
b お雇い外国人

☐38 旧幕府の工場を引き継いだ[____]や**横須賀造船所**は，代表的な官営事業である。　　　　　（東京経済大）

長崎造船所

☐39 **富岡製糸場**で働いた女工たちには**士族**の娘が多く，「[____]」と呼ばれた。　　　　　　（神戸学院大）

富岡工女

☐40 **頻出** **上野公園**で開かれた 1877 年の**第 1 回内国勧業博覧会**では，[____]の**ガラ紡**が注目を浴びた。　（立命館大）

臥雲辰致

☐41 **農業**の近代化のために官立の[____]が開設された。　　　　　　　　　　　　　　　　　（立教大）

駒場農学校

☐42 軍事関係の官営事業には，**小銃・鉄砲**などを製作した[____]と，主に**大砲**を製作した**大阪砲兵工廠**がある。　　　　　　　　　　　　　　　　　（中央大）

東京砲兵工廠

☐43 **頻出** **屯田兵制度**は **1874 年**，開拓次官[____]の建議で始められ，**1904 年**に廃止された。　　（早稲田大）

黒田清隆

☐44 明治政府は**アイヌ**に対し，生業を制限して農民化を強制する[____]政策という差別的な政策をとった。　（福井大）

（アイヌ）同化政策

☐45 アイヌの人々に対しては，**1899 年**の[____]によって**差別**的な扱いを続けた。　　　　　　　（学習院大）

北海道旧土人保護法

☐ 46 郵便事業では，日本は **1877 年**に □ a □ に加盟している。
また**電信**は **1869 年**に □ b □ ～ □ c □ 間で開始された。
1877 年に輸入された**電話**は官庁間で使われた。 （早稲田大）

a 万国郵便連合
b・c 東京・横浜
（順不同）

☐ 47 官営鉄道は，1872 年，**東京 (新橋)** ～ □□□□ 間で開通した。
（関西学院大）

横浜〔桜木町〕

☐ 48 **明治十四年の政変**後，政府は □□□□ の設立を促し，三菱会
社との間の価格競争が繰り広げられたが，両者は 1885 年
に合併，**日本郵船会社**となった。 （明治大）

共同運輸会社

☐ 49 **頻出** 明治政府は発足当時，□ a □ を中心に，□ b □ や**民
部省札**などの**不換紙幣**を発行した。 （学習院大）

a 由利公正
b 太政官札

☐ 50 **新貨条例**は □□□□ 制を基本としたが，**銀兌換**をも可能と
したため，実質上は**金銀複本位制**となった。 （慶應義塾大）

金本位制

☐ 51 **国立銀行**設立は，□ a □ の建議で**渋沢栄一**らが実現し，
□ b □ 行が開業したが，いずれも経営不振に陥った。しか
し，**1876 年**，国立銀行条例は**改正**され，□ c □ の発行が
可能となると，各地で国立銀行が設立されていった。
（慶應義塾大）

a 伊藤博文
b 4 行
c 不換紙幣〔銀
行券〕

4 近代①

文明開化

☐ 01 **福沢諭吉**の『□□□□』は，東西の文明を論じ，国家の独立
について理論的・体系的に説明した。 （立教大）

文明論之概略

☐ 02 **中村正直**は，イギリス人スマイルズの『**自助論**』を『□ a □』
という名で翻訳し紹介した。また，イギリスのミルの『**自由
論**』を『□ b □』として翻訳した。 （早稲田大）

a 西国立志編
b 自由之理

☐ 03 『**軍人勅諭**』の起草者でもある □□□□ は，**西洋哲学**の紹介
や**国際法**の研究で知られる。 （青山学院大）

西周

☐ 04 **頻出** **東京大学**初代総理の □ a □ は，当初，**天賦人権論**に
基づく『**国体新論**』を著したが，これを捨てて**国権論**に転じ，
社会進化論を取り入れた『□ b □』を著した。 （立命館大）

a 加藤弘之
b 人権新説

☐ 05 **頻出** **学制**は □□□□ 式を取り入れ，**実学**尊重を目標とした。
（南山大）

フランス

☑ 06 「**学事奨励に関する** _____ 」では，文部省が学制を定めたのは，人々が道徳と知恵と技術を習得するためであるとした。
(立命館大)

被仰出書〔太政官布告〕

☑ 07 **史料** また，「一般ノ人民 (華士族農工商及婦女子) 必ス邑ニ不学ノ戸ナク，家ニ不学ノ人ナカラシメン事ヲ期ス」と，_____ を強調した。
(立命館大)

国民皆学

☑ 08 義務教育が**有償**だったこともあり，_____ が起こった。
(立命館大)

学制反対一揆

☑ 09 **教派神道**には，**中山みき**の ⎢ a ⎥ ，**川手文治郎**の ⎢ b ⎥ ，**黒住宗忠の黒住教**などがある。
(早稲田大)

a 天理教
b 金光教

☑ 10 **五榜の掲示**で示された禁教の指令に反するとして，**1868年**から _____ が起こった。しかし列強の強い反発を受け，**1873年**に禁教の部分は五榜の掲示から**削除**された。
(立教大)

浦上信徒弾圧事件

☑ 11 **祝祭日**は神話や伝統的な行事により制定された。例えば**神武天皇即位の日**を ⎢ a ⎥ と名付け，**2月11日**とした。また**天皇誕生日**にあたる祝日を ⎢ b ⎥ と呼ぶこととした。
(早稲田大)

a 紀元節
b 天長節

☑ 12 **太陽暦**が採用され，**明治** ⎢ a ⎥ **年12月3日**を**明治** ⎢ b ⎥ **年の元旦**とした。
(愛知大)

a 明治5年
b 明治6年

☑ 13 文明開化の風俗には，⎢ a ⎥ や ⎢ b ⎥ ，**人力車，散切り頭**などがある。**鉄道馬車**や**牛鍋**も注目を浴びた。
(東北学院大)

a・b ガス灯・煉瓦造 (順不同)

自由民権運動

☑ 01 **頻出** **明治六年の政変**で下野した西郷隆盛を除く**板垣退助・後藤象二郎・江藤新平・副島種臣**らは，**1874年**，東京で _____ を結成した。
(関西大)

愛国公党

☑ 02 **頻出** **民撰議院設立の建白書**は _____ に提出された。
(同志社大)

左院

☑ 03 **史料** **民撰議院設立の建白書**は，「独リ ⎢ a ⎥ ニ帰ス」と一部の薩長の政治家に権力が偏っているとし，世論尊重のためには，「⎢ b ⎥ ヲ立ルニ在ルノミ」としている。
(神奈川大)

a 有司
b 民撰議院

☑ 04 **立志社**は，社長を[_____]とし**板垣退助**や**植木枝盛**らが結成した政社である。 (高崎経済大)

片岡健吉

☑ 05 **大阪会議**で，**大久保利通**は，[a]や**台湾出兵**に反対し下野していた[b]の政府復帰を求めた。 (法政大)

a 板垣退助
b 木戸孝允

☑ 06 **大阪会議**の結果設立された**元老院**は憲法草案を作成し，**1880年**に「[_____]」が成立したが，これは**破棄**された。 (立命館大)

日本国憲按
×案

☑ 07 **史料** [_____]では，「凡ソ**事実ノ有無ヲ論セス**人ノ栄誉ヲ害スヘキノ行事ヲ摘発公布スル者，之ヲ**讒毀**トス。人ノ行事ヲ挙ルニ非スシテ**悪名ヲ以テ人ニ加へ公布スル**者，之ヲ**誹謗**トス」とし，民権運動を抑圧しようとした。 (明治大)

讒謗律

☑ 08 **三新法**とは，画一的な地方行政を改め，**地域の実状にあった行政区画**の制定を認めた[a]，一定の地域ごとの問題を議論する場を設ける[b]，地方財源を確立する[c]の3つである。 (中央大)

a 郡区町村編制法
b 府県会規則
c 地方税規則

☑ 09 **頻出** [_____]は**1878年**に再興され，**1880年**には**国会期成同盟**が発足した。 (中央大)

愛国社

☑ 10 **史料** [_____]の第1条は，「政治ニ関スル事項ヲ講談論議スル為メ**公衆ヲ集ムル者**ハ」で始まり，**政治集会**を警察の監視下に置き，反政府的な言動には即座に政治集会の散会を命ずることができるとした。 (関西学院大)

集会条例

☑ 11 **頻出** 開拓（使）長官の[a]は，同じ薩摩出身の[b]らに破格の安値で**開拓使官有物を払い下げ**ようとした。 (同志社大)

a 黒田清隆
b 五代友厚

☑ 12 **史料** **国会開設の勅諭**は，「将ニ[_____]年ヲ期シ」，国会を開くと予告した。 (早稲田大)

明治二十三年

☑ 13 **1881年**に結成された**自由党の総理**は[a]，副総理は[b]である。 (学習院大)

a 板垣退助
b 中島信行

☑ 14 **自由党**は[a]流の**主権在民・一院制**，**立憲改進党**は[b]流の**君民同治・二院制**を目指した。 (関西学院大)

a フランス流
b イギリス流

☑ 15 **史料** 植木枝盛の「＿＿＿＿」では，「（政府の圧政に対し）日本人民ハ**兵器ヲ以テ之ニ抗スルコトヲ得**」，「（政府が人民の権利を犯した時は）日本国民ハ之ヲ**覆滅シテ新政府ヲ建設スルコトヲ得**」と，**抵抗権・革命権**を明示した。 （慶應義塾大）

東洋大日本国国憲按
×案

☑ 16 **松方財政**では，＿a＿を除く歳出を削減する**緊縮予算**が組まれ，一方で＿b＿や煙草税などの**増税**が行われた。また，松方の**紙幣整理**により紙幣価値は上昇した。 （早稲田大）

a 軍事費
b 酒税

☑ 17 さらに松方は**中央銀行**として**日本銀行**を設立し，＿＿＿＿の紙幣発行権を停止し，**兌換制度**を導入した。 （同志社大）

国立銀行

☑ 18 **福島県会議長**の＿＿＿＿ら**福島**の**自由党**を弾圧したのは，福島県令**三島通庸**である。 （法政大）

河野広中

☑ 19 早い段階の**激化事件**には，1883 年に新潟県で起こった＿＿＿＿や，翌年の**群馬事件**がある。 （聖心女子大）

高田事件

☑ 20 栃木・福島の**自由党員**が県令**三島通庸**の暗殺計画を立て，蜂起したのが 1884 年の＿a＿である。この直後に＿b＿は解散し，その後，**秩父事件**が起こった。 （立命館大）

a 加波山事件
b 自由党

☑ 21 **大阪事件**は，**大井憲太郎**らが＿＿＿＿後の朝鮮に渡り，**独立党**の勢力を再建しようとして起こったものである。
 （同志社大）

甲申事変

☑ 22 **頻出** **鹿鳴館外交**などに対する批判により＿＿＿＿外相が辞任すると，民権派の三大事件建白運動が広がった。
 （青山学院大）

井上馨

☑ 23 **史料** ＿a＿は，「**皇居又ハ行在所**」から＿b＿以内にいるもので「**内乱ヲ陰謀シ又ハ教唆シ又ハ治安ヲ妨害スルノ虞アリ**」とされた場合，「**警視総監又ハ地方長官ハ**＿c＿ノ認可ヲ経」て，3 年はその距離内に入ることを禁止するとした。 （関西学院大）

a 保安条例
b 3 里
c 内務大臣

大日本帝国の成立

立憲政治の成立

☑ 01 **維新の三傑**とも呼ばれる**西郷隆盛**・＿a＿・＿b＿は，1877・78 年に相次いで没した。 （関西大）

a・b 大久保利通・木戸孝允（順不同）

☑ 02 **伊藤博文**が憲法調査にあたり師事したのは，**ウィーン大学**の a やベルリン大学の b である。　（関西学院大）

a シュタイン
b グナイスト

☑ 03 **華族令**で a ・侯爵・伯爵・子爵・ b の**五爵**が定められ，維新の**元勲**などもその対象とされた。　（関西大）

a 公爵
b 男爵

☑ 04 1885 年，**内閣制度**実施に伴い，**太政官制**が廃止され，**宮内省**は独立し， が設置された。　（関西大）

内大臣府

☑ 05 頻出 憲法は伊藤を中心として， a ・**伊東巳代治・金子堅太郎**らが**ドイツ人**法律学者 b の助言を得て策定していった。　（関西学院大）

a 井上毅
b ロエスレル

☑ 06 頻出 1888 年，**伊藤博文**が**枢密院の初代議長**に就任すると，内閣総理大臣は**薩摩**出身の に譲られた。　（法政大）

黒田清隆

☑ 07 史料 **大日本帝国憲法第 1 条**には，「大日本帝国ハ ノ天皇之ヲ**統治ス**」とある。　（立命館大）

万世一系

☑ 08 頻出 史料 **第 3 条**には，「天皇ハ**神聖ニシテ侵スヘカラス**」，**第 4 条**には，「天皇ハ国ノ a ニシテ b 権ヲ総攬シ此ノ**憲法ノ条規ニ依リ**之ヲ行フ」とある。　（大阪経済大）

a 元首
b 統治権

☑ 09 **第 8 条**は，天皇の発する 権を規定している。　（東京学芸大）

緊急勅令権

☑ 10 頻出 史料 **第 11 条**には，「天皇ハ陸海軍ヲ a ス」，**第 12 条**には，「天皇ハ陸海軍ノ b 及**常備兵額**ヲ定ム」とある。　（学習院大）

a 統帥
b 編制

☑ 11 **第 13 条**では，天皇の**宣戦・講和**の権限，**外交上**では 権を規定している。　（愛知教育大）

条約締結権

☑ 12 史料 **第 28 条**では「日本 a ハ…… a タルノ義務ニ背カサル限ニ於テ**信教ノ自由ヲ有ス**」，**第 29 条**では「日本 a ハ b ノ範囲内ニ於テ**言論・著作・印行・集会及結社ノ自由ヲ有ス**」と認められた。　（立命館大）

a 臣民
b 法律

☑ 13 史料 **第 33 条**では，帝国議会は「 ・衆議院」の二院制をとることが規定された。　（慶應義塾大）

貴族院

☑ 14 史料 **第 56 条**では， は「天皇ノ**諮詢**ニ応ヘ重要ノ国務ヲ審議ス」と規定された。　（立命館大）

枢密院

☑ 15 史料 **第 57 条**では，「**司法権**ハ天皇ノ名ニ於テ**法律ニ依リ** 之ヲ行フ」とされた。　（関西大）

裁判所

☑16 **史料** 第65条では、「**予算ハ前ニ＿＿＿ニ提出スヘシ**」と＿＿＿の**予算案の先議権**が規定された。　　（早稲田大）　衆議院

☑17 沖縄に対してはいわゆる「＿a＿」策がとられ、**1899年**以降、＿b＿**事業**が行われ、多くの土地が官有化された。　（同志社大）

a 旧慣温存
b 土地整理事業

☑18 **頻出** **民法はフランス人法学者＿a＿によって固められた**が、＿b＿の「**民法出デゝ忠孝亡ブ**」という論説から論争を巻き起こし、施行は延期された。　　（学習院大）

a ボアソナード
b 穂積八束

☑19 新民法の公布は**1896年・＿＿＿年**で、施行されたのは＿＿＿**年7月**のことである。　　　　　　　　　（近畿大）　1898年

☑20 **史料** 民法では、家族は＿a＿の意に反し住所を定められず、婚姻や養子縁組関係も＿a＿の同意を必要とした。また「＿b＿**ハ妻ノ財産ヲ管理ス**」とされた。　　（青山学院大）

a 戸主
b 夫

☑21 **頻出** 市制・町村制、府県制・郡制は＿a＿を中心に、ドイツ人法律顧問＿b＿の助言を得て確定した。　（法政大）

a 山県有朋
b モッセ

初期議会

☑22 **史料** 憲法発布の翌日、黒田首相は地方長官らに、**政党は無視できない**が、政府は「＿＿＿**トシテ政党ノ外ニ立チ**」と政党勢力には影響されないとした。　　（早稲田大）　超然

☑23 **第1回衆議院議員選挙**では、**吏党**の＿a＿は79議席に留まった。民党の**立憲自由党**が第1党となり、＿b＿とあわせて171議席を民党が占めた。　　（同志社女子大）

a 大成会
b 立憲改進党

☑24 **第一回帝国議会**を迎えた＿＿＿**内閣**は、立憲自由党の**土佐派**の妥協を引き出し予算案を通過させた。　（早稲田大）

（第1次）山県有朋**内閣**

☑25 第一議会で、山県首相は**外交政略論**を説き、「＿a＿（国境線）」を守るだけでなく、「＿b＿（**朝鮮半島を含む近隣地域**）」の**軍事的な優勢**を保つことが大切だと主張した。　（関西学院大）

a 主権線
b 利益線

☑26 **頻出** 第二議会で予算削減を求める民党は、海軍大臣＿＿＿の**蛮勇演説**に反発し、議会は解散された。　（立教大）　樺山資紀

☑27 **頻出** **第2回衆議院議員選挙**では、内務大臣＿＿＿を中心とする大規模な**選挙干渉**が行われた。　（東京外国語大）　品川弥二郎

☑ 28 第三議会閉会後，松方内閣は総辞職した。続く**第2次伊藤内閣**のもとでも，**立憲改進党**などの**対外硬派**が過半数を占め， a ・ b を唱えて政府に抵抗した。第五議会で政府は議会を解散したが，民党・対外硬派連合の優位は揺るがなかった。

(早稲田大)

a・b 内地雑居反対・現行条約励行（順不同）

☑ 29 第五・第六議会における対外硬派連合は，**立憲改進党・** 〔 〕**・大日本協会**などを中心とする6派で構成されていた。

(関西学院大)

国民協会

☑ 30 〔 〕が勃発すると，**第七議会は広島**で開かれ，満場一致で臨時の軍事費に関する法案をすべて可決し，散会した。

(法政大)

日清戦争

条約改正

☑ 31 寺島宗則外務卿は，アメリカとの間で〔 〕の回復を実現する**条約改正**に成功したが，**イギリス・ドイツの反対**でこの条約は無効となった。

(津田塾大)

関税自主権

☑ 32 **井上馨外相**のもと，**1886年**から a が開かれ，外国側は b と近代的な**法典の編纂**や**外国人判事の任用**などを求めた。

(明治大)

a 条約改正会議
b 内地雑居

☑ 33 [頻出] **大隈重信外相**は， a を認め，**外国人判事の任用**を b に限定し，条約改正を達成しようとした。

(津田塾大)

a 内地雑居
b 大審院

☑ 34 しかし大隈は，**1889年**，〔 〕の来島恒喜に襲われ傷を負い，辞職した。

(甲南大)

玄洋社

☑ 35 **青木周蔵**の改正交渉は，ロシア皇太子〔 〕を警備中の巡査が襲撃した**大津事件**で頓挫した。青木は辞任したが，その後，駐独・駐英公使として改正交渉を進めた。

(明治大)

ニコライ

☑ 36 **大津事件**の犯人 a に死刑を求める政府に対し，**大審院長** b は，**罪刑法定主義**を貫き，謀殺未遂罪で無期徒刑とし，**司法の独立**を守った。

(学習院大)

a 津田三蔵
b 児島惟謙

日清戦争

日清戦争

☑01 1882年の**壬午軍乱**の後，日本は朝鮮と◻◻◻を結び，公使館守備兵の駐留と賠償金の支払いを認めさせた。
(法政大)

済物浦条約

☑02 壬午軍乱以降，**閔氏政権**は**清**に近づき ◻a◻ と呼ばれ，改革派の**金玉均**や**朴泳孝**◻b◻ はこれに反発した。
(佛教大)

a 事大党
b 独立党

☑03 **甲申事変**は**日本公使**が金玉均らと結びついて起こしたが，清国軍に鎮圧された。その後，1885年1月に日朝間で ◻a◻ が，4月に日清間で ◻b◻ が結ばれた。
(立教大)

a 漢城条約
b 天津条約

☑04 **頻出** **史料** 1885年，◻a◻ は自らが創刊した新聞『◻b◻』で，「我国は隣国の開明を待て，共に**亜細亜**を興すの猶予ある可らず，寧ろ其伍を脱して西洋の**文明国**と進退を共にし」とし，「亜細亜東方の**悪友**（中国・朝鮮政府）」と絶交するべきだと唱えた。
(近畿大)

a 福沢諭吉
b 時事新報

☑05 **史料** ◻a◻ は，**日清両軍の撤兵**とともに，「将来 ◻b◻ 国若シ変乱重大ノ事件アリテ，**日中**両国或ハ一国兵ヲ派スルヲ要スルトキハ，応ニ先ヅ互ニ**行文知照**スベシ」と，将来の派兵に際しての**事前通告**を約束した。
(早稲田大)

a 天津条約
b 朝鮮国

☑06 1889年，朝鮮政府が**大豆や米の輸出禁止処置**をとったことに日本が抗議し撤回させる◻◻◻が起こった。
(立教大)

防穀令事件

☑07 1894年7月，◻◻◻の海戦から日清戦争が勃発し，翌月には宣戦布告を行った。
(同志社大)

豊島沖の海戦

☑08 日清戦争は1894年の**平壌の戦い**や，◻◻◻の海戦で，陸海ともに日本側の圧倒的な勝利に終わった。
(同志社大)

黄海の海戦

☑09 **史料** 下関条約の第1条には，「**清国ハ朝鮮国ノ完全無欠ナル** ◻a◻ **自主ノ国タルコトヲ確認ス**」とある。これは ◻b◻ を有効なものと清国が認めたことを意味した。
(立命館大)

a 独立
b 日朝修好条規

☑10 **史料** 第2条では，「**奉天省南部ノ地**（◻a◻ を指す）」，「◻b◻ **全島及其ノ付属諸島嶼**」，「**澎湖列島**」を清国が**日本に割譲**することを定めた。
(成蹊大)

a 遼東半島
b 台湾

☑ 11 **史料** 第4条では、「清国ハ軍費賠償金トシテ庫平銀 [a] 両ヲ日本国ニ支払フヘキコトヲ約ス」と、賠償金支払いを規定した。この賠償金は**日本円**に換算して約 [b] 円に相当する巨額のものであった。 　　　　　(学習院大)

a 二億両

b 約3億1000万円

☑ 12 **三国干渉**の後、**ロシア**への敵愾心が煽られ、[　] のスローガンのもとに、**軍備拡張**と産業振興、台湾・朝鮮への投資が始まった。 　　　　　(学習院大)

臥薪嘗胆

☑ 13 **頻出** 1898 年に**台湾総督府**の民政局長に [　] が就任した。後に彼は初代満鉄総裁に就任した。 　　　(明治大)

後藤新平

☑ 14 **頻出** 台湾では、**1899 年**に [a] が設立され、**1900 年**には [b] が発足するなど、植民地経営は本格化した。 　　　　　(同志社大)

a 台湾銀行

b 台湾製糖会社

日清戦争後の内政

☑ 15 **頻出** **日清戦争**後、**第2次伊藤内閣**には [a] から [b] が**内務大臣**で入閣した。 　　　(明治大)

a 自由党

b 板垣退助

☑ 16 **頻出** 続く**第2次松方内閣**には [a] から [b] が**外務大臣**で入閣したが、地租増徴をめぐり進歩党が離反し、松方内閣は総辞職に追い込まれた。 　(早稲田大)

a 進歩党

b 大隈重信

☑ 17 **第3次伊藤内閣**の**地租増徴案**は否決され、[a] と [b] が合体し、**憲政党**が結成された。 　(早稲田大)

a・b 自由党・進歩党 (順不同)

☑ 18 **第1次大隈内閣**は、[　] を除く大臣が**憲政党**から選ばれ、**最初の政党内閣**と評価された。 　(関西学院大)

陸海軍大臣

☑ 19 尾崎文相の**共和演説事件**後、後任をめぐり憲政党は分裂、自由党系が [a] を名乗り、進歩党系は [b] と称した。 　　　　　(明治大)

a 憲政党

b 憲政本党

☑ 20 **軍部大臣現役武官制**とは、陸海軍大臣は現役の [a]・[b] から選ぶと決めたものである。 　(駒澤大)

a 大将

b 中将

☑ 21 **衆議院議員選挙法**は 1900 年改正され、納税制限を [a] 円以上とし、全国民の [b] %が選挙権を得た。 　　　　　(青山学院大)

a 10 円以上

b 2.2%

☑ 22 **史料** **a** では，第5条で，軍人・警察官・神職と並び「 **b** 」の**政治的活動**が禁止された。また第17条には「**労務ノ条件又ハ報酬ニ関シ協同ノ行動ヲ為スヘキ団結ニ加入セシメ又ハ其ノ加入ヲ妨クルコト**」と，**労働運動を禁止**する条項もあった。 　　　　　　　　　　　　　　　　　　　　（明治大）

a 治安警察法
b 女子

☑ 23 **史料** **a** は，**立憲政友会**の成立を批判して『**万朝報**』紙上に「 **b** を祭る文」を発表， **b** 員がかつて民権運動で反政府的な活動を繰り返したことを忘れ，伊藤のもとに吸収されたことを，「嗚呼 **b** 死す矣」，「其光栄ある歴史ハ全く抹殺されぬ」と批判した。 （中央大）

a 幸徳秋水
b 自由党

☑ 24 **桂園時代**，かつての首相経験者の伊藤・黒田・山県・松方などは**元老**と呼ばれるようになった。この地位は彼ら以外に**長州**出身の **a** ・**薩摩**出身の **b** ・ **c** などにも与えられた。 （青山学院大）

a 井上馨
b・c 西郷従道・大山巌（順不同）

☑ 25 **頻出** また，**大正時代**に入ると**長州**の **a** ，**公家**出身の **b** も**元老**の扱いを受けた。彼らは天皇の下問を受け**首相を推薦**するなど，実際上の政権選択を担った。 （学習院大）

a 桂太郎
b 西園寺公望

☑ 26 「**最後の元老**」と呼ばれることとなったのは である。 （同志社大）

西園寺公望

☑ 27 **第2次桂内閣**は**戊申詔書**を出し，**内務省**主導の **運動**により地方の再建と引き締め策を推進した。 （千葉大）

地方改良運動

☑ 28 **頻出** 1910年の**大逆事件**では， **a** や，女性の **b** らも死刑となった。 （立命館大）

a 幸徳秋水
b 管野スガ
×菅

☑ 29 この強硬な姿勢は反政府的な運動を萎縮させ，以後反政府勢力はいわゆる「 」を迎えた。 （京都大）

冬の時代

☑ 30 **史料** **1911年**制定の**工場法**の対象は「常時 **a** 人以上ノ職工ヲ使用スルモノ」で，零細工場は除外された。児童労働も，「 **b** 歳未満ノ者ヲシテ工場ニ於テ就業セシムルコトヲ得ス」と，欧米に比べ極めて低い年齢に設定された。 （関西大）

a 十五人
b 十二歳

☐31 **史料** また，**15 歳未満**及び**女子**の労働制限も「一日二付 ｜ ｜ 時間ヲ超エテ就業セシムルコトヲ得ス」とされ，労働者保護の度合いは極めて不十分であった。　（駒澤大）

十二時間

☐32 **工場法**の**施行**は ｜ ｜ 年以降とされた。　（日本大）

1916 年

日露戦争

日露戦争

☐01 **1895 年 10 月**の**閔妃殺害事件**は，朝鮮公使 ｜ ｜ の主導で，大院君政権を実現しようとした策謀であった。　（早稲田大）

三浦梧楼

☐02 **頻出** **1898 年**，｜ a ｜ は清国に，**旅順・大連**の **25 年租借**を認めさせた。同年，｜ b ｜ は**威海衛**の **25 年租借・九竜半島**の **99 年租借**，｜ c ｜ は**膠州湾**の **99 年租借**に成功した。｜ d ｜ も **1899 年**，**広州湾**の **99 年租借**を実現した。　（法政大）

a ロシア
b イギリス
c ドイツ
d フランス

☐03 列強の**中国分割**に対抗し，**1898 年**，日本は**清国**に ｜ ｜ の他国への**不割譲**を約束させた。　（早稲田大）

福建省

☐04 **頻出** この**中国分割**に対し，アメリカは **1899 年**，**ジョン＝ヘイ**による ｜ a ｜ 宣言で，中国の ｜ a ｜ ・｜ b ｜ ・**領土保全**を主張した。　（同志社大）

a 門戸開放
b 機会均等

☐05 **史料** **日英同盟**では，「**大不列顛国（イギリス）**」は「｜ a ｜」，「**日本国**」は「｜ a ｜」に加えて「｜ b ｜」における**権益を**互いに**尊重**することを約束した。　（青山学院大）

a 清国
b 韓国

☐06 **史料** その権益をめぐり戦争が起こった場合，日英両国は常に「｜ ｜ ヲ守」ることとし，どちらかが複数の国と戦う場合には「他ノ締約国ハ来リテ援助ヲ与ヘ**協同戦闘ニ当ルヘシ**」とした。　（近畿大）

厳正中立

☐07 **頻出** 内村鑑三・幸徳秋水・堺利彦らは，**黒岩涙香**主催の『｜ a ｜』紙上で日露非戦論・反戦論を唱えたが，同紙が**主戦論**に転換したため退社した。**幸徳・堺**は ｜ b ｜ を設立し『｜ c ｜』を発行して非戦論を唱え続けた。　（中央大）

a 万朝報
b 平民社
c 平民新聞

☐08 **主戦論**を主導した団体は**近衛篤麿**らの ｜ ｜ であった。　（北海学園大）

対露同志会

☑09 1904年2月，日露戦争は軍港 ⬜ の攻撃から始まり，宣戦布告を経て，翌年日本はこれを占領した。　　（法政大）

旅順〔りょじゅん〕

☑10 陸上では1905年3月の a ，海上では5月の b に勝った日本が優位に立ち，終戦に至った。　　（中央大）

a 奉天会戦〔ほうてんかいせん〕
b 日本海海戦〔にほんかいかいせん〕

☑11 頻出 ポーツマス条約は，日本全権 a とロシア全権 b の間で結ばれた。斡旋したのはアメリカ大統領セオドア・ローズヴェルトであった。　　（関西大）

a 小村寿太郎〔こむらじゅたろう〕
b ウィッテ

☑12 史料 ポーツマス条約第2条で，ロシアは，「日本国カ ⬜ ニ於テ政事上，軍事上及経済上ノ卓絶ナル利益ヲ有スルコト」を認めた。　　（関西学院大）

韓国〔かんこく〕

☑13 史料 第5条は「 a 口， b 」の租借権などを，第6条は「長春 a 口間ノ鉄道（ c 鉄道の南部支線）」の経営権を日本に譲渡するとした。　　（早稲田大）

a 旅順口〔りょじゅんこう〕
b 大連〔だいれん〕
c 東清鉄道〔とうしんてつどう〕

☑14 史料 第9条は「薩哈嗹島〔サハリン〕南部（ a の南半分）」，具体的には a の「北緯 b 度」以南を日本に割譲することを約束した。また，沿海州・ c の漁業権も日本に認めたが，賠償金の支払いは拒絶された。　　（立命館大）

a 樺太〔からふと〕
b 五十度
c カムチャツカ

日露戦争後の対外関係

☑15 日露戦争勃発直後，日本と韓国は ⬜ を結び，韓国は日本の対露戦争への協力を受諾した。　　（早稲田大）

日韓議定書〔にっかんぎていしょ〕

☑16 1904年8月の第1次日韓協約では，韓国側は日本政府が推薦した a 顧問・ b 顧問の受け入れを認めた。　　（北海道大）

a・b 財政顧問〔ざいせいこもん〕・外交顧問〔がいこうこもん〕
（順不同）

☑17 1905年7月の桂・タフト協定では，アメリカの ⬜ 統治と日本の韓国支配権を互いに認めた。　　（東京外国語大）

フィリピン

☑18 1905年8月， ⬜ が改定され，適用範囲がインド以東に拡大され，イギリスは日本の韓国支配を認めた。　　（津田塾大）

日英同盟〔にちえいどうめい〕

☑19 史料 a 第1条では，「日本国政府ハ，在東京外務省ニ依リ今後韓国ノ外国ニ対スル関係及事務ヲ監理指揮スヘク」と，日本の外務省が韓国外交を行うという表現で韓国の b を奪った。　　（北海道大）

a 第2次日韓協約〔にっかんきょうやく〕
b 外交権〔がいこうけん〕

史料 第3条では,「日本国政府ハ,其代表者トシテ**韓国皇帝**陛下ノ闕下ニ一名ノ [____] ヲ置ク」ことが決められた。

（北海道大）

統監

☑ 21 **頻出** 初代韓国**統監**には [____] が就任した。 （関西大）

伊藤博文

☑ 22 **ハーグ密使事件**の結果,日本は**韓国皇帝** [a] の退位を強要し,**第3次日韓協約**を結んだ。その結果, [b] を奪い,また,秘密の覚書により**韓国軍隊の解散**も強制された。

（北海道大）

a 高宗

b 内政権

☑ 23 **1909年,伊藤博文はハルビン**駅頭で韓国の独立運動家 [____] に暗殺された。 （日本女子大）

安重根
アンジュングン

☑ 24 **史料** [____] には,「**韓国皇帝**陛下ハ**韓国**全部ニ関スル一切ノ**統治権**ヲ完全且永久ニ**日本国皇帝**（天皇）陛下ニ譲与ス」とある。 （東京女子大）

韓国併合条約

☑ 25 **頻出** **韓国併合**の結果,**朝鮮総督府**が置かれ,初代**朝鮮総督**には [____] が就任した。 （明治大）

寺内正毅

☑ 26 1906年発足の**南満州鉄道株式会社**は,ロシアから経営権を譲られた [a] 鉄道の南部支線の [b] ～旅順間で営業を開始した。 （同志社大）

a 東清鉄道

b 長春

☑ 27 満州への**アメリカ**の進出を阻止することを主たる目的に,**1907年**の [____] では満蒙方面の**現状維持**を約するとともに,秘密協定で**満州の権益を南北に分け**,両国で利益範囲を設定することを取り決めた。 （札幌大）

第1次日露協約

☑ 28 **1910年**の [____] は,同年のアメリカの満鉄中立化案に対抗する意味があった。 （早稲田大）

第2次日露協約

☑ 29 さらに,1912年の [a] では両国で満蒙の独占を図り, [b] も東西に分割して,**東側を日本の権益範囲**とした。 （法政大）

a 第3次日露協約

b 内蒙古

☑ 30 **中華民国臨時大総統の孫文**から政権を委譲された**袁世凱**により清朝最後の皇帝 [____] は退位させられた。 （津田塾大）

（宣統帝）溥儀

4 近代①

資本主義の発展と社会運動の展開

資本主義の発展

☑01 日清戦争後，**1900 年**から翌年の経済の破綻は □□□ と呼ばれ，**紡績業**などでは**操業短縮**が行われた。 （早稲田大）
→ 資本主義恐慌

☑02 日露戦争後，1907 年に □□□ が起こった。 （龍谷大）
→ 明治 40 年の恐慌

☑03 **頻出** 官営事業払下げでは，**三池炭鉱**が □a□ へ，**高島炭鉱**は後藤象二郎を経て □b□ へ払い下げられた。（同志社大）
→ a 三井
→ b 三菱

☑04 また □a□・新町紡績所は三井，□b□ は三菱へ払い下げられ，どれも財閥の中核事業となっていった。 （立教大）
→ a 富岡製糸場
→ b 長崎造船所

☑05 □□□ は**院内銀山・阿仁銅山**など，主に鉱山の払下げを受け，鉱工業中心の財閥を形成していった。 （東京学芸大）
→ 古河市兵衛

☑06 **頻出** **製糸業**の発達で，**1894 年**には □a□ の生産量が □b□ の生産量を超えた。 （慶應義塾大）
→ a 器械製糸
→ ×機
→ b 座繰製糸

☑07 **頻出** **1909 年**には，□□□ の輸出量は**中国**を抜いて**世界第 1 位**になった。 （早稲田大）
→ 生糸

☑08 **紡績業**では，江戸時代以来の手作業中心の □a□ から，**臥雲辰致**の考案した □b□ が一時普及したが，やがて欧米からの機械輸入で**機械紡績**が飛躍的に発展した。 （中央大）
→ a 手紡
→ b ガラ紡

☑09 □a□ が **1882 年**に設立し **83 年**から開業した**大阪紡績会社**は，**中国**，後には □b□ 産綿花を原料とした。 （青山学院大）
→ a 渋沢栄一
→ b インド産綿花

☑10 同社は動力に □□□ を用いたイギリス製の**紡績機械**を導入した。 （明治学院大）
→ 蒸気機関

☑11 **1890 年**に綿糸の □□□ は**輸入量**を超えた。 （中央大）
→ 生産量

☑12 また **1897 年**には，**綿糸**の □□□ が輸入量を超えた。 （早稲田大）
→ 輸出量

☑13 **八幡製鉄所**は中国の □□□ **鉄山**の鉄鉱石の導入に成功した。その技術は**ドイツ**から導入したものであった。 （学習院大）
→ 大冶鉄山
→ ×治

☑14 **日本製鋼所**は ▢ a ▢ の技術・資本を導入し，**北海道の**
▢ b ▢ に設立され，主に海軍の大砲などの製作を担った。
(青山学院大)

a **イギリス**
b **室蘭**（むろらん）

☑15 頻出 機械工業では，1905 年に ▢▢▢▢ が**アメリカ式旋盤**（せんばん）の
製作に成功した。
(中央大)

池貝鉄工所（いけがいてっこうじょ）

☑16 **電力事業**は民間資本が活発に展開し，▢ a ▢ **発電**中心か
ら，やがて ▢ b ▢ **発電**中心に移っていった。
(明治大)

a **火力発電**
b **水力発電**

☑17 最初の**鉄道**は，イギリス公使**パークス**の斡旋で**イギリスの技
術・資本を導入し，▢▢▢▢ 年，**東京（新橋）と横浜（桜木町）**
間で開業した。
(法政大)

1872 年

☑18 **1889 年，東京〜** ▢▢▢▢ 間の**東海道線**が全通した。
(同志社大)

神戸（こうべ）

☑19 頻出 **岩崎弥太郎**（いわさきやたろう）創設の ▢▢▢▢ と，それに対抗した**共同運
輸会社**との価格競争は激化したが，両者は 1885 年に合併
し，**日本郵船会社**となった。
(青山学院大)

三菱（会社）（みつびし がいしゃ）

☑20 **日本郵船**は，1893 年に ▢▢▢▢ **航路**，1896 年に**ヨーロッパ・
北米・オーストラリア航路**に定期便を就航させた。
(南山大)

**ボンベイ〔イン
ド〕航路**

☑21 **海運業**の近代化のため，政府は **1896 年**，大型鉄鋼汽船の
導入に対して**奨励金**などを交付する ▢ a ▢ ，鋼鉄製汽船
建造に**助成金**を与える ▢ b ▢ を制定した。
(慶應義塾大)

a **航海奨励法**（こうかいしょうれいほう）
b **造船奨励法**（ぞうせんしょうれいほう）

☑22 **1897 年の貨幣法**では金 ▢▢▢▢ 円を**本位貨幣**とし，これを
純金 0.75 g とした。その結果，**100 円 = 約 50 (49.845)
ドル**となった。
(同志社大)

1 円

☑23 頻出 ▢▢▢▢ は**貿易**金融のための**特殊銀行**である。
(成城大)

横浜正金銀行（よこはましょうきんぎんこう）

☑24 ▢▢▢▢ は**農工業**へ，**日本興業銀行**は**産業資本**への長期融
資を目的とする**特殊銀行**である。
(関西大)

日本勧業銀行（にほんかんぎょうぎんこう）

☑25 頻出 明治末から大正にかけて，**財閥**は**コンツェルン**を統轄
するため，**同族経営**を確立する ▢▢▢▢ を設立した。
(青山学院大)

持株会社（もちかぶがいしゃ）

☑26 **三井・三菱・** ▢ a ▢ ・ ▢ b ▢ は，**四大財閥**と呼ばれた。
(東京経済大)

a・b **住友**（すみとも）・**安田**（やすだ）
（順不同）

社会運動の展開

☑ 27 最初のストライキは 1886 年，**甲府**の◻◻◻◻◻とされる。
(立命館大)

雨宮製糸スト
〔争議〕

☑ 28 1889・94 年には，**大阪**の◻◻◻◻◻のストも起こった。
(東洋大)

天満紡績

☑ 29 **労働組合期成会**の運動により，**1897 年**には◻ a ◻が，翌年には◻ b ◻が結成された。
(早稲田大)

a 鉄工組合
b 日本鉄道矯正会

☑ 30 **古河市兵衛**経営の**足尾銅山**は急速な近代化のために公害問題を起こした。この**足尾鉱毒事件**は◻◻◻◻川流域の広い範囲に甚大な被害を及ぼした。
(東京学芸大)

渡良瀬川

☑ 31 **田中正造**は◻◻◻◻年，議員辞職の上，**天皇直訴**を試み，その後も谷中村の遊水池化に抵抗を続けた。
(福井大)

1901 年

☑ 32 [頻出] 労働者の実態を調査する動きも活発化し，1899 年には**横山源之助**が『◻◻◻◻』を発表した。
(関西大)

日本之下層社会

☑ 33 [頻出] 政府でも**農商務省**が 1903 年に『◻◻◻◻』をまとめた。
(法政大)

職工事情

☑ 34 1888 年発刊の雑誌『◻◻◻◻』は，**高島炭鉱鉱夫虐待事件**をとり上げて注目された。
(関西大)

日本人

☑ 35 社会主義に対する関心から，**1898 年**には**安部磯雄・片山潜**らが◻ a ◻を結成し，さらに**1900 年**には◻ b ◻が発足した。
(立教大)

a 社会主義研究会
b 社会主義協会

☑ 36 社会民主党は，**片山潜**・◻ a ◻・◻ b ◻・**木下尚江**・河上清・西川光二郎の 6 名により結成された。
(立命館大)

a・b 安部磯雄・幸徳秋水(順不同)

☑ 37 **1906 年**に発足した**日本社会党**には◻◻◻◻や**片山潜**らが加わり，第 1 次西園寺内閣の融和策もあって，**約 1 年間**合法的な活動を続けた。
(同志社大)

堺利彦

☑ 38 **日本社会党**は，**片山**ら◻ a ◻派と，**幸徳**ら◻ b ◻派の対立を生み，幸徳らが主導権を握った結果，政府によって**1907 年**，**結社禁止**とされた。
(國學院大)

a 議会政策派
b 直接行動派

明治時代の文化

思想と信教

☑ 01 **熊本洋学校**から**同志社**に進んだ**徳富蘇峰**は, 雑誌『 a 』
や新聞『 b 』を発刊し**平民的欧化主義**を唱えたが, **日清戦争**を機に**国家主義**へ転じた。新聞も政府寄りとなり, **日比谷焼打ち事件**で本社を襲撃された。 (中央大)

a 国民之友
b 国民新聞

☑ 02 **三宅雪嶺**・ らは, 1888 年, **政教社**から雑誌『**日本人**』
を発行し, **国粋保存主義**を唱えた。 (青山学院大)

志賀重昂

☑ 03 **国民主義**を主張した**陸羯南**は新聞『 』を発行した。 (明治学院大)

日本

☑ 04 は**哲学館**(現東洋大学)を設立するなどして仏教哲学の確立につとめた。 (立命館大)

井上円了

☑ 05 **熊本洋学校**に赴任し, **熊本バンド**と呼ばれるキリスト教徒を育てたのは**アメリカ人** である。 (関西大)

ジェーンズ

☑ 06 **頻出** **札幌農学校**に赴任した の影響を受けてキリスト教に入信した人々を**札幌バンド**と呼ぶ。 (京都府立大)

クラーク

☑ 07 その代表は**内村鑑三**や『**武士道**』を著した である。 (同志社大)

新渡戸稲造

教育

☑ 08 **頻出** 1886 年, **初代文部大臣** のもとで**学校令**が制定された。 (学習院大)

森有礼

☑ 09 **1886 年の帝国大学令**で**東京大学**は と改称した。 (立教大)

帝国大学

☑ 10 **史料** では, 国民を「**臣民**」と呼び, 「**克ク忠ニ克ク孝ニ**」と**忠孝**を強調し, また「常ニ国憲ヲ重シ国法ニ遵ヒ, 一旦緩急アレハ義勇公ニ奉シ以テ**天壌無窮ノ皇運ヲ扶翼スヘシ**」と, 遵法と, **神格化**された天皇をいただき, その存続を図ることを**臣民**の義務であるとした。 (近畿大)

教育勅語

☑ 11 1886 年に 3 ～ 4 年とされた**義務教育年限**は, 1900 年に**尋常小学校**の 4 年に統一され, **1907 年**には小学校令の改正により 年になった。 (津田塾大)

6 年

☐ 12 頻出 **岩倉遣外使節団**に随行した留学生 ┌ a ┐ によって，1900年，┌ b ┐ (現津田塾大学) が設立された。 (成城大)

a 津田梅子
b 女子英学塾

つ だ うめこ / じょ し えい がく じゅく

学問

☐ 13 頻出 西洋医学を伝えたドイツ人医師 ┌────┐ の滞日中の日記は，史料としても貴重なものである。 (明治大)

ベルツ

☐ 14 **アメリカ人宣教師** ┌ a ┐ は，横浜居留地を中心に布教を進めるとともに，医療や言語研究で大きな功績を残した。また彼は ┌ b ┐ の発案者でもある。 (札幌大)

a ヘボン
b ヘボン式ローマ字

☐ 15 黒田清隆に招かれ，**北海道開拓**の**基本計画**を立案したのは，**アメリカ人** ┌────┐ である。 (慶應義塾大)

ケプロン

☐ 16 **鉄道**の敷設には**イギリス人** ┌────┐ が活躍した。 (立命館大)

モレル

☐ 17 **富岡製糸場**に技術指導のため招かれたお雇い外国人はフランス人 ┌────┐ である。 (中央大)

ブリューナ

☐ 18 フェノロサに学んだ哲学者 ┌────┐ は，**ドイツ観念論**を紹介するなどした。 (慶應義塾大)

井上哲次郎

☐ 19 ┌────┐ は日本の近代**植物学**，特に**分類学**を確立した。 (南山大)

牧野富太郎

文学

☐ 20 **岸田吟香・福地源一郎**らが活躍した『 ┌────┐ 』は，1872年，東京で**最初**に発刊された**日刊紙**である。 (中央大)

東京日日新聞

☐ 21 **前島密**らによって創刊され**矢野竜溪**らが活躍した『 ┌────┐ 』は，後に**立憲改進党**の機関紙となった。 (学習院大)

郵便報知新聞

☐ 22 **福沢諭吉**は新聞『 ┌────┐ 』で「**脱亜論**」を発表した。 (中央大)

時事新報

☐ 23 頻出 ┌ a ┐ の発行した『 ┌ b ┐ 』は，上流社会のスキャンダルなどで大衆に支持された。**幸徳秋水・堺利彦・内村鑑三**らはここで**日露非戦論・反戦論**を繰り広げた。 (専修大)

a 黒岩涙香
b 万朝報

☐ 24 頻出 この新聞が**主戦論**に転換した結果，**幸徳秋水・堺利彦**らは退社し**平民社**を作り，『 ┌────┐ 』を発行した。 (中央大)

平民新聞

☑ 25 **戯作文学**の代表的な作家 **a** は，**牛鍋店**の客を描いた
『**b**』や『**西洋道中膝栗毛**』で，**文明開化**の様相を描い
ていった。 （関西大）

a 仮名垣魯文
b 安愚楽鍋

☑ 26 **自由民権運動**に深く関わる**政治小説**には，**a** の『**経国
美談**』，**b** の『**雪中梅**』，**c** の『**佳人之奇遇**』など
がある。 （駒澤大）

a 矢野竜渓
b 末広鉄腸
c 東海散士

☑ 27 **硯友社**の**尾崎紅葉**には『**読売新聞**』に連載した『　　　　』，
山田美妙には『**夏木立**』という作品がある。 （関西大）

金色夜叉

☑ 28 **硯友社**の回覧雑誌は『　　　　』である。 （法政大）

我楽多文庫

☑ 29 **ロマン主義**の作品を掲載した雑誌『**a**』では，**北村透
谷・島崎藤村**らが活躍した。**樋口一葉**も同誌に『**b**』
を発表し，注目を浴びた。 （津田塾大）

a 文学界
b たけくらべ

☑ 30 **島崎藤村**のロマン主義的な詩集は『　　　　』である。
（同志社大）

若菜集

☑ 31 **島崎藤村**は，1929年から34年，『**中央公論**』に小説
『　　　　』を連載した。 （南山大）

夜明け前

☑ 32 **自然主義文学**を代表する **a** には『**武蔵野**』・『**牛肉と
馬鈴薯**』，**b** には『**蒲団**』・『**田舎教師**』，**正宗白鳥**には
『**何処へ**』，**徳田秋声**には『**黴**』といった代表作がある。
（中央大）

a 国木田独歩
b 田山花袋

☑ 33 **頻出** ロマン主義的な歌人 **a** は**社会主義**に傾倒し，詩
集『**b**』や評論『**時代閉塞の現状**』を著した。（立命館大）

a 石川啄木
b 一握の砂

☑ 34 **夏目漱石**には，『**吾輩は猫である**』の他，1906年に『**ホトト
ギス**』に発表した『**a**』，1914年から『**朝日新聞**』に
連載した『**b**』などの作品がある。 （南山大）

a 坊っちゃん
b こころ

☑ 35 **頻出** **短歌**の革新運動は，**a** などを中心に文芸雑誌
『**b**』を舞台に展開された。**伊藤左千夫・長塚節**らは
写生派の短歌を発表し，**斎藤茂吉**らも加わって**短歌雑誌**
『**c**』が1908年に創刊された。 （法政大）

a 与謝野鉄幹
b 明星
c アララギ

☑36 **頻出** 江戸歌舞伎の大成者とされ, 明治前期にも活躍した ▢**a**▢ には, 文明開化の風俗を扱った ▢**b**▢ の作品もある。 (立命館大)

a 河竹黙阿弥
b 散切物

☑37 **団菊左時代**の「団菊左」とは, **9代目** ▢**a**▢ , **5代目** ▢**b**▢ , そして**初代市川左団次**の3人のことである。 (上智大)

a 市川団十郎
b 尾上菊五郎

☑38 民権運動の宣伝の意味合いを持つ ▢▢▢▢▢ は, やがて大衆芸能である**新派劇**として確立した。 (上智大)

壮士芝居

☑39 **頻出** **壮士芝居**では, **オッペケペー節**でも有名な ▢▢▢▢▢ などが人気を博した。 (愛知大)

川上音二郎

☑40 1906年, **坪内逍遙**・ ▢**a**▢ らは**文芸協会**を設立し, 近代演劇の先頭に立った。さらに1909年には, ▢**b**▢ ・**2代目市川左団次**らが**自由劇場**を設立した。 (同志社大)

a 島村抱月
b 小山内薫

☑41 **西洋音楽**は, 幕末に ▢▢▢▢▢ として導入され, やがて義務教育と共に**小学唱歌**として民衆に広まった。 (龍谷大)

軍楽(隊)

☑42 **東京音楽学校**の初代校長は ▢▢▢▢▢ である。 (西南学院大)

伊沢修二

☑43 **滝廉太郎**の代表作には, **土井晩翠**作詞による『▢▢▢▢▢』や, 『**箱根八里**』・『**花**』などがある。 (東京経済大)

荒城の月

☑44 1875年に来日したイタリア人銅版家 ▢▢▢▢▢ は, 大蔵省紙幣寮で日本の**紙幣印刷**を指導した。彼はまた, 明治天皇の**御真影**を製作した。 (同志社大)

キヨソネ

☑45 **頻出** **日本画**再生の先駆けは『**悲母観音**』で有名な ▢**a**▢ , 洋画では『**鮭**』で有名な ▢**b**▢ がその先駆けとなった。 (東洋大)

a 狩野芳崖
b 高橋由一

☑46 **日本美術院**の中心的なメンバーは, 『**竜虎図**』で有名な ▢**a**▢ や, **横山大観**・**下村観山**, また『**黒き猫**』で有名な ▢**b**▢ らである。 (中央大)

a 橋本雅邦
b 菱田春草

☑47 **工部美術学校**に招かれたイタリア人 ▢▢▢▢▢ は, **浅井忠**にイタリア風の西洋画の作風を伝えた。 (同志社大)

フォンタネージ

☑ 48 **フォンタネージ**に西洋画を学んだ ___a___ の代表作は『**収穫**』である。___a___ らが創立した**明治美術会**は ___b___ と呼ばれる暗い色調の絵画を中心とした団体であった。

(慶應義塾大)

a 浅井忠
b 脂派

☑ 49 **フランス**から帰った**黒田清輝**が設立した**白馬会**は，**フランス印象派**の影響を受け，その明るい色調から ___a___ と呼ばれた。ここには『**海の幸**』で著名な ___b___ らがいる。

(福岡大)

a 外光派
b 青木繁

☑ 50 **頻出** **工部美術学校**に招かれたイタリア人 ___a___ によって日本に近代**西洋彫刻**が導入された。その成果として ___b___ の『**女**』などがある。

(日本大)

a ラグーザ
b 荻原守衛

☑ 51 **頻出** **イタリア彫刻**を習得した代表的な彫刻家には，『**老猿**』で有名な ___a___ や，『**墓守**』を遺した ___b___ らがいる。

(早稲田大)

a 高村光雲
b 朝倉文夫

☑ 52 **イギリス人**建築家**コンドル**は，___a___ や ___b___ などを設計した。

(大阪経済大)

a・b 鹿鳴館・ニコライ堂 (順不同)

☑ 53 **フランス**風の建築学を学んだ _____ は**赤坂離宮**(現在の迎賓館) などを設計した。

(同志社大)

片山東熊

5章 近代②

第一次護憲運動と第一次世界大戦

第一次護憲運動～大戦前後の政治と外交

☑01 第2次西園寺内閣は，陸軍が辛亥革命への対応などを理由に要求していた □□□□ の増設を拒否した。　　　（成蹊大）

（陸軍）2個師団

☑02 **頻出** それに対し，陸相（陸軍大臣）の □□□□ が単独で辞任し，陸軍が後継の陸相を推薦しなかったために，西園寺内閣は総辞職に追い込まれた。　　　（法政大）

上原勇作

☑03 □□□□ 兼侍従長の**桂太郎**が再び首相の地位につくことは，**宮中・府中の別**を乱すとして非難を浴びた。　　　（中央大）

内大臣

☑04 第一次護憲運動は「**閥族打破**」・「□□□□」を唱えた。　　　（九州大）

憲政擁護

☑05 **史料** 1913年，□□□□ は議会で，「宮中・府中の区別」を乱し，「**玉座ヲ以テ胸壁トナシ詔勅ヲ以テ弾丸ニ代ヘテ政敵ヲ倒サントスルモノデハナイカ**」と政府を批判した。　　　（早稲田大）

尾崎行雄

☑06 これは □□□□ **内閣**の成立経緯と閥族を批判している。　　　（上智大）

（第3次）桂太郎
内閣

☑07 **頻出** 第一次護憲運動に対し桂は**新党結成**を目論んだ。これは辞職した桂が急死した後に □□□□ として発足した。　　　（立教大）

立憲同志会

☑08 この党の総裁には □□□□ が就任した。　　　（立命館大）

加藤高明

☑09 第1次**山本権兵衛内閣**は □□□□ を改め，予備役・後備役でも陸海軍大臣への任用を可能とした。　　　（京都府立大）

軍部大臣現役武官制

☑10 また，この内閣は □□□□ の改正も行い，自由任用枠を拡大した。　　　（早稲田大）

文官任用令

☑11 懸案であった**2個師団増設**は，**1915年**，□□□□ **内閣**のもとで**実現**した。　　　（早稲田大）

第2次大隈重信
内閣

☑ 12 　史料　大戦への参戦について，外相　a　は，閣議で「日本は今日同盟条約の義務に依って参戦せねばならぬ立場には居ない」としながらも，「一は英国からの依頼に基く同盟の情誼」，「一は帝国が此機会に　b　の根拠地を東洋から一掃して，国際上に一段と地位を高めるの利益」と，建前と本音の 2 点から主張した。　　　　　　　　　（早稲田大）

a 加藤高明
b 独逸

☑ 13 第一次世界大戦勃発当時，日本は三国協商のイギリス・　a　・　b　と，日英同盟やそれぞれの国との協約などで友好関係を築いていた。　　　　　　　　　　　　（大妻女子大）

a・b フランス・ロシア（順不同）

☑ 14 　頻出　第一次世界大戦に参戦した日本は，山東省の▢▢▢の占領など，ドイツの根拠地を奪った。　　　　　（北海道大）

青島

☑ 15 　頻出　ドイツ領の赤道以北の▢▢▢も占領し，大戦末期には地中海に海軍艦隊を派遣した。　　　　　　　　　（上智大）

南洋諸島

☑ 16 　史料　二十一カ条の要求の最大の目標は，第 1 号第 1 条で，「　a　カ　b　ニ関シ条約其他ニ依リ支那国ニ対シテ有スルー切ノ権利利益譲与等」について日本と　a　が協定することを中国が承認することであった。　　（法政大）

a 独逸国
b 山東省

☑ 17 　史料　第 2 号第 1 条には，「旅順大連租借期限竝南満州及安奉両鉄道各期限ヲ何レモ更ニ▢▢▢ケ年ヅツ延長スヘキコトヲ約ス」とある。　　　　　　　　　　　　　　　（法政大）

九十九ケ年

☑ 18 　史料　第 2 号第 4 条には，「支那国政府ハ……　a　及　b　ニ於ケル諸鉱山ノ採掘権ヲ日本国臣民ニ許与ス」とある。　　　　　　　　　　　　　　　　　　（慶應義塾大）

a 南満州
b 東部内蒙古

☑ 19 　史料　第 3 号には，「▢▢▢ヲ両国ノ合弁トナスコトヲ……約ス」とある。第 4 号では中国の沿岸の不割譲の約束，第 5 号では希望条項として日本人顧問の派遣などを要求した。　　　　　　　　　　　　　　　　　　　　　（同志社大）

漢冶萍公司
×治

☑ 20 1915 年▢▢▢，袁世凱は二十一カ条の要求を受諾した。　　　　　　　　　　　　　　　　　　　　　　（成蹊大）

5 月 9 日

☑ 21 この日はその後中国で▢▢▢とされた。　（龍谷大）

国恥記念日

☑ 22 第一次世界大戦勃発に伴う日露間の合意である▢▢▢は，翌年のロシア革命で帝政ロシアが崩壊すると廃棄された。　　　　　　　　　　　　　　　　　　（東洋大）

第 4 次日露協約

☑ 23 **史料** **石井・ランシング協定**では、「**合衆国**及日本国両政府ハ、領土相近接スル国家ノ間ニハ_____ノ関係ヲ生スルコトヲ承認ス、従テ**合衆国政府**ハ日本国力**支那**ニ於テ_____ノ利益ヲ有スルコトヲ承認ス」と、アメリカは日本の中国における_____権益を認めた。 （慶應義塾大）

特殊

☑ 24 **史料** 日本側も「豪モ**支那**ノ独立又ハ_____ a _____ヲ侵害スルノ目的ヲ有スルモノニ非ルコトヲ声明ス」、「常ニ支那ニ於テ所謂_____ b _____又ハ**商工業**ニ対スル_____ c _____ノ主義ヲ支持スルコトヲ声明ス」と**アメリカの主張を認めた**。 （明治大）

a 領土保全
b 門戸開放
c 機会均等

☑ 25 **頻出** _____ a _____ は、_____ b _____ 県魚津町の女性たちの蜂起に始まる。これが新聞で報道されると全国で同様の騒動が起こり、ついには**軍隊**が出動した。 （立命館大）

a 米騒動
b 富山

☑ 26 **史料** **原敬**はその日記に「又他年国情こゝに至れば、所謂_____ a _____も左まで憂ふべきにも非らざれども、階級制度打破と云ふが如き、現在の社会組織に向て打撃を試みんとする趣旨より、_____ b _____資格を撤廃すと云ふが如きは、実に危険極る次第にて」と記し、無産運動・革命運動などに繋がることを_____ a _____反対の理由としている。 （早稲田大）

a 普通選挙
b 納税資格

☑ 27 **頻出** 原内閣の選挙法改正で_____ a _____制がとられた結果、1920年の衆議院議員総選挙において_____ b _____は圧勝した。 （法政大）

a 小選挙区制
b 立憲政友会

☑ 28 **高橋是清内閣**の時、_____**第5条**が改正され、**女性の政治活動**への参加が**部分的**に認められた。 （青山学院大）

治安警察法

大戦景気

☑ 29 長らく_____ a _____であった貿易構造は、**大戦景気**によって、_____ b _____に転じた。 （津田塾大）

a 輸入超過〔入超〕
b 輸出超過〔出超〕

☑ 30 巨額の債務を抱えていた日本は、**大戦景気**で、一転して_____に転じた。 （同志社大）

債権国

☑ 31 工業の急激な発展に伴い**鉄不足**が起こり、満鉄の_____の建設など、**製鉄業**の拡充が行われた。 （東京外国語大）

鞍山製鉄所

☑ 32 重化学工業の発達が目覚ましかったこともあって、**工業原動力**は従来の_____ a _____中心から、1917年には_____ b _____を中心とする構造に転換していった。 （上智大）

a 蒸気力
b 電力

☑ 33 **電力事業**の発展に伴い、[a]〜東京間の[b]が実現した。　　　　　　　　　　　　　　　　　　　（学習院大）

a 猪苗代
b 長距離送電

☑ 34 **1920 年**の**戦後恐慌**で成金が没落し、企業の倒産も相次いだため、[　]による**特別融資**が行われた。　　（中央大）

日本銀行

ワシントン体制と護憲三派内閣

ヴェルサイユ・ワシントン体制

☑ 01 **パリ講和会議**の日本全権は[　]・**牧野伸顕**らである。　　　　　　　　　　　　　　　　　　　　　　（龍谷大）

西園寺公望

☑ 02 パリ講和会議を主導したのは、アメリカ・イギリス・日本・フランス・[　]の五大国であった。　　（京都大）

イタリア

☑ 03 **頻出** **パリ講和会議**において、アメリカ大統領[　]は「**民族自決**」の方針を表明した。　　　　　　（慶應義塾大）

ウィルソン

☑ 04 **パリ講和会議**において、中国は[　]の無効と**山東省の旧ドイツ権益**の返還を求めたが受け入れられなかったため、ヴェルサイユ条約に署名しなかった。　　（津田塾大）

二十一カ条の要求

☑ 05 **1919 年 3 月 1 日**、[　]のパゴダ公園で「**独立万歳**」を唱える**朝鮮民族独立運動**が起こった。　　（北海道大）

ソウル〔京城〕

☑ 06 **国際連盟**は、ヴェルサイユ条約第 1 編によってその設立が決定され、本部を[　]に置き発足したが、**アメリカ・ソ連・ドイツは当初は不参加**であった。　　（青山学院大）

ジュネーヴ

☑ 07 **国際連盟**において日本は**英・仏・伊**と並んで**常任理事国**になり、[　]が事務局次長に就任した。　（学習院大）

新渡戸稲造

☑ 08 **頻出** **ワシントン会議**の中心となったのはアメリカ大統領[a]で、日本の首席全権は海相[b]であった。（上智大）

a ハーディング
b 加藤友三郎

☑ 09 **史料** **米・英・仏**が結んだ**四カ国条約**には、「[　]方面ニ於ケル其ノ島嶼タル属地及島嶼タル領地ニ関スル其ノ権利ヲ尊重スヘキコトヲ約ス」とある。　　（東洋大）

太平洋

☑ 10 **史料** **米・英・日・仏・伊・ベルギー・オランダ・ポルトガル・中国**が結んだ**九カ国条約**には、「**支那**ノ主権、独立並其ノ[　]的及行政的保全ヲ尊重スルコト」が記されている。　　　　　　　　　　　　　　　　　　　　　　（九州大）

領土

☑11 **史料** また,「**支那ノ領土ヲ通シテ一切ノ国民ノ商業及工業ニ対スル**□□□□**主義ヲ有効ニ樹立維持スル為各尽カスルコト**」なども記されている。 (九州大)

機会均等

☑12 **九カ国条約**に伴い,□□□□は廃棄され,また,**山東半島は中国に還付**された。 (津田塾大)

石井・ランシング協定

☑13 **九カ国条約**に伴う**山東半島を中国に返還する協定**は,□□□□などと呼ばれる。 (早稲田大)

山東縣案解決条約〔山東還付条約〕

☑14 **ワシントン海軍軍縮条約**では,**主力艦**の総トン数の比率は,米：英：日：仏：伊＝**5：5：**□□：**1.67：1.67** とされた。 (成蹊大)

3

☑15 **関東州**の支配については,**関東都督府が解体**され,1919年,□ a □と□ b □が分離した。 (学習院大)

a・b 関東庁・関東軍 (順不同)

☑16 日本の**朝鮮支配**は,□ a □による**武断政治**に代わり,**斎藤実総督**のもとで□ b □**政治**が目指された。 (北海道大)

a 憲兵警察
b 文化政治

☑17 **台湾・朝鮮の総督任用の資格**は□□□□にも広げられた。 (立教大)

文官

大正時代の社会運動

☑18 **頻出** 1916年,**吉野作造**は雑誌『□ a □』で□ b □を主張した。内容は,**大日本帝国憲法の天皇主権の枠内**における**民主主義**を目指すというものであった。 (青山学院大)

a 中央公論
b 民本主義

☑19 **美濃部達吉**の**天皇機関説**に対し,同じ東大憲法講座を担当した□□□□は**天皇主権説**を唱えた。 (津田塾大)

上杉慎吉

☑20 貧困の根絶を主張した『□□□□』の著者**河上肇**はやがてマルクス主義経済学に転換し,1919年この著書を絶版とした。 (京都府立大)

貧乏物語

☑21 **頻出** 大逆事件以降の「**冬の時代**」の中で,□ a □らは1912年,□ b □を設立し,労働運動の存続を図った。この組織は大戦景気を背景とする労働運動の高揚に伴い,**大日本労働総同盟友愛会**,**日本労働総同盟**と名を変えた。 (同志社大)

a 鈴木文治
b 友愛会

☑22 **日本農民組合**は,□□□□・**杉山元治郎**らによって設立され,**小作人**の地位向上を目指した。 (同志社大)

賀川豊彦

☑23 **1920 年**, 山川均らによって ____ が結成されたが, 翌年に禁止された。　　　　　　　　　　　　　　　（京都大）

日本社会主義同盟

☑24 1922 年, コミンテルンの指導のもと, **日本共産党**が ____・山川均らにより非合法に結成された。　　　　　（立命館大）

堺利彦

☑25 **史料** **青鞜社**の雑誌『 __a__ 』創刊号の冒頭には「**元始, 女性は実に** __b__ **であった**」という言葉がある。　（早稲田大）

a 青鞜
b 太陽

☑26 1921 年, **社会主義を取り入れた婦人団体**として, **山川菊栄・伊藤野枝**らが ____ を結成した。　　（東京外国語大）

赤瀾会

☑27 **頻出** **新婦人協会**等の要求により, **1922 年**, ____ 第 5 条の改正が行われ**女性の政治活動**への道が開かれた。　　　　　　　　　　　　　　　　　　　　（法政大）

治安警察法

☑28 婦人参政権獲得を求めて, **市川房枝**らは 1924 年, ____ を立ち上げ, 翌 **1925 年**に**婦選獲得同盟**と名を改めたが, 婦人参政権獲得は実現しなかった。　　　　（明治大）

婦人参政権獲得期成同盟会

☑29 **全国水平社**結成の中心人物 ____ は, 「人の世に熱あれ, 人間に光あれ」とした「**水平社宣言**」を起草した。　（甲南大）

西光万吉

護憲三派内閣の成立

☑30 1922 年, **高橋是清内閣**が総辞職すると, ワシントン会議首席全権を務めた ____ が首相となった。この内閣は**海軍軍縮**の実施や, **シベリアからの撤兵**を行った。　（上智大）

加藤友三郎

☑31 **関東大震災**に際し, 第 2 次山本権兵衛内閣は**緊急勅令**によって, **1 カ月**間の ____ を発した。　　　（和歌山大）

モラトリアム〔支払猶予令〕

☑32 **頻出** 関東大震災の混乱のなか, 軍隊・警察・自警団による**朝鮮人虐殺事件**が相次いだ。**憲兵隊の甘粕正彦**大尉は**無政府主義者**の __a__ ・ __b__ らを殺害する**甘粕事件**を起こした。　　　　　　　　　　　　　　　　　　（関西学院大）

a・b 大杉栄・伊藤野枝
×東×栄
（順不同）

☑33 また, **警察署**を舞台に, 兵士などが労働運動家や社会主義者を殺害する ____ も起こった。　　　（関西学院大）

亀戸事件

☑34 **地震内閣**, **震災内閣**などと呼ばれた第 2 次山本内閣はこの時, 東京に ____ を発布した。　　　　　　（学習大）

戒厳令

☑ 35 [頻出] 立憲政友会の**高橋是清**, ▢a▢ の**加藤高明**, 革新倶
楽部の**犬養毅**らは**三浦梧楼**の幹旋により, ▢b▢ **内閣**反
対で一致し, **普選断行・貴族院改革・行政整理**を主張した。
(法政大)

a 憲政会
b 清浦奎吾内閣

☑ 36 これに対し, **立憲政友会**の ▢a▢ らは, あくまでも普選反
対を唱えて分離し, ▢b▢ を結成した。
(法政大)

a 床次竹二郎
b 政友本党

☑ 37 [史料] **1925 年**の**治安維持法**では, 「▢a▢ **ヲ変革シ又ハ**
▢b▢ **制度ヲ否認**スルコトヲ目的トシテ結社ヲ組織シ又ハ
情ヲ知リテ之ニ加入シタル者ハ**十年**以下ノ懲役又ハ禁錮ニ
処ス」 として, 憲法体制や天皇主権に反対するものや, 社
会主義者・マルクス主義者を弾圧した。
(立命館大)

a 国体
b 私有財産制度

☑ 38 **1925 年**の**普通選挙法**では, **満▢▢▢歳**以上のすべての**男
子**が衆議院議員の選挙権を持つとされた。
(新潟大)

満 25 歳

☑ 39 **護憲三派内閣**のもと, 陸相となった▢▢▢により**陸軍の
軍縮**が進められ, **4 個師団**の削減を行ったが, 一方で兵備
の近代化などが図られた。
(上智大)

宇垣一成

大正時代の文化

思想・学問・教育

☑ 01 [頻出] 総合雑誌では『**中央公論**』の他, 山本実彦らによる
『▢▢▢』も, **大正デモクラシー**の中心的な雑誌として注目
された。
(青山学院大)

改造

☑ 02 代表的な**経済雑誌**『**東洋経済新報**』誌上で, ▢▢▢は徹底
した**植民地放棄論**などを主張した。
(津田塾大)

石橋湛山

☑ 03 ▢▢▢が主宰し, **1918 年**から発刊された雑誌『**赤い鳥**』は,
児童文学ブームの中心的な存在となった。
(京都府立大)

鈴木三重吉

☑ 04 **ラジオ放送**は, ▢a▢ **年**, **東京・大阪・名古屋**で始まった。
これを統合して, 翌年には, ▢b▢ が設立された。
(東京外国語大)

a 1925 年
b 日本放送協会
〔NHK〕

☑ 05 **活動写真**と呼ばれた映画は, 当初は**サイレント**と呼ばれた
▢▢▢であり, **弁士**の音声付きで上映された。
(上智大)

無声映画

☑06 1930 年代になると，有声映画，いわゆる ☐☐☐☐ が現れた。

（北海道大）

トーキー

☑07 **大衆生活**にも西洋化の傾向が現れ，**洋服**や，**トンカツ・カ
レーライス**などの ☐☐☐☐ が一般化していった。　（新潟大）

洋食（ようしょく）

☑08 従来の近代建築は**煉瓦造**（れんがづくり）であったが，**関東大震災以降**は
☐☐☐☐ 造りに変わっていった。　（早稲田大）

鉄筋（てっきん）コンクリート造（づく）り

☑09 物理学では，☐☐☐☐ による **KS磁石鋼**（じしゃくこう）の発明など，目覚ましい成果が表れた。　（関東学院大）

本多光太郎（ほんだこうたろう）

文学

☑10 [頻出] **耽美派**（たんびは）には，『**刺青**』（しせい）・『**痴人の愛**』（ちじんのあい）などの代表作がある ☐ a ☐ や，『**腕くらべ**』などの代表作がある ☐ b ☐ がいた。　（関西学院大）

a 谷崎潤一郎（たにざきじゅんいちろう）
×関
b 永井荷風（ながいかふう）

☑11 **白樺派**（しらかばは）を代表する**武者小路実篤**（むしゃのこうじさねあつ）には 1915 年に雑誌『**白樺**』に発表した戯曲『 ☐ a ☐ 』や『**人間万歳**』，**志賀直哉**（しがなおや）には唯一の長編小説の『 ☐ b ☐ 』，札幌農学校出身の ☐ c ☐ には『**或る女**』（あるおんな）などの代表作がある。　（法政大）

a その妹
b 暗夜行路（あんやこうろ）
c 有島武郎（ありしまたけお）

☑12 **新思潮派**（しんしちょうは）を代表する**芥川龍之介**（あくたがわりゅうのすけ）には『**今昔物語集**』を素材とした『 ☐ a ☐ 』や『**鼻**』，**菊池寛**（きくちかん）には 1917 年発表の戯曲『 ☐ b ☐ 』などの代表作がある。　（立教大）

a 羅生門（らしょうもん）
b 父帰る（ちちかえる）

☑13 **新感覚派**（しんかんかくは）を代表する**横光利一**（よこみつりいち）には卑弥呼を描いた『 ☐ a ☐ 』，**川端康成**（かわばたやすなり）には 1926 年発表の『 ☐ b ☐ 』などの代表作がある。　（関西大）

a 日輪（にちりん）
b 伊豆の踊子（いずのおどりこ）

☑14 **プロレタリア文学**運動の中心となった**雑誌**には，1921 年発刊の『**種蒔く人**』（たねまくひと）や，1924 年発刊の『 ☐ a ☐ 』などがあった。また，雑誌『 ☐ b ☐ 』は，全日本無産者芸術連盟（ナップ）の機関誌であった。　（関西学院大）

a 文芸戦線（ぶんげいせんせん）
b 戦旗（せんき）

☑15 詩では， ☐ a ☐ の『**道程**』（どうてい）や， ☐ b ☐ の『**月に吠える**』（つきにほえる）などが注目された。　（同志社大）

a 高村光太郎（たかむらこうたろう）
b 萩原朔太郎（はぎわらさくたろう）

☑16 短歌では，☐☐☐☐ の『**赤光**』（しゃっこう）などが注目される。　（関西大）

斎藤茂吉（さいとうもきち）

☐ 17 1906 年に文芸協会を作った _____ は，**松井須磨子**らと
　　1913 年に芸術座を結成した。　　　　　　　　　（立教大）
　　島村抱月

☐ 18 **1924 年，小山内薫・_____** らによって，日本最初の新劇
　　専門劇場である築地小劇場が設立された。　　　（日本大）
　　土方与志

美術・工芸

☐ 19 **二科会**の**梅原龍三郎**には『　a　』，**安井曽太郎**には
　　『　b　』などの代表作がある。　　　　　　　　（明治大）
　　a 紫禁城
　　b 金蓉

☐ 20 **春陽会**などで活躍した**岸田劉生**には，『_____』の連作が
　　ある。　　　　　　　　　　　　　　　　　　　　（明治大）
　　麗子像

☐ 21 1907 年に始まる**文展**（文部省美術展覧会）は，**1919 年**に
　　改組され_____ となった。　　　　　　　　（慶應義塾大）
　　帝展〔帝国美術
　　院美術展覧会〕

☐ 22 **日本美術院**主催の_____ は **1914 年**から始まった。
　　　　　　　　　　　　　　　　　　　　　　　　（関西学院大）
　　院展

世界恐慌と軍部の台頭

恐慌の時代

☐ 01 **頻出**　a　蔵相の「　b　の破綻」という失言に端を発
　　し，**台湾銀行**や**鈴木商店**の経営悪化が明らかとなった。
　　　　　　　　　　　　　　　　　　　　　　　　　（法政大）
　　a 片岡直温
　　b 東京渡辺銀行

☐ 02 蔵相の失言を契機に，預金者が銀行に押しかける「_____」
　　が起こった。　　　　　　　　　　　　　　　　　（立教大）
　　取付け騒ぎ

☐ 03 **頻出** **田中義一**内閣のもとで，_____ により **3 週間のモラ
　　トリアム（支払猶予令）**が発布された。　　　（東京学芸大）
　　緊急勅令

☐ 04 また，**日本銀行**の_____ も行われた。　　（東京経済大）
　　非常貸出し

☐ 05 金融恐慌が終息するなかで，預金は**三井・三菱・住友・安田・
　　第一**のいわゆる_____ に集中していった。　　（一橋大）
　　五大銀行

☐ 06 **1928 年**，田中内閣のもとで，_____ は**緊急勅令**により改
　　正された。　　　　　　　　　　　　　　　　　　（明治大）
　　治安維持法

☑07 **史料** この改正では、「　a　ヲ変革スルコトヲ目的トシテ　　　　a 国体
結社ヲ組織シタル者」などに対し、最高刑を「　b　又ハ　　　　　　b 死刑
無期若ハ五年以上ノ懲役若ハ禁錮」とした。　　　　（上智大）

☑08 **頻出** **田中内閣**は、**三・一五事件**後、[　　　]を全国に配置　　特別高等警察
した。　　　　（北海道大）　　　　　　　　　　　　　　　　　　　　〔特高〕

☑09 **1924 年**、**孫文**率いる[　a　]と[　b　]の間で**国共合作**が　　a （中国）国民党
実現し、北方に割拠する**軍閥**の打倒（**北伐**）を目指すこと　　b 中国共産党
となった。　　　　（早稲田大）

☑10 **北伐**に対し、田中内閣は、**1927 年 5 月**、[　　　]に踏み切っ　　（第1次）山東出兵
た。　　　　（慶應義塾大）

☑11 **翌年4月の第2次出兵**に際して、[　　　]が起こり、さら　　済南事件
に**第3次出兵**が行われた。　　　　（同志社大）

☑12 **張作霖**の奉天軍閥はその子[　　　]がついだが、[　　　]は　　張学良
1928 年末に**国民政府**に合流し、北伐は完了した。
（早稲田大）

☑13 田中内閣は **1927 年**の[　　　]における**補助艦**制限交渉に　　ジュネーヴ海軍
参加し、斎藤実・石井菊次郎を全権として送ったが、同会　　軍縮会議
議は**米英の対立**で成果を生まず終結した。　　　　（専修大）

☑14 **史料** **不戦条約**には、「**国際紛争解決ノ為**[　　　]ニ訴フルコ　　戦争
トヲ非トシ、且其ノ相互関係ニ於テ国家ノ政策ノ手段トシ
テノ[　　　]ヲ抛棄スル」とあった。　　　　（青山学院大）

☑15 **史料** 続いて「其ノ各自ノ[　　　]ノ名ニ於テ厳粛ニ宣言ス」　　人民
とした。これは大日本帝国憲法に違反するとして、**立憲民
政党**などは田中内閣を批判した。　　　　（青山学院大）

☑16 **1917 年の金輸出禁止**以降、**円は動揺しつつ下落**を続けた。　　旧平価
そのため**井上蔵相**は **1930 年 1 月**からの[　　　]による解
禁を予告した。　　　　（高崎経済大）

☑17 すなわち **2 円≒1 ドル**（100 円＝約 50〈49.845〉ドル）と　　貨幣法
いう、**1897 年**の[　　　]に基づくレートを維持することと
した。　　　　（中央大）

☑18 **1930 年 1 月の金解禁**は、実質的な円の[　　　]による解禁　　切り上げ
であった。　　　　（名古屋大）

☑ 19 **重要産業統制法**では，紡績・製糸・化学・鉄鋼などの
　　　　　□□□□を認め，協定で価格・生産量・販売制限を決定し，
　　　　　独占を助長しようとした。　　　　　　　　　（津田塾大）

カルテル

☑ 20 **昭和恐慌**により**物価が暴落し企業の倒産**が相次いだため，
　　　　　失業者も増大して□□□□が激増した。　　（京都産業大）

労働争議

☑ 21 また，農村においては□□□□が激化した。　（日本女子大）

小作争議

☑ 22 **昭和恐慌**下では，**食料不足**から「□□□□」，貧困から売春
　　　　　施設などに娘を売る「**娘の身売り**」などの惨状が広がった。
　　　　　　　　　　　　　　　　　　　　　　　　　　　（同志社大）

欠食児童

☑ 23 **金解禁**は当初の目的と逆の結果を生み，□ a □が増大し
　　　　　□ b □が不振となり，**正貨**が大量に流出した。　（中央大）

a 輸入
b 輸出

☑ 24 **ロンドン海軍軍縮会議**には**アメリカ・イギリス・日本**・□ a □・
　　　　　□ b □が参加した。　　　　　　　　　　　（学習院大）

a・b フランス・
イタリア（順不同）

☑ 25 **ロンドン海軍軍縮会議**で，日本は対英・米□□□□**割の補助
　　　　　艦総トン数**を目指したが，**大型巡洋艦**などについては若干
　　　　　下回る水準で決着した。　　　　　　　　（慶應義塾大）

7 割

☑ 26 また，条約では，□□□□**建造禁止**の期間が 1936 年まで延
　　　　　長された。　　　　　　　　　　　　　　　　　（九州大）

主力艦

☑ 27 **統帥権干犯問題**の原因は，政府が海軍兵力量についての
　　　　　□□□□との合意を，**大型巡洋艦**については，若干**下回る**数
　　　　　値で調印したことにあった。　　　　　　　　（東京大）

海軍軍令部

軍部の台頭

☑ 28 **頻出** **関東軍**参謀として**満州事変**を主導した□ a □の著書
　　　　　『□ b □』は，**世界を制覇**する最後の戦いは**日米間**で起こ
　　　　　るとした。　　　　　　　　　　　　　　　（関西学院大）

a 石原莞爾
b 世界最終戦論

☑ 29 **張作霖**の後を継いだ**張学良**は，□□□□**運動**を進め，**日貨排
　　　　　斥**などの反日的な施策を打ち出していった。　（東京学芸大）

国権回復運動

☑ 30 □□□□とは**奉天省・吉林省・黒竜江省**で，これが**満州国**
　　　　　の主要部分となった。　　　　　　　　　　（慶應義塾大）

東三省

☑ 31 **満州事変**における**関東軍**の行動をカモフラージュするため
　　　　　の**謀略**と推定されているのが，1932 年の□□□□である。
　　　　　　　　　　　　　　　　　　　　　　　　　　　（早稲田大）

第 1 次上海事変

☑ 32 **犬養毅**首相の暗殺後に成立した◻️◻️◻️◻️**内閣**は，**1932年9月**，満州国を承認する**日満議定書**に調印した。　(関西学院大)

さいとうまこと
斎藤実内閣

☑ 33 **史料** リットン報告書に基づく対日勧告案では，◻️◻️◻️◻️について，「**鉄道線路上**若ハ其ノ付近ニ於テ**爆発**アリシハ疑ナキモ，**鉄道**ニ対スル**損傷**ハ，若シアリトスルモ，事実**長春**ヨリノ南行列車ノ定刻到着ヲ妨ゲザリシモノニテ」と，**軽微**な**事件**で，**関東軍**の「**軍事行動ヲ正当トスルモノニ非ズ**」とした。　(龍谷大)

りゅうじょうこ
柳条湖事件

☑ 34 **史料** そして「**吾人ハ『**◻️◻️◻️◻️**政府』**ナルモノハ，**地方ノ支那人ニ依リ日本ノ手先ト見ラレ**」と，◻️◻️◻️◻️が単なる**傀儡国家**に過ぎないと結論付けた。　(國學院大)

まんしゅうこく
満州国

☑ 35 **頻出** 報告書に基づく対日勧告案が可決されると，**1933年2月**，日本全権◻️◻️◻️◻️は総会会場から退場した。日本が正式に**国際連盟**に**脱退**を通告したのは**3月**のことである。　(立教大)

まつおかようすけ
松岡洋右

☑ 36 **頻出** **1933年5月**の◻️◻️◻️◻️により，**満州・熱河省**の日本支配は事実上容認された。背景には中国側が**国民党と共産党**の**内戦状態**にあるという事情があった。　(明治大)

タンクーていせんきょうてい
塘沽停戦協定

☑ 37 **国家改造運動**の過程で，◻️◻️◻️◻️を中心に結成された陸軍の私的な団体の**桜会**や陸軍内の右翼が**三月事件・十月事件**などの**クーデター未遂事件**を起こした。　(上智大)

はしもときんごろう
橋本欣五郎

☑ 38 **血盟団**は，◻️◻️◻️◻️が主催する，「**一人一殺**」を掲げたテロ集団であった。　(上智大)

いのうえにっしょう
井上日召

☑ 39 **頻出** **血盟団事件**では，| a |**前蔵相**や，**三井合名会社理事長**| b |が**テロ**に倒れた。　(中央大)

a　いのうえじゅんのすけ
　井上準之助
b　だんたくま
　団琢磨

☑ 40 **五・一五事件**で**犬養**首相が暗殺された結果，天皇の下問に答え首相を推薦してきた**最後の元老**◻️◻️◻️◻️は，**政党内閣**の存続を断念した。　(日本女子大)

さいおんじきんもち
西園寺公望

戦前期の経済

☑ 41 **犬養内閣**の**高橋蔵相**の施策は◻️◻️◻️◻️で，**赤字公債**を発行し，**軍事費中心**の予算を組んでいった。　(明治学院大)

せっきょくざいせい
積極財政

☑42 金解禁とその後の金輸出再禁止で**円為替相場**が大きく**下落**し，**輸出が急増**したことを，欧米は＿＿＿＿と批判した。 （獨協大）

ソーシャル＝ダンピング

☑43 国内でも財閥系銀行などによる**円売り・**＿＿＿＿が進み，財閥のみが利益を確保したことへの批判が起こった。 （成蹊大）

ドル買い

☑44 **農山漁村経済更生運動**の流れのなかで，1900 年以来の＿＿＿＿を利用して政府が農村中心に各種の協同組合の設立を支援する計画が強化・拡大された。 （慶應義塾大）

産業組合法

☑45 **満州事変後の好景気**のなかで**円安**を背景に，＿＿＿＿の輸出が急増し，**イギリスを上回り世界第 1 位**となった。 （早稲田大）

綿織物

☑46 頻出 ＿a＿ の率いる**日産コンツェルン**は**満州**に進出し，＿b＿ を設立した。 （学習院大）

a 鮎川義介
b 満州重工業開発会社

☑47 **重化学工業**の発達で，1933 年には**金属・機械・化学工業**の合計生産額が＿＿＿＿**工業**の生産額を超えた。 （成蹊大）

繊維**工業**

ファシズムの進展

☑48 **ファシズム**とは，イタリアの ＿a＿ によるファシスト党，ドイツの ＿b＿ によるナチ党などの政治理念である。 （学習院大）

a ムッソリーニ
b ヒトラー

☑49 最後の元老**西園寺公望**は，政党内閣の断絶を余儀なくされ，海軍系の**斎藤実**内閣が＿＿＿＿を掲げて成立した。 （北海道大）

挙国一致

☑50 頻出 文相 ＿a＿ のもとで，**京大法学部教授**が休職処分とされた ＿b＿ **事件**が起こった。 （同志社大）

a 鳩山一郎
b 滝川**事件**

☑51 頻出 **二・二六事件**では，＿a＿ 内大臣，＿b＿ 蔵相，**渡辺錠太郎**陸軍教育総監らが殺害された。 （東京学芸大）

a 斎藤実
b 高橋是清

☑52 **二・二六事件**を起こした＿＿＿＿**派**の青年将校が一掃された結果，**統制派**が陸軍を掌握した。 （立命館大）

皇道**派**

☑ 53 **頻出** 二・二六事件の結果，青年将校のみならず，民間右翼 の代表で『**日本改造法案大綱**』を著した 　　　 や，**西田税** らも死刑にされた。 (同志社大)

北一輝

☑ 54 **二・二六事件**に際し，東京市には，　　　 が発せられた。 (法政大)

戒厳令

☑ 55 **広田弘毅内閣**は，「**広義国防国家**」を掲げ，**馬場鍈一**蔵相の もとで**帝国国防方針**の改定に基づく「　　　」を策定し， 陸軍の膨大な予算を認めた。 (学習院大)

国策の基準

☑ 56 1936 年 11 月の 　a　 **防共協定**には翌 **1937 年 11 月**に 　b　 が加わった。 (明治大)

a 日独**防共協定**

b イタリア〔伊〕

日中戦争と太平洋戦争

日中戦争

☑ 01 **華北分離工作**の結果，1935 年 12 月，**河北省**の東部に**殷汝 耕**を首班とする傀儡政権の　　　 がスタートした。 (同志社大)

冀東防共自治委員 会〔冀東(地区)防 共自治政府〕

☑ 02 林内閣の次に，　　　 から首相に就任したのが**近衛文麿** である。この決定は**最後の元老**西園寺公望によるものだっ た。 (青山学院大)

貴族院議長

☑ 03 **頻出** **第 2 次上海事変**が終結し，さらに**南京**を制圧した日 本軍は，続いて**武漢三鎮**を占領すると，中国国民政府は 　　　 に移り，抗戦を続けた。 (中央大)

重慶

☑ 04 **盧溝橋事件**後，政府はこの紛争を 　a　 と名付け，**第 2 次上海事変以降の本格的な戦争**に際してこれを 　b　 と 改めた。 (北海道大)

a 北支事変

b 支那事変

☑ 05 **史料** 　　　法第 1 条では，「本法二於テ 　　　 トハ戦時 (戦争二準ズベキ**事変**ノ場合ヲ含ム以下之二同ジ) 二際シ 国防目的達成ノ為，国ノ全力ヲ最モ有効二発揮セシムル様， **人的及物的資源ヲ統制運用スル**ヲ謂フ」とした。 (明治大)

国家総動員

☑ 06 **史料** 第 4 条では，「(政府は) 　a　 ノ定ムル所二依リ， 帝国臣民ヲ**徴用**シテ 　b　 業務二従事セシムルコトヲ得」 とした。 (法政大)

a 勅令

b 総動員

☑ 07 駐華ドイツ大使**トラウトマン**による日中和平の斡旋が失敗に終わったことを受け、□□□□が発せられた。

(慶應義塾大)

（第1次）近衛声明

☑ 08 史料 □a□ は、抗戦を続ける蔣介石の □b□ **政府**に対し「仍テ帝国政府ハ爾後**国民政府ヲ対手トセス**」と、交渉を打ち切ることを宣言したものである。 (明治大)

a （第1次）近衛声明
b 重慶政府

☑ 09 史料 この声明文の最初には、「帝国政府ハ□□□□攻略後尚ホ支那国民政府ノ反省ニ最後ノ機会ヲ与フルタメ今日ニ及ヘリ」とある。 (中央大)

南京

☑ 10 頻出 史料 そして「**新興支那政権**ノ成立発展ヲ期待シ、是ト両国国交ヲ調整シテ更生新支那ノ建設ニ協力セントス」と、秘密裏に重慶を脱出させた□□□□に新国民政府を樹立させることを想定していた。 (昭和女子大)

汪兆銘〔汪精衛〕

☑ 11 史料 **第2次近衛声明**は、中国国民政府の「**抗日容共政策**」を批判し、日本の今の戦いの目的は「□a□永遠ノ安定ヲ確保スベキ□b□ノ建設ニ在リ」とし、その上で「コノ□b□ノ建設ハ**日満支**三国相携ヘ」進めるものとした。 (慶應義塾大)

a 東亜
b 新秩序

☑ 12 1938年12月、**第3次**近衛声明が出され、**善隣友好・**□□□□**・経済提携**の近衛三原則を明らかにした。 (慶應義塾大)

共同防共

☑ 13 第1次近衛内閣の**1938年7～8月**、ソ満国境でソ連軍と日本の朝鮮軍が衝突する□□□□が起こった。 (北海道大)

張鼓峰事件

☑ 14 **平沼内閣**は、**独ソ不可侵条約**の締結について「□□□□は複雑怪奇」と声明して総辞職した。 (関西学院大)

欧州情勢

☑ 15 1939年7月、アメリカは□□□□**の廃棄**を通告し、半年後に同条約は消滅した。 (津田塾大)

日米通商航海条約

☑ 16 **第1次近衛内閣**のもと、**1937年9月**、経済統制のための**輸出入品等臨時措置法**や□□□□が制定された。(京都産業大)

臨時資金調整法

☑ 17 翌**1938年**には□□□□も制定され、戦時体制に対応する**統制経済**が強化されていった。 (法政大)

電力（国家）管理法

☑ 18 □□□□**制**は、生活必需品については**1940年6月**、**マッチ・砂糖**から始められた。 (慶應義塾大)

切符制

☑ 19 1937 年，**文部省**は『□□□□□□』を発行し，**記紀神話**（ききしんわ）をもとに国体の尊厳と君臣の大義を強調する思想宣伝活動を始めた。 (関西学院大)

国体の本義（こくたい ほんぎ）

☑ 20 1937 年の**矢内原忠雄**（やないはらただお）に続き，翌 1938 年，自由主義経済学者□□□□が『**ファシズム批判**』などの著作を**発禁**処分とされ，翌年には東大教授を休職処分とされた。 (立教大)

河合栄治郎（かわいえいじろう）

☑ 21 **人民戦線事件**（じんみんせんせん）では 1937 年の第 1 次で □ a □ ら，翌年の第 2 次で労農派の □ b □・**有沢広巳**（ありさわひろみ）らが弾圧された。 (関西学院大)

a 山川均（やまかわひとし）
b 大内兵衛（おおうちひょうえ）

☑ 22 **1939 年 9 月，ドイツ軍**は□□□□□に侵攻し，**第二次世界大戦**（ぼっぱつ）が勃発した。 (明治大)

ポーランド

☑ 23 **1940 年 6 月**，**ドイツ軍**が**フランス**の □ a □ を占領すると，日本では**新体制運動**が起こり，近衛文麿がこれに加わると，□ b □**内閣**は倒され，**第 2 次近衛内閣**が発足した。 (中央大)

a パリ
b 米内光政（よないみつまさ）内閣

☑ 24 第 2 次近衛内閣の成立後に発足した**大政翼賛会**は，**官製**の上意下達（じょういかたつ）の組織に過ぎず，村では □ a □，都市では □ b □ などが置かれた。 (北海道大)

a 部落会（ぶらくかい）
b 町内会（ちょうないかい）

☑ 25 その末端組織である□□□□□は，政府の命令を実施する具体的・日常的な組織となった。 (法政大)

隣組（となりぐみ）

太平洋戦争

☑ 26 **史料** □ a □ 第 1 条には，「**日本国ハ**，□ b □**国及伊太利**（イタリー）**国ノ欧州ニ於ケル新秩序**建設ニ関シ，指導的地位ヲ認メ且（かつ）之ヲ尊重ス」，第 2 条には，「□ b □**国及伊太利国ハ**，**日本国ノ大東亜ニ於ケル新秩序**建設ニ関シ，指導的地位ヲ認メ且之（かつこれ）ヲ尊重ス」とある。 (明治大)

a 日独伊三国同盟（にちどくい さんごくどうめい）
b 独逸（ドイツ）国

☑ 27 **史料** 第 3 条では，「**現ニ欧州戦争又ハ日支紛争ニ参入シ居**（お）**ラサル一国**（仮想敵国の□□□□□を指す）**ニ依テ攻撃セラレ**（よっ）**タルトキハ，三国ハ有ラユル政治的，経済的及軍事的方法ニ依リ相互ニ援助スヘキコトヲ約ス**」とした。 (明治大)

アメリカ

☑ 28 **頻出** 1941 年 4 月，外相□□□□□はソ連との間で**日ソ中立条約**を締結した。 (津田塾大)

松岡洋右（まつおかようすけ）

☑ 29 **1941 年 6 月**，欧州で□□□□□が始まった。 (慶應義塾大)

独ソ戦争（どく）

☐30 これを受け，ドイツの勝利を予測し，□□□がソ満国境で行われたが，ソ連への進攻は中止された。 (学習院大)

関東軍特種演習〔関特演〕

☐31 1941年4月に始まった**日米交渉**は，日本側の**駐米大使**□□□とアメリカ**国務長官ハル**によって進められた。 (上智大)

野村吉三郎

☐32 **頻出** 1941年7月，日本の□□□**進駐**に対し，アメリカは**在米日本人の資産を凍結**した。 (立教大)

南部仏印進駐

☐33 さらにアメリカは同年8月，□□□**全面禁止**で経済制裁を強化した。 (慶應義塾大)

対日石油輸出全面禁止

☐34 アメリカなど**4カ国**による**対日経済制裁**を日本では□□□と呼んだ。 (北海道大)

ABCDライン〔包囲陣〕

☐35 この**4カ国**とは，**アメリカ・イギリス・** a ・ b である。 (広島修道大)

a・b 中国・オランダ（順不同）

☐36 **史料** 1941年9月6日の御前会議で決められた□□□では「対米（英蘭）戦争ヲ辞セサル決意ノ下ニ概ネ十月下旬ヲ目途トシ戦争準備ヲ完整ス」，「前号外交交渉ニ依リ十月上旬頃ニ至ルモ尚我要求ヲ貫徹シ得ル目途ナキ場合ニ於テハ直チニ対米（英蘭）開戦ヲ決意ス」とあるが，10月上旬に至るも日米交渉は合意に至らなかった。 (早稲田大)

帝国国策遂行要領

☐37 **第3次近衛内閣**は，9月6日の御前会議の決定を白紙とする条件で総辞職し，首相の座を**東条英機**に譲った。東条を次期首相に推挙したのは，重臣会議の中心である内大臣□□□であった。 (明治大)

木戸幸一

☐38 政府は日中戦争を**支那事変**と呼んでいた。また日米開戦以降は□□□と呼んだ。 (早稲田大)

大東亜戦争

☐39 タイ・ビルマ間の□□□の建設は，アジア人労働者や連合軍捕虜の**強制動員**によって継続された。 (学習院大)

泰緬鉄道

☐40 中国戦線では**毒ガス**の使用，満州などでは**毒ガス**や**細菌兵器**の開発が行われた。特にハルビンの石井四郎中将らの□□□の活動が中心となった。 (早稲田大)

731部隊

☐41 1942年4月の翼賛選挙では，**推薦者**381名が当選したが，**非推薦**の当選者も85名を数えた。東条内閣を支持する翼賛議員たちが中心となって□□□が結成された。(同志社大)

翼賛政治会

☑42 1943年9月，□□□□が降伏し，11月には**カイロ会談**が行われ，**カイロ宣言**が発せられた。　　　　　　　（東北学院大）

イタリア

☑43 兵力不足から，1943年，**徴兵制**が□a□に，44年には□b□にも適用された。　　　　　　　　　　　　（専修大）

a 朝鮮
b 台湾

☑44 また，国内の男子労働者不足が深刻となり，それを補うため朝鮮や中国から□□□□された人々が存在した。（東京学芸大）

強制連行

☑45 **頻出** 1943年11月，米の**F・ローズヴェルト**，英の**チャーチル**，中国の□a□による□b□**会談**が行われた。　　　　　　　　　　　　　　　　　　　　　（法政大）

a 蔣介石
b カイロ会談

☑46 **史料** この時に出された宣言では，この3国が「日本国ヨリ千九百十四年ノ**第一次世界大戦ノ開始以後**ニ於テ日本国力奪取シ又ハ占領シタル□a□ニ於ケル一切ノ島嶼ヲ剥奪スルコト，並ニ**満州，台湾及澎湖島**ノ如キ日本国力**清国人**ヨリ盗取シタル一切ノ地域ヲ□b□ニ返還スルコトニ在リ」と宣言した。　　　　　　　　　　　　　　（関西大）

a 太平洋
b 中華民国

☑47 **史料** また，「前記**三大国ハ**□□□□ノ人民ノ**奴隷**状態ニ留意シ，軈テ□□□□ヲ**自由且独立**ノモノタラシムルノ決意ヲ有ス」と明示した。　　　　　　　　　　　（慶應義塾大）

朝鮮

☑48 1944年10月，米軍は**フィリピン**に進攻し，上陸した。これを奪回しようとした日本の連合艦隊は□□□□で大敗し，その後，日本の海軍力は急速に減退した。（関西学院大）

レイテ沖海戦

5 近代②

☑49 1945年2月，**ヤルタ**で米の**F・ローズヴェルト**，英の**チャーチル**，ソ連の□□□□による会談が行われた。　（立教大）

スターリン

☑50 **史料** この時結ばれた□a□では，「三大国即チ□b□，**アメリカ合衆国及英国ノ指導者ハ『ドイツ』**国力降伏シ且ヨーロッパニ於ケル戦争力終結シタル後二月又ハ三月ヲ経テ□b□力左ノ条件ニ依リ**連合国**ニ与シテ**日本ニ対スル戦争ニ参加**スヘキコトヲ協定セリ」とされた。（明治大）

a ヤルタ協定
b ソヴィエト連邦
〔ソビエト，ソ連〕

☑51 **史料** また，**ソ連**との国境については，「千九百四年ノ日本国ノ背信的攻撃（□a□）」で奪われた「**ロシア**国ノ旧権利ハ左ノ如ク回復セラルヘシ」とされ，具体的には，「□b□ノ南部及之ニ隣接スル一切ノ島嶼ハソヴィエト連邦ニ返還」，また「□c□ハソヴィエト連邦ニ引渡サルヘシ」とされた。　　　　　　　　　　　　　　　（慶應義塾大）

a 日露戦争
b 樺太
c 千島列島

☑52 この会談の3カ月後，**1945年5月**には　　　　　が降伏した。 ドイツ

(日本女子大)

☑53 1945年**3月10日**の　　　　　では，**焼夷弾**約1700トンが 東京大空襲

投下され，**約10万人**の死者が出た。 (同志社大)

☑54 **皇民化政策**としては，植民地朝鮮で日本の家制度を強制し 創氏改名

ようとし，日本式の氏名に変える　　　　　が促され，台湾で

もこれに準ずる施策が進められた。 (東京学芸大)

☑55 **皇民化政策**には　a　の創設と参拝の強制や，　b　の a 神社

使用強制（民族語の使用禁止）などもあった。 (東洋大) b 日本語

☑56 頻出 1945年7～8月，**ドイツ**の首都ベルリン郊外で，米 トルーマン

の　　　　　，**英のチャーチル**（後アトリー），**ソ連のスターリ**

ンによる会談が行われた。 (明治大)

☑57 史料 この結果，発せられた　a　は，「吾等**合衆国**大統 a ポツダム宣言

領，　b　政府主席及『**グレート・ブリテン**』国総理大臣ハ， b 中華民国

吾等ノ数億ノ国民ヲ代表シ協議ノ上」と，3カ国の首脳の

名によるものであった。 (札幌大)

☑58 史料 この宣言では，「　　　　　」の駆逐や，「日本国国民ヲ 軍国主義

欺瞞シ之ヲシテ世界征服ノ挙ニ出ツルノ過誤ヲ犯サシメタ

ル者ノ権力及勢力ハ永久ニ除去セラレサルヘカラス」とされ

た。 (日本女子大)

☑59 史料 また，「『　　　　　』宣言ノ条項ハ履行セラルヘク，又日 カイロ

本国ノ主権ハ本州，北海道，九州及四国並ニ吾等ノ決定ス

ル諸小島ニ局限セラルヘシ」とされた。 (明治大)

☑60 史料 さらに，「　a　ニ対シテハ，厳重ナル処罰」を加え， a 戦争犯罪人

日本国民に対して「言論，宗教及思想ノ自由並ニ　b　ノ b 基本的人権

尊重」を認めるべきだとしている。 (日本女子大)

☑61 史料 また，これらの目的が達成されるまでは「連合国ノ 占領軍

　　　　　」が**日本を占領する**とされた。 (東京女子大)

☑62 史料 そして，最後に，「吾等ハ日本国政府カ直ニ**全日本国** 無条件降伏

軍隊ノ　　　　　ヲ宣言シ且右行動ニ於ケル同政府ノ誠意ニ

付適当且充分ナル保障ヲ提供センコトヲ同政府ニ対シ要求

ス　右以外ノ日本国ノ選択ハ**迅速且完全ナル壊滅**アルノミ

トス」と結んだ。 (中央大)

☑63 日本がこの宣言を**受諾した時**，**宣言国**には**米・英・中**に加え， ソ連

　　対日戦争に参戦した ⬚⬚⬚⬚ も加わっていた。　（早稲田大）

☑64 日本の正式降伏は，**9月2日**，東京湾上のアメリカ戦艦 ミズーリ号

　　⬚⬚⬚⬚ 号の艦上での**降伏文書の調印**による。　（明治大）

占領政策の展開

占領政策の展開

☑01 **頻出** 極東委員会は，本部を [____] に置いた。対日理事会は，GHQの諮問機関として東京に置かれた。　　（中央大）
ワシントン

☑02 占領軍を迎えた [____] **内閣**は，「**一億総懺悔**」，「**国体護持**」を掲げたが，**人権指令**を受け，実施は困難だとして総辞職した。　　（神戸学院大）
東久邇宮稔彦内閣

☑03 占領期間中，[____] により言論統制が行われ，報道機関などは検閲を受け，GHQへの批判は禁止された。　　（中部大）
プレス＝コード

☑04 GHQは国家が神社や神道に支援を行う**国家神道**を否定し，その分離を指令する [____] を発した。　　（明治大）
神道指令

☑05 **頻出** **史料** [____] では，天皇と国民との関係は「**単ナル神話ト伝説**トニ依リテ生ゼルモノニ非ズ」とされ，神格化された天皇は否定された。　　（九州大）
（天皇の）人間宣言

☑06 **史料** また「天皇ヲ以テ [____] トシ，且日本国民ヲ以テ他ノ民族ニ優越セル民族ニシテ，延テ世界ヲ支配スベキ運命ヲ有ストノ架空ナル観念ニ基クモノニモ非ズ」とし，「**大東亜戦争**」の理念そのものを否定した。　　（同志社大）
現御神

☑07 [____] とは，「**平和に対する罪**」に問われた人々である。　　（法政大）
A級戦犯

☑08 **1947 年**，労働三法の最後の**労働基準法**が制定され，これに伴い労働行政のための [____] が設置された。　　（西南学院大）
労働省

☑09 **労働組合法**は，労働者たちの**団結権・** [____] **権・争議（ストライキ）権**を認めるものである。　　（京都府立大）
団体交渉権

☑10 **頻出** 1947 年，**教育の民主化**の基本的な法律として [a] が制定され，また，[b] で **6・3・3・4 制**が規定された。　　（津田塾大）
a 教育基本法
b 学校教育法

☑11 **1948 年**，[____] で教育委員は**公選制**とされた。　　（福井大）
教育委員会法

☑12 同年，国会で □□□ の**排除や失効**が可決された。

（早稲田大）

教育勅語（きょういくちょくご）

☑13 **史料** □a□ の冒頭には，「われらは，さきに，□b□ を確定し，民主的で文化的な国家を建設して，世界の平和と人類の福祉に貢献しようとする決意を示した」とあり，そのために教育の力が必要だとした。

（東京女子大）

a 教育基本法（きょういくきほんほう）
b 日本国憲法（にほんこくけんぽう）

☑14 **史料** 教育基本法第3条では教育の**機会均等**が示され，第4条では「保護する子女に □□□ **年**の普通教育を受けさせる義務を負う」とした。

（早稲田大）

9〔九〕年

☑15 **史料** また，第5条では「教育上男女の □□□ は認められなければならない」とした。

（立教大）

共学（きょうがく）

☑16 □□□ では，**農地委員会の構成は地主5・自作農5・小作農5** とされ，小作農代表委員の比率は**3分の1**だった。（津田塾大）

第一次農地改革（のうちかいかく）

☑17 □□□ では，**農地委員会の構成は地主3・自作農2・小作農5** とされた。

（早稲田大）

第二次農地改革（のうちかいかく）

☑18 **頻出** 第二次農地改革では，□a□ の**再改正**では足らず，□b□ が制定された。

（学習院大）

a 農地調整法（のうちちょうせいほう）
b 自作農創設特別措置法（じさくのうそうせつとくべつそちほう）

☑19 解放された土地の譲渡については，当初は地主・小作間の**直接的な譲渡**とされていたものが，□□□ による買収・売却と規定された。

（慶應義塾大）

国家

☑20 **財閥解体**の対象となった財閥のうちでも特に強大なものは，三井・三菱・住友・ □a□ の □b□ であった。 （明治大）

a 安田（やすだ）
b 四大財閥（よんだいざいばつ）

☑21 過度経済力集中排除法で分割された企業には，1934年に発足した □□□ や三菱重工業などがある。

（同志社大）

日本製鉄会社（にほんせいてつがいしゃ）

☑22 独占禁止法の運用のために □□□ が設置され，**持株会社**や**トラスト・カルテル**などの発生を防止することとした。

（慶應義塾大）

公正取引委員会（こうせいとりひきいいんかい）

☑23 幣原内閣は憲法改正のため，□□□ を設置した。（青山学院大）

憲法問題調査委員会（けんぽうもんだいちょうさいいんかい）

☑24 **頻出** 同委員会委員長 □□□ 国務相のもと，改正憲法草案が策定されたが，**GHQに拒否された**。

（青山学院大）

松本烝治（まつもとじょうじ）

☑25 この案を否定したGHQは，いわゆる □□□ を提示し，これをもとに**幣原内閣**は再び**政府原案**を作成した。 （立教大）

マッカーサー草案〔GHQ草案〕（そうあん〔ジーエイチキュー そうあん〕）

☑26 この政府原案は，続く**第1次吉田内閣**のもと，[ ]での**修正**を経て**可決**され，**日本国憲法**が制定された。（法政大）

帝国議会

☑27 **日本国憲法**の草案は，民間においても，**憲法研究会**の**高野岩三郎**や**森戸辰男**らによって「[ ]」が作成された。この草案はマッカーサー草案にも影響を与えたとされる。

（成蹊大）

憲法草案要綱

☑28 【史料】**日本国憲法**第1条は，「天皇は，**日本国の**[a]であり**日本国民統合の**[a]であつて，この地位は，[b]の存する日本国民の総意に基く」と，**象徴天皇制**と**国民主権**を明文化した。（津田塾大）

a **象徴**
b **主権**

☑29 【史料】第9条には，「国権の発動たる[ ]と，**武力**による威嚇又は**武力の行使**は，**国際紛争を解決する手段**としては，**永久**にこれを**放棄**する」とある。（明治大）

戦争

☑30 【史料】第9条第2項には，「前項の目的を達するため，**陸海空軍**その他の[a]は，これを保持しない。国の[b]は，これを認めない」とある。（明治大）

a **戦力**
b **交戦権**

☑31 第11条は[ ]の尊重を規定している。（千葉大）

基本的人権

☑32 【史料】第41条には，「国会は，国権の[a]**機関**であつて，国の唯一の[b]**機関**である」とある。（津田塾大）

a **最高機関**
b **立法機関**

☑33 【史料】第42条には，「国会は，**衆議院**及び[ ]の両議院でこれを構成する」とある。（大妻女子大）

参議院

☑34 第60条の予算の[ ]先議権は，大日本帝国憲法を踏襲したものである。第61条では，**条約の国会承認**における[ ]の優越権も規定された。（センター）

衆議院

☑35 【史料】第66条には，「**内閣総理大臣**その他の国務大臣は，[a]でなければならない」とある。また「内閣は，**行政権**の行使について，[b]に対し**連帯**して**責任**を負ふ」と**議院内閣制**の規定を示している。（関西学院大）

a **文民**
b **国会**

☑36 【史料】第67条では，**内閣総理大臣**について「[ ]の中から国会の議決」で指名するとし，衆議院・参議院が別の総理大臣を指名した場合には両院が協議し，まとまらない場合には**衆議院**の議決が**優先**するとした。（中央大）

国会議員

☑37 史料 第68条では**国務大臣**を任命するのは □□□ である とし，また，**国務大臣**の「**過半数**は，**国会議員**の中から選 ばれなければならない」としている。　　　　　　　（明治大）

ないかくそうりだいじん
内閣総理大臣

☑38 史料 第96条は，**憲法改正**について「各議院の総議員の □□□ 以上の賛成で，国会が，これを発議し，国民に提案 してその承認を経なければならない」とした。　　　（成蹊大）

三分の二以上

☑39 1947年，**民法の大改正**が行われ，□□□ 権が廃止され， **男女同権**の新民法が制定された。　　　　　　（慶應義塾大）

こしゅけん
戸主権

☑40 新民法では**戸主権**や a 相続が否定され，**男女平等**で 財産も b 相続とされた。　　　　　　　　　　（中央大）

a かとくそうぞく
家督相続
b きんぶんそうぞく
均分相続

☑41 **1947年制定の地方自治法**によって，首長の □□□ 制やリ **コール制**が定められた。　　　　　　　　　　（早稲田大）

こうせんせい
公選制

☑42 2本立てとなった**警察制度**のうち，人口5000人以上の市 町村に置かれたものを，□□□ と呼ぶ。　　　　（早稲田大）

じちたいけいさつ
自治体警察

☑43 自治体警察の管轄外の地域を，本部と6警察管区に分けて 警察権を行使するものは，□□□ とされた。　（大阪経済大）

こっかちほうけいさつ
国家地方警察

☑44 **1954年の** □□□ **改正**で，**自治体警察・国家地方警察**は解 体された。　　　　　　　　　　　　　　　（慶應義塾大）

けいさつほうかいせい
警察法改正

☑45 新たに設置されたのは，□□□ 中心の，中央集権的な警察 制度であった。　　　　　　　　　　　　　　（大阪経済大）

けいさつちょう
警察庁

政治・社会の混乱

☑46 頻出 **日本自由党**は1948年に a ，1950年には b と改称しながら，保守政党の中心として政権中枢を担った。
（明治学院大）

a みんしゅじゆうとう
民主自由党
b じゆうとう
自由党

☑47 頻出 旧民政党系の**日本進歩党**は，1947年には a と 党名を改め，b を党首とした。　　　　　　　（上智大）

a みんしゅとう
民主党
b あしだひとし
芦田均

☑48 労使協調を唱える中間政党の**日本協同党**は，1947年には 国民党と合同し，□□□ と名称を改めた。　（関西学院大）

こくみんきょうどうとう
国民協同党

☑49 1946年4月の戦後初の総選挙では，□□□ **39名**が当選 した。　　　　　　　　　　　　　　　　　（東京外国語大）

じょせいぎいん〔だいぎし〕
女性議員〔代議士〕

☑50 1947年4月の総選挙の結果誕生した**片山内閣**は，**日本社会党**・ a ・ b の3党連立内閣であった。

（関西学院大）

a・b 民主党・国民協同党
（順不同）

☑51 この内閣は， □□□□ 問題をめぐる**社会党左派**の強硬意見で党分裂の可能性が生じたため総辞職し，同じ3党連立のまま首班を**民主党**の党首**芦田均**に譲った。 （青山学院大）

炭鉱国家管理問題

☑52 **芦田内閣**総辞職の原因となった □□□□ は，**復興金融金庫**からの融資をめぐる贈収賄事件で，社長の日野原節三から閣僚・総理に対して贈賄工作が行われたとの疑惑が取りざたされた。 （関西学院大）

昭和電工事件〔昭電疑獄事件〕

☑53 外地からの □□□□ は約310万人，**引揚げ**は約320万人と推定され，合わせて約630万人が日本本土に帰国した。

（法政大）

復員

☑54 **金融緊急措置令**では，預金の封鎖や a の流通禁止，b の引き出し制限でインフレ抑制をはかったが，大きな効果は現れなかった。 （明治学院大）

a 旧円
b 新円

☑55 **傾斜生産方式**は，1946年に発足した a による再建計画の中で，b が発案したものである。 （明治学院大）

a 経済安定本部
b 有沢広巳

☑56 労働組合運動の高揚で，**1947年2月1日**には全官公庁共同闘争委員会による □□□□ が決定された。 （立教大）

二・一ゼネスト計画

☑57 このストは**吉田内閣打倒**も掲げ，基幹産業の組合も巻き込んだが，前日に □□□□ **から下された中止指令**により実現しなかった。 （佛教大）

GHQ〔連合国軍最高司令官総司令部〕

☑58 この中止を受けて**1948年7月**，芦田内閣は □□□□ で**公務員**の争議行為の禁止を指示した。 （立教大）

政令201号

☑59 また1948年11月には □□□□ を改正し，**公務員**の団体交渉権や争議（ストライキ）権を否定した。 （中央大）

国家公務員法

☑60 経済安定九原則を実現するためのアドバイザーとして，**デトロイト銀行頭取**の**ドッジ**が来日し，□□□□ が組まれた。 （九州大）

超均衡予算

☑61 頻出 アメリカ人財政学者 a を団長とする調査団の勧告に基づき税制が変更された。その結果，個人を対象とする**直接税**である b 中心の**税制**が導入された。（関西大）

a シャウプ
b 所得税

☑ 62 **頻出** **労働組合の中央組織**では，**1946年**，□□□□が結成され，**日本社会党**と密接な関係を保った。　(明治大)

日本労働組合総同盟〔総同盟〕

☑ 63 それに対して同年，□□□□が結成され，**日本共産党**が強い影響力を及ぼした。　(成城大)

全日本産業別労働組合会議〔産別会議〕

冷戦と日本の国際復帰

冷戦と日本の国際復帰

☑ 01 **国際連合**の安全保障理事会の**常任理事国**は，□□□□を有する**米・英・仏・ソ・中**により構成されている。　(青山学院大)

拒否権

☑ 02 **国際連合**で中国を代表する政権は，**1971年**，□□a□□から□□b□□に代わった。　(東京外国語大)

a 中華民国
b 中華人民共和国

☑ 03 冷戦に対し，アメリカ大統領は□□□□を発表し，反ソ・反共政策で**ソ連**を「**封じ込め**」る外交策をとった。　(慶應義塾大)

トルーマン＝ドクトリン

☑ 04 1947年，ソ連・ユーゴスラビアなど東欧諸国の共産党・労働者党はその情報交換組織として□□□□を結成した。　(明治大)

コミンフォルム

☑ 05 1951年9月の**サンフランシスコ講和会議**に**参加**した国は，調印しなかった□□□□・ポーランド・チェコスロバキアを含めて52カ国であった。　(高崎経済大)

ソ連

☑ 06 □□□□は2国とも招請されず，**インド・ビルマ・ユーゴスラビア**は，招請は受けたが**参加を拒否**した。　(明治学院大)

中国

☑ 07 **史料** □□□□第1条では，「日本国と各連合国との間の戦争状態」が，この条約の効力の発生とともに終結することが示された。　(千葉大)

サンフランシスコ平和条約

☑ 08 **史料** 第2条には，「日本国は，□□a□□の独立を承認し」，また，「**台湾及び**□□b□□に対するすべての権利，権原及び請求権を放棄する」とある。　(青山学院大)

a 朝鮮
b 澎湖諸島

☑ 09 **史料** 同じく第2条には，「千島列島並びに日本国が**千九百五年**九月五日の□□□□の結果として主権を獲得した**樺太**の一部及びこれに近接する諸島に対するすべての権利，権原及び請求権を放棄する」とある。　(東洋大)

ポーツマス条約

☑10 **史料** 第3条では,「**琉球**諸島（沖縄）及び**大東諸島を含む**」地域や,「**小笠原群島,西之島及び火山列島を含む**」地域などについて,「**合衆国を唯一の施政権者**とする◻◻◻◻制度の下におく」こととした。 (法政大) | 信託統治制度

☑11 **1952年,台湾の蔣介石政府**との間で◻◻◻◻が結ばれた。また,同年には,講和会議への参加を拒否した**インド**と**日印平和条約**,1954年には**ビルマ**とも**日本・ビルマ平和条約**が締結された。 (東京外国語大) | 日華平和条約

☑12 **史料** ◻ a ◻ の第1条には,「**平和条約及びこの条約の効力発生と同時に,** ◻ b ◻ **の陸軍,空軍及び海軍を日本国内及びその付近に配備する権利を,日本国は許与し,** ◻ b ◻ はこれを受諾する」とある。 (明治大) | a 日米安全保障条約　b アメリカ合衆国

55年体制の成立

☑13 **1954年**に**自衛隊**が発足すると,それを管掌する◻◻◻◻が設置された。 (北海道大) | 防衛庁

☑14 **1952年5月1日**の◻◻◻◻に際し,デモ隊と警官隊の衝突で死者を含む多数の犠牲が出た。その結果,政府は7月,**破壊活動防止法**を制定した。 (立教大) | （血の）メーデー事件〔皇居前広場事件〕

☑15 1950年代の基地反対闘争では,米軍の砲弾試射場設定に反対する**石川県**の◻ a ◻ や,東京都の**立川米軍基地**の拡張に反対する◻ b ◻ が起こった。 (学習院大) | a 内灘事件　b 砂川事件

☑16 **頻出** 1954年の**インド**の◻ a ◻ 首相と**中国**の◻ b ◻ 首相による**平和五原則**では,**主権尊重・相互不可侵・内政不干渉・平等互恵・平和共存**を確認した。 (関西学院大) | a ネルー　b 周恩来

☑17 **AA（アジア・アフリカ）会議**は,その開催地の名称から◻◻◻◻会議とも呼ばれた。 (東京学芸大) | バンドン会議

☑18 **1955年,アメリカのアイゼンハワー**をはじめ,**英・仏・ソ**の首脳が集まり◻◻◻◻と呼ばれる会合が開かれ,**平和共存**の路線が鮮明となった。 (日本大) | ジュネーヴ4巨頭会談

☑19 1954年,**吉田内閣**は,**教育公務員**の政治行為を制限し,**政治的中立**を求める◻◻◻◻を国会に提出した。これに対し各界から反対運動が起こったが,内閣は反対を押し切って成立させた。 (獨協大) | 教育二法

☑ 20 **第 1 次鳩山一郎内閣**は，□□□のみを与党とする少数内閣だが，左右両社会党などの協力で実現した。（関西学院大）

日本民主党

☑ 21 **頻出** 鳩山内閣が安定政権となったのは，保守合同による□□□が与党となり**単独過半数**を確保したことによる。（西南学院大）

自由民主党

☑ 22 1951 年 10 月，**日本社会党**は平和条約への賛否で□ a □と□ b □に分裂したが，**1955 年 10 月**に再統一した。（立教大）

a・b 左派・右派
（順不同）

☑ 23 1956 年 6 月，鳩山内閣のもとで□□□**が改正**された。（早稲田大）

教育委員会法

☑ 24 この改正で，教育委員は**公選制**から□□□**制**に変わった。（成蹊大）

任命制

☑ 25 **史料** □□□には，「日本国とソヴィエト社会主義共和国連邦との間の戦争状態は，この宣言が効力を生ずる日に終了し，両国の間に平和及び友好善隣関係が回復される」とある。（立命館大）

日ソ共同宣言

☑ 26 **史料** さらに「ソヴィエト社会主義共和国連邦は，□□□への加入に関する**日本国の申請を支持する**ものとする」とある。（立命館大）

国際連合

☑ 27 **史料** 領土問題については，ソ連は「□ a □**群島**及び□ b □**島**を日本国に引き渡すことに同意する。ただし，これらの諸島は，日本国とソヴィエト社会主義共和国連邦との間の□ c □が締結された後に現実に引き渡されるものとする」とされた。（青山学院大）

a 歯舞群島
b 色丹島
c 平和条約

保守政権の安定と高度経済成長

冷戦下の世界

☑ 01 1946 年から始まったインドシナ戦争は，東西冷戦に巻き込まれて長期化し，**1954 年**の□□□でようやく停戦した。（早稲田大）

インドシナ休戦協定〔ジュネーヴ協定〕

☑ 02 1963 年，**アメリカ・イギリス・ソ連**の 3 カ国は，**地下実験を除く**核実験の停止などで合意し□□□を締結した。フランス，中国はこれに反対した。（早稲田大）

部分的核実験停止条約

☑03 **1968 年**, 米・英・ソなど 62 カ国が調印した ☐☐☐☐☐ が締結され, **日本**も 1970 年に調印した。　　　　　(法政大)

核(兵器)拡散防止条約〔核兵器不拡散条約〕

☑04 ☐☐☐☐☐ のジスカールデスタン大統領の提唱で, **1975 年**, 第 1 回サミットが開催され, 以後, 毎年開催されることとなった。　　　　　(センター)

フランス

☑05 1976 年, 北ベトナムが南ベトナムを解放して南北統一を果たし, ☐☐☐☐☐ が成立した。　　　　　(日本大)

ベトナム社会主義共和国

安保闘争と保守政権の安定

☑06 **1956 年 12 月**, 鳩山内閣の総辞職後, 自民党総裁選に勝利した ☐☐☐☐☐ **内閣**が発足したが, 病気でまもなく首相は退陣した。　　　　　(青山学院大)

石橋湛山**内閣**

☑07 岸内閣は 1958 年, **治安強化**のために**警察官**の職務質問・集会制限・建物への立ち入りなどの職務を認める ☐☐☐☐☐ の改正を試みたが, 反対運動が激化し**断念**した。　　　　　(学習院大)

警察官職務執行法〔警職法〕

☑08 岸内閣の安保改定に対し, 1959 年には ☐☐☐☐☐ が結成され, 社会党・総評・全学連などが結集した。　　　　　(津田塾大)

安保改定阻止国民会議

☑09 デモは激化し, 警察隊との激しい衝突が繰り返された結果, ☐☐☐☐☐ 米大統領の訪日は中止された。　　　　　(獨協大)

アイゼンハワー

☑10 **史料** ☐ **a** ☐ 第 4 条には「日本国の安全又は ☐ **b** ☐ における国際の平和及び安全に対する脅威が生じたときはいつでも, いずれか一方の締約国の要請により協議する」とある。　　　　　(大阪経済大)

a 日米相互協力及び安全保障条約〔日米新安全保障条約〕
b 極東

☑11 **史料** 第 5 条には「 ☐☐☐☐☐ の施政の下にある領域における, いずれか一方に対する武力攻撃が, 自国の平和及び安全を危うくするものであることを認め, 自国の憲法上の規定及び手続に従って共通の危険に対処するように行動することを宣言する」とあり, **在日米軍**は基地を使用し, 日本に対する武力侵攻などに対し**共同行動をとる**ことが明確になり, 不平等性が是正された。　　　　　(立教大)

日本国

☑ 12 以前の条約は期限が明記されなかったが，新条約は条約の
固定期間を□□年とし，以後**自動延長**とした。

（明治学院大）

10 年

☑ 13 LT貿易とは，□a□と□b□という覚書調印者の名前の
頭文字からとられた名称である。　　　　　（青山学院大）

a・b 廖承志・
高碕達之助
（順不同）

☑ 14 **史料** □a□の第 2 条では，「**一九一〇年**八月二十二日以
前に**大日本帝国**と□b□との間で締結されたすべての条
約及び協定は，**もはや無効である**ことが確認される」とさ
れた。　　　　　　　　　　　　　　　　　　（千葉大）

a 日韓基本条約
b 大韓帝国

☑ 15 **史料** 第 3 条では，「□□□政府は，**国際連合**総会決議第
一九五号（Ⅲ）に明らかに示されているとおりの**朝鮮にあ
る唯一の合法的な政府**であることが確認される」とされた。
　　　　　　　　　　　　　　　　　　　　　（東京女子大）

大韓民国政府

☑ 16 1968 年，沖縄返還に備えて**琉球政府**の主席は**公選制**とさ
れ，初代主席に□□□が選ばれた。　　　　（青山学院大）

屋良朝苗

☑ 17 **史料** □a□第 1 条で，アメリカ合衆国は，「**琉球諸島及び
大東諸島**に関し□b□年九月八日に**サン・フランシスコ市**
で署名された日本国との**平和条約**第 3 条の規定に基づくす
べての権利及び利益を，この協定の効力発生の日から日本
国のために放棄する」とされた。　　　　　　　（佛教大）

a 沖縄返還協定
b 千九百五十一
〔1951〕年

☑ 18 ただし，第 3 条では，1960 年の□□□で認められた，琉
球諸島及び大東諸島における施設及び区域をアメリカ軍が
使用することを許すとされた。　　　　　　　（慶應義塾大）

日米相互協力及
び安全保障条約
〔日米新安全保
障条約〕

☑ 19 **1972 年**の沖縄の祖国復帰に伴い，**県知事**選が行われ，初
代行政府主席であった□□□が**知事**に当選した。
　　　　　　　　　　　　　　　　　　　　　　（早稲田大）

屋良朝苗

☑ 20 沖縄の祖国復帰は実現したが，□□□など大規模な米軍
基地はそのまま残存した。　　　　　　　　　　（早稲田大）

嘉手納基地

☑ 21 1971 年 11 月 24 日，衆議院本会議で議決された**非核三原
則**は，「持たず，□a□，□b□」の 3 つである。
　　　　　　　　　　　　　　　　　　　　　　（津田塾大）

a 作らず
b 持ち込ませず

☑22 日本社会党から分離した**民主社会党**の初代党首は □□□ である。 （青山学院大）

西尾末広

☑23 **アメリカ大統領ニクソン**は □□□ をはかり，1972年，訪中を実現した。 （早稲田大）

米中接近

☑24 [史料] **田中角栄首相**は**1972年**に訪中し，□□□ を発し，その中で「日本側は，過去において日本国が戦争を通じて中国国民に重大な損害を与えたことについての責任を痛感し，深く反省する」とした。 （慶應義塾大）

日中共同声明

☑25 [史料] また，「日本国政府は，□□□ **政府**が**中国の唯一の合法政府**であることを承認する」とした。 （青山学院大）

中華人民共和国

☑26 [史料] また，「中華人民共和国政府は，□□□ が中華人民共和国の領土の不可分の一部であることを重ねて表明する。日本国政府は，この中華人民共和国の立場を十分理解し，尊重」するとした。 （昭和女子大）

台湾

☑27 これは，田中角栄首相と中国の □□□ 首相との会談後に発表された。 （青山学院大）

周恩来

☑28 田中角栄内閣の1973年，□□□ に伴う（第1次）石油危機が世界に衝撃を与えた。 （関西大）

第4次中東戦争

☑29 **三木武夫**内閣の1975年，第1回**先進国首脳会議（サミット）**が開かれた。また同内閣は，□□□ を国民総生産の1％内にする，いわゆる**1％枠**を設定した。 （早稲田大）

防衛費

☑30 [史料] **福田赳夫**内閣のもとで，1978年には □□□ が締結され，第1条で「主権及び領土保全の相互尊重，相互不可侵，内政に対する相互不干渉，平等及び互恵並びに平和共存の諸原則」などを確認した。 （明治大）

日中平和友好条約

☑31 **大平**内閣は，**1979年**，明治時代に始まる**一世一元制**を法的に規定する □□□ を成立させた。 （日本大）

元号法

高度経済成長

☑32 [頻出] □a□ は，**自由貿易の拡大**を目的とし，**関税の引き下げ**などを交渉する組織として発足した。これは**1995年**には格上げされ，□b□ となった。 （青山学院大）

a GATT〔関税及び貿易に関する一般協定〕
b WTO〔世界貿易機関〕

☑ 33 **頻出** **1955 ～ 57 年**の好景気は □ と呼ばれた。（明治大）

神武景気

☑ 34 **1951 年**，□ が**戦前水準を回復**するに至った。
（日本大）

GNP
〔国民総生産〕

☑ 35 **頻出** **1958 ～ 61 年**の好景気は □ と呼ばれる。この間，
池田内閣は**所得倍増計画**を発表した。 （同志社大）

岩戸景気

☑ 36 **1963 ～ 64 年**，**東京オリンピック**の開催を控えての □
が訪れた。 （明治大）

オリンピック景気

☑ 37 **頻出** **1965 年**以降，アメリカの**北爆**などを背景に**ベトナム
特需**が始まった。この景気は当時 □a□ と呼ばれ，日本の
国民総生産（GNP）は，資本主義国で**第□b□位**に達した。
（中央大）

a いざなぎ景気
b 第 2 位

☑ 38 企業の大型合併が進み，**1970 年**には**八幡製鉄**と**富士製鉄**
が合併し，□ が成立した。 （学習院大）

新日本製鉄

☑ 39 戦後の経済成長を支えたのは，**三井・三菱・住友・富士・
三和・第一**の □ である。 （慶應義塾大）

六大企業集団

☑ 40 「**三種の神器**」とは，**電気冷蔵庫**・□・**(黒白) テレビ**
の 3 種の消費財を指す。 （青山学院大）

電気洗濯機

☑ 41 **頻出** 「**3C**」とは，□a□・□b□・**カラーテレビ**の頭文
字Cをとったものである。 （津田塾大）

a・b カー（自家
用車）・クーラー
（順不同）

☑ 42 **自動車**の普及は，**高速道路**の建設と相まって拡大し，交通
手段の中心が自動車となる □ が進んだ。 （高崎経済大）

モータリゼーション

☑ 43 最初の高速道路は **1965 年**開通の □a□ である。**1969 年**
には □b□ が開通した。 （立教大）

a 名神高速道路
b 東名高速道路

☑ 44 農業では簡便な機械が普及したが，その債務に苦しむ
□a□ も進んだ。また男子労働者が農業を捨て，都市に職
を求めたこともあり，農村では □b□ 化が進んだ。
（南山大）

a 機械化貧乏
b 過疎化

☑ 45 農業を主とする農家ではなく，農業を従とする □ が
増加した。 （関西学院大）

第 2 種兼業農家

☑ 46 **石炭**から**石油**へ移行する**エネルギー転換**が進み，石炭業は
不況業種となり，**1960 年**，□ が起こったが，労働側
の敗北に終わった。 （獨協大）

三井三池炭鉱争議

☑ 47 **ドル＝ショック**に対し，**日本・西ドイツ**は，**1971 年**末に
　　　 ＿＿a＿＿ で，**1 ドル＝308 円**とする円の切り上げを決定した。
　　　 同時に，西ドイツマルクも切り上げられた。しかしこのレー
　　　 トは，実際には為替市場で維持されず，日本をはじめ先進
　　　 資本主義国はいずれも ＿＿b＿＿ に移行した。　　（慶應義塾大）

a スミソニアン協定
b 変動相場制

☑ 48 **第 1 次石油危機**で，**OAPEC** が欧米諸国への原油輸出削減
　　　 を実施し，さらに ＿＿a＿＿ が原油価格を大きく引き上げた
　　　 ために，日本では ＿＿b＿＿ や洗剤・灯油などの買いだめ騒
　　　 ぎが起こった。物価は急上昇し，「**狂乱物価**」と呼ばれた。
　　　 　　　　　　　　　　　　　　　　　　　　　　（大妻女子大）

a OPEC〔石油輸
出国機構〕
b トイレットペ
ーパー

☑ 49 **第 2 次石油危機**は，**1979 年**の**イラン革命**に伴って起こっ
　　　 たもので，日本の工業はその対策として ＿＿＿＿＿ 化を進め，
　　　 資源消費型の重厚長大型の経済から，付加価値の高い生産
　　　 に切り替えることに成功した。　　　　　　　（関西学院大）

省エネルギー化

☑ 50 **熊本**の**水俣病**は，新日本窒素肥料（チッソ）水俣工場によ
　　　 る ＿＿＿＿＿ の垂れ流しによって起こった。　　　（中央大）

有機水銀

☑ 51 **富山**の**イタイイタイ病**は，三井金属鉱業の神岡鉱山からの
　　　 ＿＿＿＿＿ の流出による**神通川**の**汚染**が原因である。（福井大）

カドミウム

現代の情勢と文化

現代の世界

☑ 01 1987 年，アメリカとソ連は ＿＿＿＿＿ を締結した。　（立教大）

INF〔中距離核戦
力〕全廃条約

☑ 02 1979 年にイギリスの ＿＿a＿＿ 首相，1981 年にアメリカの
　　　 ＿＿b＿＿ 大統領が登場する。彼らの政策は，「**小さな政府**」
　　　 を目指す**新保守主義・新自由主義**と呼ばれた。　（成蹊大）

a サッチャー
b レーガン

☑ 03 **冷戦の終結**は，**1989 年**の ＿＿＿＿＿ で宣言された。（成蹊大）

マルタ会談

☑ 04 冷戦終結が宣言されたこの会談は，アメリカ大統領 ＿＿a＿＿
　　　 とソ連の ＿＿b＿＿ によるものであった。　　　（慶應義塾大）

a ブッシュ
b ゴルバチョフ

☑ 05 **1989 年**，ドイツの ＿＿a＿＿ が撤去され，＿＿b＿＿ 年 10 月に
　　　 は**東西ドイツが統一**された。　　　　　　　（慶應義塾大）

a ベルリンの壁
b 1990 年

☑06 **ソ連邦の解体**と平行して，**1991 年**には ☐**a**☐ が解体した。ソ連はロシアを中心とする 11 の共和国で構成される ☐**b**☐ という体制に移行した。 (慶應義塾大)

a ワルシャワ条約機構

b 独立国家共同体

現代日本の情勢

☑07 大平首相の選挙戦中の急死もあって，自民党は選挙に大勝し，**1980 年**，☐☐☐☐☐ **内閣**が発足した。 (早稲田大)

鈴木善幸**内閣**

☑08 **鈴木善幸内閣**は 1981 年，第 2 次 ☐☐☐☐☐ を設置し，行財政改革への取り組みを本格化させた。 (慶應義塾大)

臨時行政調査会

☑09 中曽根内閣の行財政改革の一環として，**1985 年**には**電電公社（日本電信電話公社）**が ☐**a**☐ として，**専売公社**が ☐**b**☐ として**民営化**された。そして，1987 年には**国鉄**が **JR（旅客）6 社**と**貨物 1 社**に**分割民営化**された。(慶應義塾大)

a 日本電信電話〔NTT〕

b 日本たばこ産業〔JT〕

☑10 1989 年 1 月，**昭和天皇**の死にともない昭仁親王が即位，☐☐☐☐☐ と改元された。 (青山学院大)

平成

☑11 **リクルート事件**を受けて竹下内閣は総辞職し，☐☐☐☐☐ **内閣**が誕生したが，**参議院選挙**で敗れ**与野党逆転**となり，1989 年 8 月，内閣は総辞職した。 (関西学院大)

宇野宗佑**内閣**

☑12 **海部俊樹内閣**は，自衛隊の**掃海艇**を湾岸戦争の停戦後 ☐☐☐☐☐ に派遣し，**多国籍軍**に対し **130 億ドル以上の資金協力**を行った。 (早稲田大)

ペルシャ湾

☑13 1992 年の ☐☐☐☐☐ **事件**は，自民党の大物政治家への献金，暴力団・右翼との関係が問題となった。 (慶應義塾大)

（東京）佐川急便**事件**

☑14 ☐☐☐☐☐ **内閣**に対し政治改革をめぐり内閣不信任案が提出されると，自民党内からこれに賛成する議員が続出，**不信任案は可決**され，内閣は選挙に臨んだが敗北した。 (慶應義塾大)

宮沢喜一**内閣**

☑15 **細川内閣**の総辞職を受け，☐**a**☐ の党首 ☐**b**☐ を首班とする内閣が発足したが，社会党が組閣中に連立から離脱し少数与党内閣となり，短期間で総辞職した。 (明治大)

a 新生党

b 羽田孜

☑16 **頻出** **村山富市**内閣は ☐**a**☐・**社会党**・☐**b**☐ の **3 党**連立内閣であった。この内閣の **1995 年 1 月**には**阪神・淡路大震災**，同年 3 月に**地下鉄サリン事件**などの**オウム真理教事件**が起こった。 (北海道大)

a・b 自民党〔自由民主党〕・新党さきがけ
（順不同）

8 現代

☑17 **橋本・クリントン会談**の結果，**1996 年**には ▭a▭ が発せられ，アジア・太平洋がその対象とされ，翌年には「新しい日米防衛協力のための指針」（新ガイドライン）が策定された。これに沿って **1999 年**には ▭b▭ が成立した。
（早稲田大）

a 日米安保共同宣言
b 周辺事態安全確保法

☑18 **2001 年** 9 月 11 日の**アメリカ同時多発テロ**に対し，**10 月**，米英は ▭a▭ 攻撃に踏み切った。これはこの国をテロ組織アルカイダの本拠とし，その指導者ビンラディンに対する報復を名目とした。これにあわせ，**小泉内閣**は対テロ戦争への**後方支援**を可能とする時限立法の ▭b▭ を制定，**インド洋への自衛隊の派遣**などを実施した。
（慶應義塾大）

a アフガニスタン
b テロ対策特別措置法

☑19 2003 年 3 月には ▭a▭ が勃発した。**アメリカ大統領ブッシュ**は，大量破壊兵器の排除と**フセイン**の排除を掲げて武力攻撃に踏み切った。これを受けて，小泉内閣は 2003 年 7 月，▭b▭ を制定した。
（慶應義塾大）

a イラク戦争
b イラク復興支援特別措置法

☑20 小泉首相は **2002 年**，**北朝鮮を訪問**し，金正日総書記と会談，▭▭▭ 問題の解決などに取り組んだ。
（慶應義塾大）

（日本人）拉致問題

☑21 **2009 年** 8 月の衆議院議員総選挙で**民主党**が圧勝し，9 月に**鳩山由紀夫内閣**が誕生したが，沖縄の▭▭▭**移設**問題などで行き詰まり短命内閣に終わった。
（南山大）

普天間基地移設問題

☑22 鳩山由紀夫内閣の与党，▭▭▭ は，新進党の解党を受けて，1998 年 4 月に新たに旗揚げした政党である。

民主党

現代の経済・社会

☑23 企業の▭▭▭ が続くなかで，パートタイマーの増加，失業率の増加など，**労働市場**は大きく変容した。
（獨協大）

減量経営

☑24 2 度の**石油危機**を契機とし，マイクロ＝エレクトロニクス（ME）の導入が本格化し，**技術革新**を達成した企業は競争力をつけた。このような改革を▭▭▭ と呼ぶ。
（日本大）

ME 革命

☑25 日本の▭▭▭ は 1985 年以降急増し，1989 年には**世界第 1 位**の額となった。
（津田塾大）

ODA〔政府開発援助〕

☑26 バブル崩壊後の不況は▭▭▭ と呼ばれた。これは複合不況とも呼ばれる複雑で構造的な不況であった。
（青山学院大）

平成不況

☑27 **頻出** **日米貿易摩擦**は, 1969 年から 71 年の**繊維**摩擦, 69 年から 74 年の**鉄鋼・カラーテレビ**摩擦, 79 年以降の ____a____ 摩擦, 86 年の ____b____ 交渉, 88 年には ____c____ ・**オレンジ**の 自由化交渉などが継起した。 （慶應義塾大）

a 自動車
b 半導体
c 牛肉

☑28 1989 年からは _____ が開始され, 1993 年からは日米包括経済協議が開かれた。 （津田塾大）

日米構造協議

☑29 原子力発電関連では, 1995 年の福井県の高速増殖炉「**もんじゅ**」の事故, 1999 年の茨城県の _____, 2011 年の**東電福島第一原子力発電所**の事故が起こった。 （中央大）

東海村臨界事故

現代の文化

☑30 **文化財保護法**制定の契機は _____ の焼損であった。 （関西学院大）

法隆寺金堂壁画

☑31 1949 年, 学会の代表機関として _____ が発足した。 （関西学院大）

日本学術会議

☑32 **1968 年**, 文化・芸術の振興のために _____ が発足した。 （青山学院大）

文化庁

☑33 **頻出** 戦後の政治学では,「超国家主義の論理と心理」などで著名となった _____ が注目された。 （関西学院大）

丸山真男

☑34 _____ の作品『**サザエさん**』など, **漫画**が広く庶民に親しまれるようになった。 （津田塾大）

長谷川町子

☑35 **頻出** 戦後文学では『**俘虜記**』の ____a____,『**斜陽**』の ____b____, 『**細雪**』の**谷崎潤一郎**などが著名である。 （関西学院大）

a 大岡昇平
b 太宰治
　×大

蝦夷地・北海道の歴史

古代

☑01 **黒曜石**の一大産出地にある北海道の◻◻◻◻ **遺跡**からは，**細石器**はじめ多くの石器が出土している。 (中央大)
白滝遺跡

☑02 頻出 本州の弥生文化の時期の**北海道**には，水稲農耕は伝わらず，食料採取経済が続く◻◻◻◻**文化**が展開した。 (千葉大)
続縄文文化

☑03 7世紀以降，◻◻◻◻**土器**を伴う◻◻◻◻**文化**やオホーツク式土器を伴う**オホーツク文化**が併存した。 (同志社大)
擦文

中世

☑04 **中世**には，現在の北海道方面は「◻◻◻◻」と呼ばれていた。 (東京女子大)
蝦夷ヶ島

☑05 13世紀以降，擦文文化やオホーツク文化が融合し，◻◻◻◻**文化**が形成された。 (南山大)
アイヌ文化

☑06 アイヌ文化の代表的な**口承文芸**は◻◻◻◻と呼ばれる**叙事詩**である。 (上智大)
ユーカラ

☑07 「◻◻◻◻」と呼ばれるイオマンテは**アイヌ文化**を象徴する儀礼で，北極を囲む地域に広がる信仰である。 (神奈川大)
熊送り

☑08 ◻◻◻◻**軍**の侵攻に対して**サハリン（樺太）**の**アイヌ**の人々は抵抗し，交戦している。 (同志社大)
元〔モンゴル〕軍

☑09 得宗の支配下にあった津軽の◻◻◻◻**氏**などとアイヌの人々は**十三湊**などでさかんな交易を行っている。 (上智大)
安藤〔東〕氏

☑10 蝦夷ヶ島の◻◻◻◻・**コンブ（昆布）**は日本海沿岸航路を経て**京**，畿内にもたらされた。 (中央大)
サケ〔鮭〕

☑11 14世紀末から15世紀にかけて，和人が道南の**渡島半島**沿岸部に進出し，◻◻◻◻を中心とする居住地を設けていった。 (北海道大)
館

☑ 12 **道南十二館**(どうなんじゅうにたて)などと呼ばれる館のうち，_____からは 37 万枚を超える**埋納**(まいのう)された中国銭が発見されており，貨幣経済が波及していたことが明らかとなった。 (関西大)

志苔館(しのりたて)

☑ 13 頻出 進出した和人たちの圧迫に対して，**1457 年**，大首長_____を中心にアイヌの蜂起が起こった。 (学習院大)

コシャマイン

☑ 14 1457 年の**アイヌ**の蜂起は「_____」の領主蠣崎(かきざき)（武田）氏によって制圧され，以後，同氏は道南の和人居住地の支配者としての地位を確立した。 (早稲田大)

上之国(かみのくに)

☑ 15 蠣崎氏を名乗ることになった_____は **1457 年**の戦いを鎮圧した。 (立教大)

武田信広(たけだのぶひろ)

☑ 16 コシャマインの戦いに勝利した武田信広が築造した_____**跡**からは武家屋敷や工房跡，アイヌの墓地や骨角器，中国産の陶磁器なども出土している。

勝山館(かつやまだて)**跡**

近世

☑ 17 蠣崎氏は近世には_____**氏**を名乗り，**徳川家康**からアイヌとの独占的な交易権を認められ，1 万石待遇の大名として存続した。 (福井大)

松前(まつまえ)**氏**

☑ 18 頻出 **松前藩**の独特な知行制度を_____**制**と呼ぶ。それは上級の家臣に場所を指定して，そこでの**アイヌとの交易権**を与えるものであった。 (学習院大)

商場知行(あきないばちぎょう)**制**

☑ 19 **商場知行制**の展開に伴ってその交易は極端にアイヌに不利な不等価交換となっていった。その結果起こったのが**1669 年**の_____**の戦い**である。 (早稲田大)

シャクシャインの戦い

☑ 20 1669 年の戦いは_____**藩**の協力もあって松前藩が勝利し，以後アイヌは全面的に服従させられることとなった。 (北海道大)

津軽(つがる)**藩**

☑ 21 頻出 18 世紀前期には，**アイヌ**との交易を**商人**に請け負わせ，交易権を持つ藩主や家臣は商人から**運上金**を上納させる_____**制**がとられるようになった。 (中央大)

場所請負(ばしょうけおい)**制**

☑ 22 18 世紀後期になると**商人**たちによる漁場経営が活発化し，アイヌの人々は雇用労働者となり奴隷的な労働を強いられることとなった。1789 年には_____**島**のアイヌが蜂起したが松前藩によって鎮圧された。 (早稲田大)

国後島(くなしりとう)

☑ 23 幕府は 1789 年のアイヌの蜂起の報に対し，アイヌとロシアの連携を危惧した。事実，ロシア人は◻◻◻◻島に上陸してアイヌと交易を行っていた。　　　　　　（日本大）

択捉島

☑ 24 **頻出**「**クナシリ島の蜂起**」とも呼ばれる**アイヌ**蜂起の 3 年後にはロシア使節◻◻◻◻が**根室**に来航した。　　（北海道大）

ラ(ッ)クスマン

☑ 25 **大黒屋光太夫**が謁見した**ロシア**の女帝は◻◻◻である。　　　　　　　　　　　　　　　　　　　　　　（専修大）

エカチェリーナ 2 世

☑ 26 漂流漁民**大黒屋光太夫**のロシアでの見聞をまとめた『**北槎聞略**』の著者は蘭方医◻◻◻◻である。　　　（専修大）

桂川甫周

☑ 27 幕府は◻◻◻◻（寛政 10）**年**，**近藤重蔵・最上徳内**を派遣し，**択捉島**に「**大日本恵登呂府**」の標柱を建てさせた。　（龍谷大）

1798 年

☑ 28 1800 年，幕府は**八王子千人同心** 100 人を**蝦夷地**に入植させ，さらに 1802 年には◻◻◻◻を**直轄地**とし，アイヌの人々を和人に同化させようとした。　　　　　　　　　（立教大）

東蝦夷地

☑ 29 **頻出** 幕府が◻◻◻◻を追い返すと，その報復として**ロシア船**が**樺太・択捉島**を攻撃し銃撃戦となった。　（慶應義塾大）

レザノフ

☑ 30 1807 年，幕府は松前藩を転封し，**全蝦夷地**を**直轄**とし◻◻◻◻**奉行**を**松前奉行**と改めた。　　　　　　（中央大）

箱館奉行

☑ 31 **ゴローウニン事件**が解決し日露関係が安定すると，◻◻◻◻**年**には蝦夷地は**松前藩**に**還付**された。　　（高崎経済大）

1821 年

☑ 32 **ゴローウニン**が帰国後にまとめた『◻◻◻◻』はヨーロッパで評判となり各国語に翻訳された。　　　　　　（早稲田大）

日本幽囚記

近代

☑ 33 **日露和親条約**では**樺太**は両国民の雑居，**択捉島以南を日本領**，◻◻◻◻**島以北を**ロシア領とした。　　（学習院大）

得撫島

☑ 34 **箱館五稜郭**戦争で降伏した**榎本武揚**は，その後，新政府の◻◻◻◻に出仕し，さらに特命全権公使として 1875 年樺太・千島交換条約の締結を実現した。　　　　　　（関西大）

開拓使

☑ 35 **頻出** 1869 年，明治政府は蝦夷地を◻◻a◻◻と改称し，**東京**に◻◻b◻◻を置いた。　　　　　　　　　　（早稲田大）

a 北海道
b 開拓使

☑ 36 北海道の開拓計画がアメリカ式**大農場経営**を目指すこととなったのはアメリカ人◻◻◻◻の意見による。　（慶應義塾大）

ケプロン

☑ 37 **開拓使**が開設した _____ の初代教頭**クラーク**の感化により，内村鑑三・新渡戸稲造などのプロテスタント信者の集団「**札幌バンド**」が誕生した。　　　　　　　(九州大)

札幌農学校

☑ 38 [頻出] 1874 年に始まる _____ 制度は，北辺の警備と開発を目的とした，**士族授産**の意味をも有した施策であった。　　　　　　　(同志社大)

屯田兵

☑ 39 [頻出] 1881 年，開拓使官有物払下げ事件が起こり，開拓使長官**黒田清隆**から _____ の**関西貿易社**への払下げは中止された。　　　　　　　(津田塾大)

五代友厚

☑ 40 1882 年には**開拓使**は廃止され，北海道には __a__ ・ __b__ ・ __c__ の 3 県が置かれた。　　　　　　　(北海道大)

a・b・c 函館・札幌・根室 (順不同)

☑ 41 1886 年には 3 県は廃止され，_____ が発足した。　　　　　　　(福井大)

北海道庁

☑ 42 1899 年，_____ が制定され，同化政策が進められたが，**1997 年**にようやく同法は**廃止**され，**アイヌ文化振興法**が成立した。　　　　　　　(学習院大)

北海道旧土人保護法

琉球・沖縄の歴史

古代

☑ 01 _____ は，**沖縄本島**の南部から発見された更新世の**ほぼ完全な化石人骨**である。　　　　　　　(中央大)

港川人骨

☑ 02 **沖縄本島**から発見された**港川人骨**・_____ は**新人**段階のものと考えられている。　　　　　　　(早稲田大)

山下町洞人〔山下人骨〕

☑ 03 本州の**弥生文化**は**南西諸島**には伝わらず，_____ **文化**と呼ばれる狩猟・採集経済を基盤とする社会が続いた。　　　　　　　(関西学院大)

貝塚〔南島〕文化

中世

☑ 04 [頻出] 12 世紀には農耕が本格化し，各地に _____ と呼ばれる首長が現れ，その拠点には**グスク（城）**が築かれていった。　　　　　　　(立教大)

按司

☑05 14世紀中ごろ，按司たちは [a] ・ [b] ・ [c] の　　a・b・c 北山〔山
3つの勢力，「三山」に統合されていった。　　　　　　（北海道大）　北〕・中山・南山
　　　　　　　　　　　　　　　　　　　　　　　　　　　　　　　　　　　〔山南〕（順不同）

☑06 三山の支配者たちは14世紀後半以降，[＿＿＿] に朝貢の使　　明
者を送った。　　　　　　　　　　　　　　　　　　　（東京女子大）

☑07 **頻出** 1429年，**中山王**[＿＿＿] により**三山**が**統一**され**琉球**　　尚巴志
王国が成立した。　　　　　　　　　　　　　　　　　　（同志社大）

☑08 **頻出** 琉球王国の**首都（王府）**は [a]，その外港の [b]　　a 首里
は中継貿易によって空前の繁栄を誇った。　　　　　　（早稲田大）　b 那覇

☑09 中継貿易の利益は16世紀以降の [＿＿＿] **船**の東アジアへの　　ポルトガル**船**
進出によって奪われていった。　　　　　　　　　　　（中央大）

☑10 沖縄の**古歌謡**は「[＿＿＿]」と呼ばれるが，16世紀から首里　　おもろ
王府で編集が開始され，17世紀には『[＿＿＿] **さ（そ）うし**』
が完成した。　　　　　　　　　　　　　　　　　　　（立教大）

近世

☑11 1609年，[＿＿＿] の派遣した軍隊に制圧され，**尚寧（王）**　　島津家久
は捕虜とされた。　　　　　　　　　　　　　　　　　（同志社大）

☑12 **島津氏**は琉球にも検地・刀狩を実施し，[＿＿＿]（王）を石　　尚寧（王）
高8万9000石の王位につけ，従来からの**中国**との**朝貢貿**
易を続けさせ，輸入品の一部を上納させた。　　　　（明治大）

☑13 中国への朝貢の使節は [＿＿＿] に入港し，その後，陸路を　　福建
とって**北京**に向かった。　　　　　　　　　　　　　（学習院大）

☑14 琉球は島津氏に対して貿易品だけでなく，特産の [＿＿＿]　　黒砂糖
などを上納した。　　　　　　　　　　　　　　　　　（学習院大）

☑15 島津氏の支配下に入った**琉球国王**は，王に就任すると，そ　　謝恩使
れを感謝するための [＿＿＿] を**幕府**に派遣した。　　（立教大）

☑16 **徳川将軍**が交代し，**新将軍**が誕生すると，琉球国王はこれ　　慶賀使
を祝う [＿＿＿] と呼ばれる使節を幕府に派遣した。　（立教大）

☑17 **頻出** 19世紀になると，薩摩藩は財政再建のため**黒砂糖**の　　俵物
専売を強化するだけでなく，**琉球王国**を通じて，[＿＿＿] を
輸出させるなど，密貿易を拡大し利益をあげた。　　（立教大）

☑ 18 [頻出] 1853 年 **4 月**，アメリカ東インド艦隊司令長官 [　a　] の率いる艦隊が琉球王国の [　b　] に寄港，**6 月**には幕府に開国を求めるため**浦賀**に来航した。　　　　　(神奈川大)

a ペリー
b 那覇
<small>な は</small>

☑ 19 1871 年，琉球の漁民が**台湾**に漂着し殺害される事件が発生し，清国がその責任を負うことを拒絶したため，**1874 年**，政府は [　　　] に踏み切った。　　　　　(津田塾大)

台湾出兵〔征台
<small>たいわんしゅっぺい せいたい</small>
の役〕
<small>えき</small>

☑ 20 **台湾出兵**は駐清**イギリス公使** [　　　] の仲介によって，日本の出兵を正当なものとして清国が認めるかたちの和議が成立した。　　　　　(立命館大)

ウェード

☑ 21 明治新政府は琉球王国に対する清国の**宗主権**を否定し，日本領とするため，[　　　] **年，琉球藩**を置いた。　　　(東洋大)

1872 年

☑ 22 [頻出] 1872 年，琉球藩が置かれ，国王 [　　　] は**藩王**と呼ばれることとなった。　　　　　(西南学院大)

尚泰
<small>しょうたい</small>

☑ 23 [頻出] [　a　] **年**，政府は琉球藩・琉球王国を廃止し [　b　] の設置を強行したが，根強い抵抗運動が起こり，清国もこれに反発し**琉球帰属問題**が生じた。　　　　　(津田塾大)

a 1879 年
b 沖縄県
<small>おきなわけん</small>

☑ 24 1879 年のいわゆる「**琉球処分**」に伴う**清国との対立**は，**アメリカ前大統領** [　　　] の調停によって解決に向かったが，最終段階で調印に至らず，失敗に終わった。　　　(法政大)

グラント

☑ 25 日本政府の沖縄県に対する初期の統治方針は「[　　　]」策と呼ばれるように，旧支配者層の支配を認め，人頭税の存続などを認めるものであった。　　　　　(同志社大)

旧慣温存
<small>きゅうかんおんぞん</small>

☑ 26 沖縄県は設置されたが，同県に [　a　] が実施されたのは**1909 年，衆議院議員選挙法**が施行されたのは [　b　] 年であった。　　　　　(立教大)

a 府県制
<small>ふけんせい</small>
b 1912 年

☑ 27 日本政府による沖縄県に対する差別的な扱いに反対し，参政権獲得運動などを展開した [　　　] の活動は弾圧された。　　　　　(慶應義塾大)

謝花昇
<small>じゃはなのぼる</small>

☑ 28 [　　　] は「おもろ」の言語学的研究を通して**沖縄**と呼ばれる総合的な沖縄の歴史・民俗・文学研究の基礎を確立した。　　　　　(学習院大)

伊波普猷
<small>い は ふ ゆう</small>

☑29 **1945 年 4 月**から約 3 カ月間の**沖縄本島**での戦争では，日 本側の死者は軍人・民間人合わせて，少なくとも ☐☐☐☐☐ **人余り**にのぼった。 (神奈川大)

16 万人

☑30 **沖縄戦**では高等女学校などの生徒による「☐☐☐☐」や男子 生徒の「**鉄血勤皇隊**」などの悲劇的な最期もあった。 (東洋大)

ひめゆり部隊

現代

☑31 [頻出] **サンフランシスコ平和条約**により日本は独立国として 主権を回復したが，**琉球諸島を含む南西諸島・小笠原諸島** はアメリカの ☐☐☐☐ 下に置かれた。 (千葉大)

施政権

☑32 **1953 年**には**奄美諸島**が返還され，**1960 年**には ☐☐☐☐ が 結成され，翌年には「**島ぐるみ闘争**」が盛り上がった。 (早稲田大)

沖縄県祖国復帰 協議会

☑33 **1967 年，佐藤栄作首相とアメリカ大統領** ☐☐☐☐ との会談 の結果，アメリカは沖縄の祖国復帰への希望に対し理解を 示す姿勢を**共同声明**の中で示した。 (上智大)

ジョンソン

☑34 1968 年には**小笠原諸島**が返還されたが，この年，初の**公 選**による**琉球政府**主席として ☐☐☐☐ が当選した。 (立教大)

屋良朝苗

☑35 **1969 年，佐藤栄作首相とアメリカ大統領** ☐☐☐☐ の首脳会 談で「**核抜き**」での沖縄返還が合意され，**日米共同声明**が 発せられた。 (早稲田大)

ニクソン

☑36 [頻出] 1971 年， ☐☐☐☐ が調印され，翌 72 年に発効して沖 縄の日本復帰が実現したが，**嘉手納基地**など，広大なアメ リカ軍基地は存続することとなった。 (青山学院大)

沖縄返還協定

☑37 1971 年，沖縄返還協定の締結に際して，衆議院本会議で， 政府は**核兵器**を「**持たず，作らず，持ち込ませず**」という， いわゆる ☐☐☐☐ を遵守することが決議された。 (明治学院大)

非核三原則

女性史

古代

☑ 01 **頻出** 縄文時代の ◻︎ には**女性**を象ったものが多い。

（立命館大）

土偶

☑ 02 卑弥呼は**魏**に使節を送り，「◻︎」の称号を与えられた。

（新潟大）

親魏倭王
×委

☑ 03 卑弥呼は ◻︎ **国**との戦争に際し，**魏**から黄幢や檄を贈られた。

（立命館大）

狗奴国

☑ 04 **266 年**に ◻︎a◻︎ に遣使した「**倭の女王**」は卑弥呼の後継者 ◻︎b◻︎ と考えられている。

（同志社大）

a 西晋
b 壱与〔台与〕

☑ 05 **崇峻天皇**が**蘇我馬子**に殺されると，初の女性の天皇として ◻︎ 天皇が擁立された。

（近畿大）

推古天皇

☑ 06 推古天皇は ◻︎ **天皇**の娘，用明天皇の同母妹にあたる。

（早稲田大）

欽明天皇

☑ 07 **頻出** **乙巳の変**で孝徳天皇に皇位を譲った ◻︎a◻︎ **天皇**は，**655 年**，◻︎b◻︎ **天皇**として**重祚**した。

（慶應義塾大）

a 皇極天皇
b 斉明天皇

☑ 08 **百済の再興**を目指した ◻︎ **天皇**は，自ら西征に向かったが，**661 年筑紫朝倉宮**で急死した。

（国士舘大）

斉明天皇

☑ 09 「**熟田津尓　船乗世武登　月待者　潮毛可奈比沼　今者許藝乞菜**（『万葉集』）」という ◻︎ の歌は，**斉明天皇**の西征に随行した際，現在の松山のあたりで詠まれたものとされる。

（青山学院大）

額田王

☑ 10 天武天皇の没後，皇后の ◻︎ が続いたが，草壁皇子が死去したため，**690 年**皇后は**持統天皇**として即位した。

（立教大）

称制

☑ 11 **頻出** 持統天皇は**飛鳥浄御原令**を施行し，**藤原京**遷都を実現し，**697 年**に孫の ◻︎ **天皇**に譲位した。 （学習院大）

文武天皇

☑ 12 令制では **6 歳以上**の**良民女子**には一人当たり ◻︎a◻︎ **段** ◻︎b◻︎ **歩**の口分田が，◻︎c◻︎ と女子の**家人**には 160 歩が与えられることとされた。

（中央大）

a 1 段
b 120 歩
c 私婢

☑13 **文武天皇の没後**，その孫 首 皇子への皇位継承を実現する
ために，中継ぎとして [a] **天皇**・[b] **天皇**と2代の
女帝が擁立された。 　　　　　　　　　　　　　　　　（中央大）

a 元明天皇
b 元正天皇

☑14 藤原不比等の娘**光明子**は [　　] の直後に聖武天皇の**皇后**
とされたが，これは皇族以外から立てられた最初の皇后で
あった。 　　　　　　　　　　　　　　　　　　　　　（上智大）

長屋王の変

☑15 **光明皇后の母**は708年に**橘**姓を与えられた [　　] である。
　　　　　　　　　　　　　　　　　　　　　　　　　　（立教大）

県犬養[橘]三千代

☑16 745年，紫香楽宮から**平城京に還都**される際，**光明皇后**は
父から譲られた邸宅を施入して [　　] **寺**とした。
　　　　　　　　　　　　　　　　　　　　　　　　　　（早稲田大）

法華寺

☑17 聖武天皇が孝謙天皇に譲位すると，**光明皇太后**のために
[　　] が置かれ，その長官には**藤原仲麻呂**がついた。
　　　　　　　　　　　　　　　　　　　　　　　　　　（学習院大）

紫微中台

☑18 頻出 光明皇后の仏教信仰に基づく**社会事業**として，**孤児
や貧窮者**を救済するための [a] や，貧窮者の**治療**のた
めの [b] の設置が有名である。 　　　　　　　　　（京都大）

a 悲田院
b 施薬院

☑19 頻出 749年に即位した孝謙天皇は758年には淳仁天皇に
位を譲ったが，764年，恵美押勝の乱後，[a] **天皇**とし
て**重祚**し，**道鏡**を信任し，[b] **寺**の建立など，仏教重視
の政治を進めた。 　　　　　　　　　　　　　　　（東京学芸大）

a 称徳天皇
b 西大寺

☑20 **桓武天皇の母**は渡来系の [　　] であるが，立太子された
のは父光仁天皇が皇后井上内親王・皇太子他戸親王を廃し
た後であった。 　　　　　　　　　　　　　　　　　（早稲田大）

高野新笠

☑21 頻出 **藤原仲成**とその妹**藤原** [　　] らが目指した平城太上
天皇の重祚は，嵯峨天皇側の**藤原冬嗣**らによって阻止され
た。 　　　　　　　　　　　　　　　　　　　　　　　（中央大）

藤原薬子

☑22 **嵯峨天皇の皇后** [　　] は橘氏子弟のため大学別曹として
学館院を創立し，檀林皇后と称された。 　　　　　（早稲田大）

橘嘉智子

☑23 8世紀末から女性の比率が異常に高い「[　　]」と呼ばれ
る戸籍が増加し，戸籍制度の弛緩とともに中央への調庸の
未進などが顕在化した。 　　　　　　　　　　　　（東京女子大）

偽籍

☑ 24 『蜻蛉日記』は作者 _____（藤原倫寧の娘）が藤原兼家との結婚生活の苦悩を日記の形式で回想するもので，女性の日記文学の最初の作品となった。 （明治大）

藤原道綱の母

☑ 25 **頻出** 『源氏物語』の作者**紫式部**は一条天皇の中宮 _____（藤原道長の娘）に仕えた女房である。 （立命館大）

（藤原）彰子

☑ 26 『枕草子』の作者**清少納言**は一条天皇の中宮（皇后）_____（藤原道隆の娘）に仕えた女房である。 （早稲田大）

（藤原）定子

☑ 27 **頻出** **菅原孝標の女**の『_____』は，作者が 13 歳の時，上総介の任期が終了して帰京する父に同道した旅の記録から始まっている。 （中央大）

更級日記

☑ 28 平安時代の貴族女性の正装は _____ で，唐衣・裳を基本に表着・打衣・衣・単・打袴・襪などからなるものであった。 （明治大）

女房装束〔十二単〕

中世

☑ 29 父鳥羽天皇と母美福門院から莫大な所領を譲られた _____ の財産（_____ 領）は，鎌倉時代には**大覚寺統**の経済基盤となった。 （日本女子大）

八条院

☑ 30 平清盛の娘**徳子**（建礼門院）は _____ 天皇の中宮となり，その子は 3 歳で即位し**安徳天皇**となった。 （同志社大）

高倉天皇

☑ 31 **頻出** 源実朝の没後，幕府の実権を掌握した _____ は，「**尼御台所**」「**尼将軍**」「**二位尼**」などと呼ばれ，**摂関家**から後継将軍を迎え，**承久の乱**にも勝利して幕政の強化を実現した。 （上智大）

北条政子

☑ 32 鎌倉時代の**御家人層の女性**は男性と変わらぬ財産権を認められたが，分割相続による所領の細分化が進むと，父母などから譲られた所領の所有権を生存中にのみ限定する，「女子 _____」と呼ばれる形態がとられることが多くなった。 （中央大）

一期分

☑ 33 _____ の『**十六夜日記**』は一族内の所領争いの訴訟のために京から**鎌倉**に下った際の**紀行**，仮名日記である。 （津田塾大）

阿仏尼

☑ 34 頻出 将軍足利義政の後継が弟の義視に決定された翌年，□□□□が足利義尚を産んだことが，後に応仁・文明の大乱勃発の背景となった。 （中央大）

日野富子

☑ 35 薪などを頭に載せて行商した □ a □ や，鮎など川魚の行商に始まる □ b □ は代表的な女性の行商人である。 （京都府立大）

a 大原女
b 桂女

近世

☑ 36 大坂城落城に際して豊臣秀頼とともに自害した生母の□□□□は，浅井長政と織田信長の妹お市の方の子であった。 （京都大）

淀君

☑ 37 江戸幕府は関東の関所において「□□□□」を厳しく取り締まった。 （近畿大）

入鉄砲に出女

☑ 38 1629 年，後水尾天皇は突然譲位し，中宮東福門院（徳川□ a □）を生母とする娘に位を譲った。この □ b □ 天皇は，称徳天皇以来，859 年ぶりの女帝であった。 （青山学院大）

a 徳川和子
b 明正天皇

☑ 39 歌舞伎の始祖とされるのは出雲□□□□であるが，その後，女歌舞伎・若衆歌舞伎を経て成立した野郎歌舞伎は男性のみの演劇となった。 （中央大）

出雲阿国

☑ 40 頻出 江戸時代の女性の道徳教育のための女訓書は，□□□□の『和俗童子訓』をもととする『女大学』などで，男尊女卑を前提とし，貞節などを説くものであった。 （明治大）

貝原益軒

☑ 41 頼山陽に学んだ□□□□は，近世では数少ない女性の漢詩人・画家であった。

江馬細香

近代

☑ 42 頻出 公武合体運動を進める幕府は，孝明天皇の妹□□□□（親子）を 14 代将軍徳川家茂の夫人に迎えた。 （津田塾大）

和宮

☑ 43 天理教は□□□□が神がかったことに始まる代表的な教派神道の 1 つである。 （立教大）

中山みき

☑ 44 細井和喜蔵の『□□□□』（1925 年刊）は女工の苛酷な労働の実態を記録したもので大きな反響を呼んだ。 （早稲田大）

女工哀史

☑ 45 富岡製糸場で製糸技術を習得した◻◻◻の回想記『**富岡日記**』は，初期の同工場の実態を伝える貴重なものである。

(法政大)

和田英

☑ 46 1886 年，甲府の◻◻◻で発生した**女工のストライキ**は早い段階での労働争議として注目されている。 (立命館大)

雨宮製糸場

☑ 47 **女性**の**民権運動家**として有名な◻◻◻は，自由党副総理中島信行と結婚した後も各地の遊説などを行い，『**女学雑誌**』の記者としても活躍した。 (早稲田大)

岸田俊子

☑ 48 岸田俊子の演説を機に**自由民権運動**に加わった◻◻◻は，1885 年，**大阪事件**で逮捕，投獄された。その著作に『**妾の半生涯**』がある。 (同志社大)

景山〔福田〕英子

☑ 49 1886 年，**矢島楫子**らは◻◻◻を結成し，**禁酒・禁煙運動**や**廃娼運動**などを通して**女性の地位の向上**を訴え，第一次世界大戦後には婦人参政権獲得運動にも参加した。

(関西学院大)

(日本キリスト教婦人)矯風会

☑ 50 キリスト教に入信し女性解放や女子教育の改善に尽力した◻ a ◻は，1885 年には日本で最初の**女性向け**の**雑誌**『◻ b ◻』を創刊した。 (同志社大)

a 巌本善治
b 女学雑誌

☑ 51 雑誌『**家庭之友**』(改題『**婦人之友**』)を創刊し，生活の合理化と夫婦を中心とした新しい家庭づくりを唱えた◻◻◻は 1921 年には**自由学園**を創立し，生活とすべての教科指導を一体化した新しい教育活動を展開した。 (立教大)

羽仁もと子

☑ 52 明治政府の目指す高等女子教育は 1899 年の高等女学校令によって制度的に確立したが，その目標は◻◻◻の育成であった。 (上智大)

良妻賢母

☑ 53 岩倉遣外使節とともに渡米した女子留学生**津田梅子**は1900 年，◻◻◻(現津田塾大学)を創設した。 (成城大)

女子英学塾

☑ 54 1901 年**成瀬仁蔵**は◻ a ◻を創設，1918 年にはプロテスタント系キリスト教会各派が協力して◻ b ◻が設立された。

(立命館大)

a 日本女子大学
b 東京女子大学

☑ 55 **頻出** 小説『**たけくらべ**』で脚光を浴びた◻ a ◻や，歌集『**みだれ髪**』などで歌壇に新時代をもたらした◻ b ◻は明治時代を代表する文学者である。 (立命館大)

a 樋口一葉
b 与謝野晶子

☑56 日露戦争時の反戦詩として有名な与謝野晶子の「君死にたまふこと勿れ」は雑誌『＿＿＿』に掲載されて論議を呼んだ。 (関西大)

明星（みょうじょう）

☑57 **頻出** 1911 年に＿＿＿らは雑誌『青鞜（せいとう）』を発刊し，文学を通して女性解放運動を進めようとした。 (学習院大)

平塚らいてう（ひらつからいちょう）〔明〕（はる）

☑58 **頻出** 1920 年に発足した＿＿＿は，女性の団結・進歩向上・権利獲得を目指して**平塚らいてう・市川房枝**らにより結成された団体である。 (中央大)

新婦人協会（しんふじんきょうかい）

☑59 日本で最初の**社会主義婦人団体**として 1921 年に結成された＿＿＿には，顧問として**山川菊栄・伊藤野枝**（やまかわきくえ　いとうのえ）が加わったが，同会は 8 カ月で解散してしまった。 (東京外国語大)

赤瀾会（せきらんかい）

☑60 無産婦人運動の先頭に立った＿＿＿は，第二次世界大戦後，片山哲内閣のもとで**労働省の初代婦人少年局長**に就任した。 (東京外国語大)

山川菊栄（やまかわきくえ）×枝

☑61 関東大震災後の際，社会主義者として検束された ＿a＿は夫の**大杉栄**（おおすぎさかえ）とその甥とともに，即日，東京憲兵隊本部で虐殺された（＿b＿事件）。 (学習院大)

a 伊藤野枝（いとうのえ）×東×栄
b 甘粕事件（あまかす）

☑62 1918 年，**富山県魚津町**（うおづ）の漁民の主婦たちが立ち上がった，いわゆる「＿＿＿」が発端となり**米騒動**が全国に波及した。 (慶應義塾大)

（越中）女一揆（おんないっき）

☑63 **頻出 女性の政治活動**を禁じた＿＿＿第 5 条の改正を求める婦人団体などの要求が高まるなかで，1922 年，同法第 5 条改正案が議会を通過し，**女性の政治活動**が可能となった。 (法政大)

治安警察法（ちあんけいさつほう）

☑64 **新婦人協会**などの要求に応じて**治安警察法の一部改正**が実現すると参政権運動が本格化し，1924 年には＿＿＿が結成され，翌年には**婦選獲得同盟**と改称された。 (明治大)

婦人参政権獲得（ふじんさんせいけんかくとく）期成同盟会（きせいどうめいかい）

☑65 明治時代には女性の髪型も江戸時代の日本髪にかわって便利な＿＿＿が現れ普及していった。 (福井大)

束髪（そくはつ）

☑66 第一次世界大戦後，**タイピスト・電話交換手**などの仕事につく「＿＿＿」と呼ばれる女性が増加した。 (立教大)

職業婦人（しょくぎょうふじん）

☑67 第一次世界大戦後，山高帽（やまたかぼう）にステッキで都市を闊歩（かっぽ）する
「 a 」や断髪にスカートの「 b 」が現れた。

（早稲田大）

a モダンボーイ
〔モボ〕

b モダンガール
〔モガ〕

☑68 大正末から昭和にかけて**新聞の大量発行**や**雑誌ブーム**が起
こったが，そのなかには**女性を対象とした雑誌**『 』
もあった。

（日本大）

主婦之友（しゅふのとも）

☑69 **満州事変以後**の戦争期にはさまざまな戦争協力団体が結成
されたが，**女性の団体**としては，陸軍省が後援した
が最大規模のものであった。

（早稲田大）

大日本国防婦人（だいにっぽんこくぼうふじん）会（かい）

現代

☑70 マッカーサーから 首相に口頭で伝えられた**五大改
革指令**の1つに婦人への参政権の付与があった。

（神奈川大）

幣原喜重郎（しではらきじゅうろう）
×弊

☑71 **頻出** 1889年の衆議院議員選挙法は男子のみに選挙権を認
めたが， a 年12月，同法は改正され， b が実現
した。

（東京外国語大）

a 1945年

b 婦人参政権（ふじんさんせいけん）

☑72 婦人参政権獲得期成同盟会を結成して婦人参政権運動の先
頭に立ち続けた は，戦後も5期にわたって参議院
議員として女性の地位向上に尽力した。

（北海道大）

市川房枝（いちかわふさえ）

☑73 **頻出** いわゆる「**6・3・3・4制**」の単線型学校体系を定めた基
本的な法律である によって，教育の**機会均等**や**男
女共学**が実現することとなった。

（立命館大）

学校教育法（がっこうきょういくほう）

☑74 1948年に を会長に**主婦連合会（主婦連）**が結成さ
れ，値上げ反対のデモの際，しゃもじをプラカードに掲げ
るなどの手法をとり，**女性による消費者運動**の先頭に立っ
た。

（早稲田大）

奥（おく）むめお

☑75 戦後も続く雇用における女性差別の撤廃を目的として
1985年， が制定されたが，これは「国連婦人の10
年」における日本国内の取組みの1つであった。

（東京外国語大）

男女雇用機会均（だんじょこようきかいきん）等法（とうほう）

史学史

古代

☑ 01 6世紀には**大王（天皇）の系譜や事績**をまとめた『　a　』，
神話や氏族の伝承，説話をまとめた『　b　』が成立した
と考えられる。　　　　　　　　　　　　　　　（同志社大）

a 帝紀
　×記
b 旧辞

☑ 02 推古朝には**厩戸王**（聖徳太子）と**蘇我馬子**によって
『　a　』・『　b　』がまとめられたとされる。
　　　　　　　　　　　　　　　　　　　　　　（愛知教育大）

a・b 天皇記・国記
（順不同）×紀

☑ 03 頻出 **天武天皇**の命により始まった修史事業は，**712年**に
は『　a　』，**720年**には『　b　』として実現した。
　　　　　　　　　　　　　　　　　　　　　　（青山学院大）

a 古事記
b 日本書紀

☑ 04 頻出 『**古事記**』は，**天武天皇**が　a　に命じてよみならわ
せた歴史を　b　が筆録したものである。　（青山学院大）

a 稗田阿礼
　×婢
b 太安万侶〔安麻呂〕
　×大

☑ 05 『**古事記**』は神代から＿＿＿＿**天皇**までの歴史を，**漢字の音
と訓**を使った**日本語（ヤマト言葉）**表記で叙述している。
　　　　　　　　　　　　　　　　　　　　　　（法政大）

推古天皇

☑ 06 頻出 『**日本書紀**』は神代から　a　**天皇**までを対象とし，
漢文で書かれた　b　体の**正史**である。　（上智大）

a 持統天皇
b 編年体

☑ 07 『**日本書紀**』に始まり，**901年**に成立した最後の『＿＿＿＿』
までの正史は**六国史**と総称される。　　（東京学芸大）

日本三代実録

☑ 08 **713年**，地理，郡郷名の由来，産物，古老の伝承などをま
とめた『＿＿＿＿』の撰進が諸国に命じられた。　（明治大）

風土記

☑ 09 完本として現存するのは　a　国風土記のみであるが，
他に，脱落や省略のある　b　・**播磨・豊後・肥前**の風土
記が現存し，これらを総称して**五風土記**と呼んでいる。
　　　　　　　　　　　　　　　　　　　　　　（高崎経済大）

a 出雲国風土記
b 常陸

☑ 10 『**日本書紀**』に続く**2番目の正史**は『＿＿＿＿』で，**編年体**で
文武天皇から**桓武**天皇の**791（延暦10）年**までを範囲とし
ている。　　　　　　　　　　　　　　　　　（関西学院大）

続日本紀

☑11 **六国史**とは『日本書紀』・『続日本紀』・『日本後紀』・『続日本後紀』・『　　　　』・『日本三代実録』の6つの正史の総称である。　　　　　　　　　　　　　　　　（東京学芸大）

日本文徳天皇実録

☑12 [頻出] 六国史の最後となった『**日本三代実録**』は　a　年に完成したが，その編者の中心は**藤原**　b　らである。　　　　　　　　　　　　　　　　　　（中央大）

a 901年
b 藤原時平

☑13 『**日本三代実録**』の「**三代**」とは，　a　・　b　・　c　天皇を指す。　　　　　　　　　　（早稲田大）

a 清和
b 陽成
c 光孝

☑14 **菅原道真**が**六国史**の記事を神祇・帝王などの項目ごとに分類，編纂した史書が『　　　　』である。　　　（立命館大）

類聚国史
×集

☑15 平安時代の貴族は，**陰陽寮**で作成され配布された　　　　　と呼ばれる**暦**の余白を使って**日記**を書くことが多かった。　　　　　　　　　　　　　　　　　　　　（立教大）

具注暦

☑16 **藤原実資**の日記『　　　　』は藤原**道長**の「**望月の歌**」が記されていることでよく知られているが，多くの記事は摂関最盛期の儀式を中心に当時の中央政治の実際を記録したものである。　　　　　　　　　　　　　　　　　（東京学芸大）

小右記

☑17 **藤原道長**の日記『　　　　』の半分近くは**具注暦**に記されており，その自筆本は国宝に指定されている。　（同志社大）

御堂関白記

☑18 「**悪左府**」と呼ばれた**左大臣**　　　　　の日記である『**台記**』は鳥羽院政期の政治・社会の動きを伝える一級史料である。　　　　　　　　　　　　　　　　　　　　（上智大）

藤原頼長

☑19 合戦を素材とした文芸作品を　a　と呼ぶが，その嚆矢とされるのは，**承平・天慶の乱**の中心人物の半生を描いた『　b　』や，『**陸奥話記**』である。　　　　（京都府立大）

a 軍記物語
b 将門記

☑20 [頻出] 『**陸奥話記**』は　　　　　の経緯を記したもので**軍記物語**の先駆をなすものである。　　　　　　　　　　（中央大）

前九年合戦

☑21 『栄花物語』など，史実を素材に，仮名書きで物語風に著した作品を　　　　　と呼ぶ。　　　　　　　　　（新潟大）

歴史物語

☑22 [頻出] **四鏡**と呼ばれるのは，『　a　』・『**今鏡**』・『**水鏡**』・『　b　』のことで，若者が長寿の老人の会話を聞き，記録するという形式をとる物語である。　　　　（中央大）

a 大鏡
b 増鏡

☑ 23 『大鏡』・『今鏡』は [a] 体をとるが, 他は [b] 体の形
式をとっている。　　　　　　　　　　　　　　（津田塾大）

a 紀伝体
b 編年体

☑ 24 歴史物語の最初の作品である『[　　　]』は正編は宇多天皇
の時代から藤原道長の死までを**編年体**で描いたもので, 道
長に対する讃美的な記述が際立っている。　　（明治学院大）

栄花〔華〕物語

☑ 25 **頻出** 藤原冬嗣から道長までの歴史を, 大宅世継と夏山繁
樹という 2 人の老人の会話に若侍が口をはさむという形式
でまとめた『[　　　]』は, 政争にからむ貴族たちを客観的
に, 生き生きと描いている。　　　　　　　　（関西大）

大鏡

☑ 26 『[a]』に続く『[b]』は**後一条天皇**から**高倉天皇**ま
での 146 年間を**紀伝体**で記すものである。　（慶應義塾大）

a 大鏡
b 今鏡

☑ 27 『**本朝文粋**』の撰者として有名な [　　　] の『**新猿楽記**』は
11 世紀半ばの京における**猿楽**見物を場に設定し, さまざ
まな芸能や職能民を紹介する貴重な著作である。

（早稲田大）

藤原明衡

☑ 28 鳥羽院の命で藤原通憲 (信西) が編纂を開始した『[　　　]』
は, 宇多天皇紀以外は未完成に終わっている。　（同志社大）

本朝世紀

☑ 29 比叡山の**皇円**がまとめたともいわれる『[　　　]』は, 神武
天皇から堀河天皇の 1094 (嘉保 1) 年までを扱う, **仏教史**
を中心とする**編年体**の史書である。　　　　　（上智大）

扶桑略記

☑ 30 **頻出** 12 世紀前半には 1000 話以上もの説話を集成した
『[　　　]』が編まれている。　　　　　　　　（中央大）

今昔物語集

☑ 31 **頻出** **九条 (藤原) 兼実**の日記『[　　　]』は平氏の台頭から
鎌倉幕府の成立に至る激動期を知るための一級史料である。

（明治大）

玉葉

☑ 32 鴨長明の随筆『[　　　]』には平氏の**福原遷都**や**養和の飢饉**
など鎌倉初期の事件や災害の様子が記録されている。

（立教大）

方丈記

中世

☑ 33 『**新古今和歌集**』の撰者の一人, 藤原定家の**日記**は『[　　　]』
である。　　　　　　　　　　　　　　　　　　（関西大）

明月記

☑ 34 **頻出** 鎌倉幕府研究の基本史料とされている『[＿＿＿＿]』は,　吾妻鏡
幕府の前半期の出来事が簡略化された漢文（和漢文）によ
る**編年体**で書かれたものである。　　　　　　　　（上智大）

☑ 35 **頻出** 慈円の『[＿＿＿＿]』は, 国の始まりから承久の乱直前　愚管抄
までの歴史を,「**道理**」を究明しようとして書かれたもので,
本格的な**史論書**の最初として注目されている。　（津田塾大）

☑ 36 [＿＿＿＿]は五摂家の１つ, 日記『**玉葉**』をのこした**九条兼実**　慈円
の弟である。　　　　　　　　　　　　　　　　（東京経済大）

☑ 37 12 世紀後半の成立とされる『[＿＿＿＿]』は, 仙人からの伝　水鏡
聞という形態で,『**大鏡**』**以前**の神武天皇から仁明天皇の
850（嘉祥 3）年までを扱う**四鏡**の１つである。　（同志社大）

☑ 38 12 世紀前半の『**今昔物語集**』につぐ説話集の大作　古今著聞集
『[＿＿＿＿]』は, 1254 年, **橘成季**の撰である。　（中央大）

☑ 39 『**方丈記**』とともに代表的な随筆とされる吉田兼好の　徒然草
『[＿＿＿＿]』は鎌倉末期の宮廷社会や京都とその周辺の暮ら
し, 風俗を知る上で貴重な史料である。　　　　　　（上智大）

☑ 40 鎌倉中期の説話集『[＿＿＿＿]』は著者の**無住（一円）**が, 仏　沙石集
の教えを平易な話題から説き明かしたことで, 広く読まれ,
中世後期以降の人々に大きな影響を与えた。　　（同志社大）

☑ 41 鎌倉時代の**軍記物語**には, 崇徳院の怨霊化や**源為朝**の英雄　保元物語
化の叙述で注目される『[＿＿＿＿]』や『**平治物語**』がある。
　　　　　　　　　　　　　　　　　　　　　　　（津田塾大）

☑ 42 鎌倉時代の代表的な**軍記物語**である『**平家物語**』は,　琵琶法師
[＿＿＿＿]の語りによって多くの人々に享受された。
　　　　　　　　　　　　　　　　　　　　　　　（学習院大）

☑ 43 『**平家物語**』を琵琶法師が語る芸能を[＿＿＿＿]と呼ぶが, そ　平曲
の様式は南北朝期には完成した。　　　　　　　　（同志社大）

☑ 44 **頻出** 北畠親房が 1339 年に**常陸国小田城**で執筆した　神皇正統記
『[＿＿＿＿]』は, 後村上天皇に至る**南朝**の皇位継承を**正統**と
する立場を説明するものであった。　　　　　　（京都産業大）

☑ 45 南北朝期に成立した**軍記物語**『[＿＿＿＿]』は**足利氏**を中心に,　梅松論
承久の乱から鎌倉幕府の滅亡, 新田義貞の金崎城落城まで
を扱う, **武家側**から書かれたものである。　　　　（国士舘大）

☑ 46 <u>頻出</u> 代表的な**軍記物語**である『〔　　〕』は，**後醍醐天皇**の　　太平記
即位から足利義満の登場までを扱っており，後世の歴史認
識に多大な影響を与えるものとなった。　　　　　　　（中央大）

☑ 47 九州探題として有名な**今川了俊（貞世）**の『〔　　〕』と呼　　難太平記
ばれる著作は，同氏の由緒と勲功を子孫に伝えるための著
作で，『**太平記**』の記述の**誤り**を**指摘**した部分が注目される。
　　　　　　　　　　　　　　　　　　　　　　　　　（明治学院大）

☑ 48 <u>頻出</u> 14 世紀半ばに成立した『〔　　〕』は，1180（治承 4）　　増鏡
年の**後鳥羽天皇**の誕生から 1333（元弘 3）年の鎌倉幕府滅
亡と**後醍醐天皇**の**隠岐**からの**帰京**までを，公家社会の側か
ら描いたものである。　　　　　　　　　　　　　　　（中央大）

近世

☑ 49 <u>頻出</u> 江戸幕府が**林羅山・鵞峰**に編纂させた『〔　　〕』は，　　本朝通鑑
漢文・**編年体**で神代から後陽成天皇に至る時期を，史料を
博捜し，**儒学的合理主義**の立場で叙述している。　（早稲田大）

☑ 50 **徳川光圀**の命により 1657 年に着手してから，1906（明治　　大日本史
39）年までかかって完成した『〔　　〕』は漢文，**紀伝体**の
史書として有名である。　　　　　　　　　　　　　（津田塾大）

☑ 51 『**大日本史**』編纂のための史局〔　　〕からは「水戸学」と　　彰考館
呼ばれる学問が発達した。　　　　　　　　　　　　　（関西大）

☑ 52 『**大日本史**』は大友皇子を皇位に加え，皇統については　　南朝
〔　　〕を正統としている。　　　　　　　　　　　（立命館大）

☑ 53 **古学派**の先駆者とされる**山鹿素行**は，その著『〔　　〕』で，　　中朝事実
万世一系の天皇が続く日本は，王朝の交代が繰り返された
中国よりすぐれた国であり，日本こそが中華だと主張した。
　　　　　　　　　　　　　　　　　　　　　　　　　（上智大）

☑ 54 山鹿素行はその著『〔　　〕』で，武家政治の歴史をまとめ　　武家事紀
るとともに，現実の武家政治や武家の生活に参考となる事
柄を広く取り上げている。　　　　　　　　　　　　　（法政大）

☑ 55 **琉球王国**では，1650（清の暦では順治 7）年，**向象賢**によ　　中山世鑑
り和文体の正史『〔　　〕』が編纂された。

☑ 56 **徳川光圀**の求めにより**契沖**が完成させた『〔　　〕』はその　　万葉代匠記
後の国学の発達の契機となった。　　　　　　　　　　（松山大）

☑ 57 **頻出** 新井白石の『[____]』は将軍徳川家宣に対する白石の日本史の講義案をもとに著されたものである。

(明治大)

読史余論

☑ 58 『**読史余論**』は「[____]」論と呼ばれる独自の時代区分をとり，江戸幕府成立の必然性を主張した史書である。

(同志社大)

九変五変

☑ 59 新井白石の『[____]』は**神代から神武天皇**に至るまでの伝承を，朱子学の合理主義から検討し，神を人と捉えて**記・紀の神話**を解釈したものである。

(同志社大)

古史通

☑ 60 新井白石が甲府藩主徳川綱豊（6代将軍家宣）の命で**諸大名家の家譜**をまとめた著作は『[____]』である。 (早稲田大)

藩翰譜

☑ 61 **頻出** 本居宣長の『[____]』はその全巻を訓読し，詳細な注を施した，初めての注釈書で，**国学**の成立を象徴するものであった。

(同志社大)

古事記伝

☑ 62 **塙保己一**が始めた出版事業は『[____]』として結実し，正編が1819年に完成し，その後も続編の刊行が続けられた。

(上智大)

群書類従
×郡 ×聚

☑ 63 **塙保己一**の建議により設けられた[____]は『**群書類従**』の編纂事業などを行った。 (学習院大)

和学講談所

☑ 64 **頼山陽**の『[____]』は**武家政権の興亡**を叙述したもので，名文で知られ，その儒教的名分論に立った独自の尊王思想は幕末・明治期に広く読まれることとなった。 (明治大)

日本外史

☑ 65 **陸奥宗光**の父，紀州藩士**伊達千広**の『[____]』は日本の政治制度の変化を「骨の代」・「職の代」・「名の代」と3つに時代区分する独特のものであった。

大勢三転考

近代

☑ 66 明治政府による国史編纂事業は帝国大学に移管され，1895年には[____]（後，史料編纂所）が置かれ，『**大日本史料**』・『**大日本古文書**』の刊行が始まった。 (同志社大)

史料編纂掛

☑ 67 **頻出** 岩倉遣外使節の報告書『[a]』を執筆した[b]は，**近代史学の先駆者**であったが，雑誌論文「**神道は祭天の古俗**」による筆禍事件で東大を退職することとなった。

(慶應義塾大)

a（特命全権大使）
米欧回覧実記
b 久米邦武

☑68 **頻出** [____]は厳密な文献批判をもとに『**神代史の研究**』
などを著したが，皇室の尊厳を損なったとして出版法違反
に問われた。 （立教大）

津田左右吉

☑69 **田口卯吉**はバックル『英国文明史』やギゾー『ヨーロッパ文
明史』の影響を受け**文明史論**を展開した『[____]』を著した。
（早稲田大）

日本開化小史

☑70 **政教社**を結成し，雑誌『**日本人**』を創刊した**三宅雪嶺**の著
作のなかには，近代史を通観した『[____]』がある。
（立命館大）

同時代史

☑71 **民友社**を設立し雑誌『**国民之友**』を発刊した**徳富蘇峰**の歴
史に関する著作には，全100巻に及ぶ『[____]』がある。
（立教大）

近世日本国民史

難関大で差がつく
難関大レベル

応用の920問

1章 古代

旧石器文化・縄文文化

旧石器文化

☑01 人類の誕生は，およそ 700 万年前，地質学でいう新第三紀の □□□□ 後期である。　　　　　　　　　　　（同志社大）

中新世後期

☑02 細石器がさかんに用いられた時期の文化を □□□□ 文化と呼び，旧石器文化と新石器文化の間に位置づけることがある。　　　　　　　　　　　　　　　　　　（東海大）

中石器文化

☑03 旧石器時代の住居は， □□□□ 式の住居や洞穴であったと考えられる。　　　　　　　　　　　　　　　　　　（立教大）

テント式の住居

縄文文化

☑04 気候が温暖化した完新世には， □□□□ によって，関東平野などでは奥深くまで入江が湾入した。　　　　　（立命館大）

縄文海進

☑05 縄文文化は，道具の時期区分では □□□□ 文化に属するが，本格的な生産経済は伴わないものであった。　　（東北学院大）

新石器文化

☑06 モースは日本に □□□□ 論を最初に紹介した。　　（法政大）

（生物）進化論

☑07 縄文中期には，縄文土器の装飾性が高まり， □□□□ 土器などが現れた。　　　　　　　　　　　　　　　　　（龍谷大）

火炎（型）土器

☑08 縄文集落の中には，整然とした □□□□ と呼ばれる集落も認められている。　　　　　　　　　　　　　　　　　（千葉大）

環状集落

☑09 千葉県の □□□□ 貝塚は，環状貝塚と馬蹄形貝塚を持つ遺跡として有名である。　　　　　　　　　　　　　　　（千葉大）

加曽利貝塚

☑10 縄文晩期には，遮光器土偶などに象徴される □□□□ 文化が青森県などで発達した。　　　　　　　　　　　（学習院大）

亀ヶ岡文化

☑11 墓地と推定される遺跡には，秋田県の □□□□ 遺跡など，大きな石を配置した環状列石などの配石遺構がある。　（立命館大）

大湯遺跡

弥生文化と小国の分立

弥生文化

☑01 香川県の [   ] 遺跡は代表的な**高地性集落**である。
(東洋大)
紫雲出山(しうでやま)遺跡

☑02 水稲農耕に関わる木製農具としては，稲などを運んだと考えられる [   ] がある。
(学習院大)
田舟(たぶね)

☑03 また，代掻(しろか)きのための [   ] も知られている。 (早稲田大)
えぶり

☑04 岡山県の**楯築墳丘墓**(たてつきふんきゅうぼ)などに伴う**特殊器台形土器**などは，古墳時代の [   ] **埴輪**(はにわ)の原型と考えられている。 (同志社大)
円筒**埴輪**(はにわ)

小国の分立

☑05 **楽浪郡**は**BC108年**，漢の [a] が衛(えい)氏朝鮮を滅ぼして置いた**朝鮮四郡**の1つで，現在の [b] を中心とする。 (京都大)
a 武帝(ぶてい)
b 平壌(ピョンヤン)

☑06 『**漢書**』(かんじょ)は後漢の [a]，『**後漢書**』(ごかんじょ)は南朝の宋の**范曄**(はんよう)(そう)，『**三国志**』は西晋の [b] を編者とする正史である。 (早稲田大)
a 班固(はんこ)
b 陳寿(ちんじゅ)

☑07 卑弥呼に対し，魏の [   ] が与えた銅鏡が三角縁神獣鏡にあたるかどうかについて，論争がある。 (上智大)
明帝(めいてい)

☑08 [a] **郡**は後漢の末に**楽浪郡の南部**を割いて公孫氏が支配を確立した地域で，現在の [b] あたりが中心とされる。 (同志社大)
a 帯方(たいほう)**郡**
b ソウル

☑09 **邪馬台国**に至る道程では，**対馬国**(つしま)・**一支国**(いき)・**末盧国**(まつろ)という国々が注目される。現在の**壱岐**(いき)にあたる**一支国**の中心部は，弥生時代の [   ] **遺跡**であったとされる。 (津田塾大)
原(はる)ノ辻(つじ)**遺跡**

☑10 [   ] **国**は，邪馬台国国家連合の中でも重要な役割を持った国で，**一大率**(いちだいそつ)が常駐し，**外交の拠点**であったとされる。 (慶應義塾大)
伊都(いと)**国**

☑11 卑弥呼は [   ] **国**と対立，戦争状態となったことを魏に報じているが，この戦争の中で，247年前後に亡くなったと推定されている。 (同志社大)
狗奴(くな)**国**

☑12 狗奴国(くな)を率いたのは男の王の [   ] とされる。
卑弥弓呼(ひみここ)

☑13 266年，倭の女王**壱与**(いちだい)は，西晋の都 [   ] に使者を送ったと推定される。 (上智大)
洛陽(らくよう)

ヤマト政権と古墳文化

ヤマト政権

☐ 01 好太王碑は，好太王の子の ［ a ］ が建てたもので，現在の**中華人民共和国** ［ b ］ **省**に現存している。 （関西大）
a 長寿王
b 吉林省

☐ 02 『**宋書**』の編者は，斉の ［＿＿＿＿＿＿］ である。 （早稲田大）
沈約

☐ 03 江田船山古墳出土の鉄刀銘は ［ a ］ 象嵌で，稲荷山古墳出土の鉄剣銘は ［ b ］ 象嵌である。 （立命館大）
a 銀象嵌
b 金象嵌

☐ 04 **国造**に任じられた地方の有力豪族などは，その子女を大王のもとに ［ a ］ ・ ［ b ］ として出仕させた。 （慶應義塾大）
a・b 舎人・采女
（順不同）

古墳文化

☐ 05 **7 世紀**以降の古墳は，［＿＿＿＿＿＿］**古墳**と位置づけられる。 （同志社大）
終末期古墳

☐ 06 多数の**三角縁神獣鏡**が副葬されていることで知られる古墳には，**京都府**の ［ a ］ **古墳**や，**奈良県**の ［ b ］ **古墳**がある。 （早稲田大）
a 椿井大塚山古墳
b 黒塚古墳

☐ 07 同じ鋳型から作られた ［ a ］ 鏡に着目して三角縁神獣鏡の分布を調べ，この鏡を**卑弥呼**が魏から送られたものだとする説と，国産の鏡（［ b ］鏡）だとする説が対立している。 （同志社大）
a 同笵鏡
b 仿製鏡

☐ 08 **西文氏**の祖の**王仁**は，『［＿＿＿＿＿＿］』・『**千字文**』を伝えたとされる。東漢氏や西文氏などは**東西史部**と総称される。 （明治大）
論語

☐ 09 **513 年**の ［＿＿＿＿＿＿］ 以降，**百済**から**五経博士**が来日した。 （立教大）
段楊爾

☐ 10 **鉄製農具**では，［ a ］形の鍬先や鋤先が現れた。また，鉄鎌も，湾曲した ［ b ］ が現れた。 （京都府立大）
a U字形
b 曲刃鎌

☐ 11 **宗像大社**の**沖津宮**には祭祀遺物が多くあり，「［＿＿＿＿＿＿］」とも呼ばれる。 （同志社大）
海の正倉院

☐ 12 **千葉県**の ［ a ］ **古墳**は**終末期**の大型の**方墳**である。栃木県の ［ b ］ **古墳**は**終末期**の大型の**円墳**である。 （立命館大）
a 龍角寺岩屋古墳
b 壬生車塚古墳

推古朝と飛鳥文化

継体・欽明・推古朝

☑ 01 物部麁鹿火によって磐井が討滅されると，子の葛子が父の罪の償いとして糟屋の地を [____] として差し出したという。
(早稲田大)

屯倉

☑ 02 蘇我氏は渡来人たちを支配下に置き，斎蔵・内蔵・大蔵の [____] を管理したとされる。
(学習院大)

三蔵
×倉

☑ 03 仏教公伝以前にも私的なかたちで仏教が伝わっていたことが，平安末期に皇円が著した『[____]』に見える。
(法政大)

扶桑略記

☑ 04 仏教私伝には [____] などの例があるが，彼の孫が飛鳥文化を代表する仏像を製作した鞍作鳥 (止利仏師) である。
(専修大)

司馬達等

☑ 05 欽明天皇のもとに送られてきた仏教の受容に反対したのは，物部尾輿や [____] らであったとされる。
(同志社大)

中臣連鎌子

☑ 06 蘇我馬子の墓と伝えられるのは奈良県 [____] 古墳である。
(青山学院大)

石舞台古墳

☑ 07 厩戸王の拠点は [a] で，厩戸王の一族は [b] と呼ばれた。
(早稲田大)

a 斑鳩宮
b 上宮王家

☑ 08 600 年の遣隋使は隋の [a] に対して派遣された。また，小野妹子は隋では [b] と呼ばれた。
(立教大)

a 文帝
b 蘇因高

飛鳥文化

☑ 09 厩戸王の仏教の師は高句麗僧 [____] とされる。
(慶應義塾大)

恵慈

☑ 10 奈良県の [____] 廃寺という寺院遺跡は，舒明天皇の建立した百済大寺に該当するものという説が有力である。
(慶應義塾大)

吉備池廃寺

☑ 11 秦河勝が建立したという氏寺は京都の [____] 寺である。
(関西学院大)

広隆寺

☑ 12 『[____]』では法隆寺は 670 年に焼失したとされていることから，現在の法隆寺は再建されたものとする再建論と，最初のものが現存しているとする非再建論が対立していた。
(上智大)

日本書紀
×記

☑ 13 この論争は，[____] 跡の発掘の結果，現在の法隆寺以前の法隆寺の跡が確認され，再建論が有利となった。
(慶應義塾大)

若草伽藍跡

☑ 14 仏教公伝の戊午説の根拠ともなった『[____]』は，厩戸王の伝記である。
(北海道大)

上宮聖徳法王帝説

☑15 **中宮寺天寿国繡帳**は，厩戸王の没後，妃の▢▢▢が天寿国にいる王の様子を描こうとして作成したものとされる。　（同志社大）

橘 大郎女

大化改新と白鳳文化

大化改新

☑01 乙巳の変の**入鹿暗殺**の舞台は▢▢▢であった。　（慶應義塾大）

飛鳥板蓋宮

☑02 孝徳朝の右大臣**蘇我倉山田石川麻呂**は，649 年に謀反の疑いで死に追いやられた。彼が建立した寺が▢▢▢寺である。　（早稲田大）

山田寺

☑03 東北に設置された**城柵**に付属する農民として移住を命ぜられた人々を▢▢▢と呼ぶ。　（立命館大）

柵戸

☑04 また，中央政府に服属した蝦夷は▢▢▢と呼ばれた。　（慶應義塾大）

俘囚
×浮

☑05 斉明朝の**阿倍比羅夫**の東北遠征は，秋田・津軽方面の蝦夷を討ち，さらに，▢▢▢を討ったとされている。　（早稲田大）

粛慎

☑06 百済の重臣▢▢▢は**百済の再建**のため，当時日本に来ていた百済の王子**豊璋**の帰還を求め，斉明天皇はこれに応じた。　（同志社大）

鬼室福信

☑07 **白村江の戦い**は▢▢▢の河口で行われたとされる。　（立命館大）

錦江

☑08 **朝鮮式山城**では，対馬の▢a▢**城**，大宰府北方の**大野城**，大宰府南方の▢b▢**城**，奈良県の**高安城**などが知られる。　（同志社大）

a 金田城
b 基肄城

☑09 **朝鮮式山城**と同様の施設として，かつては祭祀遺跡ではないかと言われていた▢▢▢が各地に存在している。　（慶應義塾大）

神籠石

☑10 **大友皇子**は明治時代になって▢▢▢**天皇**の名を贈られた。　（上智大）

弘文天皇

☑11 奈良県▢▢▢**遺跡**から出土した**富本銭**は，『日本書紀』の天武天皇が銭の使用を命じた記事の銭にあたるとされる。　（早稲田大）

飛鳥池遺跡

☑12 天武天皇の没後，皇后が**称制**したが，皇太子の▢▢▢**皇子**が早世したため，690 年に**持統天皇**として即位した。　（早稲田大）

草壁皇子

☑13 **藤原京**は，▢▢▢と呼ばれる**耳成山・畝傍山・香具山**の「**三山**」に囲まれた地に営まれたとされていたが，現在では，京の範囲は，さらに広いものと考えられている（大藤原京）。　（関西学院大）

大和三山

白鳳文化

☑14 **終末期**の**装飾古墳**としては，高松塚古墳壁画だけでなく，この
古墳から南に約1kmのところにある □□□□ 壁画も注目される。
(慶應義塾大)

キトラ古墳壁画

☑15 この古墳の壁画には，**青龍**（東）・**白虎**（西）・**朱雀**（南）・**玄武**（北）
の □□□□ や，天文図が描かれている。 (駒澤大)

四神

律令制度

☑01 大宝令の条文そのものは今日まとまった形では伝わっていない
が，**養老令**の私撰注釈書である『 □□□□ 』によりその一部を知
ることができる。 (慶應義塾大)

令集解

☑02 その私撰注釈書の編者は □□□□ である。 (同志社大)

惟宗直本

☑03 弘仁・貞観・延喜の三代の格式のうち，格は残っていないが，
11世紀の『 □□□□ 』でその一部が残されている。 (関西学院大)

類聚三代格

☑04 また，式は □□□□ 式が，ほぼ完全な形で今日に伝えられている。
(京都大)

延喜式

☑05 養老律令が**施行**された757年の政治権力の中心は □□□□ で
あった。 (早稲田大)

藤原仲麻呂

☑06 非常置の最高職である**太政大臣**は，令ではその非常置の意味を
「 □□□□ 」という語で表している。 (明治大)

則闕の官

☑07 **詔勅・暦**の作成などは □a□ 省の重要な職務であった。また
官人養成のための大学寮は □b□ 省に属した。 (京都府立大)

a 中務省
b 式部省

☑08 **外交**上の儀礼や**法会**などの仏事は □a□ 省が管掌した。**戸籍**
や租税は □b□ 省が管掌した。 (上智大)

a 治部省
b 民部省

☑09 「 □a□ 」と呼ばれた**大宰府**には，外国使節受け入れの施設と
しての**鴻臚館**や，**防人**を統轄する □b□ も置かれた。
(同志社大)

a 遠の朝廷
b 防人司

☑10 **七道**の**駅路**のうち，都と大宰府を結ぶ**大路**として重視された
のは □□□□ である。 (関西学院大)

山陽道

☑11 **近江国**は □a□ 諸国の1つである。 □b□ 国は8世紀初頭，
東山道に属していたが，771年に**東海道**諸国とされた。
(立命館大)

a 東山道
b 武蔵国

☑12 東日本に対する備えとしては**三関**が置かれた。三関とは，**東海**
道は伊勢国の □a□ ，東山道は美濃国の □b□ ，北陸道は越
前国の □c□ である。 (上智大)

a 鈴鹿関
b 不破関
c 愛発関

☑13 **郡司の四等官**は，□□□□□・**少領・主政・主帳**である。 (同志社大)

大領（だいりょう）

☑14 位階は，**正一位～少初位下**の□□□□□階に区分された。 (中央大)

30 階

☑15 **貴族**は**刑法上の特典**を与えられ，□□□□□などによって刑を代替することが許された。ただし，**八虐**は対象ではなかった。 (明治大)

贖銅（しょくどう）

☑16 **上級貴族**には，政府から従者として□□□□□と呼ばれる労働力が与えられた。 (慶應義塾大)

資人（しじん）

☑17 **大宰帥**は，大臣クラスの□□□□□相当の高官である。 (関西大)

従三位（じゅさんみ）〔三位（さんみ）〕

☑18 現存する**最古の戸籍**は，**正倉院文書**にある，□□□□□**年**（702 年）のものである。 (関西大)

大宝 2 年（たいほう）

☑19 **史料** **戸令**では，戸籍は「 a 留めよ（**30 年保存**）」とされた。ただし，**天智天皇**の時の「**近江の大津の宮の** b **の年の籍**」は「**除くことせず**」とされている。 (京都大)

a 五比（ごひ）
b 庚午（こうご）

☑20 私奴婢・公奴婢の奴婢とは，**奴**が**男奴隷**，**婢**が**女奴隷**を指す。**私有賤民**に与えられた**口分田**の額は良民の□□□□□分の1で，私奴1人は**240 歩**，私婢1人は 160 歩になる。 (津田塾大)

3 分の 1

☑21 **乗田（公田）**は□□□□□されることとされた。これは**収穫の5分の1程度**を**地子**として納めさせる制度であった。 (同志社大)

賃租（ちんそ）

☑22 租を納める義務のある田を a と呼ぶ。一方で，**神田・寺田**などは租を免除されたので b と呼ばれる。 (明治大)

a 輸租田（ゆそでん）
b 不輸租田（ふゆそでん）

☑23 **次丁・中男**は税制上優遇され，調は次丁が正丁の a **分の1・**中男が b **分の1**，庸は次丁が c **分の1・**中男は**免除**，雑徭は**次丁が2分の1・中男が4分の1**であった。 (関西学院大)

a 2 分の 1
b 4 分の 1
c 2 分の 1

平城京と天平文化

平城京

☑01 遷都当時は，平城宮の東に隣接して**藤原不比等邸**（ふじわらのふひと）があった。後にここは□□□□□寺となった。 (早稲田大)

法華寺（ほっけじ）

☑02 官設の市場以前から，大和盆地には a や b など古い**市**が存在していたことが知られている。 (早稲田大)

a・b 海柘榴市（つばいち）・軽市（かるのいち）（順不同）

☑03 **和同開珎**は，708 年，まず**銀銭**が発行され，続いて**銅銭**が発行された。これは，唐の□□□□□を真似たものとされる。 (上智大)

開元通宝（かいげんつうほう）

☑04 多賀城碑によれば，**724 年**に**多賀城**を設置したのは _____ である。 (青山学院大)　大野東人

☑05 7 世紀末までには種子島，さらには**奄美**・_____ など，南海諸島も一応中央政府に服属したとされる。 (京都府立大)　屋久島

☑06 8 世紀以降の遣唐使は，原則として 4 隻の船で構成されたので「_____」などと呼ばれた。 (同志社大)　よつのふね

☑07 _____ は 702 年の遣唐使の一員となり，唐から「**日本**」の国号を認められたことを喜び，帰国直前に「いざ子ども　早く日本へ　大伴の　御津の浜松　待ち恋ひぬらむ」と歌を詠んだ。 (関西大)　山上憶良

☑08 717 年の遣唐使の一員だった**阿倍仲麻呂**は，中国名を ☐a☐ といい，☐b☐ **皇帝**に重用され，この地で死んだ。 (中央大)　a 朝衡　b 玄宗皇帝

☑09 藤原**房前**の子の _____ は唐で客死している。 (専修大)　藤原清河

☑10 **838 年**（承和 5 年）の遣唐副使 _____ は，大使の**藤原常嗣**と対立して乗船を拒否し，**隠岐**に**配流**された。 (早稲田大)　小野篁

☑11 894 年，**菅原道真**の建言をいれ，遣唐使を停止したのは _____ **天皇**である。 (同志社大)　宇多天皇

☑12 交易を主な目的とした後期の _____ がもたらした物は，**貂な**どの毛皮・人参・蜂蜜などの貴重品であった。 (京都府立大)　渤海使

☑13 _____ は，美努王との間に**橘諸兄**を，藤原不比等との間に**光明子**を産んでいる。 (学習院大)　県犬養〔橘〕三千代

☑14 717 年，吉備真備と共に入唐した**玄昉**は，☐a☐ **皇帝**から紫衣を賜り，また唐で ☐b☐ 宗を学んだ。 (慶應義塾大)　a 玄宗皇帝　b 法相宗

☑15 **玄昉**は 745 年，筑紫の _____ 寺に追放された。 (関西学院大)　観世音寺

☑16 2 度の遣唐使を務めた _____ は，**正二位右大臣**まで上り，その学識によって朝廷で重きをなした。 (関西大)　吉備真備

☑17 _____ の長男の**藤原広嗣**は，**大宰府**で**吉備真備**や**玄昉**を除こうとして反乱を起こし，敗死した。 (同志社大)　藤原宇合

☑18 _____ 寺は**総国分寺**，**法華寺**は**総国分尼寺**とされた。 (上智大)　東大寺

☑19 752 年の**大仏開眼供養**には，南天竺から「**婆羅門僧正**」とも呼ばれた ☐a☐ や林邑僧の ☐b☐ が招かれた。 (立教大)　a 菩提僊那　b 仏哲

☑20 749 年，孝謙天皇の即位とともに，**光明皇太后**のために置かれた _____ の長官となったのが**藤原仲麻呂**である。 (学習院大)　紫微中台

☑21 **藤原仲麻呂**はここを拠点に権力を高め，やがて**橘諸兄**を追い落とし，757 年に _____ となり，権力を独占した。 (学習院大)　紫微内相

☑22 恵美押勝の乱で廃された [ ] 天皇は「淡路廃帝」と呼ばれた。　　　淳仁天皇
（福井大）

☑23 恵美押勝の乱の鎮定を祈願したことに始まる [ ] 寺は，道　　西大寺
鏡政権下で建立された大寺であった。　　　　（早稲田大）

☑24 宇佐八幡神託事件で道鏡の皇位を阻んだ [a] は，大隅国に　　a 和気清麻呂
配流され，姉の [b] も罪を得た。彼女は孝謙天皇の信任も　　b 和気広虫
厚く，共に出家している。（法均尼）　　　　（関西大）

☑25 称徳天皇の没後，藤原百川や北家の房前の次男の [ ] らは，　　藤原永手
光仁天皇擁立を実現した。　　　　　　　　（同志社大）

☑26 史料 765 年（天平神護元年）の [ ] によれば「天下の諸人　　加墾禁止令
競ひて墾田を為し，勢力の家は百姓を駆役し，貧窮の百姓は自
存するに暇無し」とし，「今より以後は，一切禁断」することと
命じている。　　　　　　　　　　　　　　（関西大）

☑27 この命令は [ ] が権力を握った時期に出された。（早稲田大）　　道鏡

天平文化

☑28 鎮護国家のため，金光明（最勝王）経・仁王経などの [ ] が　　護国の経典
重んぜられ，後に法華経も加えられた。　　　（早稲田大）

☑29 仏教行事で最も重要な法会は [ ] 省が管轄した。（上智大）　　治部省

☑30 光明皇后は，困窮者や孤児の救済などのための [a] や，貧　　a 悲田院
窮者などの治療を行う [b] を置いたとされる。　（京都大）　　b 施薬院

☑31 鑑真の伝記には淡海三船による『 [ ] 』がある。（立命館大）　　唐大和上東征伝

☑32 大学における最も重要な教科は儒教の経典を学ぶ [ ] で　　明経道
あった。他に，明法道や紀伝道，算道などがあった。（青山学院大）

☑33 最初の公開図書館とされる芸亭を経営した石上宅嗣の石上氏と　　物部氏
は，もとは [ ] 氏のことである。　　　　　（東京学芸大）

☑34 1979 年に発見された [ ] の墓誌には，彼が平城京の左京四　　太安万侶〔安麻呂〕
条四坊に住んでいたことが記されていた。　　（学習院大）

☑35 『日本書紀』に始まる [a] に対し，民間の歴史書を [b]　　a 正史
と呼ぶ。　　　　　　　　　　　　　　　　（立命館大）　　　　b 野史

☑36 『万葉集』は約 [ ] 首の歌を集めたもので，長歌などさまざ　　約 4500 首
まな形式の歌が残されているが，大部分は短歌である。（上智大）

☑37 [ ] 天皇の歌に始まる『万葉集』の中には，三河以東の東国の　　雄略天皇
歌である東歌や防人歌が，多数収められている。　（立命館大）

☑38 **山上憶良**は**筑前守**に赴任中，**大宰帥**であった＿＿＿と交流を
持ったことが知られている。　　　　　　　　　　（同志社大）
大伴旅人

☑39 **東大寺法華堂正堂**は＿a＿期，**礼堂**は＿b＿期の建築である。
a 天平期
（北海道大）
b 鎌倉期

☑40 正倉院の『**鳥毛立女屏風**』の構図は，中国でもさかんに描かれた
＿＿＿と呼ばれるものである。　　　　　　　　　（同志社大）
樹下美人図

☑41 東大寺・興福寺の文化財は，1180 年の＿a＿の**南都焼打ち**で
多くが焼失した。また，鎌倉期に再建された**東大寺大仏殿**など
は，1567 年の＿b＿らの戦闘で再び焼失している。　（上智大）
a 平重衡
b 松永久秀

平安京と弘仁・貞観文化

平安京

☑01 桓武天皇の母は，渡来系の＿＿＿である。　　　（早稲田大）
高野新笠

☑02 **早良親王**の**廃太子**により，新たに皇太子に立てられた＿＿＿
親王は，806 年に即位し，**平城天皇**となった。　（慶應義塾大）
安殿親王

☑03 813 年ごろ，**志波城**は移転され＿＿＿が築かれた。（立命館大）
徳丹城

☑04 878 年，**出羽の俘囚の反乱**が起こり，**秋田城**などが焼き払われ
た事件は＿＿＿と呼ばれる。　　　　　　　　　（学習院大）
元慶の乱

☑05 **三代格式**とは嵯峨朝の**弘仁**格式，＿a＿朝の**貞観**格式，
＿b＿朝の延喜格式で，このうち現存するのは**延喜式**である。
（中央大）
a 清和朝
b 醍醐朝

弘仁・貞観文化

☑06 **嵯峨天皇**の勅撰漢詩文集『**凌雲集**』の編者は＿＿＿らである。
（南山大）
小野岑守

☑07 続く『**文華秀麗集**』も**嵯峨天皇**の命で＿＿＿らが編纂した。
（立命館大）
藤原冬嗣

☑08 **三番目**の勅撰漢詩文集の『**経国集**』は**淳和天皇**の勅撰で，編者の
中心は＿＿＿である。　　　　　　　　　　　　（南山大）
良岑安世

☑09 **嵯峨天皇**の皇后の＿＿＿は**学館院**を創設した。（早稲田大）
橘嘉智子〔檀林皇后〕

☑10 現存最古の**説話集**『**日本霊異記**』は，＿＿＿の著作である。
（立教大）
景戒

☑11 **空海**は儒・仏・道を比較し，仏教をその第一とする『　a　』
と呼ばれる書物を残し，またその教理を『　b　』で示した。
(京都府立大)

a 三教指帰 （さんごうしいき）
b 十住心論 （じゅうじゅうしんろん）

☑12 **神仏習合**に伴い，**神を仏像彫刻**で表現した　　　　像が現れた。
薬師寺のものなどが有名である。　　　(関西大)

僧形八幡神像 （そうぎょうはちまんしんぞう）

摂関政治と国風文化

摂関政治

☑01 **承和の変**後，**道康親王**が　　　　天皇の皇太子となった。
(早稲田大)

仁明天皇 （にんみょう）

☑02 **応天門**の炎上後，最初に犯人とされたのは**左大臣**　　　　だが，
やがて，真犯人は**大納言伴善男**であるとされた。　(慶應義塾大)

源信 （みなもとのまこと）

☑03 **阿衡の紛議**の原因となった勅書は　　　　が起草した。
(青山学院大)

橘広相 （たちばなのひろみ）

☑04 **宇多天皇は醍醐天皇**への譲位に際し，　　　　を与えた。
(学習院大)

寛平御遺誡 （かんぴょうのごゆいかい）

☑05 宋との仏教上の交流もさかんで，　a　が中国で作り持ち帰っ
た**釈迦如来像**は　b　寺に安置された。　　(慶應義塾大)

a 奝然 （ちょうねん）
b 清凉寺 （せいりょうじ）

☑06 **日宋貿易**の輸出品の中心の**金**は，**奥州**の**特産品**であった。
　a　が著した『　b　』には，商人が「**俘囚の地**（東北地方）」
から九州の南に点在する「**鬼界ヶ島**」と総称される島々にまで，
広範囲に活動していたことが記されている。　　(上智大)

a 藤原明衡 （ふじわらのあきひら）
b 新猿楽記 （しんさるがくき）

☑07 **菅原道真**の経歴と，神として祀られるに至った**神社**の由来を描
いた絵巻物は，鎌倉時代の『　　　　』である。　(上智大)

北野天神縁起絵巻 （きたのてんじんえんぎえまき）

☑08 摂関政治期に真に権力を握ったのは，藤原氏の**氏の長者**であり，
その地位には　　　　という膨大な荘園などが伴った。
(早稲田大)

殿下渡領 （でんかわたりりょう）

☑09 「**三代の外戚**」とは，**後一条・後朱雀・**　　　　の，3 代の天皇
の外戚となった**道長**の権力を示すものである。　(早稲田大)

後冷泉 （ごれいぜい）

☑10 **藤原道長**の日記は『　　　　』と呼ばれた。その「御堂」とは**法
成寺**のことである。　　　　　　　　　　　　(京都大)

御堂関白記 （みどうかんぱくき）

☑11 道長が没した翌 **1028 年**，東国で　　　　が起こった。
(立命館大)

平忠常の乱 （たいらのただつねのらん）

☑12 **1051 年**に起こった　　　　の翌年は**末法第 1 年**である。
(上智大)

前九年合戦 （ぜんくねんかっせん）
〔前九年の役〕 （えき）

☑13 『**古今和歌集**』の序文には，紀淑望による ___a___ と，___b___ による「やまとうたは，人の心を種として，万の言の葉とぞなれりける」という文章の**仮名序**がある。　　　　　　　　　（駒澤大）

a 真名序
b 紀貫之

☑14 905 年の『**古今和歌集**』から，その **300 年後**の **1205 年**の『**新古今和歌集**』までの歌集を _____ と呼ぶことがある。（明治大）

八代集

☑15 『**源氏物語**』で「**物語のいできはじめの祖**」とされたのは『_____』のことである。　　　　　　　　　　　　　　　（中央大）

竹取物語

☑16 六歌仙とは，___a___・**僧正遍昭・喜撰**・___b___・**文屋康秀・大友黒主**の 6 名のことである。　　　　　　　　　　（京都大）

a・b 在原業平・小野小町（順不同）

☑17 11 世紀半ば，**藤原明衡**により嵯峨朝から後一条朝の**漢詩文**を集めた『_____』が編まれた。　　　　　　　　　　（上智大）

本朝文粋

☑18 御霊会は，863 年に ___a___ 親王などの怨霊を鎮めるために**神泉苑**で行われたものが最初とされる。11 世紀には ___b___ **御霊会，北野御霊会**などがさかんに営まれた。　　　　　（早稲田大）

a 早良親王
b 祇園御霊会

☑19 **空也**の肖像彫刻では，鎌倉時代の**康勝**の作とされる _____ 寺の**空也上人像**が有名である。　　　　　　　（慶應義塾大）

六波羅蜜寺
×密

☑20 **源信**とも交流のあった ___a___ の随筆『___b___』には，**平安京の右京の荒れ果てた様子**などが記されている。　　（法政大）

a 慶滋保胤
b 池亭記

☑21 往生伝では，**大江匡房**の『_____』や，**三善為康**の『**拾遺往生伝**』がある。　　　　　　　　　　　　　　　　（学習院大）

続本朝往生伝

☑22 貴族の邸宅の中心は**寝殿**で，_____ などが**渡殿**や廊で結ばれていた。また，南庭には**池**が配置され，**釣殿**が建てられた。　　　　　　　　　　　　　　　　　　　　　（駒澤大）

対〔対屋〕

☑23 **三蹟（跡）**の作品には，**小野道風**の『___a___』や『**秋萩帖**』，藤原佐理の『**離洛帖**』，藤原行成の『___b___』などがある。　　　　　　　　　　　　　　　　　　　　　（関西学院大）

a 屏風土代
b 白氏詩巻

☑24 **藤原行成**の系統の書は，中世には _____ と呼ばれた。　　　　　　　　　　　　　　　　　　　　　　（同志社大）

世尊寺流

☑25 儀式書として弘仁・貞観・延喜の三代の儀式が作られたとされるが，確実なのは 9 世紀後半の _____ のみである。　　　　　　　　　　　　　　　　　　　　　（西南学院大）

貞観儀式

☑26 **源高明**の儀式書は『___a___』，**藤原公任**の儀式書は『___b___』，**大江匡房**の儀式書は『**江家次第**』である。　　（立教大）

a 西宮記
b 北山抄

☑27 **陰陽寮**が作成した _____ は貴族たちに配られ，日々の吉凶などが書かれた余白に**公家**は**日記**を記した。　　（立教大）

具注暦

荘園と武士

摂関期の地方社会

☑01 藤原明衡の著『[ ]』には，田中豊益という**大名田堵**の生活ぶりが活写されている。 (上智大)
新猿楽記

☑02 『[a]』に見える信濃守[b]は，「**受領**は倒るるところに土をもつかめ」と言ったとされる。 (京都大)
a 今昔物語集
b 藤原陳忠

☑03 **平将門**は下総の**猿島**を根拠地に，935 年，伯父の[ ]を殺し，やがて国衙を制圧し，**新皇**と称した。 (同志社大)
平国香

☑04 藤原純友は伊予の**日振島**を拠点とし**瀬戸内海の海賊**を率い反乱を起こしたが，**追捕使**[ ]や**源経基**らに鎮圧された。 (慶應義塾大)
小野好古

荘園と武士

☑05 9 世紀前後，**直営田**方式で富を得た皇族・貴族など支配者層は，「[ ]」と呼ばれた。 (北海道大)
院宮王臣家

☑06 **寄進地系荘園**の発達した 11 世紀以降，**寄進を受けた**荘園領主らは「[ ]」と呼ばれた。 (東洋大)
権門勢家

☑07 荘官の名称として，平氏政権から鎌倉時代にかけては，[ ]という名称が一般化した。 (早稲田大)
地頭

☑08 本家職・領家職・地頭職など，**職**という名目に伴う経済的な利得は，[ ]と呼ばれた。 (和歌山大)
得分

☑09 **官省符荘**の他に，**国司**によって**不輸**などを認められる[ ]なども現れた。 (学習院大)
国免荘

☑10 1028 年，**平忠常**は反乱を起こし，[a]・[b]を占拠した。 (上智大)
a・b 安房・上総
(順不同)

☑11 **前九年合戦**を題材とした**軍記物語**は『[ ]』である。 (慶應義塾大)
陸奥話記

☑12 [ ]は**毛越寺**を建立したが，現在は浄土式の庭園を遺すのみである。 (同志社大)
藤原基衡

☑13 藤原秀衡は，宇治の**平等院**を模したという[ ]を建てたが，遺構は遺されていない。 (上智大)
無量光院

院政期の社会と文化

院政と平氏政権

☑01 **延久の荘園整理令**では，寛徳 2 年，西暦 ⬚⬚⬚⬚ **年**以降の荘園はすべて廃止するとしている。　　　　　　　　　（早稲田大）
　　1045 年

☑02 後三条天皇の**記録荘園券契所**の寄人になった ⬚a⬚ は，**有職書**の『 ⬚b⬚ 』などの著作で有名な学者である。　（慶應義塾大）
　　a 大江匡房
　　b 江家次第

☑03 **白河上皇**の権勢を示す「 ⬚⬚⬚⬚⬚ 」とは，『**源平盛衰記**』に「山法師，賀茂川（鴨川）の水，双六の賽，これぞ朕の如意ならざるもの」とあることによっている。　　　　　　　　　　（学習院大）
　　三大不如意
　　〔天下三不如意〕

☑04 **山法師**とは比叡山**延暦寺**の ⬚⬚⬚⬚⬚ を，賀茂（鴨）川の水とは治水事業が不十分だったことを，双六の賽とは賭博の流行を指す。　　　　　　　　　　　　　　　　　　　　（早稲田大）
　　僧兵

☑05 **院政**という政治形態は，江戸時代の ⬚⬚⬚⬚⬚ **上皇・光格上皇**によっても行われた。　　　　　　　　　　　　　　（同志社大）
　　後水尾上皇

☑06 **保元の乱**で敗れた**源為朝**は**鎮西八郎**と呼ばれ，江戸時代には読本の『 ⬚⬚⬚⬚⬚ 』の主人公とされた。　　　　　　（上智大）
　　椿説弓張月

☑07 **保元の乱**に敗れた**左大臣藤原頼長**の日記は『 ⬚⬚⬚⬚⬚ 』である。　　　　　　　　　　　　　　　　　　　　　　（上智大）
　　台記

☑08 **藤原通憲（信西）**の著作には史書『 ⬚⬚⬚⬚⬚ 』がある。　　　　　　　　　　　　　　　　　　　　　　　　　（大妻女子大）
　　本朝世紀

院政期の文化

☑09 『**大鏡**』・『**今鏡**』・『**水鏡**』・『**増鏡**』は ⬚⬚⬚⬚⬚ と総称される。　　　　　　　　　　　　　　　　　　　　　　（上智大）
　　四鏡

☑10 『**大鏡**』は歴史の叙述法として ⬚⬚⬚⬚⬚ をとった。　（上智大）
　　紀伝体 × 編年体

☑11 『**奥の細道**』に残された「五月雨の　降り残してや　**光堂**」という**芭蕉**の句の「光堂」とは， ⬚⬚⬚⬚⬚ を指す。　（関西学院大）
　　中尊寺金色堂

☑12 **平泉文化**は **1189 年**の ⬚⬚⬚⬚⬚ でほぼすべてが焼失した。　　　　　　　　　　　　　　　　　　　　　　（東北学院大）
　　奥州合戦

☑13 『**源氏物語絵巻**』などの**大和絵**では ⬚a⬚ と呼ばれる人物表現や，屋根を省いた ⬚b⬚ という手法が用いられた。　（関西大）
　　a 引目・鈎鼻
　　b 吹抜屋台

鎌倉幕府の成立

☑01 **1180年12月**, _____は反平氏であった**南都**を攻撃し, **興福寺・東大寺**などを焼打ちした。　　　　　　　　　（学習院大）

平重衡

☑02 1183年, **源義仲**が越中と加賀の境の_____の戦いで**平氏軍**を破り京に迫ったため, 平氏は都落ちし**義仲**が**入京**した。
（慶應義塾大）

倶利伽羅峠の戦い〔砺波山の戦い〕

☑03 都落ちした平氏に代わり入京した**源義仲**は, 1184年, _____に任ぜられた。　　　　　　　　　　　　　　　（立命館大）

征東大将軍

☑04 平氏が**安徳天皇**と共に西国に逃げると, 都では_____**天皇**が即位した。　　　　　　　　　　　　　　　　　（愛知教育大）

後鳥羽天皇

☑05 1184年, **源義仲**は**源義経**らにより, 近江の_____の戦いで敗死した。　　　　　　　　　　　　　　　　　（東京経済大）

粟津の戦い

☑06 鎌倉の港には東京湾岸の外港の　a　, **北条泰時**の時に築造された材木座海岸にある**石積みの船着き場**の　b　がある。
（慶應義塾大）

a 六浦津
b 和賀江島〔津〕

☑07 政所別当の**大江広元**や問注所執事の**三善康信**らは, 京都から招かれて幕府に参画した人々で, 「_____」と呼ばれた。
（立命館大）

京下之輩〔京下り官人〕

☑08 **鎮西奉行**は元寇の後, _____になった。　　（明治大）

鎮西探題

執権政治

執権政治

☑01 1203年の**比企能員の乱**では, 能員の娘を妻としていた将軍**源頼家**が伊豆の_____に幽閉され, 翌年暗殺された。
（同志社大）

修禅寺

☑02 北条時政は後妻の**牧の方**の娘婿_____を将軍にしようとしたが, 娘の北条政子や義時に阻止され, 1205年に失脚した。
（早稲田大）

平賀朝雅

☑03 『_____』は**鎌倉右大臣**源実朝の歌集である。　（関西大）

金槐和歌集

☑04 **似絵**の代表作, 『**後鳥羽上皇像**』の作者は_____である。
（慶應義塾大）

藤原信実

☑05 **九条兼実**の弟で**天台座主**の　a　が書いた『　b　』は, 後鳥羽上皇に討幕計画の非を主張しようとしたものとされる。
（早稲田大）

a 慈円
b 愚管抄

☑06 **史料** 承久3年5月15日, **後鳥羽上皇**は「彼の[　　　]朝臣, 偏へに言詞を教命に仮り, 恣に裁断を都鄙に致す」, 「謀反と謂ふべし」と, この人物を**追討する命令**を出した。　（東京女子大）

義時

☑07 **承久の乱**での**上皇方の没収地**は[　　　]**余力所**に及んだ。　（上智大）

3000 余力所

☑08 **順徳天皇**の著作には有職故実書の『[　　　]』がある。　（京都大）

禁秘抄

☑09 **御成敗式目**は[　　　]**力条**にまとめられている。　（佛教大）

51 力条

☑10 **御成敗式目第8条**は, [a]**年以上**実際に知行を行っている所領は訴訟が起こされても交代させることはないとした。いわゆる[b]と呼ばれる規定である。　（駒澤大）

a 20 年
b （知行）年紀法

☑11 **御成敗式目第18条**は, 親が娘に所領などを与えた後でも**親が取り返す**ことができる[　　　]について規定している。　（慶應義塾大）

悔返し権

☑12 **摂家将軍**の藤原（九条）頼経の父である[　　　]は, **承久の乱後の朝廷の実権**を握った。　（学習院大）

九条〔藤原〕道家

☑13 この人物は1246年の[　　　]**の乱**と, **前将軍頼経の京都への送還**に伴い, 失脚した。　（中央大）

名越光時の乱

☑14 **北条時頼**は**蘭渓道隆**を招き[　　　]**寺**を創建した。　（関西学院大）

建長寺

☑15 **日蓮**は『**立正安国論**』を[　　　]に提出した。　（京都大）

北条時頼

武士の生活

☑16 武士が居住した**館**は周りを**堀**や**土塁**で囲み, [　　　]などの設備を設け, 防御性を備えるものであった。　（立命館大）

矢倉〔櫓〕

☑17 『[　　　]』の一場面である武士の館の図には, 馬を飼う**厩, 馬場**, **鷹狩**に用いる鷹など, 鎌倉時代の武士の日常生活が示されている。　（京都大）

一遍上人絵伝

☑18 武蔵国の武士の兄弟の生き方を描いた絵巻物『[　　　]』には, **笠懸**に励む様子が描かれている。　（同志社大）

男衾三郎絵巻

蒙古襲来と幕府の衰退

蒙古襲来

☑01 **史料** 元より日本に送られた**蒙古牒状**は, 「上天の眷命せる大蒙古国皇帝, 書を[　　　]に奉る」で始まる。　（東洋大）

日本国王

☑02 史料 そして「□□□□は朕の東藩なり」と□□□□が服属した
ことを告げて日本にも服属を要求し，従わない場合は「兵を用
ふる」と武力による征服を通告した。　　　　　（関西大）

こうらい
高麗

☑03 北条時宗は無学祖元を招き，鎌倉に□□□□寺を創建した。
　　　　　　　　　　　　　　　　　　　　　　　（同志社大）

えんがくじ
円覚寺

☑04 『蒙古襲来絵巻』を描かせた竹崎季長は，□□□□の戦功に対す
る恩賞を求めて鎌倉に赴き，御恩奉行から地頭職を与えられた。
　　　　　　　　　　　　　　　　　　　　　　（慶應義塾大）

ぶんえい　えき
文永の役

☑05 この時の御恩奉行は霜月騒動で敗れた□□□□である。
　　　　　　　　　　　　　　　　　　　　　　　（早稲田大）

あだちやすもり
安達泰盛

☑06 永仁の徳政令では，御家人が御家人に対して売却した土地の取
り戻しを知行年紀法によって判断し，□□□□年以上経過した
ものの取り戻しは不可とした。　　　　　　　　（駒澤大）

20 年

☑07 日元貿易を考古学的に証明したものとしては，韓国の沿岸の
□□□□沖で沈没し，1976 年に発見された船が有名である。
　　　　　　　　　　　　　　　　　　　　　　　（立教大）

しんあんおき
新安沖

☑08 この船は□□□□寺などが貿易のために派遣した船で，寧波か
ら日本に帰る途中，1323 年に沈没したことがわかっている。
　　　　　　　　　　　　　　　　　　　　　　　（東洋大）

とうふくじ
東福寺

鎌倉時代の社会経済

☑09 二毛作の発展に伴い，鎌倉幕府は地頭が□□□□に対して年貢
を課すことを禁止した。　　　　　　　　　　　（早稲田大）

麦

☑10 『□□□□』には牛耕の様子が描かれた場面がある。（東北福祉大）

まつざきてんじんえんぎえまき
松崎天神縁起絵巻

☑11 中世には藍を使った染色を業とする□□□□が現れた。（駒澤大）

こうや
紺屋

☑12 水運における海運業者の主は□□□□と呼ばれ，水主 (手) と呼
ばれる人々を使って船を操った。　　　　　　　（早稲田大）

かんどり
梶取

☑13 『□□□□』には関所と馬借などが描かれた場面がある。
　　　　　　　　　　　　　　　　　　　　　　　（東洋大）

いしやまでらえんぎえまき
石山寺縁起絵巻

鎌倉文化

仏教・信仰

☑01 法然は「□□□□」と唱える専修念仏を勧めた。（西南学院大）

なむあみだぶつ
南無阿弥陀仏

☑02 1207年の専修念仏禁止令により，法然らは弾圧を受け，**法然**は _____a_____ に，弟子の**親鸞**は _____b_____ に配流された。 （上智大）

a 土佐
b 越後

☑03 法然が死の直前に**専修念仏**の教えを平易に説明した文章は，_____ と呼ばれる。 （早稲田大）

一枚起請文

☑04 親鸞の墓所は娘の覚信尼により建立された _____ で，その後，**本願寺**となった。 （学習院大）

大谷廟堂

☑05 一遍の**遊行に従った人々**は _____ と呼ばれた。 （早稲田大）

時衆

☑06 **一遍**はその著作などをすべて焼却したとされたが，その言葉は江戸時代に『_____』としてまとめられた。 （同志社大）

一遍上人語録

☑07 『**一遍上人絵伝**』にはいくつかの系統のものが残されている。そのうち『_____』と呼ばれるものは，絵は**円伊**が描き，外題は世尊寺経尹が書いたものである。 （上智大）

一遍聖絵

☑08 この世尊寺流とは，_____ に始まる系統の書をいう。 （早稲田大）

藤原行成

☑09 **題目唱和**の題目とは，「_____」という言葉である。 （京都府立大）

南無妙法蓮華経

☑10 **日蓮**が流罪地の**佐渡**で，法華経の至高性と正統性を説いた書が『_____』である。 （関西大）

開目抄

☑11 **栄西**は**源実朝**に**茶**を献上し，また，茶の効用などを説いた『_____』を著している。 （慶應義塾大）

喫茶養生記

☑12 _____a_____ を学んだ**貞慶**は，平治の乱で敗死した _____b_____ の孫にあたる。 （早稲田大）

a 法相宗
b 藤原通憲〔信西〕

☑13 **解脱房貞慶**は，**法然の専修念仏の禁止**を求め，**1205年**に _____ を朝廷に提出した。 （京都大）

興福寺奏状

☑14 **明恵（高弁）**が**法然**の『**選択本願念仏集**』を**1212年**に批判したものが『_____』である。 （学習院大）

摧邪輪
×催

☑15 **叡尊**の自伝的な著作で，鎌倉時代の奈良仏教を知る重要な史料にもなっているのが『_____』である。 （青山学院大）

感身学正記

☑16 鎌倉の材木座海岸に築造された _____ の管理は，**極楽寺**に任されていた。 （慶應義塾大）

和賀江島〔津〕

☑17 1199年に入宋した _____a_____ は，1211年に帰国すると天台・真言・律・禅などの兼学の道場として京都の _____b_____ 寺を再興し，**皇室の帰依**を受けた。その結果，この寺は**天皇家の菩提寺**に位置づけられ御寺と呼ばれた。 （上智大）

a 俊芿
b 泉涌寺

☑18 本地垂迹説では，**天台宗系**の _____a_____ 神道や**真言宗系**の _____b_____ 神道が形作られていった。 （早稲田大）

a 山王〔日吉〕神道
b 両部神道

☑19 藤原定家の父, ___a___ は後白河法皇の命で『千載和歌集』を撰している。また藤原定家の日記は『___b___』である。　(関西大)

a 藤原俊成（としなり）
b 明月記（めいげつき）

☑20 西行は, もと北面の武士で ___a___ という名であった。西行のように俗世間から身を避けて山野に閑居したり, 諸国を遍歴したりした人々を ___b___ という。　(同志社大)

a 佐藤義清（さとうのりきよ）
b 隠者（いんじゃ）

☑21 鎌倉時代に紀行文が現れた要因の1つは, 訴訟のために鎌倉へ向かう ___ を利用する旅がさかんとなった結果だと考えられている。　(上智大)

東海道（とうかいどう）

☑22 重源（ちょうげん）は東大寺再建の ___ として有名である。　(東海大)

勧進上人（かんじんしょうにん）

☑23 ___ は渡宋計画（とそうけい）を立て, 陳和卿を鎌倉に招き, 大船を建造させた。　(同志社大)

源実朝（みなもとのさねとも）

☑24 和様の建物としては蓮華王院本堂や ___a___ が, 折衷様の建物としては河内の ___b___ がある。　(上智大)

a 石山寺多宝塔（いしやまでらたほうとう）
b 観心寺金堂（かんしんじこんどう）

☑25 運慶の作品である ___ 像は, インドの高僧で, 法相教学（ほっそうきょうがく）を確立した兄弟の像とされている。　(関西大)

無著・世親像（むちゃく・せしんぞう）

☑26 六波羅蜜寺の空也上人像は ___ の作である。　(上智大)

康勝（こうしょう）

☑27 似絵（にせえ）の『___』で有名な藤原信実（のぶざね）は藤原隆信の子である。　(近畿大)

後鳥羽上皇像（ごとばじょうこうぞう）

☑28 鎌倉時代には備前焼（びぜんやき）・信楽焼（しがらきやき）・常滑焼（とこなめやき）などの須恵器系統の焼物の他, ___ によって瀬戸焼（せとやき）も始められたとされる。また中国の陶磁器, 青磁（せいじ）・白磁（はくじ）なども伝わった。　(同志社大)

加藤景正（かとうかげまさ）

☑29 甲冑（かっちゅう）の製作者としては, ___ の名が知られている。　(国士舘大)

明珍（みょうちん）

建武の新政と南北朝の動乱

☑01 1317年, 大覚寺統が持明院統の花園天皇に退位を迫り, 皇太子であった ___ 親王 (後の後醍醐天皇) の即位を求める紛争が起こった。　(東海大)

尊治親王（たかはるしんのう）

☑02 この紛争は幕府が仲介し, 和解の方針が示された。これを ___ と呼ぶ。　(早稲田大)

文保の和談（ぶんぽうのわだん）

☑03 南北朝の対立は, 1392年, 南朝の ___a___ 天皇が三種の神器を北朝の ___b___ 天皇に譲るかたちで解消された。　(上智大)

a 後亀山天皇（ごかめやま）
b 後小松天皇（ごこまつ）

☑ 04 南朝は後醍醐天皇の後, ⬚ **a** ⬚ **天皇**を経て, ⬚ **b** ⬚ **天皇**, そ
して, **後亀山天皇**まで続いた。　　　　　　　　（学習院大）

a 後村上天皇
b 長慶天皇

☑ 05 このうち, ⬚⬚⬚⬚ **天皇**という天皇号は **1926 年**になって在位
が確認されたとして贈られた呼び名である。　　　　　（上智大）

長慶天皇

☑ 06 **護良親王**は⬚⬚⬚⬚であったが, **1332 年**還俗した。（関西学院大）

天台座主

☑ 07 **護良親王**は建武政権では⬚⬚⬚⬚となったが失脚した。　（京都大）

征夷大将軍

☑ 08 **建武式目**は, 足利尊氏が⬚⬚⬚⬚（是円）らに諮問し, これに答
えるかたちで示されたものである。　　　　　　　（神奈川大）

中原章賢

☑ 09 **建武式目**の条文は⬚⬚⬚⬚**カ条**であった。　　　　（立命館大）

17 カ条

☑ 10 **中先代の乱**で**北条時行**が**鎌倉**を奪還する際, **足利直義**は尊氏と
の政争に敗れて**鎌倉に幽閉**されていた⬚⬚⬚⬚ **親王**を殺害した。
　　　　　　　　　　　　　　　　　　　　　　（関西学院大）

護良親王

☑ 11 後醍醐天皇の没後, **北畠親房**は**南朝の正統性**を説明しようとし
て『⬚⬚⬚⬚』を著した。　　　　　　　　　　（学習院大）

神皇正統記

☑ 12 **北畠親房**はまた, **律令官職の由来**などを解説する『⬚⬚⬚⬚』も
執筆している。　　　　　　　　　　　　　　　　（早稲田大）

職原抄

☑ 13 足利尊氏が発した最初の**観応の半済令**では, その対象国を, 近
江・⬚ **a** ⬚・⬚ **b** ⬚の 3 カ国に限定した。　（駒澤大）

a・b 美濃・尾張
（順不同）

室町幕府と室町時代の外交

室町幕府と守護大名

☑ 01 **足利義満**が 3 代将軍に就任した際に, **管領**として彼を支えたの
は⬚⬚⬚⬚である。　　　　　　　　　　　　　（早稲田大）

細川頼之

☑ 02 **応永の乱**で**大内義弘に呼応**しようとした**鎌倉公方**は, 3 代目の
⬚⬚⬚⬚である。　　　　　　　　　　　　　　　（立命館大）

足利満兼

☑ 03 **今川貞世**（了俊）は和歌や連歌にも優れていた。彼は今川氏の由
来を説明しつつ, 『太平記』の誤りをただした『⬚⬚⬚⬚』も著した。
　　　　　　　　　　　　　　　　　　　　　　（明治学院大）

難太平記

☑ 04 鎌倉府の管轄する**関八州**とは, ⬚ **a** ⬚・**武蔵・安房・上総・下総**・
⬚ **b** ⬚・**上野・下野**の 8 カ国である。　　　　（関西大）

a・b 相模・常陸
（順不同）

☑ 05 **関東管領上杉氏**はいくつかの家に分かれていった。そのうち関
東管領を世襲したのは⬚⬚⬚⬚**氏**であった。　　　（大阪大）

山内上杉氏

☑ 06 この家は後に**後北条氏**に追われ, ⬚⬚⬚⬚が越後の守護代**長尾
景虎**にその名称を譲ることで終焉を迎えた。　　　（同志社大）

上杉憲政

室町時代の外交

☑07 建長寺船などの貿易船は寺社造営料唐船と呼ばれた。その実際
の姿が，韓国沖合から引き上げられた □□□□ によって知られ
ることとなった。 （慶應義塾大）

新安沈船

☑08 倭寇は □□□□ や米などを略奪して人々に恐れられた。
（早稲田大）

人

☑09 明が日本に倭寇禁圧を要求した最初の相手は，征西将軍の
□□□□ 親王であった。 （早稲田大）

懐良親王

☑10 1401年の足利義満の遣使の正使は僧の □□□□ であった。
（同志社大）

祖阿

☑11 また，副使は博多の商人の □□□□ であった。 （京都大）

肥富

☑12 日明国交では日本船は a 勘合を提出することを求められ，
明船が日本に来る場合には b 勘合を所持した。 （南山大）

a 本字勘合
b 日字勘合

☑13 最後の勘合船は大内氏と博多商人が派遣した □□□□ 年のもの
である。 （早稲田大）

1547年

☑14 1551年に □□□□ が滅亡し，勘合貿易は断絶した。
（慶應義塾大）

大内義隆

☑15 後期倭寇を代表する武装密貿易集団のリーダーとして名が知ら
れているのは □□□□ である。 （慶應義塾大）

王直〔五峰〕

☑16 応永の外寇の翌年の1420年，朝鮮使節として □□□□ が来日
した。 （立命館大）

宋希璟
ソンヒギョン

☑17 彼はこの時，『□□□□』という紀行文を残している。この中で，
畿内では三毛作が行われていると記している。 （同志社大）

老松堂日本行録

☑18 三浦とは，□□□□・乃而浦・塩浦の3つの港である。（東海大）

富山浦

☑19 日朝貿易は，1443年の a で，1年間に派遣する船（歳遣
船）は b 隻と制限されていた。 （関西大）

a 嘉吉条約〔癸亥約条〕
b 50隻

☑20 三浦の乱の後の1512年，□□□□ で朝鮮と対馬（宗氏）との交
易が再開された。 （日本大）

壬申約条
〔永正条約〕

☑21 この時，許された貿易港は □□□□ のみであった。 （上智大）

乃而浦〔薺浦〕

☑22 「南海の産物」とは香辛料の胡椒，染料の □□□□，聞香のため
の香木，薬種などであった。 （青山学院大）

蘇木

☑23 15世紀の琉球王国の繁栄を示す史料として有名な，首里城の
正殿にあった，いわゆる □□□□ の鐘銘には，「三韓の秀を鐘め，
大明を以て輔車となし，日域を以て唇歯となして」と琉球王国
が東アジアの海上交通の要地にあり，繁栄を誇ったことがうた
われている。 （早稲田大）

万国津梁

☑ 24 **中継貿易**の拠点として**東アジアの各地の物資が集散**した**琉球王国**の港は◻◻◻であった。 (慶應義塾大)
那覇

☑ 25 **琉球の古歌謡**である◻a◻は，首里王府によって『◻b◻』として編纂された。 (南山大)
a おもろ
b おもろさ[そ]うし

☑ 26 **アイヌ文化**の文学は◻◻◻と呼ばれる。また，**熊送り**の儀式なども今日に伝わっている。 (上智大)
ユーカラ

☑ 27 **道南十二館**のうち**函館**市の◻◻◻からは 37 万枚もの**輸入銭**が出土し，さかんな交易が行われたことを示している。(関西大)
志苔館

☑ 28 **蠣崎氏**の客将であった◻◻◻はやがてこの氏を継ぎ，近世の**松前氏（藩）**の祖となった。 (立教大)
武田信広

2 中世

幕府の衰退と庶民の台頭

惣の形成

☑ 01 **惣の農民**は，年貢の減免や代官の罷免などを嘆願する◻◻◻も行った。 (青山学院大)
愁訴

☑ 02 ◻◻◻と呼ばれるものは，**荘園**の**農民**たちが**荘園領主**に対して抵抗した**一揆**を指す。 (法政大)
荘家の一揆

☑ 03 **強訴・逃散**や一揆を結ぶ場合，農民たちは**神仏に誓う文書**である◻a◻の証文を焼き，その灰を水に混ぜて皆で飲む◻b◻の儀式で結束を固めた。 (慶應義塾大)
a 起請文
b 一味神水

☑ 04 **正長の徳政一揆**の発端は，**近江坂本**の◻◻◻の蜂起だった。 (同志社大)
馬借

☑ 05 『**大乗院日記目録**』の筆者の 1 人は，◻a◻寺の**大乗院**の院主◻b◻で，彼は**一条兼良**の子である。 (上智大)
a 興福寺
b 尋尊

☑ 06 **史料**『**薩戒記**』によれば，「◻◻◻国の土民」が「旧冬の京辺の如く蜂起」し，赤松方の武士などを国外に追い出そうとしたという。 (青山学院大)
播磨国

幕府の衰退

☑ 07 **足利義教**は◻◻◻だったが還俗して 6 代将軍となった。 (学習院大)
天台座主

☑ 08 **結城合戦**は，◻◻◻が**足利持氏**の遺児**安王丸・春王丸**を自分の城に迎え，**上杉憲実・幕府軍**に対して起こした戦いである。 (青山学院大)
結城氏朝

☑09 **享徳の乱**は，鎌倉公方が幕府軍の攻撃を受け，**下総の** [____] に移って抵抗を続けたことで長期化した。 （早稲田大）　　　古河

☑10 **幕府**が送った**鎌倉公方**は，足利義政の兄弟の**足利政知**で，伊豆の [____] に御所を築いた。 （上智大）　　　堀越

☑11 足利義満の妻が京都の [_a_] 氏の出身であったことから，足利将軍家とこの家の姻戚関係は深まった。また，この家は京都に [_b_] 寺を建立した。 （同志社大）　　　a 日野氏　b 法界寺

☑12 **山城の国一揆**は，両 [_a_] 軍の退去や [_b_] の禁止などを宣言している。 （早稲田大）　　　a 畠山軍　b 新関

☑13 **加賀の一向一揆**は新守護 [_a_] を擁立し，織田信長の家臣 [_b_] に屈服するまで，**100 年近く支配**を実現した。 （上智大）　　　a 富樫泰高　b 柴田勝家

☑14 **一向一揆**は戦国大名とも対立した。1563 年，**徳川家康**に対抗した [____] などがある。 （東洋大）　　　三河の一向一揆

☑15 **日蓮宗**では，鎌倉末期から南北朝期にかけて，[____] が**京都**での布教を進めた。 （同志社大）　　　日像

室町時代の社会経済

☑16 **史料** **応永の外寇**の翌年，日本に来た朝鮮の外交官**宋希璟**の紀行文『 [_a_] 』の中には，「日本の農夫は，秋に畓を耕して大小麦を種き，明年初夏に大小麦を刈りて苗種を種き，秋初に稲を刈りて木麦を種き」と，[_b_] の実施が書かれている。（同志社大）　　　a 老松堂日本行録　b 三毛作

☑17 **近世**に**本格化**する [____] の素朴な形のものは，室町時代にはすでに伊勢地方などの**製塩法**として行われていた。 （中央大）　　　入浜（式）塩田

☑18 15 世紀に出現した [____] は 2 人で木材を縦挽することを可能とし，建築技術の進歩に貢献した。 （慶應義塾大）　　　大鋸

☑19 専門の市場では，京都の**三条・七条**にあったとされる [_a_] や，淀の [_b_] が知られている。 （上智大）　　　a 米場〔米市〕　b 魚市

☑20 **史料**『**離宮八幡宮文書**』には，幕府が「石清水八幡宮大山崎 [____] 等」に対し「**公事幷に土倉役**」の免除や，摂津や近江など**他の地域の灯油の製作販売の禁止**を認めた文書がある。 （関西大）　　　神人

☑21 **大山崎の油座の灯油**は [____] を絞ったものである。 （上智大）　　　荏胡麻

☑22 **史料** **明応 9 年**（1500 年）の**撰銭令**では，「所詮日本新鋳の料足に於ては堅く之を撰ぶべし」，「根本渡唐銭 [____] ・**洪武・宣徳**等に至りては，向後之を取り渡すべし」とされた。 （上智大）　　　永楽

☑23 戦国大名が貫高制をとる際，銭を**永楽通宝に限定**した場合は，これを[ ]と呼ぶ。 (高崎経済大)

永高
<small>えいだか</small>

☑24 隆盛を誇った**禅宗の寺院**は，死者の供養に寄進された銭である[ ]を運用し**高利貸業**を営んだ。 (早稲田大)

祠堂銭
<small>しどうせん</small>

☑25 **東大寺**の支配下にあった**兵庫の港**については[ ]という，15世紀半ばの関銭の徴収簿が残っている。 (京都大)

兵庫北関入船納帳
<small>ひょうごきたぜきいりふねのうちょう</small>

戦国大名と都市の発展

戦国大名の興亡

☑01 三好長慶の死後，**三好三人衆**と[a]らの戦闘は広範囲に及び，1567年には[b]寺が戦場となった。 (上智大)

a 松永久秀
<small>まつながひさひで</small>
b 東大寺
<small>とうだいじ</small>

☑02 後に徳川氏を名乗る三河の[ ]氏は，国人レベルの**土豪**から一国の支配を確立する**戦国大名**に成長した。 (愛知教育大)

松平氏
<small>まつだいらし</small>

☑03 最大の条数を誇る分国法『**塵芥集**』は[ ]が制定した。 (法政大)

伊達稙宗
<small>だててたねむね</small>

☑04 『**今川仮名目録**』とその**追加**は，それぞれ[ ]，**今川義元**によって制定された。 (早稲田大)

今川氏親
<small>いまがわうじちか</small>

☑05 **北条早雲**が制定したとされる分国法は『[a]』，下総の**結城氏**の分国法は『[b]』である。 (同志社大)

a 早雲寺殿二十〔廿〕一箇条
<small>そううんじどのにじゅう〔にじゅう〕いっかじょう</small>
b 結城氏新法度
<small>ゆうきししんはっと</small>

☑06 **南近江**を支配した**六角氏**には『[ ]』という，重臣と六角義賢・義治の盟約の形をとる分国法が残されている。 (立命館大)

六角氏式目
<small>ろっかくししきもく</small>
〔義治式目〕
<small>よしはるしきもく</small>

☑07 古い分国法としては，大内氏の『[a]』がある。また，阿波の**三好氏**の分国法は『[b]』と呼ばれる。 (京都大)

a 大内氏掟書
<small>おおうちしおきてがき</small>
b 新加制式
<small>しんかせいしき</small>

☑08 肥後の**相良氏**の分国法『[ ]』は，**国人一揆**の掟などを取り入れたものとして有名である。 (立命館大)

相良氏法度
<small>さがらしはっと</small>

☑09 分国法の中には，職務上の関係者も共犯者として処罰する[ ]，親族など血縁・姻戚にも刑を科す**縁坐**の規定もある。

連坐
<small>れんざ</small>

☑10 **南近江**の戦国大名[a]氏は，観音寺城の城下町[b]に**楽市令**を発布したことが知られている。 (立命館大)

a 六角氏
<small>ろっかくし</small>
b 石寺
<small>いしでら</small>

都市の発展

☑11 [a]の**敦賀**は古代には角鹿と呼ばれ，**松原客院**があったと考えられている。[b]の**小浜**も**敦賀**と同様，ここから琵琶湖まで陸送し，京へ物を運ぶ重要な港町だった。 (関西大)

a 越前
<small>えちぜん</small>
b 若狭
<small>わかさ</small>

☑12 **延暦寺の門前町**にあたる**坂本**には_____神社がある。（名城大）　　日吉神社

☑13 **摂津**の自治的な都市_____は，南蛮貿易や朱印船貿易で栄え，**末吉氏**など年寄衆が町政を担った。（関西大）　　平野

室町文化

美術

☑01 室町時代の_____や**喫茶**など，人々が集合することで成り立つ芸能は，「**集団の芸能**」として注目されている。（法政大）　　連歌

☑02 **鹿苑寺金閣**は_____年に焼失し，55年に再建された。（福井大）　　1950年

☑03 同朋衆の多くは，**観阿弥・世阿弥・善阿弥**など，**阿弥号**を名乗る_____宗の下級の僧侶たちである。（早稲田大）　　時宗

☑04 **狩野正信**の代表作は『　a　』，その子**元信**の代表作は『　b　』である。（同志社大）　　a 周茂叔愛蓮図　b 大仙院花鳥図

宗教

☑05 **安国寺**と**利生塔**は，**足利尊氏・直義**兄弟が，_____以降の戦没者の菩提を弔うために諸国に建立を命じたものである。（明治学院大）　　元弘の変

☑06 **五山・十刹**を統轄する役職の**僧録**が置かれた。その初代は_____である。（関西大）　　春屋妙葩

☑07 **京都五山**のうち，_____寺は，**足利義満**が建立したもので，その第2位に位置づけられた。（東京学芸大）　　相国寺

☑08 **京都五山**の_____寺は，**明庵栄西**が**源頼家**の援助を受けて建立したものである。（早稲田大）　　建仁寺

☑09 **京都五山**の_____寺は摂家将軍頼経の父**九条道家**が，東大寺と興福寺をあわせた大規模な寺院を意図して建立した。（東洋大）　　東福寺

☑10 **鎌倉五山**の　a　寺は**北条時頼**が**蘭渓道隆**を招いて，　b　寺は**北条時宗**が**無学祖元**を招いて建立した寺である。（関西学院大）　　a 建長寺　b 円覚寺

☑11 **北条政子・源頼家**の母子が，**明庵栄西**を開山として建立したのが鎌倉の_____寺である。（立命館大）　　寿福寺

☑12 **道元**が世俗を避け**越前**に建立した道場が　a　寺で，能登の　b　寺と並び近世には**曹洞宗**の2大本山とされた。（関西大）　　a 永平寺　b 総持寺

☑13 **臨済宗で五山の列に加わらなかった** ___a___ **寺の退蔵院には，如拙の『** ___b___ **』が伝えられている。** (青山学院大)

a 妙心寺
b 瓢鮎図

2 中世

学問・教育・文学

☑14 **『神皇正統記』は，常陸の** _____ **城に滞在中の北畠親房が著したとされる。** (同志社大)

小田城

☑15 **九州探題の** _____ **は，今川氏の歴史を子孫に伝えるため『難太平記』を著し，『太平記』の誤りをただそうとした。** (早稲田大)

今川貞世〔了俊〕

☑16 **一条兼良の子** _____ **は，興福寺の大乗院の院主である。** (立命館大)

尋尊

☑17 室町初期の**源氏物語研究**の主要な著作は**四辻善成**の『_____』である。また，『**花鳥余情**』はこの補訂を意図していたという。 (明治大)

河海抄

☑18 奈良の商人であった_____は，国語辞書の『**節用集**』を刊行したことで知られている。 (慶應義塾大)

饅頭屋宗二

☑19 **薩南学派**の祖とされる**桂庵玄樹**は，薩摩で『_____』と呼ばれる儒書の注釈書を刊行している。 (早稲田大)

大学章句

☑20 **江戸城**を最初に築いたのは，上杉氏の重臣_____である。 (早稲田大)

太田道灌

☑21 彼に招かれて江戸に滞在した_____は，**漢詩集『梅花無尽蔵』**を残している。 (青山学院大)

万里集九

☑22 初等教育に用いられた**書簡形式**の教材を_____と総称する。 (立命館大)

往来物

芸能

☑23 奈良時代以来の_____の中から，**猿楽**が発達した。 (上智大)

散楽

☑24 **大和猿楽四座**は，___a___ **寺・春日神社**に属する。この中で，**観阿弥・世阿弥**の出た___b___は，やがて**観世座**と呼ばれた。 (京都大)

a 興福寺
b 結崎座

☑25 軍記物語『_____』は，数々の**義経伝説**を生んだ。 (同志社大)

義経記

☑26 **栄西**がもたらした**茶**は，やがて**栂尾**で_____によって栽培が始められたとされる。 (東京学芸大)

明恵〔高弁〕

☑27 **立花**は，室町後期に**池坊専慶**が確立し，戦国時代の_____がさらに洗練したものである。 (同志社大)

池坊専応

☑28 香をたき，その匂いを嗅ぎ分けることを_____と呼び，香寄合がさかんに行われた。 (同志社大)

聞香

ヨーロッパ人の来航

☑01 **1543 年**に**種子島**に漂着した中国船は，倭寇の頭目として有名な _____ に関わるものと推定する説がある。　　（慶應義塾大）

王直〔五峰〕

☑02 **種子島時尭**は，この中国船に乗っていたポルトガル人から**鉄砲**を _____ 丁買ったとされている。

2 丁

☑03 **イエズス会**は，_____ や**ザビエル**らにより **1534 年**に**パリ**で結成されたカトリック（旧教）の布教団体である。　　（上智大）

イグナティウス＝ロヨラ

☑04 **ザビエル**は 1547 年，**マラッカ**で日本人の _____ に会い，洗礼を受けさせ，彼を伴って**鹿児島**に来航した。　　（慶應義塾大）

アンジロー〔弥次郎〕

☑05 ザビエルに**鹿児島上陸**を許可したのは _____ である。　　（早稲田大）

島津貴久

☑06 ザビエルに**周防**の**山口**での布教を許可した _____ は，その後，家臣の陶晴賢に滅ぼされた。　　（慶應義塾大）

大内義隆

☑07 天正遣欧使節は**スペイン国王**やローマ教皇 _____ に謁見した。　　（上智大）

グレゴリウス 13 世

☑08 宣教師 _____ は**織田信長**の信任を受け，**京都**に**南蛮寺**を建立し，**安土**の**セミナリオ**の運営責任者となった。　　（上智大）

オルガンティーノ

☑09 **キリシタン大名**の _____ は**バテレン追放令**で改易され，さらに 1614 年には _____ に追放となった。　　（関西大）

a 高山右近
b マニラ

☑10 豪商小西隆佐の子 _____ は**キリシタン大名**で，文禄・慶長の役で活躍したが，関ヶ原の戦いで西軍に加わり斬首された。　　（慶應義塾大）

小西行長

織田信長

☑01 織田家は**尾張**の守護 _____ 氏の**守護代**の家であったが，もとは**越前国**の _____ 荘の荘官であったとされている。　　（中京大）

a 斯波氏
b 織田荘

☑02 1567 年，織田信長は**美濃**の稲葉山城を攻め，_____ を破った。　　（名古屋学院大）

斎藤竜興

豊臣秀吉

☑01 信長が**本能寺の変**に倒れた後，その後継者を誰とするかを決めたいわゆる _____ **会議**では，豊臣秀吉が主導権を握った。
(学習院大)
清洲会議

☑02 1585 年，秀吉に抵抗して起こった**紀伊**の _____ は，秀吉の攻撃を受け壊滅した。
(上智大)
根来・雑賀一揆

☑03 秀吉の姉の子 _____ は，1591 年に**関白**の地位を譲られたが，**秀頼**が生まれた 2 年後には切腹させられた。
(関西大)
豊臣秀次

☑04 秀吉に協力した豪商では，堺の**千利休**・ _____ ，博多の**島井宗室・神屋宗湛**などが知られている。
(上智大)
小西隆佐

☑05 _____ は秀吉から**天正大判**の鋳造を命ぜられた。
(明治大)
後藤徳乗

☑06 **太閤検地**は石高制を確立したため「 _____ 」とも呼ぶ。
(甲南大)
天正の石直し

☑07 **一地一作人の原則**の結果，職の重層性を特徴とする __a__ **制**は消滅した。また職の否定は __b__ **の否定**とも表現される。
(慶應義塾大)
a **荘園公領制**
b **作合の否定**

☑08 **太閤検地**で統一された面積の単位は，**町・段・畝**・ __a__ で，容積の単位は __b__ ・**斗・升・合**であった。
(獨協大)
a **歩**
b **石**

☑09 経済的権益を奪われた国人の反発，また新領主に対する反発から，各地で**検地反対一揆**が起こった。特に **1590 年**の**陸奥**の _____ などは大規模なものであった。
(早稲田大)
葛西・大崎の一揆

☑10 **刀狩**は _____ **寺**の大仏造営を口実に実施された。
(京都大)
方広寺

☑11 **史料** 1591 年の**人掃令（身分統制令）**には「一， __a__ ，侍・中間・小者・あらし子に至る迄，去七月**奥州**江御出勢より以後，新儀ニ町人 __b__ ニ成候者之在らば，其町中地下人として相改，一切をくをべからず」とある。
(関西学院大)
a **奉公人**
b **百姓**

☑12 **五大老**の _____ は 1599 年に没し，その家督は**前田利長**が継いだ。
(慶應義塾大)
前田利家

☑13 **バテレン追放令**は， _____ が**長崎**を**イエズス会**の教会に寄付したことを秀吉が知ったことが契機となったとされる。
(関西大)
大村純忠

☑14 **文禄の役**では __a__ 率いる**明**の援軍や，**李舜臣**による __b__ を使った抵抗が，日本軍に苦戦を強いることとなった。
(同志社大)
a **李如松**
b **亀甲船**

☑15 講和交渉は最後に**明**の _____ と秀吉の間で行われたが失敗に終わった。
(慶應義塾大)
沈惟敬

桃山文化

☑01 城郭建築の領主の居館は大規模な [_____] であった。
(同志社大)
書院造(しょいんづくり)

☑02 代表的な茶人で，天下の**三宗匠**(さんそうしょう)と呼ばれたのは**千利休**・
[a] ・ [b] で，いずれも**堺の豪商**である。 (中央大)
a・b 今井宗久(いまいそうきゅう)・津田宗及(つだそうぎゅう)(順不同)

☑03 **大名**の中からも茶人が現れた。利休の高弟で武家的な茶道を確
立した [a] や，信長の弟の [b] が有名である。 (南山大)
a 古田織部(ふるたおりべ)
b 織田有楽斎(おだうらくさい)

☑04 将軍や大名に仕え江戸幕府の作事奉行にもなった [_____] は，
庭園の設計で有名で，その作品は各地に残っている。 (上智大)
小堀遠州(こぼりえんしゅう)

☑05 **織田有楽斎**の茶室とされる [_____] は現存している。 (名城大)
如庵(じょあん)

☑06 肥前の**有田焼**(ありたやき)を始めたのは，鍋島直茂(なべしまなおしげ)が**朝鮮**からの帰国に際し，
連れ帰った [_____] とされる。 (上智大)
李参平(りさんぺい)

☑07 **京学の祖**とされる**藤原惺窩**(せいか)は，慶長の役で捕虜として日本に来
た朝鮮の儒学者 [_____] の影響を受けたとされる。 (慶應義塾大)
姜沆(きょうこう)

☑08 桃山文化の時期，**食事**が従来の朝・夕の**2回**から**3回**になった
とされるが，庶民はまだ雑穀を常食としていた。京都などの都
市には，**二階建て**や，[_____] 屋根の住居も建てられた。
(関西学院大)
瓦屋根(かわらやね)

☑09 **キリシタン版**の1つ『[_____]』は，イエズス会宣教師たちが作っ
た**日本語・ポルトガル語辞書**である。 (同志社大)
日葡辞書(にっぽじしょ)

幕藩体制の成立

政治体制

☑01 **関ヶ原の戦い**の後，**五大老の一人**[_____] は 120 万石から 30
万石に，**毛利輝元**も 120 万石から 37 万石に**減封**された。
(法政大)
上杉景勝(うえすぎかげかつ)

☑02 **大坂夏の陣**後，平和が訪れた状態を [_____] と呼ぶ。 (明治大)
元和偃武(げんなえんぶ)

☑03 **史料** 家康・秀忠の側近**本多正信**(ほんだまさのぶ)の著ともいう『[_____]』には，
「百姓は**財の余らぬやうに，不足なきやうに**」という農民観が示
されている。 (立命館大)
本佐録(ほんさろく)

☑04 **大名数**は江戸中期以降，ほぼ [_____] **家**の間で推移した。
(京都産業大)
260〜270 家

☑05 幕府の役職は，大きく分けて**軍事的な部門**を担当する $\boxed{a}$ と，**一般行政や経済関係**を扱う $\boxed{b}$ に分かれている。

（慶應義塾大）

a 番方（ばんかた）
b 役方（やくかた）

☑06 各大名が将軍から**石高**単位で**領地**を与えられ，その領地の支配を委ねられる体制を $\boxed{}$ 制と呼ぶ。 （明治大）

大名知行制（だいみょうちぎょうせい）

☑07 御三家のうち，尾張の徳川家の初代は $\boxed{a}$ ，紀伊は**徳川頼宣**（より のぶ），水戸は $\boxed{b}$ である。 （上智大）

a （徳川）義直（とくがわ よしなお）
b （徳川）頼房（よりふさ）

☑08 徳川吉宗の子，**宗武**（むねたけ）に始まる $\boxed{a}$ 家，**宗尹**（むねただ）に始まる $\boxed{b}$ 家，孫の**重好**（しげよし）に始まる**清水**（しみず）家の3家を $\boxed{c}$ と呼ぶ。

（関西学院大）

a 田安家（たやすけ）
b 一橋家（ひとつばし）
c 御三卿（ごさんきょう）

☑09 最大の大名は約**102万石**の**外様**の $\boxed{}$ 藩前田氏だった。

（成城大）

加賀藩（かがはん）

☑10 **享保**年間の調査によれば，**旗本・御家人**の総数は**旗本**約 $\boxed{a}$ 人，**御家人**約 $\boxed{b}$ 人であった。 （獨協大）

a 約5000人
b 約1万7000人

☑11 南禅寺の**金地院崇伝**は幕政に強い影響力を及ぼしたことから， $\boxed{}$ などと呼ばれた。 （関西学院大）

黒衣の宰相（こくえのさいしょう）

☑12 天台宗の僧の $\boxed{a}$ は，家康の信任を得て幕政に参画した。 $\boxed{a}$ は**家康**の**遺骸**（いがい）を**久能山**（くのうざん）から**日光**に改葬し，1625年には**上野**に $\boxed{b}$ 寺を創建し，東日本の**天台宗**の拠点とした。

（学習院大）

a 天海（てんかい）
b 寛永寺（かんえいじ）

☑13 秀忠の時に**広島城主**の $\boxed{}$ が，家光の時には**加藤清正**の子で肥後**熊本藩主**の**加藤忠広**（ただひろ）が**改易**されている。 （慶應義塾大）

福島正則（ふくしままさのり）

☑14 **沢庵宗彭**（たくあんそうほう）は紫衣事件の赦免後，品川に $\boxed{}$ 寺を開いた。

（同志社大）

東海寺（とうかいじ）

☑15 $\boxed{a}$ 天皇は称徳天皇以来の**女帝**であるが，その後，18世紀半ばにも $\boxed{b}$ 天皇という女帝が誕生している。 （京都大）

a 明正天皇（めいしょうてんのう）
b 後桜町天皇（ごさくらまちてんのう）

☑16 **島原の乱**の背景には， $\boxed{a}$ 氏・ $\boxed{b}$ 氏の旧領に新たに入った松倉（まくら）氏や寺沢（てらさわ）氏の圧政があった。 （南山大）

a・b 有馬氏（ありまし）・小西氏（こにしし）（順不同）

☑17 **明**から来た**隠元隆琦**（いんげんりゅうき）は，京都郊外に $\boxed{}$ 寺を建てた。

（近畿大）

万福寺（まんぷくじ）

社会体制

☑18 全国の村の数は17世紀末で約 $\boxed{}$ とされる。 （明治大）

約6万3000

☑19 **天領**における**高掛物**（たかがかりもの）には，**伝馬宿入用**（てんましゅくにゅうよう）・**六尺給米**（ろくしゃくきゅうまい）・**蔵前入用**（くらまえにゅうよう）の $\boxed{}$ があった。 （神奈川大）

高掛三役（たかがかりさんやく）

☑20 **女性の地位**は低く，女子の_____では，**女性**は一生で**父，夫，**
そして夫の死後はその**子**に従うべきとされた。　　（立命館大）

☑21 江戸の町は，**奈良屋・樽屋・喜多村**の３家の__a__たちが代々
その自治を担い，その下に多くの**町名主**が付属した。大坂では，
__b__のもとに多くの__a__がいた。　　（関西学院大）

a　町年寄
b　惣年寄

☑22 町は**町法（町掟）**に従って運営された。また，町人は**夫役**である
_____を負担した。　　（獨協大）

町人足役

☑23 **日雇**や，商品を**天秤棒で担って売り歩く**__a__のような零細
な町人などは，１つの建物を数軒の住居に区切った__b__に
住んだ。　　（早稲田大）

a　棒手振
b　棟割長屋

☑24 **親方**の下には__a__と呼ばれる**無給の従業員**が付属した。商
家には**番頭・手代**や，10代の若者が無給で働く__b__などの
奉公人が多数付属した。　　（中央大）

a　徒弟
b　丁稚

江戸初期の外交

☑01 1609 年に**上総**に漂着した**前ルソン総督**の_____を送り帰すに
際し，**田中勝介**が随行して**ノビスパン**に向かった。　（青山学院大）

ドン＝ロドリゴ

☑02 田中の帰国の際，遣日使節として**スペイン人**_____が来日した。

ビスカイノ

☑03 **フィリピン総督**の書簡を携えた**フランシスコ会**の_____は家
康・秀忠に謁見，**日本布教を許され**東北にも布教した。
　　（関西大）

ソテロ

☑04 **糸割符制度**は当初 **1604 年**から__a__船に適用されたが，**1631**
年には__b__船，**1641 年**には**オランダ船**にも適用された。
　　（関西大）

a　ポルトガル船
b　中国船

☑05 **糸割符制度**は，**1655 年**に廃止され_____が許されたが，**1685**
年には再び復活した。　　（慶應義塾大）

相対（自由）貿易

☑06 **1609 年**，長崎で_____が**ポルトガル船ノッサ・セニョーラ・**
ダ・グラッサ（マードレ・デ・デウス）号を撃沈した。
　　（慶應義塾大）

有馬晴信

☑07 この事件を契機に，_____**事件**と呼ばれる**賄賂事件**が発覚し
たことが，幕府が禁教令を出す契機となった。　　（上智大）

岡本大八**事件**

☑08 **1607 年**，将軍への回答と**朝鮮出兵**に伴う**朝鮮人捕虜**の帰国の
ため_____が来日した。　　（早稲田大）

回答兼刷還使

☑09 幕府は_____**年**，清船の来航を**年間 70 隻**と限定し，長崎市中
に雑居していた清国人を**唐人屋敷**に集住させた。　　（早稲田大）

1688 年

366　難関大レベル　応用の 920 問

☑10 [_____]は姓を**松前**と改名し，**1604 年**には**アイヌとの交易の独**
　　占権を**家康**から黒印状で認められた。　　　　　　（早稲田大）

蠣崎慶広

寛永期の文化

☑01 **林羅山**は，徳川家光から**上野**[_____]に土地を与えられ，ここ
　　に私塾**弘文館**を開いた。　　　　　　　　　　　　　　（上智大）

忍ヶ岡

☑02 角倉了以の子の**角倉素庵**は，**本阿弥光悦**などと共に，[_____]
　　と呼ばれる豪華な装飾性に富んだ活字本を出版した。

嵯峨本

　　　　　　　　　　　　　　　　　　　　　　　　　　　（学習院大）

☑03 **徳川家光**の茶の湯の師範となった[_a_]は，[_b_]と呼ばれ
　　る**茶道**を打ち立てるとともに，**造園**でも活躍した。　（学習院大）

a 小堀遠州
b 遠州流

文治政治

☑01 **1651 年**の**慶安の変**とは，兵学者の**由井正雪**や[_____]らによる
　　幕府転覆未遂事件である。　　　　　　　　　　　　　　（明治大）

丸橋忠弥

☑02 1652 年の**戸次（別木）庄左衛門**らによる[_____]も，慶安の変
　　と同じく文治政治への転換の契機となったとされる。

承応事件

　　　　　　　　　　　　　　　　　　　　　　　　　　　（学習院大）

☑03 「**かぶき者**」とは，旗本の次男 3 男などの[_a_]や，町人の
　　[_b_]と呼ばれる，**異様な風体**の無頼者などのことである。

a 旗本奴
b 町奴

　　　　　　　　　　　　　　　　　　　　　　　　　　　（明治大）

☑04 **明暦の大火**では，**江戸城**の[_____]も焼失し，以後，江戸城は
　　[_____]を持たない城となった。　　　　　　　　　（京都大）

天守閣

☑05 **明暦の大火**を契機に消防体制の強化が図られ，**旗本**らによる
　　[_____]などが整備されていった。　　　　　　（慶應義塾大）

定火消

☑06 **東廻り航路・西廻り航路**の整備で有名な[_____]は，**明暦の大**
　　火で巨利を得たという**江戸**の**材木商**であった。　　　（早稲田大）

河村瑞賢〔軒〕

☑07 **明**からの亡命学者[_____]は，**徳川光圀**に影響を与えた。

朱舜水

　　　　　　　　　　　　　　　　　　　　　　　　　　（関西学院大）

☑08 **加賀藩**の**前田綱紀**は，京都の**東寺**に残されていた文書を整理し，
　　[_____]を整備したことでも有名である。　　　　（学習院大）

東寺百合文書

☑09 4 代将軍徳川家綱の没後，「**下馬将軍**」の異称を持つ**大老**の
　　[_____]は，京都の有栖川宮家から将軍後継を迎えようとした
　　が，**堀田正俊**らに阻止された。　　　　　　　　　　　（学習院大）

酒井忠清

☑ 10 **幕府歌学方**に登用された**北村季吟**の重要な著作は，源氏物語の
注釈書，『_____』である。 (中央大) (源氏物語)湖月抄

☑ 11 平安時代以来の_____に代わって，**元の授時暦**に**天体観測の
結果を加え，日本独自の暦**として成立したのが**貞享暦**である。
(関西学院大) 宣明暦

☑ 12 18 世紀前半に成立した**竹田出雲**らの『_____』は，**赤穂事件**
を描いた最も有名な戯曲である。 (同志社大) 仮名手本忠臣蔵

☑ 13 **1707 年の富士山大噴火**に対する復興のため，_____と呼ばれ
る国役が課された。 (中央大) 諸国高役〔国役〕金

☑ 14 親王家として認められていた_____家・**京極宮家・有栖川宮**
家に加え，正徳の治では**閑院宮家の創設**が認められた。 (明治大) 伏見宮家

江戸時代の経済

産業

☑ 01 近世初頭の**田畑面積約**__a__**町歩**は，**18 世紀初め**には**約**
__b__**町歩**弱にまで拡大したと推定されている。 (法政大)
a 約 160 万町歩
b 約 300 万町歩

☑ 02 新田開発には**幕府の代官**が行う__a__，村が独自に行う
__b__，**町人**による**町人請負新田**などの区別がある。 (東洋大)
a 代官見立新田
b 村請新田

☑ 03 河川の上流部にまで耕地開発が進み，洪水が頻発したため，
1666 年，幕府は_____で森林伐採などを規制した。
(早稲田大) 諸国山川掟

☑ 04 **1687 年**には_____が停止されたが，**享保の改革**で解禁された。
(慶應義塾大) 町人請負新田

☑ 05 **近世初期**の湖沼や干潟の**干拓**の例としては，**備前の児島湾**，九
州北西部の**有明海，下総**の_____がある。 (関西学院大) 椿海

☑ 06 **見沼代用水**開削の中心は，享保の改革で登用され手腕をふるっ
た_____である。 (慶應義塾大) 井沢弥惣兵衛

☑ 07 中世の脱穀用具の_____は**千歯扱**に代わっていった。
(立教大) 扱箸

☑ 08 **明の徐光啓**による『_____』は，宮崎安貞の『**農業全書**』の参
考とされた。 (慶應義塾大) 農政全書

☑ 09 **17 世紀後半成立**とされ，**最古の農書**ともいう『_____』は伊
予の武将，**土居清良**の伝記の一部にあたる。 (立命館大) 清良記

☑ 10 地方の村役人などによる農書も成立した。1684 年，**会津藩の村
役人が記した**『_____』などがある。 (慶應義塾大) 会津農書

☑11 商品作物としては，**西日本**に広がった＿＿＿・**たばこ**・**甘蔗**_{（かんしょ）}
などがあげられる。 （関西大）
綿花〔綿作〕_{めんか〔めんさく〕}

交通

☑12 幕府は，**東海道**は各宿駅に人足　a　**人**と馬　b　**疋**を常備
することを命じた。 （学習院大）
a 100人
b 100疋_{びき}

☑13 **東海道**は，**江戸**を出て最初の**品川**_{しながわ}から**大津**まで，＿＿＿**宿**が
設定された。 （上智大）
53宿_{しゅく}

☑14 **中山道**は，各宿駅に，人足　a　**人**と馬　b　**疋**が常備され
た。 （学習院大）
a 50人
b 50疋_{びき}

☑15 **中山道**は，江戸を出て最初の　a　から**守山**まで，　b　**宿**
が設定された。 （上智大）
a 板橋_{いたばし}
b 67宿_{しゅく}

☑16 **甲州・日光・奥州道中**は各宿駅に**人足25人**と**馬25疋**が常備さ
れた。**甲州道中**の江戸を出た最初の宿場は＿＿＿である。
（聖心女子大）
内藤新宿_{ないとうしんじゅく}

☑17 **日光・奥州道中**は**宇都宮**_{うつのみや}で分かれたが，江戸を出て最初の宿場
は＿＿＿であった。 （早稲田大）
千住_{せんじゅ}

☑18 **架橋**_{かきょう}や**渡船**が禁止された　a　**川**や**安倍川**_{あべがわ}などを渡る際には，
川越人足_{かわごえにんそく}を必要とした。洪水などの際には**川留**_{かわどめ}となった。また，
　b　**川**は**渡船**とされた。 （同志社大）
a 大井川_{おおいがわ}
b 天竜川_{てんりゅうがわ}

☑19 **町飛脚**は月に**3**度大坂と江戸を往復したので　a　，また約
6日で**東海道**を走ったので　b　とも呼ばれた。 （神奈川大）
a 三度飛脚_{さんどびきゃく}
b 定六_{じょうろく}

☑20 **河川交通**を整備した**角倉了以**は，京都の**土倉**の出身で，＿＿＿
貿易家としても活躍した。 （同志社大）
朱印船_{しゅいんせん}貿易家

☑21 **伏見〜大坂**間の**淀川水運**_{よどがわすいうん}には＿＿＿と呼ばれる貨客船が就航
した。 （青山学院大）
過書船_{かしょせん}

☑22 **河村瑞賢**は**淀川河口**の＿＿＿**川**の開削も行った。 （京都大）
安治川_{あじがわ}

☑23 **河川交通**に使われた小型の**川船**は＿＿＿と呼ばれた。
（早稲田大）
高瀬船_{たかせぶね}

経済

☑24 **大坂の銅商，住友家の泉屋**は，鉛などを使って高純度の**銅**を得
る新しい精錬法，＿＿＿を取り入れたとされる。 （慶應義塾大）
南蛮吹_{なんばんぶき}

☑25 **三井家3**代目の　a　は，子孫への訓戒を『　b　』で示し
ており，大名貸などを戒めている。 （関西大）
a 三井高房_{みついたかふさ}
b 町人考見録_{ちょうにんこうけんろく}

☑26 **江戸の材木商**で，寺院建立などで巨富を得たとされるのは，4 代目 ☐ である。 *(早稲田大)*

奈良屋茂左衛門

☑27 **1609 年**，幕府は金・銀・銭の交換比率の基準を示し，**金 1 両**は **銀 ☐a 匁**，**銭 ☐b 貫文**とされた。 *(青山学院大)*

a 銀 50 匁
b 銭 4 貫文

☑28 その後銀の価値の**下落**もあり，**1700 年**，金 1 両は**銀 ☐ 匁**と改定されたが，実際には時期により変動した。 *(龍谷大)*

銀 60 匁

☑29 小判鋳造などを行った**金座**は ☐a が管轄した。10 両の大判は**大判座**で鋳造され ☐b 家が管轄した。 *(立命館大)*

a 後藤庄三郎
b 後藤四郎兵衛家

☑30 **大坂の本両替**から選ばれ，**幕府の公金**等を扱った両替商を ☐ と呼ぶ。 *(早稲田大)*

十人両替

☑31 **金銀貨と銭の交換**を主目的とする業者が ☐ である。 *(龍谷大)*

銭両替

元禄文化

学問

☑01 **朱子学は南宋**の ☐，**陽明学は明の王陽明**に始まる。 *(成城大)*

朱熹〔子〕

☑02 京に**講習堂**を開いた ☐ は，**松永貞徳**の子である。 *(慶應義塾大)*

松永尺五

☑03 ☐ は，**屋久島**に潜入し捕らえられたイタリア人宣教師**シドッチ**の尋問などから，**『西洋紀聞』・『采覧異言』**を著した。 *(早稲田大)*

新井白石

☑04 新井白石の**『読史余論』**は日本の通史で，独特の「 ☐ 」論と呼ばれる**時代区分論**が注目されている。 *(立命館大)*

九変五変

☑05 **山崎闇斎**の弟子 ☐ は，代表的な忠臣の行状等をまとめた**『靖献遺言』**を残し，後の**尊王論**に影響を与えた。 *(上智大)*

浅見絅斎

☑06 **史料** 荻生徂徠は**『政談』**で，武士は「 ☐ 」にあると，武士は都市生活者だと指摘し，財政難解決のために武士は農村に居住すべきだとする**武士帰農論**を展開している。 *(慶應義塾大)*

旅宿ノ境界

☑07 **和算**の発達は，数学の難問とその解法などを額に書き寺社に奉納する ☐ を生み出した。 *(早稲田大)*

算額

☑08 **800 年以上続いた宣明暦**は実際の季節とずれたため，**渋川春海**は元の ☐ に**天体観測の結果**を加え**貞享暦**を完成した。 *(慶應義塾大)*

授時暦

文学・芸能

☑09 **近松門左衛門**の作品は，**人形遣い**の名人 ［＿＿＿＿］ や，**竹本義太夫**の語りによって人気を得た。 （西南学院大）

辰松八郎兵衛

☑10 **近松門左衛門**の**世話物**では，『**曽根崎心中**』の他に『［＿＿＿＿］』，『**冥途の飛脚**』などの名作がある。 （関西学院大）

心中天網島

☑11 明の遺臣，［＿＿＿＿］ の**復明**運動を描いた『**国性爺合戦**』は，近松の代表的な**時代物**の作品である。 （学習院大）

鄭成功

美術・工芸

☑12 1567 年，**松永久秀**と**三好三人衆**の戦闘で焼失した東大寺の ［＿＿＿＿］ は，18 世紀初めに再建された。 （上智大）

大仏殿

☑13 諸国を巡り，多くの仏像彫刻を遺した ［＿＿＿＿］ は，**鉈彫**という，のみの彫り跡をそのまま残す**素朴な作風**で有名である。 （立教大）

円空

☑14 **浮世絵**は**肉筆画**からやがて ［＿＿＿＿］ として普及したが，初期は単色のものであった。 （上智大）

版画

☑15 **野々村仁清**や**尾形乾山**は ［＿＿＿＿］ の名品を多く遺した。 （東洋大）

色絵陶器

☑16 このころ，武士の礼服として ［＿a＿］ ・**袴**の着用が一般化した。農民や職人は ［＿b＿］ ・**股引**が一般的であった。 （上智大）

a 羽織
b 筒袖

享保の改革・田沼時代

享保の改革

☑01 財政難に陥った諸藩は ［＿a＿］ という，**家臣の俸禄・知行を主君**が**借り上げる**かたちで**俸禄を削減**した。そのうち，知行高を半減する場合を ［＿b＿］ と呼ぶ。 （慶應義塾大）

a 借知
b 半知

☑02 徳川吉宗の子の ［＿＿＿＿］ は**田安家**，宗尹は**一橋家**，また，9 代家重の次男重好は**清水家**の祖となった。 （上智大）

（田安）宗武

☑03 **上げ米**として幕府に上納された石高は年 ［＿a＿］ 石あまりで，当時の年貢収入の ［＿b＿］ 割以上に相当すると言われる。 （法政大）

a 18 万 7000 石
b 1 割

☑04 **1722 年の質流し禁令**に伴い，越後の ［＿a＿］ や**出羽**の ［＿b＿］ などで**質地騒動**が起こった。 （早稲田大）

a 頸城郡（高田）
b 長瀞

☑05 1736 年には**享保金銀**の質を下げ，［＿＿＿＿］ が発行されたが，これは**米価の上昇**を狙ったものとも推定されている。 （同志社大）

元文〔文字〕金銀

☐ 06 **年貢増徴策**の先頭に立ったのは，**老中** [a] と**勘定奉行**の [b] である。　　　　　　　　　　　　　　　　　（学習院大）

a 松平乗邑（まつだいらのりさと）
b 神尾春央（かんおはるひで）

☐ 07 [史料] **本多利明**は『**西域物語**』で [　] が「**胡麻の油と百姓は，絞れば絞る程出る物也**」と言ったとしている。（獨協大）

神尾春央（かんおはるひで）

☐ 08 **足高の制**での基準石高は，**大番頭**など [　] **石**を筆頭に，**町奉行・勘定奉行・大目付**は **3000 石**などと設定された。（獨協大）

5000 石（こく）

☐ 09 **大岡忠相**によって設置された**町火消**は，「**いろは**」 [　] **組**に分かれて町方の消防にあたることとなった。（専修大）

「いろは」47 組

☐ 10 **青木昆陽**は『 [　] 』を著し**甘藷先生**（かんしょ）と呼ばれた。（早稲田大）

蕃藷〔藷〕考（ばんしょ〔しょ〕こう）

☐ 11 吉宗の子 9 代将軍**家重**（いえしげ）は**側用人** [　] に依存した将軍で，1760 年には長男家治に将軍職を譲った。（学習院大）

大岡忠光（おおおかただみつ）

田沼時代

☐ 12 田沼政治のもと， [　] という，**銀貨でありながら定量の計数貨幣**が発行されたが，あまり通用しなかった。（慶應義塾大）

明和五匁銀（めいわごもんめぎん）

☐ 13 **南鐐二朱銀**は [　] **枚**で**小判 1 両**と交換できることが明示された。　　　　　　　　　　　　　　　　　　（中央大）

8 枚

☐ 14 **田沼意次**の子で**若年寄**の**田沼意知**（よなお）を暗殺した [　] は，民衆から**世直し大明神**（だいみょうじん）などと呼ばれた。（同志社大）

佐野政言（さのまさこと）

宝暦・天明期の文化

学問

☐ 01 **荷田春満**（かだのあずままろ）は**徳川吉宗**に『 [　] 』を献上し，**国学の学校の設立**を訴えた。　　　　　　　　　　　　　（上智大）

創学校啓（そうがっこうけい）

☐ 02 記紀神話に基づく**本居宣長**（もとおりのりなが）の古道論の核心は，『**古事記伝**』の巻 1 に「 [　] 」として収められている。（同志社大）

直毘霊（なおびのみたま）

☐ 03 **本居宣長**は，松坂の領主であった**紀伊藩主の徳川治貞**（はるさだ）に対し，政治意見書『 [　] 』を呈し，**百姓一揆**が頻発する責任は主として支配者（武士）の側にあると指摘した。（立教大）

秘本玉くしげ（ひほんたま）

☐ 04 **西川如見**（にしかわじょけん）は町人向けの道徳書『 [　] 』なども著した。　　　　　　　　　　　　　　　　　　（早稲田大）

町人嚢（ちょうにんぶくろ）

☐ 05 **平賀源内**（ひらがげんない）は**福内鬼外**（ふくうちきがい）の名で浄瑠璃の脚本『 [　] 』を，**西洋画**の作品としては『**西洋婦人図**』を遺している。（國學院大）

神霊矢口渡（しんれいやぐちのわたし）

☑06 オランダ通詞 ☐ は『天地二球用法』などで地動説を紹介した。　(中央大)　本木良永

☑07 1717年，摂津・平野の有力者たちが設立した郷校の一種が ☐ である。　(上智大)　含翠堂

☑08 石門心学は，☐ と呼ばれる教場を展開した。　(立教大)　心学(講)舎

☑09 **史料** 石田梅岩は『☐ 』で，武士道と同じく「商人ノ道」があるとし，**商業を肯定的に捉えた**。また商人の売買は「天下ノ相ケ」で，商人の利益は武士の俸禄に該当し，**商人にも道があること**を知るべきとしている。　(上智大)　都鄙問答

☑10 **安藤昌益**の著作には『**自然真営道**』の他に，晩年にまとめられた『☐ 』がある。　(上智大)　統道真伝

☑11 林子平の『**三国通覧図説**』の三国とは，**朝鮮・ a ・ b** のことである。　(早稲田大)　a・b 琉球(王国)・蝦夷地(順不同)

文学・芸能

☑12 蜀山人に学び，**宿屋飯盛**の名で活躍した ☐ などが代表的な狂歌の作者であった。　(関西大)　石川雅望

☑13 **洒落本・黄表紙**や ☐ の浮世絵なども出版した**蔦屋重三郎**は，**寛政の改革**で**家財半分没収**という処罰を受けた。　(上智大)　東洲斎写楽

☑14 ☐ の改革を風刺した**恋川春町**の黄表紙は，『**鸚鵡返文武二道**』である。　(京都大)　寛政の改革

☑15 歌謡としての ☐ が発達し，**常磐津節・清元節・新内節**などが庶民に親しまれた。　(関西学院大)　歌〔唄〕浄瑠璃

美術・工芸

☑16 **鈴木春信**の代表作には『☐ 』などがある。　(早稲田大)　弾琴美人

☑17 1年で約140点の個性的な**役者絵**などを描いた**東洲斎写楽**の代表作は，『**大谷鬼次の奴江戸兵衛**』や，市川団十郎をモデルとした『☐ 』である。　(関西学院大)　市川鰕蔵

百姓一揆・寛政の改革

百姓一揆

☑01 江戸時代から明治初期の百姓一揆は**約 ☐ 件**に及ぶ。　(聖心女子大)　約3700件

☑ 02 **1733 年**の**江戸**での**最初の打ちこわし**の対象となったのは，**米問屋**の □□□□ であった。　　　　　　　　　（関西学院大）　高間伝兵衛

☑ 03 **飢饉**や**大火**などの際，幕府は江戸市中に □□□□ を設けて**貧民を収容**するなどした。　　　　　　　　　　　　（南山大）　御救い小屋

☑ 04 信濃の**松本藩**で起こった □ a □ や，陸奥の**磐城平藩**で起こった □ b □ は，**全藩規模の一揆**であった。　　　　（上智大）
　a 嘉助騒動
　b 元文一揆

寛政の改革

☑ 05 **御三卿**の □□□□ の子が養子として将軍家を継いだのが，**11 代将軍徳川家斉**である。　　　　　　　　　　　（法政大）　一橋治済

☑ 06 **白河藩主松平定信**は御三卿の一人 □□□□ の実子である。
　　　　　　　　　　　　　　　　　　　　　　　　（上智大）　田安宗武

☑ 07 **松平定信**は引退後，**随筆**『 □□□□ 』を著した。　（立教大）　花月草紙

☑ 08 **寛政の改革**の時期，幕府は**江戸の両替商**など豪商 10 名を登用し，□□□□ として幕政に協力させる体制を整えた。　（法政大）　勘定所御用達

☑ 09 **石川島**の**人足寄場**の設置を建言し，経営にあたったのは，旗本 □□□□ である。　　　　　　　　　　　　　　（早稲田大）　長谷川平蔵

☑ 10 **寛政の改革**における**文学統制**では，出版元の □□□□ なども処罰されている。　　　　　　　　　　　　　　（慶應義塾大）　蔦屋重三郎

☑ 11 **恋川春町**が**寛政の改革**を揶揄したとして処罰の原因となった著作は『 □□□□ 』である。　　　　　　　　　　　（関西大）　鸚鵡返文武二道

☑ 12 **松平定信**の諮問に答えた**懐徳堂**の 4 代学主 □□□□ の意見書は『**草茅危言**』である。　　　　　　　　　　　　（上智大）　中井竹山

☑ 13 **尊号一件**とともに，幕府でも**将軍家斉**が**実父**に □□□□ の称号を与えようとする問題が生じていた。　　　（東京学芸大）　大御所

☑ 14 **林家を継ぎ大学頭**となった □□□□ により，**昌平坂学問所**は**1797 年**に官立となった。　　　　　　　　　　　（明治大）　林述斎

☑ 15 **秋田藩**の**佐竹義和**の父**佐竹義敦**（曙山）は，**平賀源内**に**西洋画**を学んだ。そして後に『**解体新書**』の挿絵を描くこととなる藩士の □□□□ にも西洋画を学ばせた。　　　　　　　（慶應義塾大）　小田野直武

列強の接近

☑ 01 幕府が**ラクスマン**に与えた**長崎**への**入港許可証**は中国船に交付されていたものにならった □□□□ というものだった。
　　　　　　　　　　　　　　　　　　　　　　　　（学習院大）　信牌

☑02 **大黒屋光太夫のロシア**での見聞を**桂川甫周**がまとめた著作が
『□□□□』である。 （同志社大）
北槎聞略

☑03 **1806〜07年**，レザノフ配下の**ロシア軍艦が蝦夷地を襲撃**する
□□□□が起こり，**樺太**から**択捉**などが略奪にあった。
（慶應義塾大）
文化露寇事件

☑04 **ラクスマンはロシア皇帝**□□□□の，**レザノフはアレクサンドル1**
世の使節として来日した。 （龍谷大）
エカチェリーナ2世

☑05 **ゴローウニン**は日本側に抑留されていた時の体験を『□□□□』
にまとめた。 （日本大）
日本幽囚記

☑06 **ナポレオン1世**のオランダ征服を利用し，**イギリスがオランダ**の
東洋の拠点を奪おうとして起こったのが□□□□である。
（千葉大）
フェートン号事件

☑07 この事件の責任をとり，長崎奉行□□□□は自刃した。 （関西大）
松平康英

☑08 常陸の□a□への**イギリス船員**の上陸事件に危機感を持った
水戸の**会沢安（正志斎）**は，『□b□』を著した。 （上智大）
a 大津浜
b 新論

☑09 **蛮社の獄**で洋学者弾圧を強行した□□□□は，天保期には町奉
行として人々から恐れられた。 （学習院大）
鳥居耀蔵

☑10 **渡辺崋山**が肖像画を描いた□□□□は下総古河藩の家老で，**大
塩平八郎の乱**の際，乱を鎮圧した現場の指揮者だった。
（学習院大）
鷹見泉石

天保の改革

☑01 **徳川家斉**は1837年に12代将軍□□□□に将軍職を譲った後も，
1841年に没するまで**大御所**として権力を握り続けた。 （京都大）
徳川家慶

☑02 **江戸地廻り経済圏**の発達で各地に荷揚げ場の**河岸**が生まれ，そ
こには□□□□が横行し治安が悪化した。 （上智大）
博徒

☑03 **貨幣改鋳**での□□□□で幕府は財政を維持しようとした。
（中央大）
出目

☑04 **マニュファクチュア**経営は，17世紀に**摂津**の**伊丹**などの
□□□□業ですでに現れていた。 （上智大）
酒造業

☑05 19世紀以降，**マニュファクチュア**は，**大坂・尾張**の□a□業や，
桐生・足利の□b□業で本格的に発展した。 （東洋大）
a 綿織物業
b 絹織物業

☑06 **関東取締出役**は，俗に「□□□□」と呼ばれ，幕領・私領・寺社
領の**区別なくすべてを巡回し治安の維持**にあたった。
（京都府立大）
八州廻り

☑ 07 **水野忠邦**は遠江の _____ **藩主**であった。　　　　　(日本大)　　はままつはんしゅ
浜松**藩主**

☑ 08 **江戸三座**とは ____a____ 座・____b____ 座・**森田座**を指す。　　(慶應義塾大)　　a・b 中村座・
市村座(順不同)

☑ 09 **天保の改革**で**江戸三座**は _____ に強制移転させられた。　(同志社大)　　あさくさ
浅草

☑ 10 **薩摩藩**は海産物の _____ などを買い上げ，**琉球王国**を通じて
清国に売り利益を上げた。　　　　　　　　　　　　(京都大)　　たわらもの
俵物

☑ 11 **島津斉彬**のもと，**薩摩藩**では**反射炉**などが設置された。これら
の**洋式工場群**は _____ と呼ばれた。　　　　　(慶應義塾大)　　しゅうせいかん
集成館

☑ 12 **島津斉彬**に続く ____a____ の時期の**薩摩藩**は，**紡績工場**を設置し，
また外国人商人 ____b____ から**洋式武器**を購入するなどした。
(同志社大)　　a 島津忠義
b グラバー

☑ 13 **土佐藩**では，_____ と呼ばれる**改革派**による財政再建と軍事
力の強化が図られた。　　　　　　　　　　　　　　(法政大)　　おこぜ組

☑ 14 **水戸藩**の**徳川斉昭**は，____a____ や**会沢安**などを重用し，1841 年
には藩校の ____b____ を開設した。　　　　　　　　(上智大)　　a 藤田東湖
b 弘道館

化政文化

学問・教育

☑ 01 **豊後**出身の _____ は**大坂**で**西洋天文学**を習得した。
(西南学院大)　　あさだごうりゅう
麻田剛立

☑ 02 この人物の弟子の ____a____ ・____b____ は幕府の求めに応じて江
戸に赴き，**寛政暦**を完成させた。　　　　　　　　(関西大)　　a・b 高橋至時・
間重富(順不同)

☑ 03 **鳴滝塾**に学んだ学者には**高野長英**や，種痘所を神田に開設した
_____ がいる。　　　　　　　　　　　　　　　(専修大)　　いとうげんぼく
伊東玄朴

☑ 04 **適塾出身者**には，豊前**中津藩**の ____a____，**長州藩**の ____b____，越
前藩の**橋本左内**，佐賀藩の**佐野常民**などがいる。　(関西大)　　a 福沢諭吉
b 大村益次郎
〔村田蔵六〕

☑ 05 **後期水戸学**は，_____ が 19 世紀初めに**彰考館**総裁となって確
立した。　　　　　　　　　　　　　　　　　　(東京外国語大)　　ふじたゆうこく
藤田幽谷

☑ 06 **熊本藩**出身の _____ は諸国遊歴のため藩を出た後，**松平慶永**
に招かれ，**越前藩**での**殖産興業政策**で成果を上げた。
(國學院大)　　よこいしょうなん
横井小楠

文学・芸能

☑07 ［　　］を中心とする，**古今調の和歌を重んじたグループ**は，**桂園派**と呼ばれている。　　　　　　　　　（名城大）

香川景樹

☑08 三河の国学者［　a　］は，**東北地方**を巡り，その紀行を日記とした『［　b　］』を著した。　　　　　　　　（関西学院大）

a 菅江真澄
b 菅江真澄遊覧記

☑09 日本の浮世絵は，ヨーロッパの後期［　　］に大きな影響を与えたとされる。　　　　　　　　　　　　　　　（福井大）

印象派

☑10 **狩野派・南画・西洋画**を取り入れた［　a　］は，**松平定信の伊豆・相模巡視**に随行し，『［　b　］』を描いた。（同志社大）

a 谷文晁
b 公余探勝図

☑11 **渡辺崋山**の絵画作品としては，**肖像画**の『［　a　］』や，当時の**庶民の風俗**を紹介した『［　b　］』がある。　　（立命館大）

a 鷹見泉石像
b 一掃百態

生活・信仰

☑12 **霊山信仰**に関する代表的な**講**としては，［　　］がある。　　　　　　　　　　　　　　　　　　　　　（早稲田大）

富士講

☑13 **札所巡り**としては，**四国八十八カ所**以外にも，［　　］**三十三カ所・坂東三十三カ所・秩父三十四カ所**などがあった。　　　　　　　　　　　　　　　　　　　　　　（同志社大）

西国三十三カ所

☑14 病気の療養のため，［　　］という名目での温泉旅行も行われた。　　　　　　　　　　　　　　　　　　　　（早稲田大）

湯治

☑15 **相撲**が人気を集め，幕府の許可を得て観覧料を取って行われた［　　］では，多くの人気力士が誕生した。（慶應義塾大）

(四季)勧進相撲

☑16 頭髪を整える［　　］や，公衆浴場である**銭湯**は，庶民の交流の場となった。　　　　　　　　　　　　　　　（中央大）

髪結床

☑17 **富突**では**江戸**の［　　］が有名で，谷中**感応寺・目黒不動・湯島天神**の富突が人気をあつめた。

三富

☑18 **江戸**の大きな祭は**二大祭**と呼ばれた。**神田祭**と［　a　］である。また**日本の三大祭**と呼ばれるものは，江戸の**神田祭**，**京都**の［　b　］，そして**大坂**の［　c　］である。　（京都産業大）

a 山王祭
b 祇園祭
c 天神祭

4章 近代①

開国と江戸幕府の滅亡

開国

☑01 1844 年，**オランダ国王**＿＿＿＿は将軍に**開国**を勧めた。
（同志社大）

ウィルレム 2 世

☑02 **1848 年**，アメリカは**メキシコ**から＿＿＿＿を奪い，その領土は
太平洋岸に到達した。 （慶應義塾大）

カリフォルニア

☑03 **日米和親条約**締結の日本側の代表は，大学頭＿＿＿＿である。
（関西大）

林韑（はやしあきら）

☑04 **日露和親条約**では，＿＿＿＿が**双務的**に認められた。
（同志社大）

領事裁判権（りょうじさいばんけん）

☑05 **安政の改革**では**武家諸法度**で定められていた，＿＿a＿＿**石以上**
の＿＿b＿＿の禁止が解かれた。 （法政大）

a 500 石以上
b 大船建造（おおぶねけんぞう）

☑06 **アロー戦争**の結果，＿＿a＿＿・**北京条約**が締結され，イギリスは
清から＿＿b＿＿などを割譲させた。 （早稲田大）

a 天津条約（てんしん）
b 九竜半島（きゅうりゅう）

☑07 **日米修好通商条約**の**批准書**（ひじゅんしょ）交換のため，**1860 年**，外国奉行
＿＿＿＿が渡米した。 （早稲田大）

新見正興（しんみまさおき）

☑08 **日米修好通商条約**では＿＿＿＿の禁輸が定められていた。
（慶應義塾大）

アヘン

☑09 協定関税を定めた**貿易章程**での税率は平均約＿＿a＿＿％だった
が，**1866 年 5 月**の**改税約書**で税率は平均約＿＿b＿＿％となり，
外国側の利益が拡大した。 （同志社大）

a 約 20％
b 約 5％

江戸幕府の滅亡

☑10 **八月十八日の政変**で京都を追われた＿＿a＿＿・**沢宣嘉**（さわのぶよし）らの公家
は**長州**を目指した。これを＿＿b＿＿と呼ぶ。 （早稲田大）

a 三条実美（さんじょうさねとみ）
b 七卿落ち（しちきょうお）

☑11 **四国連合艦隊**による**下関砲撃**を主導した英公使＿＿a＿＿は，後
に在任中の回顧録『＿＿b＿＿』を著した。 （明治大）

a オールコック
b 大君の都（たいくんのみやこ）

☑12 **坂本竜馬**は『＿＿＿＿』で天皇のもとでの**大名会議**による議会政
治などの構想を示し，**大政奉還**と**公議政体**を主張した。
（西南学院大）

船中八策（せんちゅうはっさく）

☑13 **三職**のトップの総裁には＿＿＿＿が任じられた。彼は戊辰戦争
の際には**東征大総督**（とうせいだいそうとく）に任じられた。 （北海道大）

有栖川宮熾仁親王（ありすがわのみやたるひとしんのう）

☑ 14 **戊辰戦争**で，**江戸城**は**無血開城**されたが，＿＿＿＿＿がこれに反
発し，**上野戦争**が起こった。　　　　　　　　（学習院大）
彰義隊

明治維新

政治

☑ 01 **五榜の掲示**は＿＿＿＿＿という江戸時代と**同じ形式**で発布された。
（駒澤大）
高札

☑ 02 **政体書**の＿＿＿＿＿**制の府**とは，**東京・大阪・京都**である。
（立教大）
府藩県三治制

☑ 03 **版籍奉還後**の官制改革では**神祇官**が尊重され，＿＿＿＿＿**制**がと
られた。　　　　　　　　　　　　　　　　　　（関西大）
二官（六省）制

☑ 04 **廃藩置県後**の府県の数は **3 府**＿＿＿＿＿**県**，同年 **11 月**には **3 府
72 県**とされ，最終的に **1888 年**に **3 府 43 県**となった。
（青山学院大）
302 県

☑ 05 **戸籍法**に伴い，行政区画としては＿＿＿＿＿**制**がとられた。
（同志社大）
大区小区制

☑ 06 **沖縄県**は本土と同等の権利・条件を与えられず，＿＿＿＿＿が
1899 年に**沖縄倶楽部**を組織するなど，本土並の権利を要求す
る運動を続けた。　　　　　　　　　　　　　　（立教大）
謝花昇

☑ 07 **鎮台制**は当初，**東京・大阪・** a **・東北**の **4 鎮台**が設置され，
1873 年，ｂ **・広島**を加え **6 鎮台制**となった。　（日本大）
a 鎮西
b 名古屋

☑ 08 **徴兵令**の**免役規定**は＿＿＿＿＿**年**にはほぼ全廃された。（明治大）
1889 年

☑ 09 **1877 年**の**西南戦争**は，**西郷隆盛**が開設した＿＿＿＿＿の生徒らの
主導により起こった。　　　　　　　　　　　　（福岡大）
私学校

☑ 10 **西南戦争**に従軍した**近衛兵**は，論功行賞不足，待遇への不満，
民権思想などを背景に，**1878 年**，近代で**最初の軍隊の反乱**であ
る＿＿＿＿＿を起こした。　　　　　　　　　　（学習院大）
竹橋事件〔騒動〕

☑ 11 **1878 年**の**竹橋事件**（竹橋騒動）を機に**山県有朋**は＿＿＿＿＿を出
した。　　　　　　　　　　　　　　　　　　（学習院大）
軍人訓誡

外交

☑ 12 **岩倉遣外使節団**は，正使に**岩倉具視**，副使に**木戸孝允・大久保
利通・** a **・** b が任命された。この記録は c に
より『**（特命全権大使）米欧回覧実記**』としてまとめられた。
（上智大）
a・b 伊藤博文・山
口尚芳（順不同）
c 久米邦武

☑13 この使節団と共に出発した**留学生**には，____a____や山川 (大山) 捨松らの女子もいた。また，後にルソーの思想を紹介する____b____も同行した。 (明治学院大)

a 津田梅子
b 中江兆民

☑14 **日清修好条規**は，____と**李鴻章**との間で締結された。 (同志社大)

伊達宗城

☑15 **江華島事件**を背景に，日本は全権____・**井上馨**を軍隊と共に朝鮮に送り，**日朝修好条規**を締結した。 (早稲田大)

黒田清隆

☑16 1874 年の**台湾出兵**に反対して____は下野した。また台湾出兵は当時，「**征台の役**」と呼ばれた。 (関西大)

木戸孝允

☑17 **台湾出兵**の処理は駐清イギリス公使____が仲介した。 (立命館大)

ウェード

☑18 **小笠原諸島**は江戸幕府が領有を宣言していたが，____年に明治政府も領有を宣言し，翌年米・英に通告された。 (立命館大)

1875 年

経済

☑19 当時の川柳では地租軽減を「____でドンとつき出す二分五厘」としている。 (慶應義塾大)

竹槍

☑20 **工部省**発足時の中心は，工部大輔____であった。 (同志社大)

伊藤博文

☑21 **工部省**は____や**工部美術学校**などの教育機関も設立した。 (関西大)

工部大学校

☑22 群馬県に建設された____は，くず糸やくず繭を利用するための工場であった。 (学習院大)

新町紡績所

☑23 1882 年，**開拓使が廃止**され，北海道は，**札幌・函館**・____a____の 3 つの県に分割されたが，**1886 年**には 3 県は廃止され____b____が置かれた。 (成蹊大)

a 根室
b 北海道庁

☑24 北海道開拓計画はアメリカ人____a____により策定され，**大農場経営**が目指されたが，その一環として____b____が開設された。 (北海道大)

a ケプロン
b 札幌農学校

☑25 北海道旧土人保護法は，根強い反対がありながらも維持され，廃棄されたのは **1997 年**に____が制定された時である。 (上智大)

アイヌ文化振興法

☑26 **郵便制度**の開始で____制度は全廃された。また，**全国均一料金制**がとられ近代化が達成された。 (慶應義塾大)

飛脚制度

☑27 **東京～横浜間**の官営鉄道建設の斡旋をした人物は英国公使____a____，技術指導はイギリス人____b____であった。 (法政大)

a パークス
b モレル

☑28 **三菱会社**は**岩崎弥太郎**の____設立に始まる。 (青山学院大)

九十九商会

☑ 29 **明治十四年の政変**で大隈重信が罷免されると，政府は大隈と関係の深い三菱会社を抑えるため ◻︎◻︎◻︎ の設立を促した。

（慶應義塾大）

共同運輸会社

☑ 30 **新貨条例**での金兌換制は1円＝**金** ◻︎ a ◻︎ **g**である。ただし，銀兌換も認められ，貿易のため ◻︎ b ◻︎ が鋳造された。　（早稲田大）

a　1.5g
b　貿易銀

☑ 31 アメリカにおいて，政府の許可を得て兌換紙幣を発行する銀行を ◻︎◻︎◻︎ といい，日本ではそれが「**国立銀行**」と訳された。

（國學院大）

ナショナル・バンク

☑ 32 **第一国立銀行**は，◻︎ a ◻︎ ・ ◻︎ b ◻︎ の共同出資で設立されたが，経営不振に陥り，◻︎ b ◻︎ は破綻に至った。　（明治大）

a　三井組
b　小野組

☑ 33 1876年に**国立銀行条例**が**改正**されると，旧支配者層などが ◻︎ a ◻︎ を銀行資本に投入したこともあり，国立銀行は**1879年**には ◻︎ b ◻︎ **行**に及び，設立はこの時点で打ち切られた。

（学習院大）

a　金禄公債（証書）
b　153行

文明開化

4
近代①

☑ 01 **明六社**のメンバーには，**森有礼・福沢諭吉・中村正直・西周・加藤弘之**，西洋法を訳した ◻︎◻︎◻︎ などがいた。　（慶應義塾大）

津田真道

☑ 02 **加藤弘之**の国権論を批判した ◻︎◻︎◻︎ は，『**天賦人権弁**』を著した。

（早稲田大）

植木枝盛

☑ 03 啓蒙団体「**共存同衆**」の中心の ◻︎◻︎◻︎ には，『**天賦人権論**』の著作がある。　（青山学院大）

馬場辰猪

☑ 04 **神仏分離令**の背景には，◻︎◻︎◻︎ や復古的な思想の隆盛がある。

（青山学院大）

国学

☑ 05 日本最初の**日刊新聞**は**1870年**発刊の『 ◻︎◻︎◻︎ 』である。

（上智大）

横浜毎日新聞

自由民権運動

☑ 01 **民撰議院設立の建白書**は，イギリス人**ブラック**経営の日本語新聞『 ◻︎◻︎◻︎ 』に取り上げられ広く人々に知られた。

（中央大）

日新真事誌

☑ 02 **立志社**を皮切りに多くの政治結社が西日本に現れたが，東北地方でも福島の ◻︎◻︎◻︎ が**河野広中**によって結成された。

（早稲田大）

石陽社

☑03 **郡区町村編制法**で**大区小区制は廃止**され，⬚⬚⬚⬚が復活した。　郡制_{ぐんせい}

（立命館大）

☑04 自由民権運動に加わった**女性**には，**岸田俊子**_{きしだとしこ}や，後に**大阪事件**
で逮捕される⬚⬚⬚⬚などがいた。　（慶應義塾大）　景山〔福田〕英子_{かげやま ふくだ ひでこ}

☑05 1881 年の**開拓使官有物払下げ事件**で払下げを受けようとした
のは，**薩摩出身の五代友厚**らの⬚⬚⬚⬚であった。　（同志社大）　関西貿易社_{かんさいぼうえきしゃ}

☑06 1881 年 3 月に参議の**大隈重信**は⬚⬚⬚⬚を提出し，**即時の国会**
開設を求めた。　（中央大）　国会開設意見書_{こっかいかいせつ い けんしょ}

☑07 **1880 年**の⬚⬚⬚⬚は 1882 年以降大幅に緩和され，1884 年に
は廃止されたため，払下げが進められた。　（慶應義塾大）　工場払下げ概則_{こうじょうはらさ がいそく}

☑08 イギリス的な**立憲君主制**を目指す**共存同衆**は「⬚a⬚」を作成
した。また，**立志社**は「⬚b⬚」を作成している。　（学習院大）　a 私擬憲法意見_{し ぎ けんぽう い けん}
b 日本憲法見込案_{に ほんけんぽう み こみあん}

☑09 **私擬憲法**には，⬚⬚⬚⬚ら東京の**五日市学芸講談会**から生まれ_{いつ か いち}
た「**五日市憲法草案**」と呼ばれるものもある。　（慶應義塾大）　千葉卓三郎_{ち ば たくさぶろう}

☑10 **大隈重信**は，⬚⬚⬚⬚として**積極財政策**をとったが，**明治十四**
年の政変で罷免された。　（早稲田大）　大蔵卿_{おおくらきょう}

☑11 ⬚⬚⬚⬚**年，日本銀行**は**銀兌換券**を発行した。　（日本女子大）　1885 年

☑12 栃木県令として加波山事件を鎮圧した⬚a⬚は，その後**警視**_{み しまみちつね}
総監として⬚b⬚を施行，三大事件建白運動を弾圧した。
（上智大）　a 三島通庸_{み しまみちつね}
b 保安条例_{ほ あんじょうれい}

☑13 **1884 年 10 月の秩父事件**は⬚⬚⬚⬚を指導者とした。政府はこ
の事件を軍隊まで動員して鎮圧した。　（立教大）　田代栄助_{た しろえいすけ}

☑14 **大同団結運動**は，⬚⬚⬚⬚が 1889 年，**黒田内閣**の**逓信大臣**とし_{ていしん}
て**入閣**したことで挫折した。　（早稲田大）　後藤象二郎_{ご とうしょうじろう}

大日本帝国の成立

立憲政治の成立

☑01 憲法調査から帰国した伊藤博文を中心に，1884 年，⬚⬚⬚⬚が
設置された。　（関西大）　制度取調局_{せい ど とりしらべきょく}

☑02 第 1 次伊藤内閣の閣僚はほぼ薩長出身者だったが，薩長以外か
らは**土佐**出身の⬚a⬚，**旧幕臣**の⬚b⬚が入閣した。
（慶應義塾大）　a 谷干城_{たにたてき}
b 榎本武揚_{えのもとたけあき}

☑03 大日本帝国憲法は **2 月 11 日**の⬚⬚⬚⬚の日に発布された。
（慶應義塾大）　紀元節_{き げんせつ}

☑ 04 発足当初、衆議院の議員定数は □□□ 名とされた。貴族院に
は定数がなく、**皇族・華族・勅選議員**などで構成された。

300 名

(立教大)

☑ 05 1889 年の**衆議院議員選挙法**では、被選挙人は男子 □ a □ 歳以
上で、また選挙区は □ b □ 制であった。　　　　(中央大)

a 30 歳
b 小選挙区制

☑ 06 初期の刑法には、**1870 年**の**新律綱領**、**73 年**の □□□ があるが、
近代的な刑法典としては不備なものであった。　　(学習院大)

改定律例

☑ 07 **民法典論争**が起こると法典調査会が設置され、賛成派の
□ a □ と反対派の □ b □ （穂積八束の兄）らが対立した。

(立教大)

a 梅謙次郎
b 穂積陳重

初期議会

☑ 08 第一議会で、**立憲自由党土佐派**が政府と妥協したことに反発し、
□□□ は衆議院議員を辞職した。　　　　　(早稲田大)

中江兆民

条約改正

☑ 09 井上馨の条約改正交渉に対しては、農商務相 □□□ や**ボアソ
ナード**からも、強い反対意見が表面化した。　(慶應義塾大)

谷干城

☑ 10 1888 年、外相大隈重信のもとで、□□□ が締結されたが、こ
れは対等条約であった。

日墨〔メキシコ〕
修好通商条約

☑ 11 **陸奥宗光**の外相時代の回顧録は『□□□』である。(青山学院大)

蹇蹇録

日清戦争

日清戦争

☑ 01 1884 年の**甲申事変**は、同年の □□□ **戦争**での**清の敗北**などを
好機として、日本公使らが**独立党**と結んで起こした。

清仏戦争

(同志社大)

☑ 02 1894 年の**甲午農民戦争**の農民軍の中心には、□ a □ と呼ばれ
る団体の幹部 □ b □ らがいた。　　　　　(関西学院大)

a 東学
b 全琫準

☑ 03 **下関条約**の賠償金 **2 億両**は、日本円で**約 3 億 1000 万円**に相当
した。さらに遼東半島還付代金として日本は 3000 万両、日本
円で**約 □ a □ 円**を得たので、合計で**約 □ b □ 円**となった。

(名古屋大)

a 約 4600 万円
b 約 3 億 5600 万円

☑ 04 日清戦争終結に伴い, 1896 年には [＿＿＿] が締結された。これ
は**日本の領事裁判権**や**協定関税制**, 租界の設定などを定めた日
本優位の不平等条約であった。　　　　　　　　　　（東京学芸大）
　　　　　　　　　　　　　　　　　　　　　　　日清通商航海条約

☑ 05 **下関条約**で割譲された**台湾**では, 1895 年に住民が [＿＿＿] を樹
立し独立が目指されたが, 日本軍に鎮圧された。　　（慶應義塾大）
　　　　　　　　　　　　　　　　　　　　　　　台湾民主国

日清戦争後の内政

☑ 06 **第 2 次松方内閣**は, **進歩党が協力**し**大隈重信が入閣**したことか
ら [a] 内閣と呼ばれる。**進歩党**は日清戦争後, [b] を中
心に**国民協会を除く対外硬派**が合同した政党である。
　　　　　　　　　　　　　　　　　　　　　　　　（早稲田大）
a 松隈内閣
b 立憲改進党

☑ 07 **第 2 次山県内閣**に憲政党が協力した結果, **1898 年, 地租増徴**
が実現し, 地租は [＿＿＿] ％になった。　　　　　　（早稲田大）
　　　　　　　　　　　　　　　　　　　　　　　3.3%

☑ 08 **1900 年の衆議院議員選挙法**の改正では, 選挙区制が改められ,
[＿＿＿] 制がとられた。　　　　　　　　　　　　　（早稲田大）
　　　　　　　　　　　　　　　　　　　　　　　大選挙区制

☑ 09 **第 1 次西園寺内閣**は, [＿＿＿] の存続を認めるなど, 無産主義
などに対しても比較的穏健な姿勢をとった。　　　　（京都大）
　　　　　　　　　　　　　　　　　　　　　　　日本社会党

☑ 10 やがてこの姿勢は批判を浴び, 第 1 次西園寺内閣は [＿＿＿] を
きっかけに総辞職に追い込まれた。　　　　　　　　（駒澤大）
　　　　　　　　　　　　　　　　　　　　　　　赤旗事件

☑ 11 地方改良運動のなかで町村の再編成が行われ, [a] も再編
成され, また, 退役軍人らの団体の [b] が創設された。
　　　　　　　　　　　　　　　　　　　　　　　　（中央大）
a 青年会
b 帝国在郷軍人会

日露戦争

日露戦争

☑ 01 **1896 年, 日露両国**は [a] で, **朝鮮への財政改革援助**などに
ついて合意した。また, **1898 年**には [b] で**韓国の独立**と**内
政不干渉**を約した。　　　　　　　　　　　　　　（聖心女子大）
a 山県・ロバノフ協定
b 西・ローゼン協定

☑ 02 **ロシアが租借**した [a] は**軍港**, [b] は**商港**として整備さ
れていった。　　　　　　　　　　　　　　　　　　（同志社大）
a 旅順
b 大連

☑ 03 **1902 年**, 駐英公使 [＿＿＿] は**日英同盟**締結に成功した。
　　　　　　　　　　　　　　　　　　　　　　　　（専修大）
林董

☑ 04 **対露同志会**の会長は [＿＿＿] であった。　　　　（聖心女子大）
近衛篤麿

☑ 05 **日露主戦論**の中には [＿＿＿] や**富井政章**らの「**七博士意見書**」と
呼ばれる主張もあった。　　　　　　　　　　　　　（法政大）
戸水寛人

☑ 06 文学を通じて日露非戦論・反戦論を唱えた**女性**には，**与謝野晶子**や，「**お百度詣で**」という詩を著した□□□□などがいる。

（青山学院大）

大塚楠緒子

☑ 07 **与謝野晶子**の「**君死にたまふこと勿れ**」という詩は『□□□□』に掲載され，反戦詩として論議を呼んだ。

（早稲田大）

明星

☑ 08 **日比谷焼打ち事件**では，**徳富蘇峰**の□□□□や，官邸・警察署などが焼打ちされた。

（早稲田大）

国民新聞社

☑ 09 政府は**東京市とその周辺**に□□□□を施行し，**軍隊**を出動させて鎮圧したが，焼打ち事件や反対集会は全国に広がった。

（関西大）

戒厳令

日露戦争後の対外関係

☑ 10 **日露戦争終結直後**，□□□□で，**東清鉄道**の**南部支線**の経営をアメリカの鉄道資本家と日本が共同で行うことが約束されたが，まもなく**破棄**された。

（早稲田大）

桂・ハリマン覚書〔協定〕

☑ 11 **1907 年**，□a□の**ハーグ**で**第 2 回万国平和会議**が開催された際，韓国皇帝□b□はこの会議に密使を送った。

（早稲田大）

a オランダ
b 高宗

☑ 12 **1912 年**に結ばれた**第 3 次日露協約**は，□□□□に対応し，日露両国の権益の維持を目指すものであった。

（同志社大）

辛亥革命

☑ 13 **1916 年**の**第 4 次日露協約**は□□□□の勃発に対応したものだが，翌年の**ロシア革命**で，日露協約は解消された。

（京都大）

第一次世界大戦

☑ 14 **孫文**は 1894 年にハワイで**興中会**，**1905 年**に東京で□□□□を結成した。

（立教大）

中国同盟会

資本主義の発展と社会運動の展開

資本主義の発展

☑ 01 **桑**の栽培により**蚕**を飼育し，□□□□を生産し，これを**生糸**とする**製糸業**は，**国内で一貫して生産が可能**な産業であった。

（慶應義塾大）

繭

☑ 02 「**男軍人女は工女，糸をひくのも国のため**」という□□□□は，**低賃金・長時間労働**に耐えた**製糸女工**が国を支えたとしている。

工女節

☑ 03 1877 年の**内国勧業博覧会**で評価された**臥雲辰致**の□□□□は，一時期，**紡績**の近代化の橋渡し役として普及した。（慶應義塾大）

ガラ紡

☑ 04 **大阪紡績会社**は，**1 万錘**規模の大紡績工場で，**昼夜 2 交代制**で
蒸気機関を利用した。機械には ⬚ a ，後には ⬚ b を導入
し，近代化の先駆となった。　　　　　　　　　　　（早稲田大）

a ミュール紡績機
b リング紡績機

☑ 05 **紡績業の近代化**のため，政府は，**1894 年**に ⬚ a ，**1896 年**
には ⬚ b を撤廃した。　　　　　　　　　　　　　（立命館大）

a 綿糸輸出税
b 綿花輸入税

☑ 06 北海道**室蘭**の**日本製鋼所**は，⬚ a と**アームストロング社**，
⬚ b の三社による日英合弁事業として設立された。
　　　　　　　　　　　　　　　　　　　　　　　　（専修大）

a 北海道炭礦汽船
b ヴィッカース社

☑ 07 **日本鉄道会社**は，**1891 年**，上野〜 ⬚ 間の鉄道の全通を実
現した。　　　　　　　　　　　　　　　　　　　　（早稲田大）

青森間

☑ 08 貨幣法で **1 円**は金 ⬚ g とされた。　　　　　　　（専修大）

0.75g

☑ 09 **持株会社**には，**1909 年**の ⬚ a ，**1917 年**の ⬚ b ，**1921**
年の**住友合資会社**，**1922 年**の**合名会社安田保善社**などがある。
　　　　　　　　　　　　　　　　　　　　　　　　（早稲田大）

a 三井合名会社
b 三菱合資会社

社会運動の展開

☑ 10 鉱山や土木建築業などでは， ⬚ **制度**と呼ばれる，労働者
を合宿施設で**集団的に管理する**厳しい労働形態がとられた。
　　　　　　　　　　　　　　　　　　　　　　　　（上智大）

飯場〔納屋〕制度

☑ 11 ⬚ を結成した**高野房太郎**は**アメリカ**から帰国後，**1897 年**，
片山潜らと**労働組合期成会**を結成した。　　　　（青山学院大）

職工義友会

☑ 12 **労働組合期成会**は機関誌として『 ⬚ 』を発刊した。
　　　　　　　　　　　　　　　　　　　　　　　　（明治大）

労働世界

☑ 13 **社会民主党**は ⬚ により結党直後に禁止された。
　　　　　　　　　　　　　　　　　　　　　　　　（慶應義塾大）

治安警察法

☑ 14 **1906 年**発足の**日本社会党**は， ⬚ **内閣**のもとで約 1 年間，
合法的な活動を展開した。　　　　　　　　　　　　（立命館大）

第 1 次西園寺公望
内閣

明治時代の文化

思想と信教

☑ 01 **加藤弘之**は**天賦人権論**を捨て，**社会進化論**を**国権論**としてとり
入れ『 ⬚ 』を **1882 年**に著した。　　　　　　（青山学院大）

人権新説

☑ 02 **徳富蘇峰**が著した史書には『 ⬚ 』がある。　（早稲田大）

近世日本国民史

☑ 03 **三宅雪嶺**が著した近代史の通史は『 ⬚ 』である。
　　　　　　　　　　　　　　　　　　　　　　　　（立命館大）

同時代史

☑04 **高山樗牛**は大学生時代,匿名で小説『[___]』を新聞に連載した。
滝口入道
　　　　　　　　　　　　　　　　　　　　　　　　　　　　　（高崎経済大）

☑05 キリスト教の伝道と社会改良活動を行う [__a__] が,日本でも
　　[__b__] により始められた。イギリスから広がったこのキリスト
　　教系の団体は**廃娼運動**や**禁酒運動**なども展開した。　（早稲田大）
a 救世軍
b 山室軍平

☑06 **プロテスタント**の布教が進むと,**矢島楫子**らは [___] を設立,
　　廃娼運動などを始めた。　　　　　　　　　　　　　　　（専修大）
（日本キリスト教
婦人）矯風会

☑07 **内村鑑三**は『**万朝報**』退社後も,[___] を唱え「**二つのJ**」とし
　　て日本とキリスト教信仰の両立を説いた。　　　　　　　（学習院大）
無教会主義

☑08 **ジェーンズ**の影響を受けた**熊本バンド**の代表的な人物としては,
　　後に**同志社**の総長となる [___] や**徳富蘇峰**がいる。　（法政大）
海老名弾正

教育

☑09 **教育勅語**は**井上毅**と天皇の侍読 [___] らが起草した。
元田永孚
　　　　　　　　　　　　　　　　　　　　　　　　　　　　（慶應義塾大）

☑10 **義務教育**は **1941 年**の [___] で 8 年とされたが,高等科 2 年
　　は実施されず敗戦を迎えた。　　　　　　　　　　　　　　（成城大）
国民学校令

☑11 [___]（現法政大学）は,**ボアソナード**などが広めた**フランス
　　法律学**を学ぶ高等教育機関として発足した。　　　　　　（明治大）
東京法学社

☑12 法律を学ぶ高等教育機関では,他に [__a__]（現明治大学）や,
　　[__b__]（現中央大学）があった。　　　　　　　　　　　（早稲田大）
a 明治法律学校
b 英吉利法律学校

☑13 また**日本**の**法律**を学ぶべきだとする [___]（現日本大学）も,
　　山田顕義らによって設立された。　　　　　　　　　　　（早稲田大）
日本法律学校

☑14 **女子**の高等教育機関としては,**女子英学塾**と並び,**成瀬仁蔵**に
　　よって設立された [___] もあった。　　　　　　　　　　　（立教大）
日本女子大学校

☑15 文部省の国定教科書に関わった [__a__] は,南北朝並立論を基
　　礎に教科書を書いたが,[__b__] 問題で**南朝正統**が決定され,休
　　職処分となった。　　　　　　　　　　　　　　　　　　　（上智大）
a 喜田貞吉
b 南北朝正閏問題

学問

☑16 1859 年に来日した [___] は,大隈重信など**新政府の要人**とな
　　る人々に**英語**を教え,明治政府の顧問となった。　　（西南学院大）
フルベッキ

☑17 日本名**小泉八雲**と名乗ったイギリス人 [___] は,記者として来
　　日して日本に帰化し,『**怪談**』など多くの著作を残した。
ラフカディオ＝
ハーン
　　　　　　　　　　　　　　　　　　　　　　　　　　　　　（成蹊大）

☑18 **田口卯吉**は **1879 年**,『[___]』を創刊した。　　　　（早稲田大）
東京経済雑誌

☑19 内村鑑三不敬事件を契機に，□□□□は「**教育と宗教の衝突**」という論説で，大日本帝国憲法のもとではキリスト教徒は存在しえないと主張した。　（慶應義塾大）

井上哲次郎

☑20 **1895 年**，帝国大学に□□□□が置かれ，今日まで『**大日本史料**』，『**大日本古文書**』の編纂・発行の作業が続けられている。　（同志社大）

史料編纂掛

文学

☑21 鋭い政府批判を繰り返した**成島柳北・末広鉄腸**らの政論新聞は『□□□□』である。　（学習院大）

朝野新聞

☑22 イギリス人□□□□が発行した邦字新聞『**日新真事誌**』は，**民撰議院設立の建白書**が掲載されたことで有名である。　（早稲田大）

ブラック

☑23 フランス留学から帰国した**西園寺公望**を社長とし，**中江兆民**が主筆となって発行された新聞が『□□□□』である。　（早稲田大）

東洋自由新聞

☑24 『**万朝報**』に対抗した**大衆紙**で，財閥攻撃などのキャンペーンで読者を獲得したのは**秋山定輔**発行の『□□□□』である。　（早稲田大）

二六新報

☑25 日本最初の**女性向け雑誌**として，1885 年に**巌本善治**らの『□□□□』が刊行された。　（東京経済大）

女学雑誌

☑26 徳富蘇峰の弟□□□□は国民新聞に小説『**不如帰**』を連載した。また**大逆事件**に抗議し『**謀叛論**』を発表している。　（北海道大）

徳冨蘆花
×富〇冨

☑27 **森鷗外**の作品には，アンデルセンの長編小説を訳した『□a□』や，明治末年に発表した**歴史小説**『□b□』がある。　（上智大）

a 即興詩人
b 阿部一族

演劇・美術

☑28 **文芸協会**による演劇活動では，『**人形の家**』のノラ役で好評を得た□a□が有名である。島村抱月と□a□はやがて文芸協会を退会し，□b□を結成した。　（津田塾大）

a 松井須磨子
b 芸術座

☑29 **滝廉太郎**の代表作『**荒城の月**』の作詞者は□□□□である。　（関西大）

土井晩翠

第一次護憲運動と第一次世界大戦

第一次護憲運動～大戦前後の政治と外交

☑01 **1907 年,** _____ **が策定され,陸軍は 25 個師団,海軍は八・八艦隊**の建設が目指されたが,財政難などの理由で進まなかった。 （北海道大）

帝国国防方針

☑02 **上原勇作陸相**の単独辞任は,「_____」権を用いたもので,世間からは「**陸軍のストライキ**」と呼ばれた。 （学習院大）

帷幄上奏

☑03 **第 1 次山本内閣**が総辞職した原因は**ドイツのジーメンス社**および**イギリス**の_____**商会**と海軍高官との汚職発覚である。 （専修大）

ビ〔ヴィ〕ッカース商会

☑04 第一次世界大戦で劣勢になった**ドイツ**は,1917 年 2 月,_____を実行に移した。そのため**アメリカ世論**のドイツへの批判は高まり,同年,**アメリカが参戦**することとなった。

無制限潜水艦作戦

☑05 シベリア出兵の際,**1920 年,**日本軍や日本人居留民がロシアのパルチザンに殺害される __a__ が起こり,日本軍はこれを機に,その後 __b__ を占領した。 （早稲田大）

a 尼港〔ニコラエフスク〕事件
b 北樺太

☑06 **シベリア出兵**は,大戦後の_____**年**に**撤兵**に至ったが,尼港事件を契機とする**北樺太の駐兵**はその後も続いた。 （早稲田大）

1922 年

☑07 **北樺太からの撤兵**は_____**年**にようやく実現した。 （上智大）

1925 年

☑08 **袁世凱**はニ十一カ条の要求の受諾後に急死し,袁に代わり_____が権力を獲得した。 （上智大）

段祺瑞
×端

☑09 **原内閣**が掲げた __a__ とは,**教育の改善整備・交通の整備拡充・産業および通商貿易の振興・** __b__ の充実の 4 点である。 （早稲田大）

a 四大政綱
b 国防

☑10 **原内閣**は_____**の建設**を急速に進めたが,これは批判的な勢力からは地方への利益誘導とみなされ「**我田引鉄**」などと揶揄された。 （津田塾大）

地方鉄道

☑11 1920 年,東大助教授が雑誌に論文「**クロポトキンの社会思想の研究**」を発表したことから,発表者と掲載誌の責任者**大内兵衛**が**休職処分**になった_____**事件**が起こった。 （京都大）

森戸事件

ワシントン体制と護憲三派内閣

ヴェルサイユ・ワシントン体制

☑ 01 パリ講和会議の日本全権の一人 _____ は，**大久保利通**の次男
で，**吉田茂**を娘婿としている。　　　　　　　　（慶應義塾大）

牧野伸顕

☑ 02 **ワシントン会議**の首席全権，海相**加藤友三郎**を補佐したのは，同
じく全権となった**駐米大使** _____ である。　　　（慶應義塾大）

幣原喜重郎
×弊

☑ 03 ワシントン海軍軍縮条約で，日本は**主力艦を対米** a 割に制
限され，**主力艦の** b 年間建造中止も決定された。　（成蹊大）

a 6 割
b 10 年間

大正時代の社会運動

☑ 04 吉野作造らの**黎明会**の後，東京大学の**新人会**，早稲田大学の
_____ など，大学生による民主主義的な思想団体が誕生した。
　　　　　　　　　　　　　　　　　　　　　　　（明治大）

建設者同盟

☑ 05 **友愛会**は 1919 年に _____ と名称を変えたが，さらに **1921
年**に**日本労働総同盟**と改めた。　　　　　　　　（早稲田大）

大日本労働総同盟
友愛会

☑ 06 **日本農民組合**の設立の中心 _____ は救貧事業にも携わってお
り，1920 年の著作『死線を越えて』も注目された。
　　　　　　　　　　　　　　　　　　　　　　　（早稲田大）

賀川豊彦

護憲三派内閣の成立

☑ 07 **加藤友三郎内閣**の時，海軍軍縮だけでなく，陸軍大臣 _____
のもとで**陸軍軍縮**も行われた。　　　　　　　　　　（上智大）

山梨半造

☑ 08 **関東大震災**では，**約** _____ 名の死者・行方不明者が発生した
と推定されている。

約 14 万名

☑ 09 首都の復興のため，**1923 年**に _____ が設置された。
　　　　　　　　　　　　　　　　　　　　　　　（早稲田大）

帝都復興院

☑ 10 その総裁には _____ 内相が就任した。　　　　　　（早稲田大）

後藤新平

☑ 11 1925 年 1 月調印の**日ソ基本条約**により，ソ連との国交が確立
すると，日本は _____ からの撤兵を実施した。　（青山学院大）

北樺太

大正時代の文化

思想・学問・教育

☑01 **史料** 石橋湛山はワシントン会議に先立ち、「［　a　］を棄てる，［　b　］を棄てる，その他支那が我が国から受けつつありと考うる一切の圧迫を棄てる」、「例えば**朝鮮**に，**台湾**に**自由を許す**」と，**植民地などの放棄**を主張した。　　　　　（名古屋大）

a 満州
b 山東

☑02 これは経済雑誌『［　　　　］』の誌上で主張された。　（早稲田大）

東洋経済新報

☑03 この主張は，**植民地の放棄**によって小規模な日本を目指そうという意味で，［　　　　］と呼ばれることがある。　（法政大）

小日本主義

☑04 **菊池寛**創刊の『［　　　　］』は，文芸雑誌からやがて**総合雑誌**となって，広く読者を得た。　　　　　　　　　　　　　（法政大）

文藝春秋

☑05 女子教育者［　　　　］は**自由学園**を設立した。　（立教大）

羽仁もと子

☑06 また，**沢柳政太郎**は［　　　　］を設立した。

成城学園〔小学校〕

☑07 **トンカツ**や［　　　　］などの「**洋食**」が人々に受け入れられた。　　　　　　　　　　　　　　　　　　　　（早稲田大）

カレーライス

☑08 工学では，［　　　　］が**八木アンテナ**の製作を行った。（獨協大）

八木秀次

文学

☑09 **谷崎潤一郎**の代表作には処女作の『［　　　　］』や『**痴人の愛**』などがある。　　　　　　　　　　　　　　　　（法政大）

刺青

☑10 **永井荷風**の代表作には新橋の芸者を描いた『［　　　　］』などがある。　　　　　　　　　　　　　　　　　　　（関西大）

腕くらべ

☑11 雑誌『**文芸戦線**』で活躍した［　　　　］には，『**海に生くる人々**』というプロレタリア文学を代表する作品がある。　（青山学院大）

葉山嘉樹

☑12 詩人の**高村光太郎**は『［　a　］』や『**智恵子抄**』、**萩原朔太郎**は『［　b　］』や『**青猫**』などで注目された。　（学習院大）

a 道程
b 月に吠える

演劇・芸能・音楽

☑13 ソプラノ歌手の［　　　　］は，1915 年，ロンドンでの『**蝶々夫人**』の独唱で好評を博した。　　　　　　　　　　　（上智大）

三浦〔柴田〕環

☑14 洋楽が普及し，民間でも［　　　　］がさかんに創作された。　　　　　　　　　　　　　　　　　　　　　　　（南山大）

童謡

☑15 **山田耕筰**は『［　　　　］』・『**砂山**』等の名曲を残した。（早稲田大）

この道

世界恐慌と軍部の台頭

恐慌の時代

☑01 **関東大震災**に対処するため，_____に基づいて行われた**日銀**の融資は，その後，決済が進まず，**1927年**，その処理をめぐる法案の審議中に**金融恐慌**が発生した。　　　　　　（関西学院大）

震災手形割引損失補償令

☑02 **1927年4月**の台湾銀行，_____**銀行**の休業は金融恐慌の深刻さを示した。　　　　　　　　　　　　　　　　　　　　　（同志社大）

十五銀行

☑03 **蔣介石**は，1926年，__a__から**北伐**を開始し，**1927年3月**には**上海**・__b__を占領した。　　　　　　　　　　　　　　（明治大）

a 広東
b 南京

☑04 **北伐**に対し，幣原外相は_____の方針でこれに応じた。　（早稲田大）

対中国内政不干渉

☑05 1927年4月12日，**蔣介石**は**共産党員を排除**する四・一二事件，いわゆる_____を起こした。　　　　　　　　　　　　　（早稲田大）

上海クーデター

☑06 1927年，共産党員を排除した**蔣介石**は4月18日，_____で**国民政府を樹立**した。　　　　　　　　　　　　　　　　　　（福岡大）

南京

☑07 **1927年**，立憲政友会の田中義一内閣が成立すると，**政友本党**は**憲政会**と合流し，_____が誕生した。　　　　　　　　（慶應義塾大）

立憲民政党

☑08 田中首相が自ら主宰した**東方会議**では，「_____」が決定され，**満蒙の権益の防護**，中国国民党の支持などが示された。
　　　　　　　　　　　　　　　　　　　　　　　　　　　（慶應義塾大）

対支政策綱領

☑09 金融恐慌以降になると財閥と政党との癒着が進み，_____**財閥**は**立憲政友会**との結びつきを強めた。　　　　　　　　（法政大）

三井財閥

☑10 また，_____**財閥**は憲政会（立憲民政党）と結んだ。　（法政大）

三菱財閥

☑11 **第1回普通選挙**で当選した**労働農民党**の_____は，三・一五事件や治安維持法の改正に反対したが，1929年3月に**暗殺**された。　　　　　　　　　　　　　　　　　　　　　　　（立命館大）

山本宣治

☑12 **特別高等警察**は，**大逆事件**を機に**1911年**，東京の_____に置かれたが，**三・一五事件**後には**全国**に設置された。　（早稲田大）

警視庁

☑13 1928年末，**張学良**は国民政府に合流し，満州に**国民党の青天白日旗**を掲げた。これを「_____」と呼んだ。　　　　（早稲田大）

易幟

☑14 1927年の**ジュネーヴ海軍軍縮会議**には，アメリカ・イギリス・日本が参加したが，__a__・__b__の対立で決裂した。
　　　　　　　　　　　　　　　　　　　　　　　　　　　　（専修大）

a・b アメリカ・イギリス（順不同）

☑15 **1928年**の**不戦条約**は，締結地を冠して**パリ不戦条約**と呼ばれた。また提案者の名をとって_____とも呼ばれた。　　（明治大）

ケロッグ・ブリアン条約

☑16 **1928 年の不戦条約**には，日本も _____ を全権として送って参加した。　　　　　　　　　　　　　　　　　　　（青山学院大）

内田康哉

☑17 1929 年に発足した**立憲民政党の浜口雄幸内閣**は， _____ を掲げた。その中心は**行財政整理**と**軍縮**であった。　（学習院大）

十大政綱

☑18 **1930 年**，日本は _____ を結び，条件付きで**中国の関税自主権**を容認した。　　　　　　　　　　　　　　　　　　（慶應義塾大）

日中〔華〕関税協定

☑19 **昭和恐慌**下の**米価の急落**の一因としては，**安価な** _____ **米**の流入が指摘されている。　　　　　　　　　　　　　　（明治大）

植民地米

☑20 **ロンドン海軍軍縮会議**に際し，条約締結により**アメリカ**との建艦競争を避けるべきだとした**海軍首脳陣**は _____ 派と呼ばれた。　　　　　　　　　　　　　　　　　　　　　　（慶應義塾大）

条約派

☑21 対して，**海軍の急進派**は _____ 派と呼ばれ，対米強硬路線を主張した。　　　　　　　　　　　　　　　　　　　　　（上智大）

艦隊派

☑22 海軍の急進派の中心は**軍令部長** _____ であった。（慶應義塾大）

加藤寛治

☑23 海軍の急進派は，**右翼**や野党の _____ と同調した。　（上智大）

立憲政友会

軍部の台頭

☑24 **満州国**は**日・漢・満・朝・蒙**の 5 つの民族が対等に協力し合うという「_____」や，「**王道楽土**」を掲げたが，実際上は実権を関東軍など日本が握る傀儡国家に過ぎなかった。　（早稲田大）

五族協和

☑25 満州国の主要部分を制圧した関東軍はさらに _____ 省に侵攻，_____ 作戦を展開した。　　　　　　　　　　　（成城大）

熱河

☑26 **史料** 日本の _____ a _____ への**脱退通告**では，「本年二月二十四日臨時総会ノ採択セル報告書」すなわち _____ b _____ に基づく対日勧告案は，事実に反するものだとしている。　（関西学院大）

a 国際連盟
b リットン報告書

☑27 **史料** また，連盟は「_____ 成立ノ真相ヲ無視シ且同国ヲ承認セル帝国ノ立場ヲ否認シ東洋ニ於ケル事態安定ノ基礎ヲ破壊セントスルモノナリ」としている。　　　　　　　　　　　（近畿大）

満州国

☑28 **五・一五事件**は，**海軍青年将校**や，_____ の構成員による農民決死隊などが実行したものである。　　　　　　　　（上智大）

愛郷塾

戦前期の経済

☑29 **昭和恐慌**下の**農村救済策**としては，_____ が展開され，**公共事業**が積極的に実施されていった。　　　　　　　　（同志社大）

時局匡救事業

☑30 **世界恐慌**への**保護貿易主義**的な対抗策として，**イギリス**の_____（ポンド圏）の形成などが進んだ。

スターリング〔ポンド〕＝ブロック

☑ 31 [　　　　]の率いる**日窒コンツェルン**も朝鮮に化学工業の**コンビナート**を設立していった。　　　　　　　　　　　　（関西大）
野口遵（のぐちしたがう）

☑ 32 **大河内正敏**（おおこうちまさとし）が率いた新興財閥は[　　　　]と呼ばれる。　（法政大）
理研コンツェルン（りけん）

☑ 33 [　　　　]は新興財閥である**森コンツェルン**を形成した。
（慶應義塾大）
森矗昶（もりのぶてる）

☑ 34 **中野友礼**（なかのとものり）が率いた新興財閥は[　　　　]と呼ばれる。　（法政大）
日曹コンツェルン（にっそう）

ファシズムの進展

☑ 35 **海軍大将斎藤実**（さいとうまこと）は第一次世界大戦後，[　　　　]として**文化政治**を推進し，また**ジュネーヴ海軍軍縮会議**の全権を務めた。
（立命館大）
朝鮮総督（ちょうせんそうとく）

☑ 36 **挙国一致内閣**を率いた**斎藤実**は，[　　　　]と呼ばれる**贈収賄疑**（ぞうしゅうわい）惑が閣僚に及ぶことを恐れて総辞職した。　（早稲田大）
帝人事件（ていじん）

☑ 37 **1934 年**，陸軍省が『[　a　]』で，「**たたかひは創造の父，文化の母**」と**国家総力戦**を国民に呼びかけ，陸軍の政治関与と批判を浴びた[　b　]**問題**が起こった。　（早稲田大）
a 国防の本義と其強化の提唱（こくぼう ほんぎ そのきょうか ていしょう）
b 陸軍パンフレット問題（りくぐん）

☑ 38 **天皇機関説問題**で，最初に美濃部攻撃の口火を切ったのは，貴族院議員[　　　　]である。　　　（東京学芸大）
菊池武夫（きくちたけお）

☑ 39 **皇道派**のテロとして，**1935 年**，統制派の中心の陸軍軍務局長が暗殺される[　　　　]が起こった。　　　（学習院大）
相沢事件（あいざわ）

☑ 40 この事件で殺害された**陸軍軍務局長**は[　　　　]である。（駒澤大）
永田鉄山（ながたてつざん）

☑ 41 **二・二六事件**の第 69 議会では，**立憲民政党**の**斎藤隆夫**（さいとうたかお）が「[　　　　]」と呼ばれる軍部批判の演説を行った。　（同志社大）
粛軍演説（しゅくぐんえんぜつ）

☑ 42 **広田弘毅内閣**は，**陸軍統制派**の主張を入れ総力戦準備のため，「[　　　　]」を国家目標に掲げた。　　　（関西大）
広義国防国家（こうぎこくぼうこっか）

日中戦争と太平洋戦争

日中戦争

☑ 01 **華北分離工作**（かほくぶんりこうさく）では，**1935 年 6 月**の[　　　　]で，**河北省からの中国軍の撤退**が合意された。　　　（東京学芸大）
梅津・何応欽協定（うめづ・かおうきんきょうてい）

☑ 02 1935 年 6 月の[　　　　]は，**チャハル省**からの**中国軍の撤退**などを日本側が強要したものである。　　　（首都大学東京）
土肥原・秦徳純協定（どいはら・しんとくじゅんきょうてい）

☑ 03 **冀東（地区）防共自治政府**（きとう）は，[　　　　]を首班とする日本の傀儡（かいらい）政権であった。
殷汝耕（いんじょこう）

☑ 04 広田内閣の総辞職後，□□□□を総理大臣とすることが決定されたが，内閣の構成に失敗し，**林銑十郎内閣**が登場した。

うがきかずしげ
宇垣一成
（京都大）

☑ 05 林銑十郎内閣の蔵相□□□□は「**軍財抱合**」を掲げた。

ゆうきとよたろう
結城豊太郎
（早稲田大）

☑ 06 **1937 年の駐華ドイツ大使**□□□□による**日中の和平交渉の工作**は，最終的に失敗に終わった。

トラウトマン
（中央大）

☑ 07 **1938 年 12 月**，反共政治家□□□□が**重慶**から脱出した。

おうちょうめい　おうせいえい
汪兆銘〔汪精衛〕
（慶應義塾大）

☑ 08 日本政府は **1940 年 3 月**，この人物を擁立し□□□□を樹立させたが，中国国民の支持を得ることはなかった。

しんこくみんせいふ
新国民政府
（中央大）

☑ 09 1939 年 5 ～ 9 月に起こった**ノモンハン事件**では，**関東軍とソ連軍**・□□□□が衝突した。

がいもうぐん
外蒙軍〔モンゴル
じんみんきょうわこくぐん
人民共和国軍〕
（早稲田大）

☑ 10 **1940 年の第 75 議会**で，**立憲民政党の**□□□□は「**反軍演説**」を行い，議員を除名された。

さいとうたかお
斎藤隆夫
（青山学院大）

☑ 11 **新体制運動**を進めるため，□□□□**陸相**は**単独辞任**に踏み切り，海軍系の**米内光政内閣**は**総辞職**に追い込まれた。

はたしゅんろく
畑俊六
（上智大）

☑ 12 **1941 年**，**治安維持法**が改正され□□□□**制**が導入された。

よぼうこうきんせい
予防拘禁制
（立命館大）

太平洋戦争

☑ 13 1941 年 7 月 2 日の御前会議では□□□□**策**が決定された。

なんぼくへいしんさく
南北併進策
（福井大）

☑ 14 1941 年 7 月 2 日の**御前会議**で決められた□□□□は，「**大東亜共栄圏**」の建設，「**仏印および泰（タイ）**」への進出，「**対ソ武力的準備**」などを決定した。

ていこくこくさくようこう
帝国国策要綱
（早稲田大）

☑ 15 東南アジアや中国の**抗日運動**が激化し，日本は**中国共産党**の抗日根拠地に対し，「□□□□」（焼き尽くし・殺し尽くし・奪い尽くす）と呼ばれるゲリラ掃討作戦を展開した。

さんこうさくせん
三光作戦
（専修大）

☑ 16 食糧事情の悪化から，**1942 年 2 月**□□□□が制定された。

しょくりょうかんりほう
食糧管理法
×料

（明治大）

☑ 17 既に **1941 年**から□□□□などの**通帳制**により食糧は統制され，**配給制度**が整備されていった。

べいこくつうちょう
米穀通帳
（早稲田大）

☑ 18 また衣料などの生活物資にも□□□□**制**がしかれていった。

きっぷ
切符制
（慶應義塾大）

☑ 19 翼賛選挙において**非推薦**で当選した衆議院議員としては，戦後1954年に首相となる <u> a </u>，大正政変で活躍した <u> b </u> の他，**芦田均**，**片山哲**などがいた。 (学習院大)

a 鳩山一郎
b 尾崎行雄

☑ 20 終戦直前，**秋田県の鉱山**で，強制連行された**中国人労働者**が蜂起する □□□□ が起こった。 (早稲田大)

花岡事件

☑ 21 東条内閣に代わった**小磯国昭内閣**は，事実上，海軍大将の □□□□ との連立内閣であった。 (上智大)

米内光政

☑ 22 朝鮮など植民地を含む地域で，軍専属の性的奉仕を強いられた女性たちは □□□□ と呼ばれ，今日まで問題となっている。**1996年**，国連人権委員会はこれを「軍事的性奴隷」とする報告書を採択した。 (愛知教育大)

従軍慰安婦

☑ 23 米穀の代わりに主食にあてられた**さつまいも**や**大豆**のことを □□□□ と呼んだ。 (早稲田大)

代用食

☑ 24 衣服では，**男性**は □□□□ ，**女性**は**もんぺ**が奨励された。 (早稲田大)

国民服

☑ 25 1892年に**出口なお**が創始し，**出口王仁三郎**らが教団を組織した □□□□ は，1921年と1935年に**不敬罪・治安維持法違反**などの容疑で検挙・起訴され弾圧された。 (同志社大)

大本教

占領政策の展開

占領政策の展開

☐01 ワシントンに置かれた**極東委員会**は，**米・英・仏・ソ・中・カナ
ダ**など ☐☐☐☐ **カ国**で構成された。　　　　　（成城大）

11 カ国

☐02 **対日理事会**は ☐☐☐☐ に置かれた。　　　　　　（上智大）

東京

☐03 その構成国は**米・英・中・** ☐☐☐☐ の**4カ国**である。　（東洋大）

ソ連

☐04 東久邇宮内閣は「**一億総懺悔**」，「☐☐☐☐ **護持**」を掲げた。
　　　　　　　　　　　　　　　　　　　　　　　　（北海道大）

国体護持

☐05 GHQの指令に伴い，日本政府の発する法律などを**超法規的に
有効なものとする** ☐☐☐☐ が出された。　　　　　（中央大）

ポツダム勅令

☐06 アメリカは，**極東委員会の決定を待たず，GHQ**を通じて直接日
本政府に指令を与えることができた。この指令を ☐☐☐☐ と呼
ぶ。　　　　　　　　　　　　　　　　　　　　　　（南山大）

中間指令

☐07 **極東国際軍事裁判**の判決に対しては，**インド**の ☐☐☐☐ 判事や
オランダのレーリンク判事が反対意見を表明した。　（東京学芸大）

パル

☐08 極東国際軍事裁判において，**A級戦犯**で死刑判決を受けた**唯一
の文官**は ☐☐☐☐ である。　　　　　　　　　　　（京都大）

広田弘毅

☐09 一般的な戦時国際法等への違反に問われた戦犯としては，
☐ a ☐・☐ b ☐ がある。　　　　　　　　　　　（法政大）

a B級戦犯
b C級戦犯

☐10 1947 年の労働省の設置に伴い，初代**労働省婦人少年局長**に任
命されたのは ☐☐☐☐ である。　　　　　　　　（東京外国語大）

山川菊栄
×枝

☐11 **労働基準法**では，労働時間は1日 ☐ a ☐ **時間**（週 ☐ b ☐ **時間**）
を原則とした。また**工場法は廃止**された。　　　　（早稲田大）

a 8 時間
b 48 時間

☐12 教育基本法は，**教育の** ☐ a ☐・☐ b ☐ **の原則**を規定した。
　　　　　　　　　　　　　　　　　　　　　　　　（津田塾大）

a 機会均等
b 男女共学

☐13 **教育委員会法**は 1956 年，☐☐☐☐ **内閣**のもとで改正され，教育
委員の**公選制**が廃止されて**任命制**になった。　　（成蹊大）

鳩山一郎**内閣**

☐14 第一次農地改革では，小作地の解放については，☐☐☐☐ の**改
正**で行おうとしたがGHQに拒否された。　　　　（立命館大）

農地調整法

☐15 第二次農地改革における農地委員会の構成は，**地主** ☐ a ☐・
自作農2・小作農 ☐ b ☐ である。　　　　　　（立教大）

a 3
b 5

☑ 16 農地改革前は自作地 53.2%，小作地 46.8%だったが，改革後は **自作地約 ___a___ 割，小作地約 ___b___ 割**になった。　（上智大）

a 約 9 割
b 約 1 割

☑ 17 **農地改革**において _____ などは対象とされなかった。
（早稲田大）

山林地主

☑ 18 **農地改革**が徹底された結果，_____ **反以下の零細農**の比率は以前に比べて増加し，**40.8%**に達した。　（明治大）

5 反以下

☑ 19 **過度経済力集中排除法**の対象は，当初 _____ **社**とされた。
（上智大）

325 社

☑ 20 しかし，占領行政の転換で，実際の分割は _____ **社**にとどまった。　（獨協大）

11 社

☑ 21 その結果，高度経済成長を担う _____ が，**旧財閥系銀行を中心**に再結成された。　（早稲田大）

企業集団

☑ 22 _____ による民間の憲法草案「**憲法草案要綱**」は，**森戸辰男・高野岩三郎**らが作成した。これは国民主権や立憲君主制をその基本として規定している。　（明治大）

憲法研究会

☑ 23 **日本国憲法**は，議会における追加修正を経て制定された。例えば，政府の強い要望で**参議院を置く _____ 制**となった。
（早稲田大）

二院制

☑ 24 また，帝国憲法改正特別委員会の委員長 _____ の発案で，**第 9 条第 2 項**に「**前項の目的を達するため**」と追加された。
（昭和女子大）

芦田均

☑ 25 **警察制度**では，東京都特別区は _____ の担当とされた。
（関西学院大）

警視庁

政治・社会の混乱

☑ 26 1946 年からの**傾斜生産方式**に伴う融資により _____ が起こり，金融緊急措置令のインフレ抑制効果は減殺された。　（南山大）

復金インフレ

☑ 27 **1948 年の国家公務員法改正**で，団体交渉権や争議権を奪われた公務員については，_____ が公務員給与について**政府に勧告する制度**が導入された。

人事院

冷戦と日本の国際復帰

冷戦と日本の国際復帰

☑ 01 ___a___ **年**にはソ連邦が解体し，その後，領土問題などの日本の外交交渉相手は ___b___ となった。　（立命館大）

a 1991 年
b ロシア

☑02 ワルシャワ条約機構は □□□ 年に解体された。 1991 年

☑03 アメリカの**冷戦**政策の基本的な構想を提唱したのは □□□ で, （ジョージ・)ケナン
具体的には「**封じ込め**」政策として展開された。 （早稲田大）

☑04 □□□ は朝鮮戦争で**国連軍最高司令官**の地位にあった。 マッカーサー
（京都大）

☑05 しかし作戦をめぐり**トルーマン大統領**と対立, 解任され, 1951 リッジウェー
年, □□□ に交代した。 （明治学院大）

☑06 アメリカの反共外交を推進した □□□ が来日し, **早期講和**を日 ダレス
本政府に求めた。 （明治学院大）

☑07 **単独講和**を容認しようとする吉田茂に対し, 東大総長 □□□ 南原繁
が**全面講和論**を主張すると, 吉田は彼を「曲学阿世の徒」と非難
し, 激しい論争が巻き起こった。 （早稲田大）

55 年体制の成立

☑08 **防衛庁**は **2007 年**, □□□ に昇格した。 （京都産業大） 防衛省

☑09 1953 年 10 月の □□□ の結果, 日本の**防衛力の増強**とアメリ 池田・ロバートソ
カの**経済援助**についての**MSA協定**が締結された。 （慶應義塾大） ン会談

☑10 **造船疑獄事件**で, 自由党の**佐藤栄作**幹事長は, **犬養健**法相の 指揮権発動
□□□ によって逮捕を免れた。 （明治大）

☑11 **日ソ共同宣言**は, 鳩山一郎首相とソ連首相 □□□ によって調 ブルガーニン
印された。 （明治大）

保守政権の安定と高度経済成長

冷戦下の世界

☑01 1946 ～ 54 年の, 旧植民地宗主国の**フランス**と, **ベトナム・カン** インドシナ戦争
ボジア・ラオスの独立勢力との戦争が □□□ である。 （上智大）

☑02 **第1回サミット**の参加国は, **米・英・仏・独・伊・日**の**6カ国** カナダ
であり, 翌年から □□□ が招かれ**7カ国**となった。その後EU
もオブザーバーとなり, また 1991 年からはソ連（現ロシア）の
大統領も招かれた。 （大妻女子大）

安保闘争と保守政権の安定

☑03 **日米相互協力及び安全保障条約**の締結に伴い, 従来の**日米行政** 日米地位協定
協定に代わり □□□ が結ばれ, 米軍への基地の提供などの細
目が決定された。 （立教大）

☑04 **池田内閣**の頃には高度経済成長の成果が著しく，日本は世界から□□□への移行を求められた。 （慶應義塾大）

開放経済

☑05 この結果，□a□ 年の**GATT 11条国移行**や□b□ 年の**IMF8条国移行**が行われた。 （北海学園大）

a 1963年
b 1964年

☑06 **沖縄の祖国復帰運動**は，1956年の□a□**闘争**に始まり，1960年には□b□が結成され，活発化した。 （成蹊大）

a 島ぐるみ闘争
b 沖縄県祖国復帰協議会

☑07 **沖縄返還**は，1967年の□□□**会談**で原則的な返還合意がなされた。 （慶應義塾大）

佐藤・ジョンソン会談

☑08 **非核三原則**にもかかわらず，□□□**証言**などにより実際には核兵器の一時通過を日本側が認める密約があったと考えられている。

ライシャワー証言

☑09 史料 **日中平和友好条約第2条**では，両締約国は「アジア・太平洋地域においても又は他のいずれの地域においても□□□を求めるべきではなく，また，このような□□□を確立しようとする他のいかなる国又は国の集団による試みにも反対する」とする，いわゆる□□□**条項**が明記された。 （駒澤大）

覇権条項

高度経済成長

☑10 第二次世界大戦直後，日本は**食糧危機**などを切り抜けるため，アメリカから□□□・**エロア資金**の提供を受け，食糧などの救済物資を入手した。 （青山学院大）

ガリオア資金

☑11 第二次世界大戦後の**国際通貨体制**は□□□と呼ばれ，アメリカ一国が**金・ドル本位制**を維持する体制となった。 （上智大）

ブレトン＝ウッズ体制

☑12 各国通貨は，アメリカのドルとの□□□によって連携する**国際通貨体制**であった。 （中央大）

固定相場制

☑13 そのための中心的な組織として□□□が発足した。 （慶應義塾大）

IMF〔国際通貨基金〕

☑14 □□□は，戦後の復興と開発融資のために設立された，国際的な金融機関である。 （早稲田大）

IBRD〔世界銀行・国際復興開発銀行〕

☑15 1965年の不況は□a□とも呼ばれる。この不況は，**アメリカのベトナム戦争への本格介入**である□b□開始とともに克服され，**ベトナム特需**が始まった。 （明治大）

a 40年不況
b 北爆

☑16 **1965年**，財政法で禁止されていた□□□が，歳入補填のため発行された。 （和歌山大）

赤字国債

☑17 **一般家庭**にも**自動車**が普及し，「□□□」と言われた。 （名古屋大）

マイカー時代

☑18 **第2種兼業農家の増加**と過疎化により，農家では高齢者と女性 が農業の実務に就く，いわゆる _____ が一般化した。

三ちゃん農業

(早稲田大)

☑19 戦後も食糧管理法の基幹部分は残り，政府は**生産者米価と消費者米価の逆ざや**に悩み，いわゆる _____ が累積した。

食管赤字

(青山学院大)

☑20 **石油危機**に対し，日本の企業は _____ につとめ，**省エネルギー化**を達成した。

減量経営

(南山大)

☑21 マイクロ＝エレクトロニクスを導入した**技術革新**（_____）も達成され，**ロボット**の工場への導入などが始まった。(関西学院大)

ME革命

現代の情勢と文化

現代日本の情勢

☑01 1982年，_____ の全国区が廃止，**拘束名簿式比例代表制**が導入され，2001年からは**非拘束名簿式比例代表制**になった。

参議院

(津田塾大)

☑02 **第2次中曽根内閣**は1983年の総選挙で安定過半数を確保できず，_____ と連立した。

新自由クラブ

(早稲田大)

☑03 **中曽根内閣**は1984年，_____ を設置し，教育の改革を目指した。

臨時教育審議会〔臨教審〕

(立教大)

☑04 1985年，中曽根首相は _____ に公式参拝した。また，翌1986年には**教科書検定問題**で中国・韓国の反発を招いた。

靖国神社

(早稲田大)

☑05 **中曽根内閣**は防衛力の増強を図り，1987年には従来の**防衛費国民総生産** _____ ％枠を突破した。

1％

(早稲田大)

☑06 中曽根内閣は1987年，大型 _____ の導入を試みたが失敗し，総辞職に追い込まれた。

間接税

(明治大)

☑07 **細川連立内閣**の与党は，[a]・[b]・**新党さきがけ**，さらに社会党・公明党・民社党・社会民主連合・参議院の民主改革連合の**7党1会派**で構成された。

a・b 日本新党・新生党（順不同）

(明治大)

☑08 **村山内閣**が**自社さ**連立政権として発足すると，新生党・公明党・日本新党・民社党などは合同して1994年12月に _____ を結成したが，1997年12月に分裂した。

新進党

(上智大)

☑09 _____ **内閣**のもとで防衛庁は2007年，**防衛省**に昇格した。

（第1次）安倍晋三内閣

(中部大)

☐10 (第1次) 安倍内閣は,「伝統と文化を尊重」,「我が国と郷土を愛 する」などの文言を盛り込み □□□□□ を改正した。　(神奈川大)　教育基本法

現代の経済・社会

☐11 1989 年に始まる □□□□□ などによって, 大店法の改正などが実 施された。　(津田塾大)　日米構造協議

☐12 1993 年, アメリカなどから農産物の輸入の自由化を求められた 日本は, □□□□□ で米のミニマム・アクセスを受け入れた。　(慶應義塾大)　ウルグアイ=ラウンド

☐13 **1955 年の** □□□□□ 制定以降, **原子力の平和利用**が目指され, 翌 年, **日本原子力研究所**が設置された。**1963 年**には**東海村**の同研 究所が初めて**原子力発電**に成功した。　(早稲田大)　原子力基本法

現代の文化

☐14 1951 年, 日本は □□□□□ に加盟した。　(北海学園大)　ユネスコ〔UNESCO〕

☐15 **湯川秀樹**に続く**ノーベル賞受賞者**としては, 最初の**文学賞**とし て □ a □, 最初の**平和賞**として □ b □, 最初の**化学賞**として □ c □ などがいる。　(神奈川大)　a 川端康成　b 佐藤栄作　c 福井謙一

☐16 戦後発達した経済史学を代表する学者が □ a □ である。また, 法社会学では □ b □ がその中心となった。　(国士舘大)　a 大塚久雄　b 川島武宜

☐17 1960 年からは, □□□□□ **放送**が始まった。　(慶應義塾大)　カラーテレビ**放送**

☐18 **プロ野球**ブームが訪れ, 巨人軍の □□□□□ や**王貞治**は国民的な ヒーローとなった。　(立教大)　長嶋茂雄

☐19 インターネットや □□□□□ の普及が顕著となり, **2000 年**には □□□□□ の加入台数が一般加入電話台数を超えた。　(早稲田大)　携帯電話

索引

索引

索引